BERLINER GEOGRAPHISCHE ARBEITEN 97

Herausgegeben vom Geographischen Institut der Humboldt-Universität zu Berlin

W. Endlicher, D. Lehmann, R. Kleßen (Hrsg.)

Tagungsband

29. Deutscher Schulgeographentag

vom 25. September bis 1. Oktober 2004 in Berlin

Berlin 2004

Berliner Geographische Arbeiten -

Tagungsband des 29. Deutschen Schulgeographentages

vom 25. September bis 1. Oktober 2004 in Berlin

W. Endlicher, D. Lehmann, R. Kleßen (Hrsg.)

Berlin 2004, Heft 97

ISBN: 3 – 98 06 807 – 4 – 6

ISSN: 1430 – 4775

© 2004 Geographisches Institut der Humboldt-Universität zu Berlin

Für den Inhalt dieser Veröffentlichung sind ausschließlich die Autoren verantwortlich. Alle Abbildungen, Tabellen, Fotos usw. stammen, soweit nicht anders beschriftet, von den Autoren.

Vorbemerkungen zum Tagungsband des 29. Deutschen Schulgeographentages

„Zwischen Kiez und Metropole – Zukunftsfähiges Berlin im neuen Europa"

Der vorliegende Tagungsband erscheint im Rahmen der Institutsreihe „Berliner Geographische Arbeiten".

Der Ortsausschuss des 29. Deutschen Schulgeographentages in Berlin hat sich in der Vorbereitungsphase nach vielfältigen Überlegungen über die Art und Weise der Publizierung der Tagungsbeiträge dafür entschieden, dass eine Publikation von Kurzfassungen ausgewählter Referate zum Tagungsbeginn vorliegen soll und dass die Publikation überwiegend in digitaler Form (1000 CD-ROM als Bestandteil der Tagungsmaterialien) und nur zum Teil im Papierformat (100 Hefte zum Verkauf, 100 Hefte zum universitären Schriftentausch, 100 Hefte Autorenexemplare) erfolgt.

Die inhaltliche Strukturierung des Bandes entspricht der Tagungsgliederung in sieben fachwissenschaftliche und drei fachdidaktische Sitzungen, Fachsitzungen zu Neuen Medien und Unterrichtsmethoden sowie Workshops. Diesen Aufsätzen vorangestellt sind Einleitungsbeiträge von M. Hendl und W. Endlicher, welche über die Geschichte und die gegenwärtige Struktur des Geographischen Institutes der Humboldt – Universität berichten. Von den 53 Referenten haben 33 ihre Beiträge eingereicht, so dass der Tagungsband nicht das gesamte Vortragsprogramm umfasst.

In Erweiterung der Papierversion enthält die CD-ROM teilweise zusätzliche farbige Abbildungen sowie zwei nur hier verfügbare Beiträge (Claußen, Rahmstorf), während das Papierheft aus Kostengründen im Schwarzweiß-Format und mit etwas reduzierter Abbildungsanzahl vorliegt.

Die Herausgeber und der Ortsausschuss des 29. Deutschen Schulgeographentages danken allen an der Fertigstellung des Tagungsbandes beteiligten Personen und Institutionen, Autoren wie technischen Kräften, insbesondere Frau Jana Lahmer und Herrn Marc Winkelbrandt für ihren Einsatz.

Berlin im August 2004

INHALT

Das Geographische Institut der Humboldt-Universität zu Berlin

Übersicht zur Geschichte des Geographischen Instituts an der Friedrich-Wilhelms-Universität und späteren Humboldt-Universität zu Berlin 3
Manfred Hendl

Das Geographische Institut der Humboldt-Universität zu Berlin an seinem neuen Standort, dem Wissenschafts- und Wirtschaftscampus Adlershof 23
Wilfried Endlicher

Fachwissenschaftliche Sitzung FW 1
Natur und Umwelt in der Großstadt

Die Stadt als natürliches System 33
Wilfried Endlicher

Erst Flut, dann Hitze – Unvernunft und Klimawandel geisseln Sachsens Städte 39
Michael Kinze

Eine Großstadt von ganz oben – Fernerkundung urbaner Räume 41
Patrick Hostert

Fachwissenschaftliche Sitzung FW 2
Wetter und Klima im Wandel – lokal, europaweit, global

El Niño ist an allem Schuld!? 49
Astrid Bendix und Jörg Bendix

Der Hitzesommer 2003 57
Jörg Rapp

Fachwissenschaftliche Sitzung FW 3
Metropolen und Großstädte im Wandel

Die deutschen Metropolen von europäischer Bedeutung – Wo steht Berlin? 67
Bodo Freund

Wandel der städtischen Ökonomie 75
Martin Gornig

Migration und Großstadt – Eine Analyse aktueller Entwicklungstrends 81
Stefanie Föbker und Günter Thieme

Fachwissenschaftliche Sitzung FW 4
Aktuelle räumliche Entwicklungen innerhalb der Agglomerationen

Die deutschen Agglomerationen als Handlungsräume –
Aktueller Stand und Perspektiven 89
Axel Priebs

Unternehmensorientierte Dienstleistungen in Metropolregionen –
Wissensproduktion in regionalen Milieus oder globalen Verflechtungen? 95
Suntje Schmidt

Fachwissenschaftliche Sitzung FW 5
Kieze und Quartiersmanagement

Gentrification in zentrumsnahen Stadtquartieren am Beispiel der
Spandauer und der Rosenthaler Vorstadt in Berlin-Mitte 103
Christian Krajewski

Am Rande der City : Nachbarschafts- und Engagementpotenziale in
Quartiersmanagementgebieten der neuen Berliner Mitte 109
Olaf Schnur

Marzahn NordWest:
Ein Berliner Großsiedlungskiez im Wandel? 117
Cornelia Cremer

Fachwissenschaftliche Sitzung FW 6
Berlin als Metropole im neuen Europa

Potenzial für die Stadtentwicklung Berlin 125
Klaus Brake

Fachwissenschaftliche Sitzung FW 7
Auf den Spuren des Eiszeitalters

Zur Geschichte der Eiszeitforschung 131
Joachim Marcinek

Auswirkungen des Klimawandels auf die Oberflächenformung –
Konsequenzen für eine mögliche künftige Entwicklung 137
Hilmar Schröder

Fachdidaktische Sitzung FD 1
Natur und Umwelt in der Großstadt

Die Berliner Luft – Entwicklung der Luftgüte in Berlin 1991 – 2003 147
Thomas Draheim

Biodiversität in Großstädten (- eine Unterrichtseinheit?) 155
Sandra Gehrke

Fachdidaktische Sitzung FD 2
Wetter und Klima im Wandel – lokal, europaweit, global

Klimawandel und Tourismus im Unterricht 163
Rolf Bürki

Interaktives Computerprogramm zur Visualisierung
globaler und regionaler Klima- und Umweltprozesse 167
Dieter Klaus

Klimakunde im Internet – Das Projekt webgeo 171
Hermann Goßmann und Hilke Stümpel

Fachdidaktische Sitzung FD 3
Geographiedidaktik für die Zukunft

Wie viel Vergangenheit braucht die Zukunft? Über Nutzen und Nachteil
disziplinhistorischer Reflexionen für den Geographieunterricht 179
Hans-Dietrich Schultz

Aus der Forschung für die Schule:
Ein Beitrag zur Optimierung des Geographieunterrichts 191
Ingrid Hemmer und Gabi Obermaier

Fachsitzung Neue Medien FM 1
PC-Einsatz im Geographieunterricht

Informationstechnologien im Erdkundeunterricht 199
Wolfgang Hassenpflug

ESPERE – Internet-Lehrmaterialien zur Klimageographie:
multimedial, multilingual und interdisziplinär 205
Yvonne Schleicher

Fachsitzung Unterrichtsmethoden FU 1
Methoden geographischer Bildung

Schülerexkursionen in Berlin und Umgebung –
Grundlagen, Konzepte, Beispiele 213
Michael Hemmer

Verwendung geographischer Namen im Unterricht 219
Helge Paulig und Uwe Matzke

Die Achse des Bösen – Erziehung zum Hass oder neutrale Berichterstattung?
Die Behandlung der „Schurkenstaaten" Irak, Iran und Nordkorea in
Geographielehrbüchern der USA 225
Berta Hamann

Workshop WS 6
Stadt – Umland - Zusammenarbeit

Die Zukunft von Berlin und seiner Region vor dem Hintergrund
der Organisationsentwicklung in anderen Stadtregionen 233
Axel Priebs

Das Geographische Institut der Humboldt-Universität zu Berlin

Manfred Hendl

Übersicht zur Geschichte des Geographischen Instituts an der Friedrich-Wilhelms-Universität und späteren Humboldt-Universität zu Berlin

Seite 3 - 21

Wilfried Endlicher

Das Geographische Institut der Humboldt-Universität zu Berlin an seinem neuen Standort, dem Wissenschafts- und Wirtschaftscampus Adlershof

Seite 23 - 29

2004	Hendl, Manfred	Berliner Geographische Arbeiten 97	S. 3-21

Übersicht zur Geschichte des Geographischen Instituts an der Friedrich-Wilhelms-Universität und späteren Humboldt-Universität zu Berlin

von MANFRED HENDL, Berlin

Vorbemerkung:

Der Aufsatz enthält eine stellenweise ergänzte Fassung eines Festvortrages, den der Autor am 02. Dezember 2003 anläßlich der offiziellen Eröffnung des Geographischen Instituts im neuen Institutsgebäude Alfred Rühl-Haus auf dem Campus Berlin-Adlershof gehalten hat. Die begrenzte verfügbare Vortragszeit erlaubte nur eine vergleichsweise knappe Übersicht.

1. Gründung des Geographischen Instituts und Direktorat Ferdinand von Richthofens

Das Geographische Institut wurde zum 1. April 1887 durch einen Erlaß des Preußischen Ministeriums der geistlichen, Unterrichts- und Medicinal-Angelegenheiten gegründet (Abb. l). In diesem Erlaß wurde die Philosophische Fakultät der Friedrich-Wilhelms-Universität von der Institutsgründung unter der Direktion des ordentlichen Professors Dr. Freiherrn von Richthofen benachrichtigt.

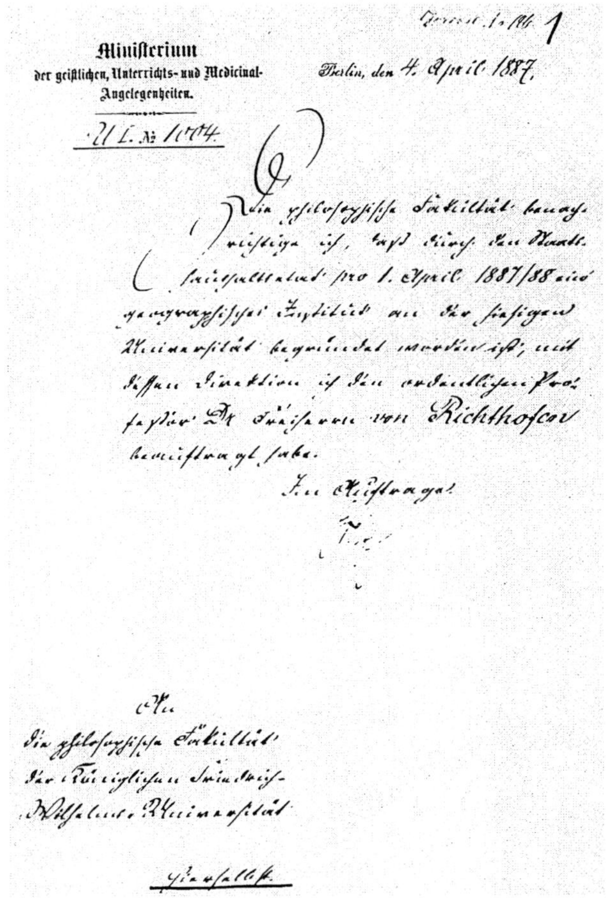
Ministerium der geistlichen, Unterrichts- und Medicinal-Angelegenheiten.

U I. No 1004

Berlin, den 4. April 1887.

Die philosophische Fakultät benachrichtige ich, daß durch den Staatshaushaltsetat pro 1. April 1887/88 ein geographisches Institut an der hiesigen Universität begründet worden ist, mit dessen Direktion ich den ordentlichen Professor Dr. Freiherrn von Richthofen beauftragt habe.

Im Auftrage

An die philosophische Fakultät der Königlichen Friedrich-Wilhelms-Universität hierselbst.

Abb. l: Ministerialerlaß zur Gründung des Geographischen Instituts vom 4. April 1887 (Archiv der Humboldt-Universität zu Berlin, Bestand Philosoph. Fakultät, Bd. 74, Blatt 1)

Bereits ein Jahr zuvor war durch einen ähnlichen Erlaß die Errichtung eines Ordinariats für Physische Geographie und dessen Besetzung mit Richthofen angezeigt worden.

Es war nicht die erste Professur für Geographie an der Berliner Universität. Bereits in ihrem Gründungsjahr 1810 wurde eine außerordentliche Professur eingerichtet. Auch in der Folgezeit bestanden stets meist außerordentliche, zum Teil auch ordentliche Professuren. Abb. 2 bietet eine entsprechende Übersicht.

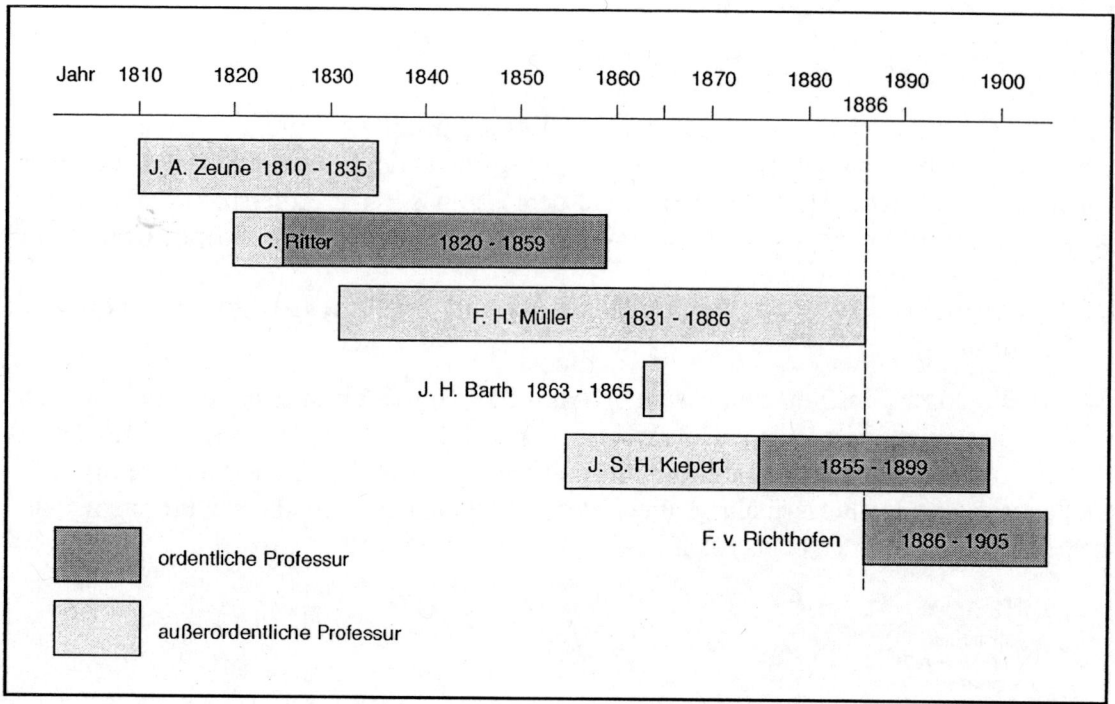

Abb. 2: Geographie-Professuren an der Berliner Universität von 1810 bis 1886 (aus PAULUKAT 1987, geringfügig verändert)

Das neugegründete Geographische Institut fand seine erste Unterkunft im Gebäude der Kgl. Bauschule, einem schönen Bauwerk Karl Friedrich Schinkels am Schinkelplatz 6. Im Erdgeschoß wurden 4 Räume zur Verfügung gestellt, die bei den damaligen Studentenzahlen offenbar bis zum Jahre 1902 ausreichten.

Inzwischen war auf nachdrücklichen Wunsch des marinebegeisterten Kaisers Wilhelm II. und seiner Admiralität zum 1. April 1900 ein Institut und Museum für Meereskunde an der Berliner Universität gegründet worden. Richthofen wurde auch mit dessen Direktion und mit dessen Aufbau betraut. Für diesen Zweck wurde ein Universitätsgebäude in der Georgenstraße 34 - 36 bereitgestellt, aus dem gerade das I. Chemische Institut ausgezogen war. Angesichts des ohnehin notwendigen Umbaus beantragte Richthofen eine durchgehende Aufstockung, um bei dieser Gelegenheit erweiterte Räumlichkeiten für das Geographische Institut zu beschaffen. Dem gut begründeten Antrag wurde stattgegeben, und bereits zum 1. September 1902 fand der Umzug in das neue Gebäude (Abb. 3) statt.

Abb. 3: Das aufgestockte Gebäude des Instituts und Museums für Meereskunde in der Georgenstraße 34-36 mit dem Geographischen Institut im obersten Stockwerk (nach einer Umschlag-/Titelblatt-Vignette bei PENCK 1907)

Bei seinem Amtsantritt in Berlin war Richthofen (Abb. 4) bereits ein international hochgeachteter Gelehrter, der schon Ordinariate an den Universitäten Bonn und Leipzig innehatte. Nach Abschluß eines Geologie-Studiums an den Universitäten Breslau und Berlin 1856 arbeitete er zunächst für jeweils mehrere Jahre in den österreichischen Alpen und in Kalifornien. Befreundete amerikanische Fachkollegen lenkten sein Interesse auf die geographische Erforschung Chinas.

Richthofen untersuchte daraufhin auf sieben großen Reisen 1868-1872 große Teile dieses Landes nach einem inhaltlich sehr umfassenden Programm. Die Ergebnisse erschienen in einem atlasbegleiteten dreibändigen China-Werk zwischen 1877 und 1912. Der dritte Band mußte nach hinterlassenen Aufzeichnungen von Richthofens akademischem Schüler Ernst Tiessen vervollständigt werden, da Richthofen vorher verstarb. Das Werk bietet eine beeindruckende Auswertung und Zusammenschau der reichhaltigen Beobachtungen. Der Text wird durch sorgfältig ausgearbeitete Karten, Profile und eigenhändig angefertigte Geländeskizzen bereichert.

Abb. 4: Ferdinand Freiherr von Richthofen (1833-1905) (nach einem Porträt im gedruckten Bericht über die Gedächtnisfeier der Gesellschaft für Erdkunde zu Berlin 1905)

Richthofens umfassenden Felderfahrungen entsprang als weiteres wichtiges Werk ein "Führer für Forschungsreisende". Er erschien 1886 und stellte nicht nur eine Anleitung zu wissenschaftlichen Reisebeobachtungen dar, sondern bot auch einen ersten Versuch zur Formensystematik der Landoberflächen.

Richthofen fühlte sich ferner zu einer strengeren Aufgabenbestimmung der Geographie veranlaßt, als sie bis dahin üblich war. Er definierte sie in seiner programmatischen Leipziger Antrittsrede vom 27. April 1883 „als Wissenschaft von der Erdoberfläche und den mit ihr in ursächlichem Zusammenhang stehenden Dingen und Erscheinungen" (RICHTHOFEN 1883, S. 25). Diese Bestimmung des Aufgabenfeldes der Geographie war ein bedeutender Fortschritt gegenüber früheren Auffassungen und sollte für Jahrzehnte das Fachverständnis prägen.

In den Lehrbetrieb führte Richthofen als damalige Neuerung ein Geographisches Colloquium ein, das durch sein Niveau bald Berühmtheit unter den geographischen Universitätseinrichtungen des Deutschen Reiches erlangte. Durch seinen Ruf als welterfahrener Gelehrter zog er eine stattliche Anzahl begabter Hörer an. Aus diesen gingen nachmalig bedeutende Geographen hervor wie der Polarforscher Erich von Drygalski, der Zentralasienforscher Sven Hedin, der Geomorphologe und Griechenland-Forscher Alfred Philippson, der Klimatologe und Antarktis-Forscher Wilhelm Meinardus, der Wirtschaftsgeograph Alfred Rühl, der Siedlungsgeograph Otto Schlüter oder der vielseitige Alfred Hettner, um nur einige zu nennen. Auch späterhin herausragende Vertreter anderer Fachrichtungen zählten sich gern zu Richthofens akademischen Schülern, so der Ozeanograph Gerhard Schott, der Geologe Max Blanckenhorn, der Vulkanologe Ferdinand von Wolff, der Botaniker und Pflanzengeograph Ludwig Diels, der Völkerkundler Karl Weule u.a.

Den Abschluß von Richthofens Lebenswerk bildete neben der Organisation und souveränen Leitung des 7. Internationalen Geographen-Kongresses in Berlin 1899 die Gestaltung des Instituts und Museums für Meereskunde. Das Institut erhielt eine geographisch-naturwissenschaftliche und eine historisch-volkswirtschaftliche Abteilung. Das Museum wurde als Lehrsammlung konzipiert und sollte das Meer als Natur-, Verkehrs- und Produktionsraum zur Darstellung bringen. Die Verwirklichung dieses Konzeptes gelang glänzend und wurde mit hohen Besucherzahlen von durchschnittlich 100 000 pro Jahr honoriert (Näheres siehe bei PENCK 1907). Das Museum konnte erst im März 1906, fünf Monate nach Richthofens Tod, durch Wilhelm II. eröffnet werden.

2. Albrecht Penck

Als Richthofens Nachfolger auf den Berliner Lehrstuhl holte man Albrecht Penck aus Wien (Abb. 5) und traf damit eine kongeniale Wahl.

Penck übernahm 1906 mit dem Lehrstuhl für Geographie auch die Direktion des Geographischen Instituts und die Direktion des Instituts und Museums für Meereskunde. Die letztere hatte er bis 1921 inne, in welchem Jahre er sie an seinen Wiener akademischen Schüler Alfred Merz abtrat, der seit 1910 die geographisch- naturwissenschaftliche Abteilung des Instituts für Meereskunde leitete und 1921 ein Ordinariat für Meereskunde erhielt.

Penck war bei seiner Berufung nach Berlin längst ein berühmter Gelehrter. Wie Richthofen kam er ursprünglich von der Geologie her und promovierte in diesem Fach 1878 bei Hermann Credner in Leipzig. Über München, wo er sich 1882 für das Fach Geographie habilitierte, gelangte er 1885 nach Wien auf die neugeschaffene Lehrkanzel für Physische Geographie.

Bereits mit seiner ersten größeren Abhandlung über „Die Geschiebeformation Norddeutschlands" aus dem Jahre 1879 gliederte er nicht nur die Vereisungsperiode im nördlichen Mitteleuropa in noch heute prinzipiell gültiger Weise.

Abb. 5: Albrecht Penck (1858-1945) mit seinem akademischen Schüler und Freund Eduard Brückner (1862-1927, im Hintergrund) (Ausschnittvergrößerung aus einer Photographie unbekannter Herkunft im Besitz des Verfassers)

Er verhalf auch der Theorie glazialer Oberflächenformung in Norddeutschland endgültig zum Durchbruch. Weitere Fortschritte erbrachte Pencks Preisschrift (zugleich Habilitationsschrift) über „Die Vergletscherung der deutschen Alpen" aus dem Jahre 1882. Sein bedeutendster Beitrag zur Eiszeitforschung war jedoch das dreibändige Werk „Die Alpen im Eiszeitalter", das zwischen 1901 und 1909 erschien. Es hatte seinen Wiener akademischen Schüler und Freund Eduard Brückner zum Mitautor. Das Werk klärte flächendeckend die glaziale Formung der Alpen und lieferte außerdem grundlegende Verallgemeinerungen: u.a. wurde der Begriff der „glacialen Serie" für die schon 1882 erkannte Formenabfolge an einem Eisrand eingeführt, es wurde die ermittelte Höhenlage der eiszeitlichen und rezenten Schneegrenze zu Folgerungen über die eiszeitlichen Klimaverhältnisse genutzt, und es wurde nun eine vierfache Vereisung der Alpen nachgewiesen. „Die Alpen im Eiszeitalter", zu über drei Vierteln aus Pencks Feder stammend, begründete endgültig seine lebenslange herausragende Stellung in der internationalen Eiszeitforschung.

Penck war jedoch nicht nur Eiszeitforscher, wenngleich auch späterhin Arbeiten zu den quartären Vereisungsverhältnissen einen ansehnlichen Teil seiner Schriften ausmachen. Er bereicherte ganz verschiedene Gebiete der Geographie.

1887 verfaßte Penck die erste umfassende „Landeskunde des Deutschen Reiches" mit ihrem noch heute bevorzugt verwendeten räumlichen Gliederungsprinzip. 1894 faßte eine zweibändige „Morphologie der Erdoberfläche" den damaligen Kenntnisstand zusammen. Aus Pencks überaus zahlreichen Aufsätzen und Abhandlungen sei hier noch besonders sein „Versuch einer Klimaklassifikation auf physiogeographischer Grundlage" aus dem Jahre 1910 erwähnt; dieser orientierte sich am Wasserhaushalt und den Abflußverhältnissen unter erstmaliger Definierung der Begriffe humid, arid und nival.

Welche Bedeutung Pencks Arbeiten weithin zugemessen wurde, zeigt sich in der großen Anzahl Ehrungen, die ihm sowohl im Inland als auch im Ausland zuteil wurden. Penck hielt 5 Ehrendoktorate angesehener ausländischer Universitäten, war Mitglied zahlreicher inländischer und ausländischer Akademien und seit 1926 auch Träger des Ordens Pour le Mérite für Wissenschaft und Künste. Daß er den preußischen Ehrentitel eines Geheimrates führte, erscheint beinahe selbstverständlich.

In der akademischen Ausbildung nahm Penck eine wesentliche Umgestaltung vor. Er sorgte für ausgedehnte Übungsanteile zum Training von Studienanfängern und Fortgeschrittenen im wissenschaftlichen Arbeiten. Auch steigerte er ganz erheblich den Studienanteil an Exkursionen zur Präsentation und Übung der Beobachtungs- und Aufnahmetechnik im Gelände.

Albrecht Penck leitete das Geographische Institut bis zu seiner Emeritierung im Jahre 1926. Er blieb auch weiterhin wissenschaftlich aktiv, beteiligte sich an der Ausbildung und arbeitete mit seinem Amtsnachfolger eng und freundschaftlich zusammen.

3. Ausgewählte Mitglieder des Lehrkörpers während der Direktoratszeit von Albrecht Penck

Es erscheint von Bedeutung für die Institutsgeschichte, wenigstens in Kürze dreier Herren zu gedenken, die für viele Jahre wichtige Mitglieder des Lehrkörpers waren und auf ihre spezielle Weise zum Ansehen der Berliner Geographie beitrugen.

Walter Behrmann (1882-1955)

studierte in den Jahren 1901-1905 an der Universität Göttingen Geographie, Mathematik und Physik und promovierte hier auch 1905 bei Hermann Wagner, dem er u.a. eine solide kartographische Ausbildung verdankte. Nach kurzer Assistenz bei Joseph Partsch in Leipzig holte ihn Albrecht Penck 1909 nach Berlin. Hier bot sich ihm alsbald durch Vermittlung Pencks eine große Aufgabe in überseeischem Gebiet.

Es handelte sich um die Teilnahme an einer komplexen Expedition zur Primärerkundung des Sepik-Stromgebietes auf Nordost-Neuguinea. Behrmann fiel in erster Linie die kartographische Aufnahme des Stromgebietes zu, und nebenher sollte er möglichst umfangreiche geographische Erkundungen vornehmen. Er entledigte sich in 19 Arbeitsmonaten von März 1912 bis September 1913 erfolgreich beider Aufgaben trotz widrigster, vornehmlich klimatisch und durch dichte Regenwaldbedeckung bedingter Arbeitsverhältnisse. Im Ergebnis lagen erstmals die topographischen Grundzüge im großen Maßstab 1 : 250 000 fest.

Auch die nebenher angestellten geomorphologischen Beobachtungen führten zu wichtigen Einsichten. Behrmann erkannte die speziellen Hangabtragungsvorgänge im tiefgründig zersetzten und übermäßig durchfeuchteten Gesteinsmaterial unter der verdunstungsreduzierenden Schutzdecke des tropischen Regenwaldes, ferner auch die gratartige Gebirgskammzuschärfung durch zahlreiche Abrißnischen von Bergschlipfen in den oberen Hangpartien. Man kann Behrmann durchaus zu den Mitbegründern einer klimatisch betonten Geomorphologie rechnen.

Bedingt durch die ungünstigen Verhältnisse während des 1. Weltkrieges konnten die vielfältigen Expeditionsergebnisse erst am Ende des Expeditionsjahrzehnts und zu Beginn des Folgejahrzehnts erscheinen. Zur weiteren Unterrichtung über des Expeditionswerk und die darauf bezüglichen Veröffentlichungen wird auf eine Übersicht bei HENDL 1987 verwiesen.

Dem Berliner Geographischen Institut blieb Behrmann bis zum Jahre 1923 treu; dann folgte er einem Ruf an die Universität Frankfurt/Main. Seine Lehrtätigkeit erstreckte sich bevorzugt auf Kartographie unter Einschluß von Übungen zur Aufnahmetechnik im Gelände, ferner auf die Geographie europäischer und asiatischer Großräume sowie auf Spezialvorlesungen über die Alpen und die deutschen Mittelgebirge.

Fritz Jaeger (1881-1966)

war seit dem 1. April 1911 Inhaber einer beamteten außerordentlichen Professur für Kolonialgeographie am Berliner Geographischen Institut. Dabei handelte es sich um eine Stiftungsprofessur des Leipziger Verlegers und Forschungsreisenden Prof. Hans Meyer (1858-1929). Er hatte sie, sehr wahrscheinlich auf Bitte des ihm aus gemeinsamer Kommissionsarbeit gut bekannten Albrecht Penck, mit einem damals bedeutenden Stiftungskapital von 150 000 Mark der Berliner Universität anläßlich ihres 100-jährigen Gründungsjubiläums zum Geschenk gemacht. Fritz Jaeger war akademischer Hettner-Schüler und hatte sich bereits von Heidelberg aus durch preisgekrönte Forschungen im ostafrikanischen Seenhochland wissenschaftlich empfohlen. In Berlin bestritt er ein breites Lehrspektrum, das weit über den Lehrauftrag der Stiftungsurkunde hinausreichte, zumal dieser mit dem Ende des 1.Weltkrieges hinfällig geworden war. Seitdem wurde der Lehrgegenstand vorwiegend im Sinne einer Überseegeographie aufgefaßt und durch Vorlesungen zu außereuropäischen Kontinenten und Großräumen, vorzugsweise der Tropen und Subtropen, abgedeckt. Gelegentlich wurde auch noch vergleichend über „Geographie der Kolonialreiche" oder über "Die Kolonialreiche der Gegenwart" gelesen.

Wenige Jahre nach seinem Amtsantritt in Berlin begab sich Jaeger in Begleitung des akademischen Hettner-Schülers Leo Waibel auf eine neuerliche Forschungsreise nach Südwestafrika. Dort wurden sie vom Ausbruch des 1. Weltkrieges überrascht und zu einem fünfjährigen Aufenthalt im Lande 1914-19 gezwungen. Sie wurden jedoch nicht interniert, sondern durften mit Erlaubnis der britischen Militärverwaltung im besiedelten Gebiet ihren Forschungen nachgehen. Neben einem ergebnisreichen landeskundlichen Gesamtbericht (JAEGER und WAIBEL 1920/21) lieferte diese Reise nicht nur das Material für viele Einzelstudien geomorphologischer, hydrologischer und farmwirtschaftlicher Art, sondern bot auch den Ansatzpunkt für Jaegers spätere große Monographie über die „Trockenseen der Erde" (1939). Im übrigen wird wieder auf die Übersicht bei HENDL 1987 verwiesen.

Im deutschen Sprachgebiet galt Fritz Jaeger jahrzehntelang unbestritten als Autorität für die Geographie Afrikas. Ihr widmete er ein umfangreiches Lehrbuch, mit dem er sich 1928 von seiner Berliner Wirkungsstätte nach Basel verabschiedete.

Da die Inflation der 20er Jahre das Stiftungskapital vollständig entwertet hatte, konnte die Professur als beamtete Stelle nicht wieder besetzt werden. Auch Carl Troll (1899 – 1975), der 1930 in der Nachfolge Fritz Jaegers nach Berlin kam und 1938 einem Ruf nach Bonn folgte, konnte angesichts der Finanzlage nur eine nichtbeamtete außerordentliche Professur mit einem „gehobenen", d.h. hochdotierten, Lehrauftrag für Kolonial- und Überseegeographie geboten werden. Zu Trolls Überseeforschungen von Berlin aus wird erneut auf die Übersicht bei HENDL 1987 verwiesen.

Alfred Rühl (1882-1935)

promovierte als letzter Doktorand Richthofens 1905 in Berlin. Die Folgejahre verbrachte er als Assistent Theobald Fischers in Marburg, von wo ihn mehrere Studienreisen mit vorwiegend geomorphologischer Aufgabenstellung in den Mittelmeerraum führten. Im Jahre 1912 folgte Rühl einem Angebot von Albrecht Penck, die Leitung der historisch-volkswirtschaftlichen Abteilung am Berliner Institut für Meereskunde zu übernehmen. Rühl erhielt 1914 eine außerordentliche Professur und 1930 ein Ordinariat für Wirtschaftsgeographie unter Wahrnehmung der einschlägigen Lehrtätigkeit auch für das Geographische Institut. 1935 verstarb er unerwartet.

Rühl beschritt in der Wirtschaftsgeographie allmählich neue Wege. In Abweichung von der weiterhin dominanten Aufgabenbestimmung der Geographie bei Richthofen befand Rühl, daß die räumliche Verteilung der Wirtschaft und deren Organisationsgrad primär durch den wirtschaftenden Menschen und seine gesellschaftliche Organisationsform gesteuert werde. Der in Richthofens Sinne mit der Erdoberfläche zusammenhängende Komplex der örtlich verschiedenen Raumausstattung (wie Rohstoffe, Klima, Boden, natürliche Verkehrswege, Lagegunst u.a.) könne nur e i n Einflußfaktor unter mehreren sein.

Exemplarisch für diese neue Sicht der Dinge mögen hier einige charakteristische Untersuchungen aus dem Gesamtwerk Alfred Rühls angeführt werden: die Studie über den vereinsstaatlichen Ostküstenhafen Newport News am Ausgang der Chesapeake Bay (RÜHL 1913), die Arbeit über das Hinterland der mitteleuropäischen Nordsee- und Ostsee-Häfen (RÜHL 1920) und die umfangreiche Abhandlung über die Standortproblematik in der Landwirtschaftsgeographie am Beispiel des damals relativ jung erschlossenen „Neulandes" Ostaustralien (RÜHL 1929).

In der erstgenannten Studie konnte Rühl zeigen, daß Aufstieg und relativer Niedergang der Warenausfuhr von Newport News gegenüber jener von ausstattungs- und lageähnlichen Konkurrenzhäfen ausschließlich auf zeitlich unterschiedliche Transporttarife der die Häfen bedienenden privaten Eisenbahngesellschaften zurückführbar waren.

In der zweiten Studie führte Rühl mit speziell erkundetem statistischem Material den Nachweis, daß keinem der Häfen ein fest umrissenes ökonomisches Hinterland zuzuordnen sei, daß vielmehr je nach Warenart und in Abhängigkeit vom regionalen Konsumtionsbedürfnis bzw. von der regionalen Produktionsfähigkeit des Binnenlandes sowie den Gütertransportkosten die Lage und Ausdehnung des Hafenhinterlandes erheblich variieren könne.

In der dritten genannten Abhandlung versuchte Rühl, Regeln für die Standortverteilung der Agrarproduktion und deren zeitliche Veränderung zu erfassen. Durch eine umfassende Produktanalyse gelangte er zu einer ganzen Reihe von standortbeeinflussenden Faktoren überwiegend ökonomischer Art wie Produktrentabilität durch unkomplizierte Kultivierung bei raschem Ertrag und geringem Arbeitskräfteaufwand, Produkteignung für eine gegebene Betriebsgröße, Produktkonjunktur, Produktkohärenz (Zusammengehörigkeit von Produkten), Arbeitskomplementarität verschiedener Produkte mit möglichst geringer Überschneidung in den zeitlichen Bearbeitungsansprüchen, Transportfähigkeit und Frachtkostentoleranz der erzeugten Güter in Beziehung zur Distanz zu den Verbrauchs- oder Exportmärkten u.a.

Auf eine Serie origineller Schriften Rühls zum „Wirtschaftsgeist der Völker", der sich im Gefolge der Herausbildung ihrer spezifischen Gesellschaftsstruktur entwickelte, kann hier nur hingewiesen werden (RÜHL 1925, RÜHL 1927, RÜHL 1928).

4. Das Geographische Institut unter dem Direktorat von Norbert Krebs

In der Nachfolge Albrecht Pencks wurde 1927 sein ehemaliger akademischer Schüler aus der Wiener Zeit Norbert Krebs von Freiburg nach Berlin berufen (Abb. 6).

Krebs hatte von 1896-1900 in Wien Geographie, Geologie und Geschichte studiert und 1900 bei Albrecht Penck mit einer Landeskunde der nordoststeirischen Kalkalpen, seinem Heimatgebiet, promoviert. Auch nach seiner Habilitation 1908 mit einer Abhandlung über die Halbinsel Istrien verblieb Krebs zunächst im Schuldienst. Ab 1917 jedoch hatte er nacheinander Lehrstühle in Würzburg, Frankfurt am Main und Freiburg inne, bevor er 1927 dem Ruf an das für damalige Verhältnisse mit 5 Assistentenstellen und weiteren Hilfskräften recht gut ausgestattete Institut in Berlin folgte.

In den Beginn seiner Berliner Amtsperiode fällt die neuerliche Verlagerung des Geographischen Instituts. Anlaß hierfür war ein erweiterter Raumbedarf des Instituts für Meereskunde. Auf Veranlassung dieses Instituts unter seinem neuen Direktor Alfred Merz wurde in den Jahren 1925-1927 die berühmte Deutsche Atlantische Meteor-Expedition durchgeführt, benannt nach dem Forschungsschiff gleichen Namens. Obwohl Merz in der Anfangsphase der Expedition überraschend verstarb, konnte sie dank seiner umfassenden wissenschaftlichen und organisatorischen Vorbereitung unter der Leitung des nautischen Schiffskommandanten Kapitän zur See Fritz Spieß in vollem Umfang durchgeführt werden.

Abb. 6: Norbert Krebs (1876-1947)
(nach einem Porträt in der Festschrift Länderkundliche Forschung 1936 im Verlag J. Engelhorns Nachf. Stuttgart)

Sie hatte überragenden Erfolg. Jedoch erforderte das gewonnene außergewöhnlich reichhaltige Beobachtungsmaterial einen erhöhten Platz- und Personalbedarf im Meereskunde-Gebäude.

In dieser Situation bedeutete es einen günstigen Umstand, daß die Preußische Unterrichtsverwaltung durch Erlaß des Preußischen Finanzministers zum 1.07.1930 das benachbarte Eckgebäude Georgenstraße 37 - 38/Universitätsstraße 3b für die Universität übernehmen konnte. Das Gebäude wurde in der Folgezeit umgebaut und zum 1.04.1931 endgültig der Universität übertragen. Bereits im März 1931 konnte das Geographische Institut in das neue Haus überführt werden und nahm hier das 3. Stockwerk und Teile des 2. Stockwerks ein. Wanddurchbrüche zum Meereskunde- Institut ermöglichten weiterhin die gemeinsame Nutzung von Hörsälen, Sammlungen und Bibliotheks-Beständen. Während das Institut und Museum für Meereskunde den Bombenangriffen während des 2. Weltkrieges vollständig erlag, überstand das Nachbargebäude die Kriegsereignisse ohne größere Schäden. Es konnte daher das Geographische Institut bis zu dessen Umzug 1993 in die Chausseestraße beherbergen (Abb. 7).

Abb. 7: Das Gebäude Universitätsstraße 3b mit dem Geographischen Institut (nach einer Aufnahme des Verfassers aus dem Jahre 1986)

Mit Norbert Krebs änderte sich erstmals die wissenschaftliche Hauptorientierung des Geographischen Instituts. Krebs bevorzugte die geographische Länderkunde. Seine Hauptwerke über die Ostalpen (1913 bzw. 1928), über Südwestdeutschland (1931) sowie über Vorderindien und Ceylon (1939) sind durch Gründlichkeit, inhaltliche Vielseitigkeit und sprachliche Exzellenz ausgezeichnet. Daneben interessierten ihn auch geomorphologische Probleme (Karst, Talnetzentwicklung, tropische Inselberge).

Seine Vorlesungen waren sehr geschätzt und so reich besucht, daß zeitweise eine Lautsprecher-Übertragung vom Hörsaal in Nebenräume erfolgen mußte. Obwohl ihm nicht die brillante Rednergabe Albrecht Pencks gegeben war, so beeindruckte er nach Aussage des damaligen Assistenten und späteren Dozenten am Berliner Institut Hans Bobek (1903-1990) durch didaktisch sehr sorgfältige und geschickte Stoffaufbereitung sowie durch vielseitige Kenntnisse, die ihm dank eines „phänomenalen Gedächtnisses" zu großen Teilen abrufbereit zur Verfügung standen (BOBEK 1948). Die praktischen Ausbildungsbestandteile, Seminare und Exkursionen, behielten ganz im Sinne seines Amtsvorgängers ihr Gewicht. Auch das berühmte Geographische Colloquium führte er in alter Qualität weiter, hierin unterstützt von Albrecht Penck und Carl Troll.

Trotz der länderkundlichen Vorzugsausrichtung seines Schaffens war Norbert Krebs bemüht, im Einvernehmen mit Penck auch andere Arbeitsrichtungen zu fördern. Unter diesen etablierte sich erneut in stärkerem Ausmaße die Glazialmorphologie. Sie wurde Ende der 20er und besonders Mitte der 30er Jahre vom akademischen Penck-Schüler und damaligen Oberassistenten Herbert Louis (1900-1985) vor allem im Tieflandsraum Ostdeutschlands wieder aufgenommen. Als Louis 1935 einem Ruf an die Universität Ankara folgte, traten die damaligen Assistenten Herbert Lembke (1905-1983) und Herbert Lehmann (1901-1971) an dessen Stelle. Bevorzugte Arbeitsthemen waren damals einerseits die Urstromtalungen als Abflußbahnen für die Schmelzwässer von den Randlagen der ehemaligen Inlandeisbedeckung und andererseits die Form sowie das Alter der norddeutschen

Binnendünen. (Ausführlichere Angaben hierzu sind bei MARCINEK 1987 zu finden.) Besonderer Aufmerksamkeit erfreute sich auch ein Atlas der Mark Brandenburg auf der Basis amtlicher topographischer Karten 1:100000, für den Lembke und Lehmann auf transparenten Deckblättern die Oberflächenformen flächendeckend zur Darstellung gebracht hatten (JUNGE 1940). Dieser Deckblätter wegen galt der Atlas lange Zeit als wichtige Arbeits- und Studienhilfe.

Norbert Krebs stand dem Geographischen Institut bis zu seiner primär krankheitsbedingten Emeritierung zum 18.11.1943 vor. Nach seinem Ausscheiden auf eigenen Antrag wurde die Institutsleitung vertretungsweise dem akademischen Penck-Schüler, Dozenten und außerplanmäßigen Professor Emil Meynen (1902-1994) übertragen. (Meynen war damals neben seiner Tätigkeit an der Universität noch Leiter der Abteilung für Landeskunde im Reichsamt für Landesaufnahme.)

5. Das Geographische Institut in den Nachkriegsjahren 1946-1950

Auf die ersten Nachkriegsjahre soll an dieser Stelle nur sehr kurz eingegangen werden, da sich die Verhältnisse sehr wechselvoll und wenig übersichtlich darbieten. Die Wiedereröffnung der Universität fand in einem Festakt am 29.01.1946 statt; den Namen Humboldt-Universität erhielt sie erst am 08.02.1949 verliehen. Anfangs scheint Walter Behrmann seitens der Universität für kurze Zeit die kommissarische Leitung des Geographischen Instituts übertragen bekommen zu haben, doch wurde er von der damals zuständigen Zentralverwaltung für Volksbildung in der Sowjetischen Besatzungszone nicht im Amt bestätigt. So wurde mit Datum vom 03.09.1946 Norbert Krebs durch den damaligen Rektor Johannes Stroux aus Wien zurückberufen. (Der Rückruf erfolgte mit ausdrücklichem Einverständnis von Prof. Theodor Brugsch von der Zentralverwaltung für Volksbildung.) Krebs kehrte angesichts seines schlechten Gesundheitszustands nur mit sehr großen Bedenken und aus Verantwortungsgefühl gegenüber seiner langjährigen Wirkungsstätte zurück. Im Lehrbeauftragten Harry Waldbaur fand er jedoch einen Mitarbeiter, der mit ihm zusammen im Wintersemester 1946/47 den Lehrbetrieb unter schwierigsten Bedingungen mit einem Minimalprogramm wieder eröffnete. Jedoch verschlechterte sich der Gesundheitszustand von Norbert Krebs zusehends, und am 15.12.1947 verstarb er. Die Leitung des Instituts wurde kommissarisch Harry Waldbaur (1888-1961) anvertraut; er hatte sie dann bis 1951 inne.

Das anfangs bescheidene Lehrangebot konnte bis zum Beginn der 50er Jahre allmählich in dem Maße wieder ausgeweitet und auf einen akzeptablen Umfang gebracht werden, wie frühere Mitarbeiter an das Institut zurückkehrten und andere neu eintraten. Zu den ersteren gehörte Herbert Lembke, der nach Ausweis der Vorlesungsverzeichnisse der Universität ab dem Sommersemester 1949 die Geomorphologie und später auch die Klimatologie unter Einschluß entsprechender Übungen vertrat. Zu den letztgenannten Mitarbeitern gehörte vor allem Gerhard Seger, der über sehr gute russische Sprachkenntnisse verfügte und deshalb ab dem Wintersemester 1948/49 sich neben der Geographie Asiens besonders der Geographie der UdSSR annahm, auch einige gefragte Arbeiten aus russischsprachigen Zeitschriften in deutscher Übersetzung publizierte. Waldbaur vertrat neben einer Einführung in das Geographie-Studium die Geographie verschiedener europäischer Großräume sowie der Kontinente Afrika und Australien. Der Geologe Friedrich Solger steuerte als auswärtiger Lehrbeauftragter ab dem Wintersemester 1948/49 Lehrveranstaltungen zur Heimatkunde der Mark Brandenburg bei, während der Bodenkundler Max Trénel von der Landwirtschaftsfakultät bis zum Sommersemester 1949 mit einschlägigen Vorlesungen und

Übungen aushalf. Die Kulturgeographen Hildegard Ditt und Helmut Winz lehrten hingegen nur wenige Semester am Institut und verließen es Anfang der 50er Jahre wieder, da im Gefolge der sog. 2. Hochschulreform das Geographische Institut dann ausschließlich die physisch-geographische Ausbildung wahrzunehmen hatte und ihnen damit die inhaltliche Arbeitsgrundlage verlorenging (vgl. hierzu Abschnitt 7).

6. Fritz Haefke und die Neuformierung des Geographischen Instituts

Mit dem Ende des Wintersemesters 1950/51 wurde Harry Waldbaur von der vertretungsweisen Institutsleitung entbunden und Fritz Haefke, zunächst auch kommissarisch, als Direktor des Geographischen Instituts an die Mathematisch-Naturwissenschaftliche Fakultät verpflichtet. Er übernahm dieses Amt neben seiner Tätigkeit am Institut für Unterrichtsmethodik der Pädagogischen Fakultät. Dort hatte er seit 1946 eine Professur mit vollem Lehrauftrag für Geographie inne. 1960 erhielt er schließlich auf Antrag der Mathematisch-Naturwissenschaftlichen Fakultät den Lehrstuhl und das reguläre Direktorat am Geographischen Institut.

Fritz Haefke war wie Herbert Louis akademischer Penck-Schüler und hatte 1925 mit einer Arbeit über Karstprobleme im Südharz promoviert. In jener schwierigen Zeit war er d e r Glücksfall für das Geographische Institut. Nicht nur hielt er rhetorisch hervorragend und ungemein kenntnisreich Lehrveranstaltungen ab, am liebsten zur Geomorphologie und zur Physischen Geographie Deutschlands, sondern schuf auch eine Reihe dringend benötigter Lehrwerke. Hierzu zählten thematische Wandkarten, ein methodisch wohldurchdachter Atlas zur Erd- und Länderkunde in mehreren Auflagen und vor allem sein exzellentes Hauptwerk, die 1959 erschienene „Physische Geographie Deutschlands".

Abb. 8: Fritz Haefke (1896-1980)
(nach einer Photographie im Besitz des Verfassers)

Bei aller wissenschaftlichen Sorgfalt ist das von vielen Abbildungen und Textkarten begleitete Lehrbuch ungemein flüssig geschrieben und fand sehr rasch weite Verbreitung.

Nicht minder wichtig waren Haefkes Bemühungen um eine personelle Stabilisierung und inhaltliche Profilierung des Geographischen Instituts. Im Gegensatz zum Vorkriegsinstitut war es seit 1951 ausschließlich physisch-geographisch ausgerichtet. Die humangeographisch ausgerichteten Teilgebiete wurden von einem Parallelinstitut an der Wirtschaftswissenschaftlichen Fakultät wahrgenommen. Darauf wird später zurückzukommen sein. Haefke hatte sich einige junge Mitarbeiter herangezogen, denen er frühzeitig viel Eigenverantwortung in Lehre und Forschung übertrug (vgl. HENDL 1981). Im Einvernehmen mit deren Interessen förderte er 3 Hauptarbeitsrichtungen. Diese sollten sich trotz mancher späterer Widrigkeiten auch während der Folgejahrzehnte als Schwerpunkte der Physischen Geographie am Geographischen Institut erhalten, so daß die folgende Übersicht teilweise auch auf spätere Jahre vorausschauend übergreift.

Die erste und personell bei weitem am umfangreichsten besetzte Arbeitsrichtung war die Glazial- und Periglazialmorphologie im eiszeitlich geformten Tieflandsraum Ostdeutschlands. Unter der inhaltlichen Führung von Herbert Lembke arbeiteten hier in

Fortsetzung der Tradition aus den 30er Jahren die damaligen Assistenten Herbert Liedtke und Joachim Marcinek, Gerhard Markuse und Bernhard Nitz sowie Heinz Schulz, mit Ausnahme des Letztgenannten alle spätere Hochschullehrer. Wichtige Arbeitsergebnisse waren Erweiterungen der Urstromtaltheorie mit dem Nachweis und der Begründung mehrmaligen Schmelzwasserdurchflusses durch Liedtke und Marcinek, die Entdeckung periglazialer Überformung des Jungmoränenreliefs unter Dauerfrostbodenverhältnissen durch Lembke, die Erschließung einer mehrphasigen Gewässernetzentwicklung im Jungmoränengebiet durch Lembke und vor allem durch Marcinek, die Präzisierung des phasenhaften Inlandeisrückzuges an Beispielgebieten durch Markuse sowie Beiträge zur Erkundung und Entstehung des sog. Geschiebedecksandes durch Lembke, Nitz und Schulz. Eine erste zusammenfassende Darstellung des Kenntnisstandes zur Oberflächengestaltung gaben Marcinek und Nitz 1973 in einer Monographie „Das Tiefland der DDR", während die Entwicklung der einschlägigen Forschung am Institut in zwei Übersichtsbeiträgen anläßlich der Hundertjahrfeier der Institutsgründung historisch nachgezeichnet wurde (MARCINEK 1987, NITZ und MARKUSE 1987).

Die zweite Arbeitsrichtung war klimatologischer Art und wurde vom Verfasser betrieben. Thematische Schwerpunkte waren Methoden der Klimaklassifikation, die Erarbeitung eines genetischen Weltklimasystems auf der Basis der räumlich differenzierten Ausbildung der atmosphärischen Zirkulation (HENDL 1963 und 1966a) sowie regional-klimatologische Untersuchungen unter vorrangiger Berücksichtigung der Klimakunde Deutschlands. Dieser wurde 1966 eine Monographie unter dem Titel „Grundriß einer Klimakunde der deutschen Landschaften" gewidmet. (Diese Monographie trug dem Autor heftige politische Kritik ein, da zu jener Zeit eine massive Abgrenzungspolitik der DDR gegenüber der Bundesrepublik einsetzte und in derem Gefolge Gesamtdeutschland betreffende Darstellungen ganz unerwünscht waren. Wegen Verbotes einer Neuauflage des rasch vergriffenen Werkes konnte erst nach der Wiedervereinigung eine erweiterte Neufassung als Beitrag zu einem Gemeinschaftswerk wieder erscheinen: HENDL 1994.)

Eine dritte Arbeitsrichtung galt der Hydrogeographie und wurde fast ausschließlich von Joachim Marcinek betrieben. Herausragende Arbeitsergebnisse waren eine Neuberechnung des Abflusses von den Landflächen der Erde (MARCINEK 1964) und eine Typisierung des Abflußverhaltens mitteleuropäischer Flüsse (MARCINEK 1967). Eine Einführung in das Fachgebiet aus Marcineks Feder erschien erstmals 1975 unter dem Titel „Das Wasser des Festlandes".

Als Sonderarbeitsrichtung führte Gerhard Seger seine Auswertungen der russischsprachigen geowissenschaftlichen Literatur über die UdSSR fort. Sie mündeten in einem Studienmaterial zur physischen Geographie der UdSSR (SEGER 1959), das sich seinerzeit wegen seines Informationsgehaltes und seiner übersichtlichen Darstellung wie auch wegen seiner reichlichen Kartenausstattung großer Beliebtheit bei den Studierenden erfreute. Seger war im Gefolge des Baues der Berliner Mauer genötigt, das Institut 1962 zu verlassen, da er im Westteil Berlins wohnte.

Nach Haefkes altersgemäßer Emeritierung 1962 führte der bereits früher mehrfach erwähnte Herbert Lembke (1905-1983), inzwischen auf Antrag Haefkes seit 1961 Professor mit Lehrauftrag, das Institut in Haefkes Sinne und mit unverändertem Mitarbeiter-Stab (Abb. 9) bis 1966 weiter. Bis zu diesem Zeitpunkt besuchte auch Fritz Haefke noch regelmäßig seine Wirkungsstätte und gab bei verschiedenen Anlässen Rat und Unterstützung.

Abb. 9: Der (fast vollständige) Lehrkörper des Geographischen Instituts um 1964: H. Schulz, H. Lembke, G. Markuse, J. Marcinek, M. Hendl (v.l.n.r.), es fehlt B. Nitz

7. Das Geographische Institut im Zeitraum 1966-1989

Im Jahre 1966 wurde das Geographische Institut mit dem Institut für Politische und Ökonomische Geographie unter dem Namen Geographisches Institut an der Mathematisch-Naturwissenschaftlichen Fakultät vereinigt.

Das Institut für Politische und Ökonomische Geographie war nach einigen Vorlaufstadien offiziell 1951 an der Wirtschaftswissenschaftlichen Fakultät gegründet worden. (Diese hatte ihrerseits am 14.10.1946 ihre Installierung als neue Fakultät an der Universität erfahren.) Das Institut stand unter der Leitung von Heinz Sanke (1915-1997), der von der SED massiv unterstützt und gefördert wurde. Er bemühte sich um die Formulierung von Zielen und Aufgaben einer marxistisch-leninistisch orientierten Politischen und Ökonomischen Geographie in enger Anlehnung an die sowjetische ökonomische Nachkriegsgeographie.

Im gleichen Jahr 1951 erfolgte, als 2. Hochschulreform bezeichnet, die Einführung von rechtsverbindlichen staatlichen Studienplänen und der Übergang zur Studienjahresgliederung des Studiums durch das Staatssekretariat für Hochschulwesen der DDR. Seither war das Institut für Politische und Ökonomische Geographie zu 50 % an der Geographie-Ausbildung der Studierenden beteiligt, und das Geographische Institut nahm in der Folge ausschließlich Ausbildungsverpflichtungen in Physischer Geographie wahr. Für die rein organisatorische Koordinierung der Ausbildung zwischen beiden Ausbildungseinrichtungen sorgte ein Fachrichtungsleiter, der zumindest während der 50er Jahre in ein- bis zweijährigem Turnus zwischen den Instituten wechselte. (Späterhin verblieb die Fachrichtungsleitung gänzlich beim Institut für Politische und Ökonomische Geographie.)

Die näheren Umstände der Institutsvereinigung unter dem Direktorat des engen Sanke-Mitarbeiters Horst Kohl (1926-1983) und die mutmaßlichen Gründe mögen hier übergangen werden. Wichtiger war ohnehin die sog. 3. Hochschulreform im Jahre 1968 mit ihren Folgen für die weitere Institutsentwicklung.

Die 3. Hochschulreform bestand zunächst in der Gründung von Sektionen als selbständigen, der Universitätsleitung direkt unterstellten wissenschaftlichen Organisationseinheiten. Der Sektionsdirektor wurde von der Universitätsleitung ernannt, sicherlich nach vorheriger Konsultation mit der SED-Parteileitung. Fachspezifisch definierte ehemalige Institute besaßen nun nur noch die Stellung von Wissenschaftsbereichen innerhalb der

Sektionen. Jedem Sektionsdirektor stand ein Stellvertreter für Erziehung und Ausbildung bzw. für Forschung zur Seite.

Offiziell erklärtes weiteres Ziel der 3. Hochschulreform war die Einführung der fremdfinanzierten Vertragsforschung mit gesellschaftlichen Auftraggebern. Strenge Personal- und Mittelkonzentration auf jeweils wenige Schwerpunktthemen war gefordert.

Unter Rücksicht auf diese Vorgaben kam es noch im September 1968 zur Gründung einer Sektion Geographie. In ihr wurden außer dem bereits vereinigten Geographischen Institut auch die geographische Unterrichtsmethodik von der Pädagogischen Fakultät und ein Traditionslehrstuhl für Geologie als Rest des damals aufgelösten Geologischen Instituts zusammengefaßt. Der Traditionslehrstuhl wurde nie besetzt, sondern durch den damaligen Oberassistenten und späteren Dozenten Siegfried Chrobok (1930-1999) vertreten. Die Sektion erfuhr eine Gliederung in die Wissenschaftsbereiche Physische Geographie, Politische und Ökonomische Geographie sowie Methodik des Geographie-Unterrichts. Sektionsdirektoren waren nacheinander Heinz Sanke bis 1975, Alfred Zimm 1975-1982 und ab 1982 Inge Paulukat, alle der Politischen und Ökonomischen Geographie zugehörige Hochschullehrer.

Für die Vertragsforschung wurden themengebunden spezielle Forschungsgruppen unter jeweils einem Forschungsgruppenleiter eingerichtet. Sie waren zwar in der Regel personell mit den Mitgliedern der Wissenschaftsbereiche identisch, unterstanden aber dem stellvertretenden Sektionsdirektor für Forschung.

Die Vertragsforschung bewegte sich bis etwa 1976 in einem sektionseinheitlichen Rahmen, d.h. fast alle Sektionsmitglieder wurden durch die Sektionsleitung verpflichtet, an einem einheitlichen Forschungsthema zu arbeiten. Für die älteren Mitglieder des ehemaligen Geographischen Instituts bedeutete diese strikte Bindung eine radikale Beschneidung ihrer traditionellen Forschungsfelder, auf denen, wie bereits geschildert, beachtliche Erfolge errungen worden waren. Um die dort erworbene Sachkompetenz nicht zu gefährden, bemühten sie sich trotz verordneter Vertragsforschung, die Arbeit auf ihren angestammten Forschungsfeldern wenigstens außerdienstlich weiterzuführen.

Die Vertragsforschung fand zunächst unter weit überwiegend ökonomisch-geographischer Themenstellung statt. Bis etwa 1972 bestand sie in Naherholungsforschung für Berlin, sowohl hinsichtlich einer repräsentativen innerstädtischen Bedarfsermittlung als auch hinsichtlich einer Bewertung des Erholungspotentials von ausgewählten Umlandgebieten und deren rationeller Gestaltung für Naherholungszwecke. Ab 1972 wurde im Rahmen einer territorialen Strukturforschung zu Stadt-Umland-Beziehungen der sog. Städte der Makrostruktur gearbeitet, zunächst im staatlichen Verwaltungsbezirk Frankfurt/Oder. Ab etwa 1977 konzentrierte sich diese Forschung auf die Stadt-Umland-Region der Metropole Berlin und beschränkte sich sodann personell fast ausschließlich auf Mitarbeiter der ökonomischen Geographie; nur eine kleine Arbeitsgruppe von Vertretern der physischen Geographie steuerte weiterhin naturräumliche Grundlagen bei. Weitere Informationen über die einschlägigen Arbeitsergebnisse, soweit deren Veröffentlichung überhaupt zugelassen war, finden sich bei SCHERF, RUMPF und KALISCH 1987; zu ergänzen wäre, da dort nicht erwähnt, eine zusammenfassende Arbeit zu Nutzungsproblemen des Naturraumes im Umland von Mittelstädten (CHROBOK u.a.1976) mit weiteren Angaben zu Publikationen aus dem Hause.

Für den naturwissenschaftlichen Fachbereich eröffnete sich etwa ab 1976 die Möglichkeit einer wenigstens fachdisziplingemäßeren Vertragsforschung. Im Rahmen eines Generalthemas „Laterale Stofftransportprozesse in verschiedenen Landschaftstypen", d.h. unter verschiedenen Transportbedingungen, wurde von der Forschungsgruppe Physische Geographie ein Beckenraum im Jungmoränengebiet bei Biesenthal nördlich von Berlin nach vielfältigen Gesichtspunkten und mit zum Teil mehrjährigen Messungen untersucht. Insbesondere wurde versucht, die Stoffeinträge natürlicher und landwirtschaftlicher Art in die „Beckenfalle" zu bestimmen. (Vgl. zur Gesamtthematik CHROBOK, MARKUSE und NITZ 1980 sowie CHROBOK 1987.) Zusätzlich konnten Einsichten in die späteiszeitliche und nacheiszeitliche Beckenentwicklung gewonnen und verallgemeinert werden (NITZ 1984).

Vorläufige Abschlußberichte zur Verfügung der jeweiligen Auftraggeber für die physisch-geographische Prozeßforschung und die territoriale Strukturforschung wurden ziemlich gleichzeitig Mitte der 80er Jahre fertiggestellt. Aus beiden Forschungsrichtungen fielen zudem im Laufe der Zeit zahlreiche Einzelstudien an. Zum guten Teil mußten sie wegen Vertraulichkeitseinstufung seitens der Auftraggeber unveröffentlicht bleiben. Studierende waren in großer Anzahl über ihre Abschlußarbeit in Detailuntersuchungen eingebunden.

Auf weitere aufwendige Sonderaufgaben kann nur kurz hingewiesen werden. Hierzu gehört die Mitherausgeberschaft (M. Hendl) bzw. die Mitautorschaft mehrerer Sektionsmitglieder an einer 18 Bände umfassenden Studienbücherei Geographie, deren Einzelbände ab 1976 in teilweise mehrfacher Auflage erscheinen konnten, ferner die Mitarbeit an Einzelkarten des „Atlas DDR" (1981) oder die Mitarbeit an sonstigen Buchpublikationen. Zu den letzteren ist insbesondere die ausführliche „Physische Geographie der ostdeutschen Länder" (Kurztitel) zu rechnen; sie war ursprünglich als „Physische Geographie der DDR" konzipiert und erarbeitet worden, konnte jedoch nach mehrjähriger Verzögerung erst 1991 gedruckt werden (Autorenkollektiv 1991). An ihr war die physische Geographie der Berliner Universitätssektion mit jeweils umfangreichen Anteilen von M. Hendl, J. Marcinek und B. Nitz beteiligt.

8. Die Geographie an der Humboldt-Universität zu Beginn der Nachwendezeit 1990-1993

Die unmittelbare Nachwendezeit, also das Jahr 1990, stellte sich als besonders schwierig heraus. Es gab anfangs überhaupt keine Verfahrenskonzepte. Einerseits existierte noch die alte Sektionsstruktur fort, andererseits war es notwendig, demokratischen Verfahrensweisen Eingang zu verschaffen. Hierfür wurde zu sektionsspezifischen Lösungen gegriffen, die zu erörtern hier zu weit führen würde. Eine endgültige Lösung brachte ohnehin erst ein neues Universitätsstatut vom 15. Oktober 1990. Es setzte die Sektionsstruktur außer Kraft und ermöglichte die Wahl eines Fachbereichsrates und eines Fachbereichsdekans. Beide Wahlverfahren wurden bis Mitte November 1990 abgeschlossen.

In den beiden Folgejahren arbeiteten nacheinander zwei Kommissionen an der Erarbeitung einer neuen effektiven Fachbereichsstruktur.

Die erste, ältere Kommission gehörte zu den universitätsinternen Personal- und Strukturkommissionen, die 1991 auf Beschluß eines außerordentlichen Universitätskonzils an allen neu gebildeten Fachbereichen eingerichtet und von der Gesamtheit der

Fachbereichsangehörigen gewählt wurden. Sie hatte neben der Erarbeitung einer neuen Fachbereichsstruktur auch die Aufgabe, die vorhandenen Mitarbeiter nach fachlicher und persönlicher Eignung zu evaluieren. In überaus aufwendiger und oft auch persönlich konfliktträchtiger Kommissionsarbeit wurden die Probleme zu lösen versucht. Im Ergebnis schieden rd. 25 % des ehemaligen Mitarbeiterbestandes aus, teils wegen Nichtempfehlung zur Weiterbeschäftigung, teils wegen Erreichens des Rentenalters, teils auch wegen des Auslaufens befristeter Assistentenverhältnisse.

Im Unterschied zu dieser ersten Kommission arbeitete die zweite auf neuer landesrechtlicher Grundlage und besaß größere Vollmachten. Die Mitglieder dieser Struktur- und Berufungskommission (so die offizielle Bezeichnung) wurden vom Wissenschaftssenator des Landes Berlin berufen und wurden nahezu paritätisch von Hochschullehrern aus den alten Bundesländern und hierfür gewählten Fachbereichsvertretern gestellt. Der Kommission gehörten an H. Hagedorn (Würzburg), H. H. Blotevogel (Duisburg), H. Popp (Passau) sowie aus dem Berliner Fachbereich M(arlies) Schulz, M. Hendl, J. Marcinek, B. Nitz und als Vertreter der Studierenden M. Schumacher. In sehr kollegialer Zusammenarbeit wurde unter dem ständigen Vorsitz von H. Hagedorn zwischen Januar und März 1992 ein umfassendes neues Strukturkonzept für ein Geographisches Institut erarbeitet. Nach dessen Billigung konnte die Neubesetzung der genehmigten Hochschullehrer- und Mitarbeiterstellen in Angriff genommen werden. Neuberufungsverfahren im ersteren Falle und oft langwierige Verhandlungen mit teilweisen Übergangslösungen im letzteren Falle zogen sich noch bis Mitte 1993 hin.

Die damals geschaffene Struktur besteht bis heute und hat sich ausgezeichnet bewährt. Doch ist diese allerjüngste Entwicklungsetappe nicht mehr Gegenstand der vorgelegten historischen Betrachtung.

Literatur (im Text erwähnte Veröffentlichungen)

BOBEK, H. (1948): Gedächtnisrede auf Norbert Krebs, gehalten in der besonderen Sitzung des Geographischen Kolloquiums in Freiburg i. Br. am 19.Januar 1948. Vervielfältigtes maschinenschriftliches Manuskript.

CHROBOK, S. M. (1987): Physisch-geographische Prozeßforschung - Gedanken zu Zielstellung, Methoden und Realisierung im Lehr- und Forschungsprozeß an der Sektion Geographie der Humboldt-Universität. In: Wissenschaftl. Zeitschr. d. Humboldt-Universität zu Berlin, Math.-Nat. Reihe, Bd. 36, H. 3, S. 237-242. (Zugleich Berliner Geographische Arbeiten Nr. 74: Berliner Geographie in Vergangenheit und Gegenwart.)

CHROBOK, S. M., u.a. (1976.): Nutzungsprobleme des Naturraumes im Umland von Mittelstädten der zentralen DDR. In: Petermanns Geographische Mitteilungen, Bd. 120, H.3, S. 207-215.

CHROBOK, S. M., G. MARKUSE u. B. NITZ (1980): Physisch-geographische Prozeßforschung im Bereich des Biesenthaler Beckens/Barnim. In: Geographische Berichte, Jg. 1980, H. 3, S. 165-178.

GESELLSCHAFT FÜR ERDKUNDE ZU BERLIN (1905): Gedächtnisfeier der Gesellschaft für Erdkunde zu Berlin für Ferdinand Freiherr von Richthofen 29. Oktober 1905. Berlin.

HAEFKE, F. (1959): Physische Geographie Deutschlands. Eine Einführung mit Betonung der Geomorphologie. (Norddeutschland von Margot Sander und Hella-Maria Kinzel.) Berlin.

HENDL, M. (1963): Systematische Klimatologie. Berlin.

HENDL, M. (1966 a): Grundfragen der genetischen Klimasystematik. In: Zeitschr. f. Meteorologie, Bd. 17, H. 9-12, S. 280-290.

HENDL, M. (1966 b): Grundriß einer Klimakunde der deutschen Landschaften. Leipzig.

HENDL, M. (1981): Zum Gedenken an Prof. Dr. Fritz Haefke. In: Geographische Berichte, Bd. 26, S. 59-60.

HENDL, M. (1987): Physisch-geographische Überseeforschung am Geographischen Institut der Universität Berlin. In: Wissenschaftl. Zeitschr. d. Humboldt-Universität zu Berlin, Math.-Nat. Reihe, Bd. 36, H.3, S. 197-204. (Zugleich Berliner Geographische Arbeiten Nr. 74: Berliner Geographie in Vergangenheit und Gegenwart.)

HENDL, M. (1994): Das Klima [Deutschlands] . Kapitel A I (S. 23-119) in H. LIEDT KE u. J. MARCINEK (Hrsg.), Physische Geographie Deutschlands. Gotha. - 3. Aufl. (S. 17-126), Gotha u. Stuttgart 2002.

JAEGER, F. (1928): Afrika. Leipzig.

JAEGER, F. (1939): Die Trockenseen der Erde. Petermanns Geographische Mitteilungen, Ergänzungsheft Nr. 236. Gotha.

JAEGER, F. u. L. WAIBEL (1920/21): Beiträge zur Landeskunde von Südwestafrika. Teil I. (Übersichten.) Mitteilungen aus den Deutschen Schutzgebieten, Ergänzungsheft Nr. 14, Berlin 1920. - Teil II. (Landschaften des nördlichen Südwestafrika.) Mitteilungen aus den Deutschen Schutzgebieten, Ergänzungsheft Nr. 15, Berlin 1921.

JUNGE, A. (Hrsg. 1940): Deine deutsche Heimat - Erläuterungen und Deckblätter zur Karte des Deutschen Reiches 1 : 100 000 des Reichsamts für Landesaufnahme. Erste Folge: Die Mark Brandenburg in 45 Blättern unter wissenschaftlicher Beratung und in Gemeinschaft mit Dr. Herbert Lehmann, Dr. Herbert Lembke ... bearbeitet vom Herausgeber. o.O.

KREBS, N. (1913): Länderkunde der Österreichischen Alpen. (Bibliothek Geographischer Handbücher.) Stuttgart.

KREBS, N. (1928): Die Ostalpen und das heutige Österreich. Bd. 1-2. (Bibliothek Geographischer Handbücher.) Stuttgart. [Erweiterte Neufassung von KREBS 1913]

KREBS, N. (1931): Der Südwesten. In N. KREBS (Hrsg.), Landeskunde von Deutschland. Bd. 3. Leipzig u. Berlin.

KREBS, N. (1939): Vorderindien und Ceylon. (Bibliothek Geographischer Handbücher.) Stuttgart.

MARCINEK, J. (1964): Der Abfluß von den Landflächen der Erde und seine Verteilung auf 5°-Zonen. Mitteilungen d. Institutes für Wasserwirtschaft Berlin, H. 21.

MARCINEK, J. (1967): Über das Abflußverhalten mitteleuropäischer Flüsse. In: Wissenschaftl. Zeitschr. d. Humboldt-Universität zu Berlin, Math.-Nat. Reihe, Bd. 16, H. 3, S. 351-358.

MARCINEK, J. (1975): Das Wasser des Festlandes. Gotha u. Leipzig.

MARCINEK, J. (1987): Die Glazialforschung am Berliner Geographischen Institut. In: Wissenschaftl. Zeitschr. d. Humboldt-Universität zu Berlin, Math.-Nat. Reihe, Bd. 36, H. 3, S. 216-225. (Zugleich Berliner Geographische Arbeiten Nr.74: Berliner Geographie in Vergangenheit und Gegenwart.)

MARCINEK, J., u. B.NITZ (1973): Das Tiefland der Deutschen Demokratischen Republik. Leitlinien seiner Oberflächengestaltung. Gotha u. Leipzig.

NITZ, B. (1984): Grundzüge der Beckenentwicklung im mitteleuropäischen Tiefland - Modell einer Sediment- und Reliefgenese. In: Petermanns Geographische Mitteilungen, Bd. 128, H. 2, S.133-142.

NITZ, B. u. G. MARKUSE (1987): Die Periglazialforschung am Berliner Geographischen Institut. In: Wissenschaftl. Zeitschr. d. Humboldt-Universität zu Berlin, Math.-Nat. Reihe, Bd. 36, H. 3, S. 230-236. (Zugleich Berliner Geographische Arbeiten Nr.74: Berliner Geographie in Vergangenheit und Gegenwart.)

PAULUKAT, I. (1987): Die Geographie an der Berliner Universität von 1810 bis 1986. In: Wissenschaftl. Zeitschr. d. Humboldt-Universität zu Berlin, Math.- Nat.Reihe, Bd. 36, H. 3, S. 174-190. (Zugleich Berliner Geographische Arbeiten Nr.74: Berliner Geographie in Vergangenheit und Gegenwart.)

PENCK, A. (1879): Die Geschiebeformation Norddeutschlands. In: Zeitschr. d. Deutschen Geologischen Gesellschaft, Bd. 31, S.117-203.

PENCK, A. (1882): Die Vergletscherung der deutschen Alpen, ihre Ursachen, periodische Wiederkehr und ihr Einfluß auf die Bodengestaltung. Leipzig.

PENCK, A. (1887): Das Deutsche Reich. (Länderkunde des Erdteils Europa, hrsg. v. A.KIRCHHOFF. Erster Teil, erste Hälfte.) Wien u. Prag, Leipzig.

PENCK, A. (1894): Morphologie der Erdoberfläche. Bd. 1-2. (Bibliothek Geographischer Handbücher.) Stuttgart.

PENCK, A. (1907): Das Museum für Meereskunde zu Berlin. In: Meereskunde/ Sammlung volkstümlicher Vorträge, Bd. 1, H. 1.
PENCK, A. (1910): Versuch einer Klimaklassifikation auf physiogeographischer Grundlage. In: Sitzungsberichte d. Preußischen Akademie d. Wissenschaften Berlin, Phys.-Math. Klasse, Jgg. 1910, S. 236-246.
PENCK, A. u. E. BRÜCKNER (1901-1909): Die Alpen im Eiszeitalter. Bd. 1-3. Leipzig.
RICHTHOFEN, F. von (1877-1912): China. Bd. 1-3. Berlin.
RICHTHOFEN, F. von (1885-1916): Atlas von China. Berlin. 1. Abt. Das nördliche China. 1885. - 2. Abt. Das südliche China. 1916. (Bearbeiter: M. Groll).
RICHTHOFEN, F. von (1883): Aufgaben und Methoden der heutigen Geographie. Leipzig.
RICHTHOFEN, F. von (1886): Führer für Forschungsreisende. Berlin.
RÜHL, A. (1913): Der Hafen von Newport News, ein amerikanisches Verkehrsproblem. In: Zeitschr. d. Gesellschaft f. Erdkunde zu Berlin, Jgg. 1913, H. 9, S.695-712.
RÜHL, A. (1920): Die Nord- und Ostseehäfen im deutschen Außenhandel. Untersuchungen über das Hinterland der an der deutschen Ein- und Ausfuhr beteiligten Häfen. Veröffentlichungen des Instituts für Meereskunde an der Universität Berlin, Neue Folge, Historisch-volkswirtschaftliche Reihe B, H. 3.
RÜHL, A. (1925): Vom Wirtschaftsgeist im Orient. (Studien über den Wirtschaftsgeist der Völker.) Leipzig.
RÜHL, A. (1927): Vom Wirtschaftsgeist in Amerika. (Studien über den Wirtschaftsgeist der Völker.) Leipzig.
RÜHL, A. (1928): Vom Wirtschaftsgeist in Spanien. (Studien über den Wirtschaftsgeist der Völker.) Leipzig.
RÜHL, A. (1929): Das Standortsproblem in der Landwirtschafts-Geographie. (Das Neuland Ostaustralien.) Veröffentlichungen des Instituts für Meereskunde an der Universität Berlin, Neue Folge, Historisch-volkswirtschaftliche Reihe B, H. 6.
SCHERF, K., H. RUMPF u. K. H. KALISCH (1987): Geographie und Territorialplanung. In: Wissenschaftl. Zeitschr. d. Humboldt-Universität zu Berlin, Math.-Nat. Reihe, Bd. 36, H. 3, S. 243-250. (Zugleich Berliner Geographische Arbeiten Nr.74: Berliner Geographie in Vergangenheit und Gegenwart.)
SEGER, G. (1959): Physische Geographie der Sowjetunion. (Lehrbrief für das Fernstudium der Oberstufenlehrer.) Potsdam.
Atlas zur Erd- und Länderkunde. Große Ausgabe. Unter wissenschaftlicher und methodischer Verantwortung von Prof. Dr. Fritz Haefke, Berlin, hergestellt in der Arbeitsgemeinschaft Volk und Wissen Verlag Berlin/Leipzig und Justus Perthes [später VEB Hermann Haack Geographisch-Kartographische Anstalt] Gotha. 1951. [Mehrere Nachauflagen.]
Atlas Deutsche Demokratische Republik (1981). Hrsg. von der Akademie d. Wissenschaften der DDR in Zusammenarbeit mit dem VEB Hermann Haack Geographisch-Kartographische Anstalt Gotha/Leipzig. Vorsitzender der Herausgeber-Kommission: Edgar Lehmann.
Autorenkollektiv (1991): Physische Geographie / Mecklenburg-Vorpommern, Brandenburg, Sachsen-Anhalt, Sachsen, Thüringen. Gotha. [Kurztitel: Physische Geographie der ostdeutschen Länder.]
Länderkundliche Forschung (1936): Festschrift zur Vollendung des sechzigsten Lebensjahres Norbert Krebs dargebracht von seinen Schülern, Mitarbeitern, Freunden und dem Verlag. Herausgegeben von Herbert Louis (Ankara) und Wolfgang Panzer (Heidelberg). Stuttgart.

Anschrift des Verfassers:
Prof. em. Dr. Manfred Hendl,
Geographisches Institut der Humboldt-Universität zu Berlin,
Unter den Linden 6, 10099 Berlin.
(Privat: Straßburger Straße 36, 10405 Berlin)

Das Geographische Institut der Humboldt-Universität zu Berlin an seinem neuen Standort, dem Wissenschafts- und Wirtschaftscampus Adlershof

von WILFRIED ENDLICHER, Berlin

1. Standort

Als das Geographische Institut 1994 in den Hinterhof der Chausseestraße 86 zog, war dies hinsichtlich der Raumsituation eine erhebliche Verbesserung. Die Beschlüsse des Berliner Senats, das Entwicklungsgebiet Adlershof im Südosten der Stadt zu einem Wissenschafts- und Wirtschaftscampus auszubauen und der Beschluss der Humboldt-Universität, die beiden Mathematisch-Naturwissenschaftlichen Fakultäten dorthin zu verlagern, eröffneten aber bereits wenige Jahre später neue Perspektiven. Für die Institute Mathematik, Informatik, Chemie und Physik wurden Neubauten geplant und für die Institute Psychologie und Geographie der Umbau von zwei Kasernengebäuden vorgesehen, die durch je einen neuen Glasturm als Kopfbau an der Rudower Chaussee ergänzt wurden. Als Kern des Campus entstand ein großer Forumsplatz sowie das Erwin-Schrödinger-Zentrum als Bibliotheks- und Lehrgebäude. Im Rückblick haben sich diese Planungsüberlegungen als weitblickend und zielführend erwiesen. So titelte am 13. September 2001 etwa die Wochenzeitung „Die Zeit": „Wer in Berlin nach Zukunft fragt, landet früher oder später in Adlershof, dem modernsten Technologiepark Europas".

Abb. 1: Das Geographische Institut im Alfred-Rühl-Haus auf dem Wissenschafts- und Wirtschaftscampus Adlershof im Südosten von Berlin

Im September 2003 erfolgte der Umzug des Geographischen Institutes an seinen nunmehr fünften Standort, wiederum verbunden mit einer erheblichen Erweiterung der Raumkapazität (Abb. 1). Vor allem ging die Vereinzelung des Physisch-Geographischen Labors im Stadtteil Wendenschloß zu Ende. Der gesamte Laborbereich wurde neu konzipiert und ausgebaut. Namensgeber der neuen Institutsgebäude ist Alfred Rühl, der Altmeister der deutschen Wirtschaftsgeographie (1882 – 1935).

Nach einem Jahrzehnt in einem idyllischen Berliner Hinterhof im Bezirk Mitte ist das Institut nun Teil des naturwissenschaftlichen Campus Adlershof, von dem in engem Kontakt mit Wirtschafts- und Medienunternehmen ein wesentlicher Impuls für die Berliner Wissenschafts- und Wirtschaftslandschaft ausgehen soll.

2. Institutsstruktur

Die gegenwärtige Struktur des Geographischen Institutes der Humboldt-Universität zu Berlin trägt dem breiten Fachspektrum der Geographie und den daraus resultierenden beruflichen Tätigkeiten in Forschung und Lehre Rechnung. Auf Grund der finanziellen Engpässe des Landes Berlin wurde 2003 eine Neustrukturierung der Berliner Universitäten notwendig, als deren Ergebnis die 10 Professuren des Geographischen Institutes auf acht – die Zahl, die bisher auch zur Besetzung freigegeben war – gekürzt wurden. Das Institut gliedert sich nunmehr in die vier Abteilungen Physische Geographie, Humangeograpie, Geoinformatik und Fachdidaktik. Die Physische Geographie umfasst Professuren für Klimatologie, Geomorphologie und Landschaftsökologie, die Humangeographie Professuren für Wirtschaftsgeographie, Kulturgeographie und Angewandte Geographie, die Geomatik Professuren für Geoinformatik und Geographische Fernerkundung, zu denen schließlich noch die Professur für Fachdidaktik der Geographie tritt (Abb. 2).

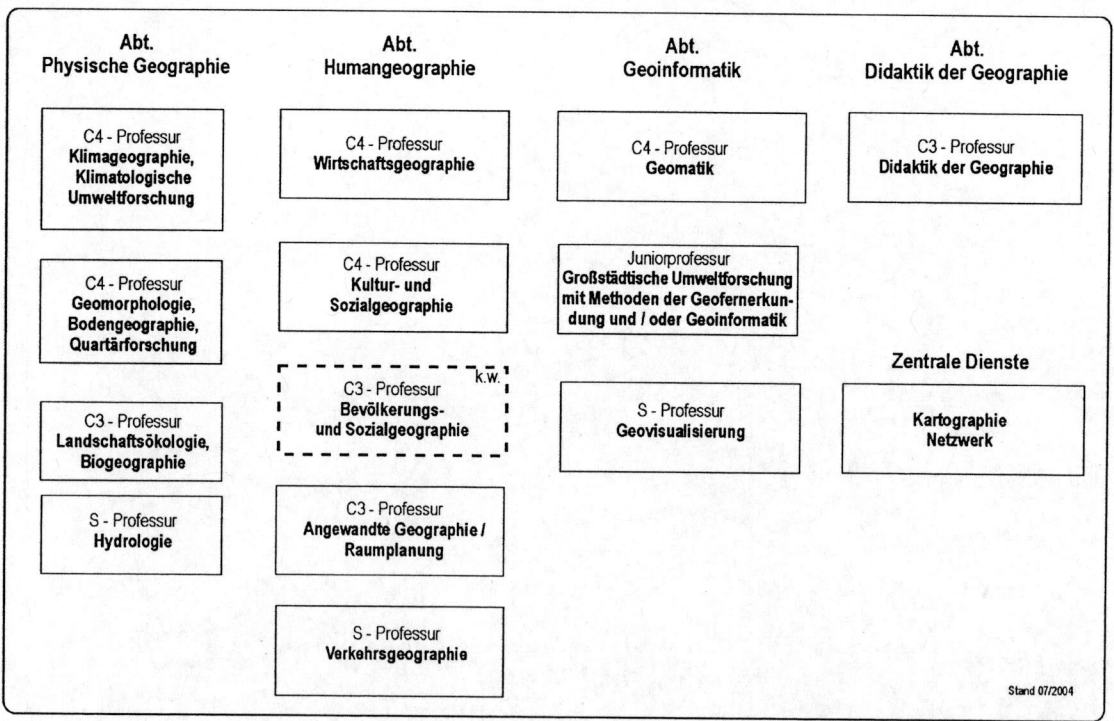

Abb. 2: Abteilungen und Fachgebiete des Geographischen Institutes der Humboldt-Universität zu Berlin

Zu diesen Professuren in den Kernbereichen der Geographie kommen noch die Sonderprofessuren für Hydrologie (zusammen mit dem Institut für Gewässerökologie und Binnenfischerei) und für Verkehrsgeographie (zusammen mit dem Deutschen Zentrum für Luft- und Raumfahrt, ebenfalls auf dem Campus Adlershof beheimatet). Eine weitere Professur für Geovisualisierung ist zurzeit zusammen mit dem Geoforschungszentrum Potsdam im Besetzungsverfahren. Die Kooperation mit dem Potsdam Institut für Klimafolgenforschung ist durch eine außerplanmäßige Professur für Klimasystematik und eine Privatdozentur hergestellt.

3. Profilbildung und Forschungsaktivitäten

Im Herbst 2002 wurde die Lehre des Institutes und im Sommer 2003 seine Forschungsleistung extern evaluiert. Beide Evaluationen ergaben übereinstimmend, dass der Schwerpunkt der Institutsarbeit in Forschung und Lehre auf dem Gebiet der *Großstadt- und Metropolenforschung* liegen sollte. Als nachgeordneter Schwerpunkt ist das Themenfeld *Umwelt und Lebensqualität in Schwellen- und Transformationsländern* ausgewiesen. Neben den Aufgaben in allgemeiner Geographie und regionaler Geographie bilden die Institutsschwerpunkte eine Möglichkeit, die Kräfte aus den verschiedenen Abteilungen und Fachgebieten zu bündeln und gemeinsame Projekte in Forschung und Lehre voranzutreiben (Abb. 3).

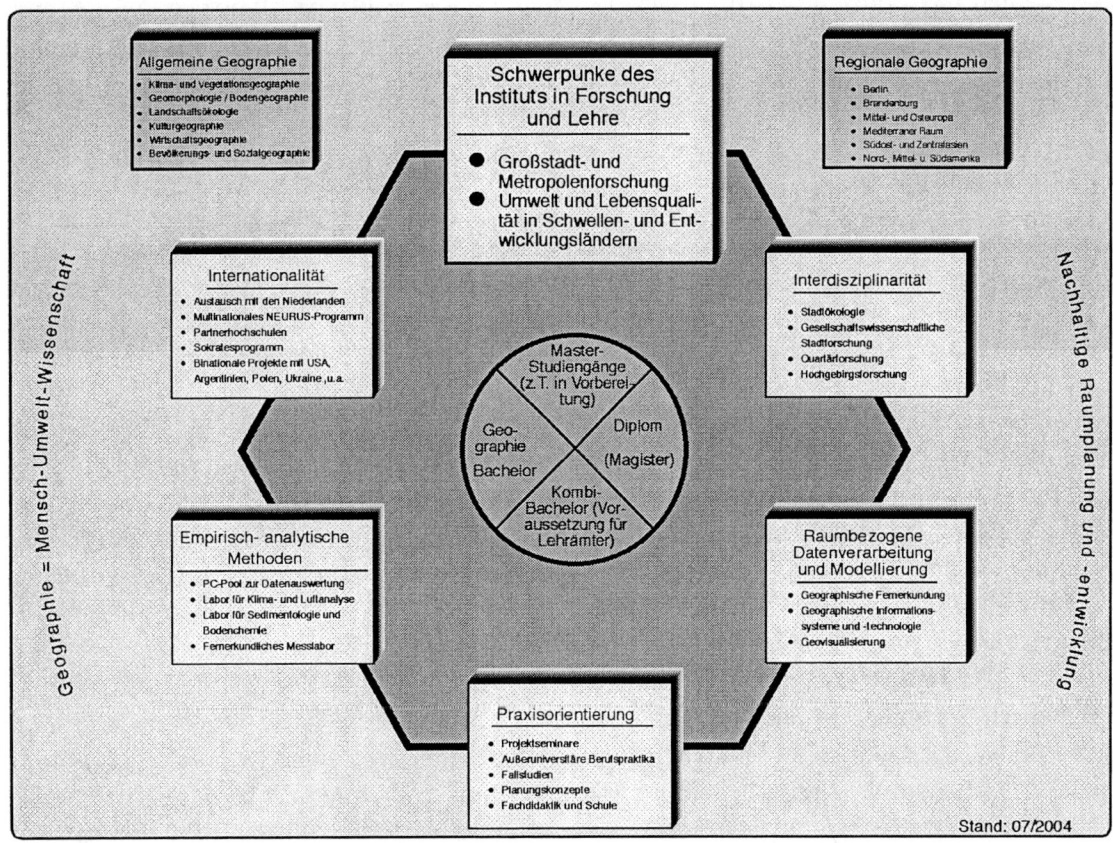

Abb. 3: Das Profil des Institutes im Jahre 2004

Bereits seit längerer Zeit bearbeiten Institutsangehörige Forschungsfragen zu innerstädtischen Nutzungsstrukturen in Berlin und leiten daraus Handlungshinweise für die räumliche Planung ab. Ein gemeinsamer DFG-Antrag zu Einrichtung einer Forschergruppe

mit dem Thema "Leben in der Großstadt" wurde zu Beginn des Jahres 2002 gebilligt. Gegenstand der Untersuchung ist der Zusammenhang zwischen der Veränderung räumlicher Nutzungsstrukturen und aktionsräumlichen Verhaltensweisen. An diesem Projekt sind drei Professoren der Humangeographie beteiligt. Zum April 2002 wurde das auf vorerst drei Jahre ausgelegte Graduiertenkolleg „Stadtökologische Strukturen einer europäischen Metropole – das Beispiel Berlin" eingerichtet. An ihm sind ebenfalls drei Hochschullehrer als Teilprojektleiter beteiligt, außerdem kommt dem Institut die Sprecherfunktion zu. Das Fachgebiet Klimatologie hat sich in den vergangenen Jahren auf die Untersuchung des Stadtklimas und der Luftbelastungen von Berlin spezialisiert, das Fachgebiet für Geomorphologie und Bodengeographie hat die Untersuchung Berliner Böden ebenso aufgenommen, wie das Fachgebiet für Landschaftsökologie die Thematik Berliner Parks. Die Professur für Hydrologie ist mit einem Projekt zu Mechanismen der Uferfiltration am Berliner Kompetenzzentrum Wasser vertreten. In der Abteilung für Kultur- und Sozialgeographie erfolgt Metropolenforschung zu Fragen der CBD-Entwicklung, Standortbildung von Bürohochhäusern und Bürostädten, Lokalisation des Verbandswesens, Mobilität von Fach- und Führungskräften, der ethnischen und sozialen Segregation sowie zur Organisation von Stadt-Umland-Verbänden. Die Beispiele zeigen, dass dieser Schwerpunkt bereits seit einiger Zeit durch intensive Forschungsaktivitäten ausgefüllt wird. Forschung und Lehre sind dabei aber keineswegs auf Berlin allein ausgerichtet. Zahlreiche Kontakte bestehen zu F&E-Institutionen in anderen europäischen Großstädten wie Frankfurt, Amsterdam, Lissabon, Wien, Budapest, Warschau und Kiew, aber auch außereuropäischen wie Seattle, Toronto, Havanna, Buenos Aires, Quito und Kuala Lumpur. Die Zusammenarbeit manifestiert sich dabei im Personenaustausch und in gemeinsamen Lehrveranstaltungen, Symposien und Forschungsanträgen.
Die Fachgebietsleiter der Geographie sind sich einig, dass eine weitere Vertiefung dieses Schwerpunktes sowohl für das Institut als auch die Gesamtuniversität Sinn macht und zur Lösung wichtiger natur- und gesellschaftswissenschaftlicher Fragen beiträgt.

4. Lehre

Im vergangenen Jahrzehnt hat sich die Zahl der Studierenden am Geographischen Institut von ca. 1000 im Jahre 1995 um ein Drittel auf ca. 1500 im Jahre 2003 erhöht, und dies bei gleich gebliebenem und seit den Kürzungsvorgaben des Jahres 2003 abnehmendem Lehrpersonal. Dies ist eine der ganz großen Herausforderungen für die aktuelle Institutsarbeit. Zudem hat das Institut die Umsetzung des Bologna-Protokolls der Europäischen Union aus dem Jahre 1999 in Angriff genommen. So wurde im Wintersemester 2003/2004 die Lehre im Studiengang *Bachelor in Geographie* aufgenommen. Dieser Studiengang soll 2006/2007 mit drei konsekutiven *Masterstudiengängen zur Geographie der Großstadt* ausgebaut werden. Ab Wintersemester 2004/2005 ist darüber hinaus die Aufnahme der Lehre in einem neuen Bachelorstudiengang für das Lehramt vorgesehen. Auch diese Neuerungen, von denen sich das Institut insbesondere eine Verkürzung der Studienzeiten und eine Verbesserung der Studienleistungen erhofft, werden das Personal vor neue, zusätzliche Aufgaben stellen. Die Ausrichtung des Schulgeographentages 2004 durch das Institut in Zusammenarbeit mit dem Landesverband Berlin der Deutschen Schulgeographen auf dem Campus Adlershof stellt sozusagen den Startschuss für diese neue Variante des Lehramtsstudiums dar, wo Berlin als erstes Bundesland voranschreitet, die anderen jedoch in Kürze folgen werden.

5. Vernetzung des Institutes auf dem Campus und in Berlin

Moderne Forschung und Lehre wird zunehmend in Netzwerken durchgeführt. Der Umzug auf den Wissenschafts- und Wirtschaftscampus Adlershof stellt dafür die räumlichen und infrastrukturellen Rahmenbedingungen zur Verfügung. Bereits vor dem Umzug hat sich ein *Umweltnetzwerk Adlershof* gebildet, an dem neben der Geographie die Institute für Informatik, Chemie und Psychologie sowie außeruniversitäre Großforschungseinrichtungen und ein Institut der Brandenburgisch-Technischen Universität Cottbus mit Sitz in Adlershof beteiligt sind (Abb. 4).

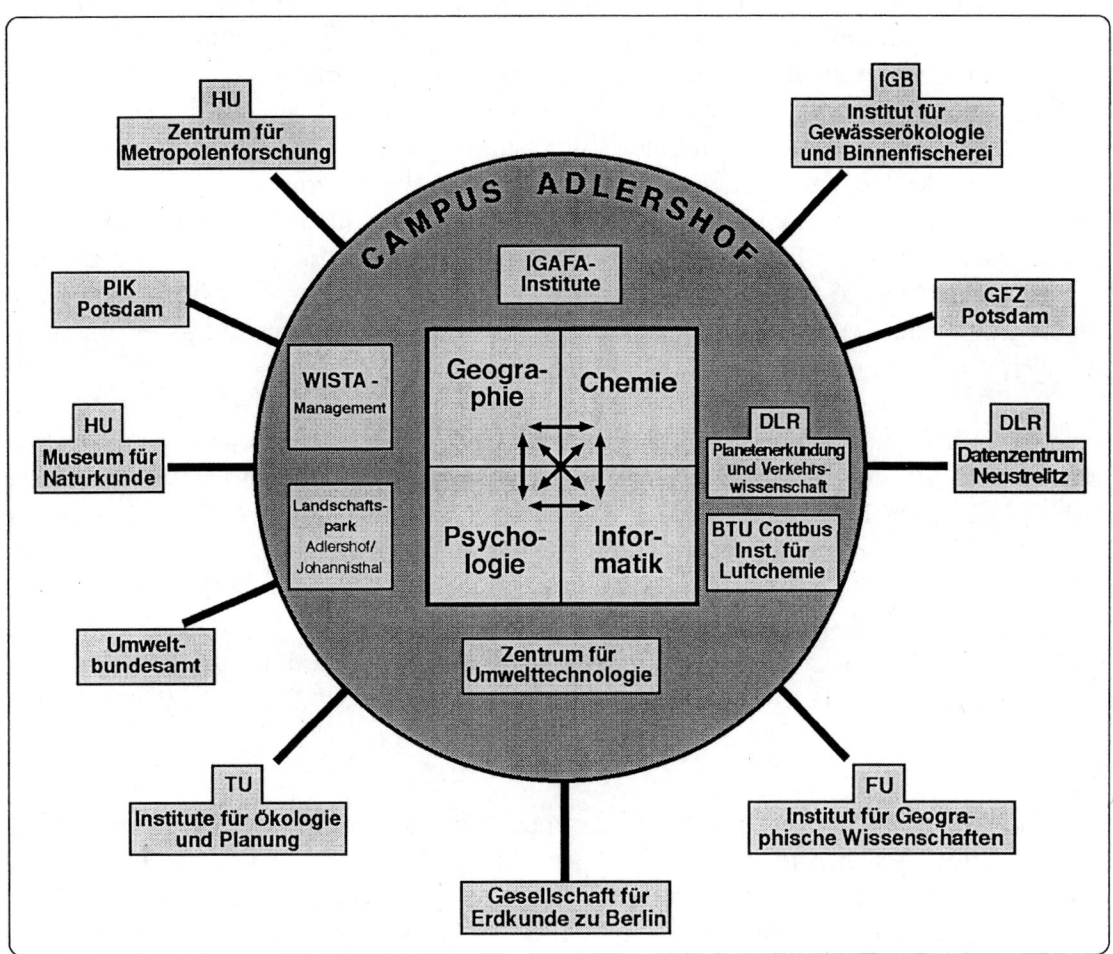

Abb. 4: Vernetzung des Geographischen Institutes auf dem Campus Adlershof und im Berliner Raum

Als erste Aktivität dieses Netzwerkes wurde eine gemeinsame interdisziplinäre Ringvorlesung im Sommersemester 2003 durchgeführt, die bei den Studierenden der beteiligten Institute einen großen Anklang gefunden hat. Auch erste Konzepte für Forschungsaktivitäten wurden bereits entworfen bzw. befinden sich in der Antragstellung. Darüber hinaus bietet die Ausbildung des Institutes in Geoinformatik mehrere Anknüpfungspunkte für gemeinsame Aktivitäten mit dem Institut für Informatik, z.B. auf dem Gebiet der Mustererkennung/Bildverarbeitung – ein weiterer Adlershof-Schwerpunkt – und der Satellitenfernerkundung sowie zu den Themen Datenbanken und Informationssysteme, Wissensmanagement und Informationsintegration. Zwischen Geographie und Chemie besteht bereits eine Kooperation auf dem Gebiet der Umweltchemie. Mit dem Institut für

Psychologie gibt es einen lebhaften Austausch bezüglich der Umweltwahrnehmung. Neben diesen Synergien zwischen den verschiedenen Instituten der Humboldt-Universität spielen im Hinblick auf die Adlershof-Idee, eine *„Stadt der Wissenschaft, der Wirtschaft und der Medien"* zu sein, auch die Außenvernetzungen am Standort eine wichtige Rolle. Insbesondere erhofft man sich einen Wissens- und Arbeitsplatzzuwachs durch die Kooperation im Rahmen von universitären Arbeiten mit den in Adlershof ansässigen, hochinnovativen kleinen und mittleren Unternehmen. Nicht zuletzt bietet auch der Landschaftspark Johannisthal-Adlershof beste Rahmenbedingungen für Forschungsaktivitäten nahezu aller Fachgebiete des Institutes.

Die Humboldt-Universität zu Berlin hat, internationalen Vorbildern folgend, die Bildung von wissenschaftlichen Schwerpunkten zu einem wesentlichen Ziel künftiger Strukturreformen erhoben. Seit dem Wintersemester 2003/2004 wurden unter Beteiligung des Geographischen Institutes verschiedene Aktivitäten zur Gründung eines *Zentrums für Metropolenforschung* an der Humboldt-Universität vorangetrieben. Wichtigstes Ziel ist dabei, die an der Humboldt-Universität vorhandenen themenbezogenen Kompetenzen zu bündeln und darüber hinaus mit Institutionen im Berlin-Brandenburger Raum zu vernetzen. Aus dem Dualismus des Faches – naturwissenschaftlich orientierte Forschung seitens der Physischen Geographie und gesellschaftswissenschaftlich orientierte Forschung seitens der Humangeographie – ergibt sich eine besondere Verantwortung des Institutes, als Klammer zwischen den Instituten in Mitte und Adlershof zu wirken.

Auch außerhalb der Humboldt-Universität ist das Institut in zahlreiche Netzwerke eingebunden. Mit dem Institut für Geographische Wissenschaften der Freien Universität Berlin ist der Gedankenaustausch intensiviert worden. Mit den Instituten für Ökologie und Planung der Technischen Universität Berlin besteht eine Zusammenarbeit im Rahmen des Graduiertenkollegs. Schließlich ist das Geographische Institut der zweitältesten Geographischen Gesellschaft der Erde, der *Gesellschaft für Erdkunde zu Berlin*, besonders verpflichtet, nicht zuletzt deshalb, weil der Institutsgründer Ferdinand von Richthofen ebenfalls Vorsitzender dieser Gesellschaft war.

6. Fazit

Die neuen Rahmenbedingungen auf dem Campus Adlershof, die bitteren Sparmaßnahmen, die Reduktion des Personals bei gleichzeitig unverändert hohen, wenn nicht noch steigenden Studierendenzahlen und die Einführung neuer Studiengänge, all das belastet das Geographische Institut erstmals nach der 15 Jahre zurückliegenden politischen Wende und der daraus folgenden Neuorientierung in nahezu beispielloser Weise. Es ist nur dem exemplarischen Engagement der Lehrenden und der exzellenten Kooperation der Studierenden, die ihren Unmut über die Sparmaßnahmen des Berliner Senats in einem lang anhaltenden Streik im Herbst 2003 Ausdruck verliehen haben, zu verdanken, dass trotz aller Probleme und Herausforderungen das Geographische Institut, nunmehr an seinem fünften Standort im Alfred-Rühl-Haus in Adlershof, zuversichtlich in die Zukunft schaut. Dies sind wir schon all jenen Persönlichkeiten schuldig, die seit Alexander von Humboldt und Carl Ritter in Berlin über Umwelt und Natur, Mensch und Raum geforscht und gelehrt haben.

Literatur

Endlicher, W. & E. Kulke (2002): Die Großstadt als natürliches und gesellschaftliches System. Humboldt-Spektrum 9. Jg., Heft 2/3/2002, S. 6 – 12

Endlicher, W., K. Janson & F.-J. Kemper (2003): Geographie – Expertise für den Raum. Humboldt-Spektrum 10. Jg, Heft 4/2003, S. 28 – 31

Ehlers, E. & H. Leser (2002): Geographie heute – für eine Welt von morgen. Stuttgart
Meurer, M. & J. Bähr (2001): Geographie – ein Fach im Wandel. Von Kant und Humboldt hin zu Globalisierung und Umweltforschung. Forschung & Lehre 10/2001, S. 540 – 543

Anschrift des Verfassers:
Prof. Dr. Wilfried Endlicher
Geographisches Institut der Humboldt-Universität zu Berlin
Unter den Linden 6, 10099 Berlin
email: wilfried.endlicher@geo.hu-berlin.de

Berlin – Geographische Stadtforschung

Am Beispiel Berlins führt der erste Teil in stadtgeographische Arbeitsmethoden und Fragestellungen ein.
Der zweite Teil stellt europäische und außereuropäische Weltstädte vor.

Exemplarisch werden folgende Themen behandelt:
- Stadtentwicklung
- Bevölkerungs- und Sozialstruktur
- Städtische Teilräume
- Stadt- und Regionalplanung
- Stadt-Umland-Beziehungen

Christian Ernst
Stadtgeographie Berlin
148 Seiten, Festeinband
ISBN 3-464-08021-8
19,95 €

Das Stöbern lohnt sich auch auf unseren Internetseiten. Dort finden Sie neben weiteren Informationen zu unserem Verlagsprogramm auch praktische Materialien zum Downloaden: www.cornelsen-shop.de und www.cornelsen-teachweb.de

Cornelsen Verlag
14328 Berlin
www.cornelsen.de

Fachwissenschaftliche Sitzung FW 1

Natur und Umwelt in der Großstadt

Wilfried Endlicher

Die Stadt als natürliches System

Seite 33 - 38

Michael Kinze

**Erst Flut, dann Hitze –
Unvernunft und Klimawandel geisseln Sachsens Städte**

Seite 39 - 40

Patrick Hostert

**Eine Großstadt von ganz oben –
Fernerkundung urbaner Räume**

Seite 41 - 46

Die Stadt als natürliches System

von WILFRIED ENDLICHER, Berlin

1. Einführung

Im Rahmen der Erforschung des globalen Klimawandels wurde Anfang der 70er Jahre der Begriff des „Klimasystems" eingeführt (U.S. N.A.S. 1975). Dieser Systembegriff wurde zwischenzeitlich vom Klima auf die gesamte Erde ausgedehnt, so dass man vom „System Erde" spricht. Unter einem System versteht man dabei eine Menge von vielen Komponenten, die in ihrer Verschiedenheit zusammenwirken und als Ganzes die Funktion des Systems bestimmen. Systeme bestehen aus Unter- oder Teilsystemen und sind selbst Teile von größeren Gesamtsystemen (z.B. Klimasystem als Teil des Systems Erde). Die einzelnen Komponenten, Teilsysteme oder Sphären sind mit einander verknüpft, es bestehen Wechselwirkungen und Rückkopplungen. Diese können dabei sowohl positiv, sich gegenseitig verstärkend, als auch negativ, sich auflösend, wirken. Die Prozesse sind dabei meist nicht linear, was ihr Verständnis erheblich erschwert.

Ursprünglich wurde der Systembegriff in einem globalen Maßstab angedacht, wobei z.B. das Klimasystem aus den Teilsphären Atmosphäre (Luftraum), Hydrosphäre (Ozeane), Kryosphäre (Land- und Meereis sowie Schneedecke), Pedo- und Lithosphäre (Boden und Gesteine auf den Kontinenten) und Biosphäre (Pflanzen, Tiere, Menschen) besteht. Der Mensch ist dabei in einer Doppelfunktion zu sehen: zum einen unterliegt er als Teil der Biosphäre den physikalischen, chemischen und biologischen Prozessen der Teilsphären, zum anderen greift er aber aktiv in ablaufende Prozesse ein, etwa durch Rodung in die Biosphäre, durch ökologisch nicht angepasste, Erosion verursachende Nutzung in die Pedosphäre oder durch Freisetzung von Treibhausgasen in die Atmosphäre (Abb. 1). Die Untersysteme sind durch Energie-, Stoff- und Impulsflüsse miteinander verbunden. Wesentlich bei der Betrachtung von Systemen sind neben einer Raumvorstellung auch die unterschiedlichen Zeitskalen. Lithosphärenprozesse laufen z.B. in viel größeren Zeitdimensionen ab als biotische Prozesse.

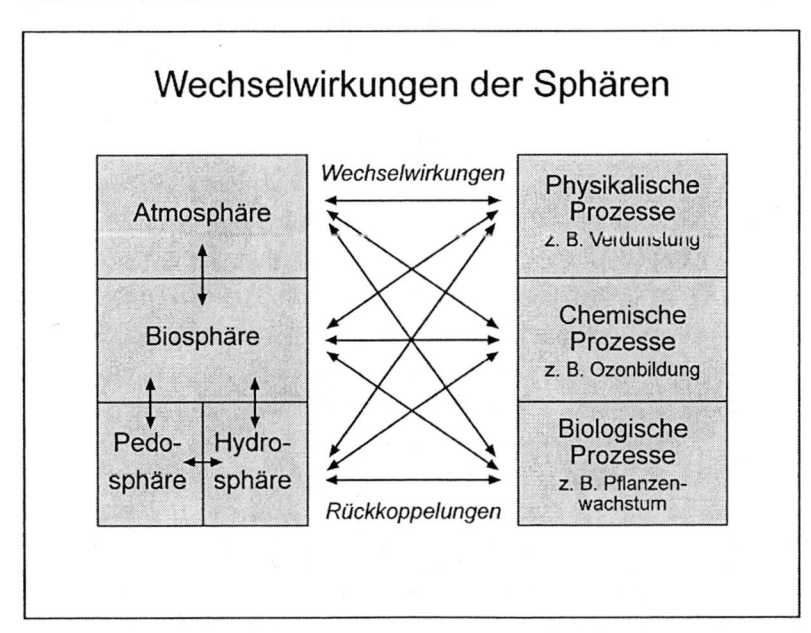

Abb. 1: Das natürliche System Stadt

Nachdem der Systembegriff in den Geowissenschaften zwischenzeitlich vielfach Verwendung gefunden hat und auch in die Modellierung eingegangen ist, scheint es lohnend, ihn auch einmal aus der globalen Raumdimension oder dem Makrobereich in die lokale Mesodimension herunterzubrechen, wie dies Hupfer (1991; 1996) für das Klimasystem darlegte und hier an Umwelt und Natur einer Stadt, ihrem natürlichen System, dargestellt werden soll.

2. Die Stadt als sozioökonomisches und natürliches System

Wenn man sich wissenschaftlich mit Städten auseinandersetzt, so stehen in der Regel gesellschaftliche und wirtschaftliche Fragen im Mittelpunkt, etwa Alters- und Sozialstruktur, Wanderungsbewegungen, Einkommens- und Beschäftigungsverhältnisse, Wirtschaftsnetze und Verkehrsströme sowie Verwaltungs- und Regierbarkeitsfragen. Mit zunehmender Verstädterung und abnehmender „Natürlichkeit" des menschlichen Lebensraumes treten nun aber neue, stadttypische Fragen und Probleme für die natürlichen Teilsysteme auf (Endlicher & Kulke 2002). In Deutschland leben etwa 80 % der Menschen in Städten (Sukopp 1997). Die weiter zunehmende Verstädterung der Erde, insbesondere die Ausbildung von Megacities mit Einwohnerzahlen über 10 Millionen Einwohner, macht die ganze Dimension des Problems klar, auch wenn derzeitig in einzelnen Regionen Europas Städte Schrumpfungsprozessen unterliegen. Zu den mit der zunehmenden Verstädterung einher gehenden Prozessen gehören z. B. die Beimengung von Schadstoffen in die Stadtluft, die Versiegelung als besonderes Charakteristikum der urbanen Pedosphäre oder die Anlage von Kunstbauten, die geradezu als neues „Georelief", „künstliche Lithosphäre" oder Baukörperstruktur angesprochen werden können. Auch die Generierung großer Mengen belasteten Abwassers sowie die Ausbildung einer stadttypische Vegetation und Fauna zählen dazu. Ebenso wie diese gehört der Mensch der Biosphäre an, wobei er - ganz ähnlich wie beim Klimasystem - als Akteur in die verschiedenen Teilsysteme eingreift. So legen Menschen einen Park mit in der Stadt bisher noch nicht vorhandenen exotischen Pflanzen an oder bringen erhöhte Nährstoffe in die Hausgärten ein. Damit verbundene Fragen werden in der Regel im jungen Fachgebiet der Stadtökologie vertiefend behandelt (Sukopp & Wittig 1998). Der Systemansatz stellt in diesem Rahmen die Wechselwirkungen und Rückkopplungen zwischen den Teilsystemen in den Mittelpunkt. Aus dem Blickwinkel des Leitbildes der Nachhaltigkeit sind dabei in einzelnen urbanen Teilsystemen die folgenden Prozesse von besonderer Bedeutung, bei denen der Mensch eine zentrale Akteursrolle einnimmt.

2.1 Georelief

Der offensichtliche Einfluss, der von einer Stadt auf die Teilsphären des natürlichen Systems ausgeht, besteht vor allen Dingen in der Genese eines neuen, durch die Kunstbauten hervorgerufenen Georeliefs. Es ist durch die Ausbildung zahlreicher Senkrechtstrukturen, d.h. Wände und Mauern gekennzeichnet, wobei diese unterschiedlich hoch sein können. Relevant sind z. B. die Straßenschluchten (Street Cañons) unterschiedlicher Tiefe, die eventuell sogar von Hochhäusern gesäumt werden können und auf deren Grund sich ein Großteil der menschlichen Aktivitäten abspielt. Wichtig sind weiter die Oberflächen- und Speichereigenschaften des Baumaterials, da diese für kurz- und langwellige Strahlungsflüsse entscheidend sind sowie die Baudichte, durch die die Abtrennung einer atmosphärischen Stadthindernisschicht innerhalb der Bausubstanz und der Stadtgrenzschicht darüber verursacht wird. So wird sich bei dichter Bebauung ein Großteil des Energieumsatzes am Tage im Dachniveau abspielen, während Höfe und Straßen, z. B. innerhalb einer Blockbebauung, im Schatten verbleiben. Auch die Ausrichtung nach der

Sonnen- oder Schattenseite ist in unserer Klimazone ein wichtiger Einflussfaktor des Georeliefs.

2.2 Atmosphäre

Das Kompartiment Atmosphäre des städtischen Systems zeichnet sich durch vielfache Veränderungen der regionalklimatischen Rahmenbedingungen aus. So wird durch die Bausubstanz sowohl eine Veränderung der kurzwelligen Strahlungsströme – mit der Ausbildung spezifischer Schattenzonen am Tage – als auch der langwelligen erreicht, wobei der Speicherterm der Kunstbauten („Bodenwärmestrom") eine große Rolle spielt. Überhaupt ist der Wärmehaushalt nicht nur durch eine Veränderung der Strahlungsbilanz, sondern auch durch eine Umkehrung des Bowen-Verhältnisses, dem Quotienten zwischen dem fühlbaren und dem latenten Wärmestrom, gekennzeichnet (Abb. 2). Denn auf Grund des hohen städtischen Versiegelungsgrades und der geringen Freiflächen ist der Verdunstungswärmestrom über der Stadt herabgesetzt, so dass mehr Energie für den fühlbaren Wärmestrom und somit zur direkten Erwärmung der Luft zur Verfügung steht.

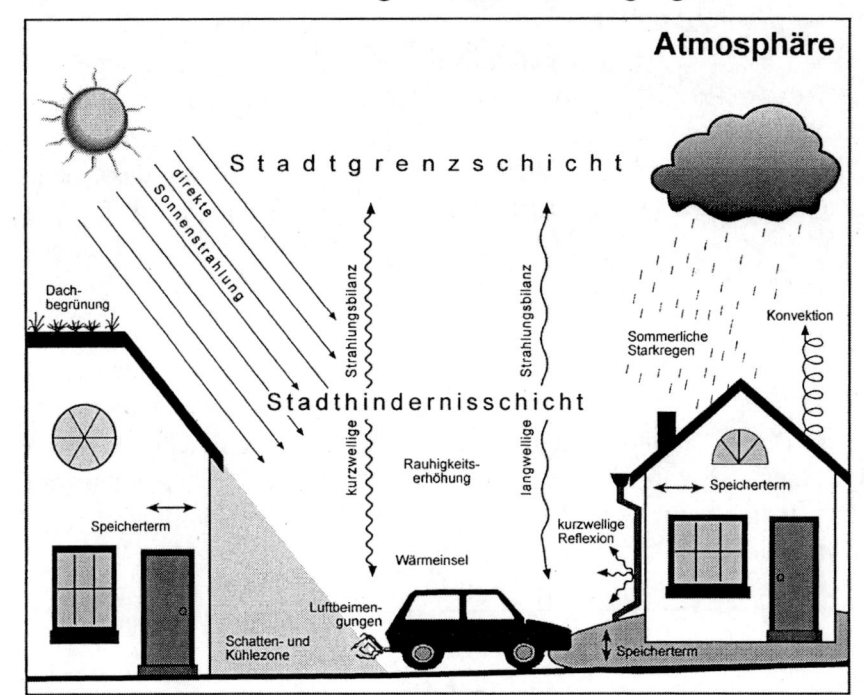

Abb.2.: Atmosphäre

Wirksam wird dieser Umstand vor allem im Sommer, wenn die größten Energiemengen umgesetzt werden, und in der Nacht, wenn der Speicherterm zur Erwärmung der Stadtatmosphäre beiträgt und dadurch der Unterschied zwischen Stadt und Umland besonders signifikant hervortritt. Dieses Phänomen ist als städtische Wärmeinsel bekannt. Neben dem veränderten Strahlungs- und Wärmehaushalt spielt auch noch der anthropogene Eingriff in die Zusammensetzung der Atmosphäre eine Rolle. Der Mensch bringt, etwa durch Verbrennungsprozesse, Partikel (z. B. Ruß) und Gase (z. B. Stickoxide, flüchtige Kohlenwasserstoffe) in die Atmosphäre ein, die über atmosphärenchemische Prozesse zum Sommersmog beitragen oder auch, wie die Kohlenstoffpartikel, direkte Auswirkungen auf die Gesundheit haben können.

2.3 Pedosphäre

Der wichtigste Faktor der urbanen Pedosphäre ist ihr geringer Anteil in der Stadt. Die Versiegelung, die durch die Häuser einerseits, die Verkehrsflächen, wie Straßen, Plätze und Wege andererseits hervorgerufen wird, zählt mit zu den wichtigsten Einflussfaktoren des Pedosystems mit Auswirkungen auf die anderen Teilsysteme. Umso relevanter sind die in der Stadt verbliebenen nicht versiegelten Flächen, etwa private Stadtgärten oder öffentliche Grünanlagen. Aber auch die Bodeneinträge in die Pflasterritzen und die Bodenaufträge bei Dachbegrünungen stellen kleine Mosaiksteine der urbanen Pedosphäre dar. Physikalische

Prozesse, wie die Bodenverdichtung, chemische Prozesse, wie sie etwa bei der Überdüngung in Schrebergärten auftreten oder im Zusammenhang mit Schwermetallemissionen an

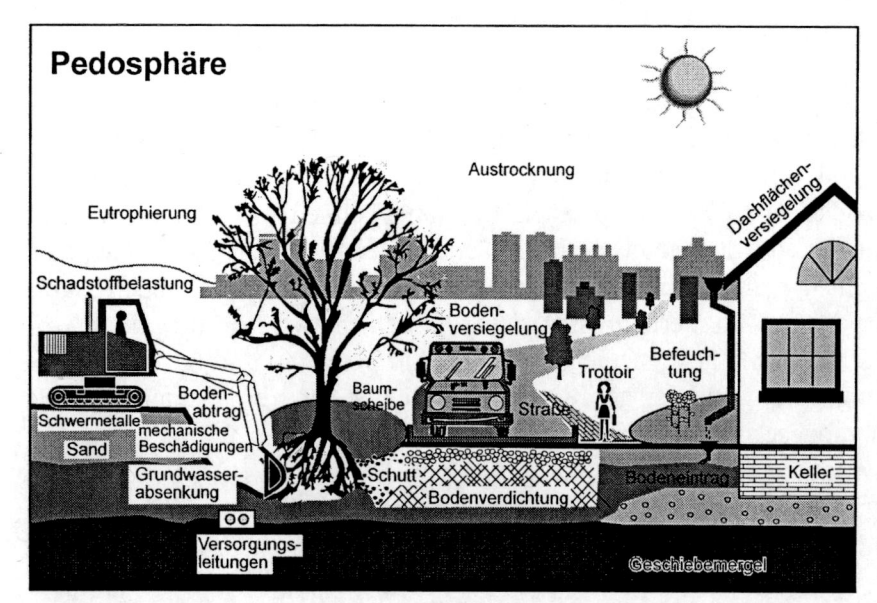

Abb.3: Pedosphäre

Tankstellen und entlang von Straßen gemessen werden können und schließlich die Beeinträchtigung der biologischen Prozesse, wie sie durch die Beschädigung von Wurzeln an den Baumscheiben des Straßenbegleitgrüns beobachtet werden können, sind im Teilsystem der Pedosphäre zu berücksichtigen (Abb. 3). Dabei ist anzumerken, dass große Teile der Stadtböden künstlich aufgetragen sind, so dass neue Untersuchungs- und auch Klassifikationsmethoden zu ihrer Erkundung entwickelt werden müssen.

2.4 Hydrosphäre

Vielfach wirksam sind auch die Wechselwirkungen zwischen Atmosphäre, Pedosphäre und Hydrosphäre. Die Niederschläge werden zum Großteil über Leitungssysteme (Dachrinnen, Gullys, Abwasserleitungen) den Vorflutern zugeführt. Die Problematik der beeinträchtigten Grundwasserneubildung unterhalb von Städten, die auf den hohen Versiegelungsgrad zurückgeht, ist zwischenzeitlich erkannt worden. Man versucht, diesem Problem durch ausgewiesene Versickerungsflächen in Neubaugebieten Rechnung zu tragen (Abb. 4).

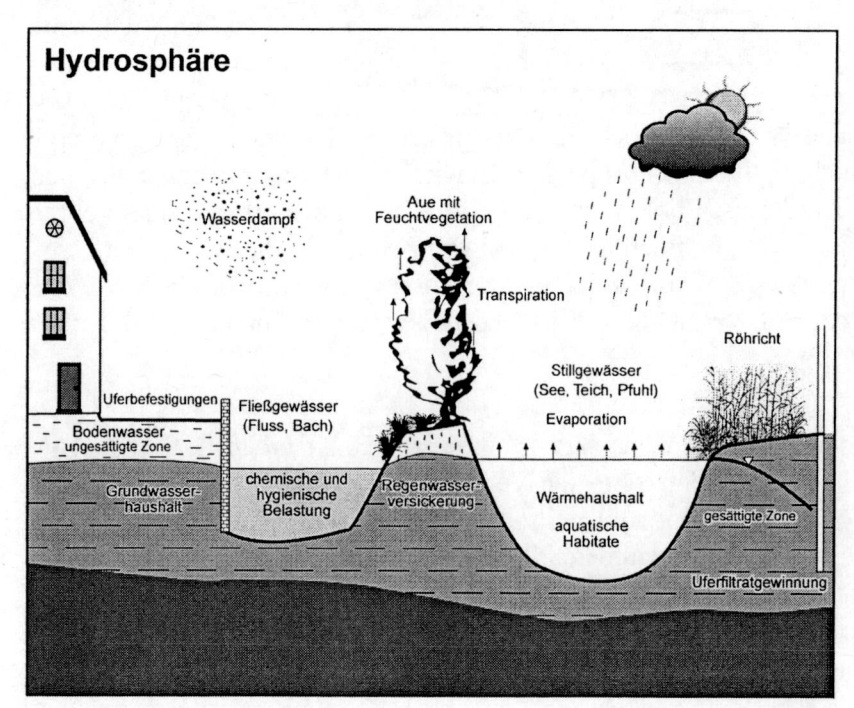

Abb. 4: Hydrosphäre

Die reduzierte Verdunstung von den wenigen städtischen Wasserflächen, Stadtböden und Stadtvegetation hat nicht nur Konsequenzen für die Atmosphäre, sondern führt auch dazu, dass Städte lokal Trockeninseln mit reduzierter Luftfeuchte bilden. Die Belastung für die Vorfluter wie die Spree, die bei Starkregenereignissen aus dem Überlaufen der Mischwasserkanalisation herrührt, ist ebenfalls ein nicht einfach zu lösendes Problem. Immerhin braucht die Spree im Mittel einen Monat, um das Berliner Stadtgebiet zu durchqueren. Wird während dieser Zeit aus der Mischwasserkanalisation mit Fäkalien belastetes Abwasser eingeleitet, führt dies zu lang anhaltender, unerwünschter Kontamination des Fließgewässers (Abb. 4).

2.5 Biosphäre

Innerhalb der Stadtökologie im engeren Sinne als Teildisziplin der Biologie spielen sowohl die städtische Flora und Vegetation als auch die Tierwelt eine besondere Rolle. So können urbanophile und urbanophobe Pflanzen unterschieden werden, wobei sich erstere an die hohe Nährstoffverfügbarkeit, Wärme und Trockenheit gut anpassen können, letztere dagegen in den Städten der Konkurrenz nicht gewachsen sind. Verstärkt wird auch ein Einwandern von bisher in den Städten nicht vorhandenen Pflanzen und Tieren beobachtet, was durch die menschliche Reisetätigkeit besonders gefördert wird. Ein bekanntes Beispiel für städtische Neophyten ist in Berlin der Götterbaum (*Ailanthanus altissima*), für Neozooen die Gottesanbeterin (*Mantis religiosa*). An das Stadtleben haben sich zunehmend auch Füchse, Wildschweine, Eichhörnchen, Igel u.a. Säugetiere gewöhnt. Turmfalken benutzen Hochhäuser wie Felsen. Eine besonders hohe Biodiversität bei Vögeln kann man in Stadtparks und Waldfriedhöfen feststellen. Für zahlreiche wirbellose Tiere stellt die Stadt geradezu eine „Arche Noah" dar, finden sie doch in der unterschiedlichsten Bausubstanz Nischen zum Überleben, die ihnen außerhalb von Städten nicht in gleicher Weise zur Verfügung stehen (Abb. 5).

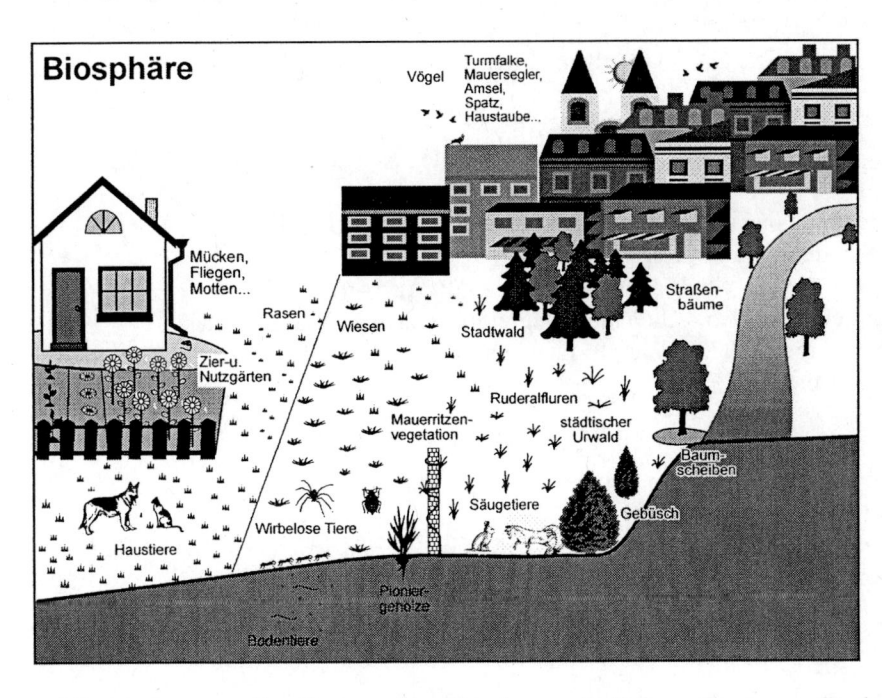

Abb. 5: Biosphäre

Auch der Mensch ist Teil der Biosphäre und unterliegt etwa in der städtischen Wärmeinsel einem erhöhten sommerlichen Hitzestress bzw. ist im Winter weniger der Kältebelastung ausgesetzt. Da man sich einfacher gegen Kälte als gegen Hitze schützen kann, gilt diesem Aspekt des natürlichen Systems Stadt spätestens seit dem Hitzesommer 2003 sowohl von seiten der Klimatologie als auch der Medizin erhöhtes Interesse.

3. Fazit

Die dargelegten Zusammenhänge, die man als Prozesse in und zwischen den Teilsystemen des Gesamtsystems „Umwelt und Natur in der Stadt" betrachten und in einem weiter gefassten, transdisziplinären Ansatz von Stadtökologie bearbeiten kann, sind nicht nur innerhalb der einzelnen Teilsysteme interessant. Besonders wichtig ist das Verständnis für das Ineinandergreifen der vielfachen Rädchen zwischen den Teilsystemen und die Quantifizierung der Stoff- und Energieflüsse als Voraussetzung für Modellierungen. Diese sind ganz besonders schwierig bzw. müssen als Szenarien angelegt werden, da eben der Mensch mit seinem Verhalten die entscheidende Rolle spielt. Verhaltensweisen können sich aber ändern. So muss ein ganz besonderes Augenmerk auf die Eingriffe des Menschen in die einzelnen Teilsysteme gelegt werden. In Stadträumen wirken sich diese Eingriffe in der lokalen Dimension direkt auf die Umgebung und indirekt oft auch auf die Gesamtstadt aus. Die vielfältigen Wechselwirkungen innerhalb der betroffenen Teilsysteme, aber auch zwischen ihnen, führen immer wieder zu neuen Überraschungen, wie etwa derjenigen, dass die Belastung durch Stickoxide trotz Katalysator anscheinend wieder zunimmt.

So ist es offensichtlich, dass eine separative Betrachtung der natürlichen Teilsysteme allein nicht ausreicht, sondern dass das *sozioökonomische System Stadt* mit zum Gesamtverständnis herangezogen werden muss; denn nur wenn gesellschaftliche, wirtschaftliche und politische Entscheidungen in ihren Auswirkungen auf das gesamte Stadtsystem inklusive der ökologischen Dimension diskutiert werden, können sie entsprechend eingeordnet und bewertet werden. Gefällte Bäume können neu gepflanzt werden oder wachsen nach. Ein einmal gebautes Haus oder eine neu angelegte Straße haben dagegen einen langen Bestand, ganz zu schweigen von den Eingriffen in das Klimasystem. Die Konsequenzen, nicht zuletzt auch im Rahmen der globalen Veränderungen, sind somit immer auch unter dem Blickwinkel der Nachhaltigkeit zu bewerten.

4. Literatur

Endlicher, W. & E. Kulke (2002): Die Großstadt als natürliches und gesellschaftliches System. Humboldt-Spektrum, 9. Jh., H.2/3, S. 6-12.

Hupfer, P. (1991): Das Klimasystem der Erde. Berlin, 464 S.

Hupfer, P. (1996): Unsere Umwelt: Das Klima. Globale und lokale Aspekte. Stuttgart, Leipzig, 335 S.

Sukopp, H. (1997): Ökologische Charakteristika von Großstädten. Berlin-Brandenburgische Akademie der Wissenschaften Ber. U. Abh. Bd. 3, S.105-128

Sukopp, H. & R. Wittig (Hrsg., 1998): Stadtökologie, Stuttgart, 2. Aufl., 474 S.

U.S. National Academy of Science (1975): Understanding climate change. Washington.

World Meteorological Organisation (1975): The physical basis of climate and climate modelling. GARP Publ. Ser. No. 16, Geneva, 265 S.

Anschrift des Verfassers:
Prof. Dr. Wilfried Endlicher
Geographisches Institut der Humboldt-Universität zu Berlin
Unter den Linden 6, 10099 Berlin
email: wilfried.endlicher@geo.hu-berlin.de

Erst Flut, dann Hitze –
Unvernunft und Klimawandel geisseln Sachens Städte

von MICHAEL KINZE, Dresden

Die starke Zunahme der Weltbevölkerung im zwanzigsten Jahrhundert hat in Verbindung mit den konsumorientierten Lebensgewohnheiten zu einem signifikanten Anstieg der CO_2-Konzentration in der Atmosphäre geführt. Dadurch hat sich weltweit die Jahresmitteltemperatur der Erde erhöht. Zu den Folgen gehören ein höheres Energiepotenzial in der Atmosphäre, die Ausdehnung der Meeresoberfläche und eine erhöhte Wasserdampfspeicherfähigkeit der Atmosphäre. Das führt zu einer Veränderung der physikalischen Vorgänge im weltweiten Wasserkreislauf. Lokale Starkniederschläge sind ebenso wahrscheinlicher geworden wie anhaltende Dürreperioden.

Sachsen hat in den Sommermonaten 2002 und 2003 beides erlebt. Als Folge der höheren Wasserdampfkonzentration in der Atmosphäre und der durch die Erwärmung erhöhten Energie führte das Tief "Ilse" im August 2002 zu Niederschlägen, die an einigen Stellen die Grenze des physikalisch Möglichen erreichten. In Altenberg fielen am 12. August innerhalb von 24 Stunden 354 mm Regen, mehr als jemals in Deutschland gemessen worden ist.

Binnen weniger Stunden verwandelten sich die im Erzgebirge entspringenden Nebenflüsse der Elbe in gewaltige Ströme, deren Spitzenabflüsse teilweise weit mehr als das Hundertfache ihres Mittelwertes betrugen. Innerhalb einer Woche stieg die Elbe bei Dresden um fast 8 m auf einen bis dahin unbekannten Rekordstand von 9,40 m.

Menschenleben waren zu beklagen, Tausende Obdachlose und gewaltige materielle Schäden.

Im Jahr 2003 erlebte Sachsen das Gegenteil. Die Niederschläge der ersten Vegetationsperiode zwischen April und Juni lagen weit unter dem Mittelwert. In Städten wie Görlitz und Dresden fielen nur etwa 40 % an Regen im Vergleich zum langjährigen Mittel zwischen 1961 und 1990. Land- und Forstwirtschaft, aber auch die Wasserwirtschaft kamen in Bedrängnis.
Diese unmittelbar aufeinander folgenden extremen Witterungssituationen ließen nicht zuletzt die Politiker aufhorchen und fragen: Wird das so weiter gehen? Und die Antwort der Fachleute lautet unisono: Ja.

Die in den zurückliegenden Jahren erheblich zugenommene Bodenversiegelung, die noch immer kranken Wälder und für die Retention ungünstige landwirtschaftliche Anbaumethoden reduzierten zusätzlich das natürliche Wasserrückhaltevermögen. Die Inanspruchnahme der Flusstäler durch zunehmende Bebauung behinderte den gefahrlosen Abfluss der gewaltigen Wassermengen. Damit verbunden war eine starke Erhöhung der Fließgeschwindigkeit der Bäche und Flüsse, was wiederum zu einem exponentiellen Anstieg der zerstörerischen Energie des Wassers führte.

Das Sächsische Landesamt für Umwelt und Geologie (LfUG) hatte bereits 1999 erste Klimastudien und Szenarien initiiert, mit denen Aussagen über das sich voraussichtlich in den nächsten Jahrzehnten einstellende regionale Klima getroffen werden sollten. Eine Analyse der Klimadaten der letzten 50 Jahre zeigt, dass sich das sächsische Klima bereits signifikant verändert hat. Im Zeitraum von 1950 bis 2000 stieg die mittlere jährliche Lufttemperatur in Sachsen um etwa 1 °C an. Besonders ausgeprägt ist diese Temperaturzunahme mit bis zu 2,6 °C im Winter. Gleichzeitig nahmen die Niederschläge im Sommer um bis zu 30 % ab. Aus den Untersuchungen ist deutlich ein Trend zur Zunahme von Wetterextremen zu beobachten.

Um die möglichen Folgen von Klimaänderungen abschätzen und regionale Strategien ableiten zu können, war eine regionale Klimaprojektion unerlässlich. Mit dem so genannten $2xCO_2$-Klimaszenarium wurde das regionale Klimamodell WEREX auf unsere Verhältnisse zugeschnitten, d. h. insbesondere die Luv- und Leewirkung des Erzgebirges berücksichtigt. Die Berechnungen zeigten für die vor uns liegenden 50 Jahre eine klare Kontinuität zu den Entwicklungen, die die Diagnose der letzten 50 Jahre verdeutlicht hatte.

Bis zur Mitte des 21. Jahrhunderts müssen wir mit einschneidenden Klimaänderungen in Sachsen rechnen. Bedingt durch die Zunahme der Häufigkeit warmer Wetterlagen werden die Jahresmittelwerte der Lufttemperatur um 1,8 °C steigen, wobei auch hier die deutlichste Temperaturzunahme mit bis zu 3 °C im Winter zu erwarten ist. Die Niederschläge im Sommer werden um etwa 11 % abnehmen. Und auch die diagnostizierte Zunahme von Wetterextremen wird sich fortsetzen. So werden künftig im Sommer heiße Tage mit Spitzentemperaturen bis zu 42 °C erwartet. Dürreperioden und lokale Hochwasserereignisse durch Starkniederschläge werden in Zukunft häufiger sein.

Das Sommerhochwasser im Jahr 2002 wie auch die Dürre im Jahr 2003 müssen als ein deutliches Anzeichen für eine gravierende Änderung unserer Umweltbedingungen betrachtet werden. Es ist unumgänglich, dass die potenziellen Auswirkungen solcher Klimaänderungen auf die Wasserressourcen, auf die Wälder und natürlichen Ökosysteme, auf die Land- und Forstwirtschaft, auf die Energiewirtschaft und auf die menschliche Gesundheit eingehend untersucht werden. Gleichzeitig und sofort müssen entsprechende Vorsorgemaßnahmen getroffen werden. Das betrifft etwa die zukünftige Bewirtschaftung von Talsperren oder auch ein Waldumbauprogramm, das den künftig veränderten Klimabedingungen Rechnung trägt. Parallel dazu muss alles getan werden, das Übel an der Wurzel zu fassen. Das heißt: Einen wesentlichen Beitrag zur Vermeidung der Ursachen des globalen Klimawandels leisten und die Treibhausgasemissionen senken!

Anschrift des Verfassers:
Prof. Dr.-Ing. Michael Kinze
Sächsisches Landesamt für Umwelt und Geologie
Zur Wetterwarte 11, 01109 Dresden

Eine Großstadt von ganz oben - Fernerkundung urbaner Räume

von PATRICK HOSTERT, Berlin

Einleitung

Das Leitbild einer nachhaltigen Entwicklung des städtischen Lebensraumes rückt immer mehr in den Fokus stadt- und raumplanerischer Fragestellungen. Neben den Aspekten der ökonomischen und soziokulturellen Angemessenheit stellt die ökologische Tragfähigkeit ein zentrales Thema dieses Leitbildes dar. Die Bewertung der stadtökologischen Zusammenhänge wiederum ist ein komplexes Problem, welches eine Vielzahl von Einzelaspekten nach sich zieht. Dementsprechend komplex stellt sich die Erfassung, Beschreibung und schließlich auch die Bewertung derartiger Zusammenhänge dar. Fernerkundungsgestützte Verfahren, also die Auswertung und Interpretation von flugzeug- oder satellitengestützten Daten, liefern in zunehmendem Maße wichtige Informationen zur Beantwortung stadtspezifischer Fragestellungen, wie zum städtischen Strukturwandel, zur Erfassung von Versiegelungsanteilen oder der Untersuchung städtischer Vegetation.

Grundlagen

Jedes fernerkundliche Verfahren, ob analog oder digital, ob flugzeug- oder satellitengestützt, bedient sich letztlich der spektralen Eigenschaften von Objekten an der Erdoberfläche zur Unterscheidung verschiedener Oberflächencharakteristika. Dies kann qualitativ erfolgen (z.B. Unterteilung in Landnutzungsklassen) oder auch quantitative Ergebnisse erbringen (z.B. den Anteil von Vegetation innerhalb einer Bezugsfläche). Unterscheiden lassen sich demnach lediglich solche Oberflächen, deren Eigenschaften unterschiedliche spektrale Charakteristika nach sich ziehen.

Als wesentliche Wellenlängenintervalle mit Relevanz für die Fernerkundung können der Bereich des sichtbaren Lichts, das nahe, mittlere und ferne (oder thermale) Infrarot und der Bereich der Mikrowellen (oder Radarfernerkundung) genannt werden. Im Zusammenhang mit der Erkundung terrestrischer Oberflächen sind Sensoren, deren Sensitivität in den Wellenlängenbereichen vom sichtbaren Licht bis zum mittleren oder fernen Infrarot liegt, am weitesten verbreitet. Viele für städtische Fragestellungen relevante Oberflächen (Vege-

Abb. 1: Flughafen Tempelhof in Satellitendaten des Landsat ETM+ (li.) und des geometrisch hoch auflösenden Sensors Quickbird (re.) - Mischpixel versus deutlich unterscheidbare Einzelobjekte.

tation, anthropogene Materialien) weisen in diesen Wellenlängenbereichen deutliche Reflexionsunterschiede auf.

Neben der spektralen Auflösung spielt die geometrische Auflösung im städtischen Kontext eine besonders große Rolle. Der vermehrte Übergang vom analogen Luftbild zu digitalen Bilddaten führt zu einer Betrachtung auf Pixelebene. Die extreme Heterogenität städtischer Oberflächen bedingt bei Pixelgrößen von mehreren Metern oder darüber, dass nahezu alle Oberflächen als Mischpixel erfasst werden, d.h. verschiedene reale Objekte sich nicht mehr unterscheiden lassen (Abb. 1).

Mit den oben gemachten Feststellungen gehen daher auch dezidierte Auswertungsverfahren einher. Die am weitesten verbreitete Anwendung stellt die Klassifikation digitaler Bilddaten dar. Beispielsweise sind Klassifikationsansätze zur Untersuchung von Suburbanisierungsprozessen ebenso möglich, wie Verfahren zur Kartierung von Sukzessionsstadien auf innerstädtischen Brachflächen. Im Zusammenhang mit Vegetationsuntersuchungen werden häufig auch Vegetationsindizes eingesetzt (Abb. 2). Diese basieren auf den außergewöhnlichen Reflexionseigenschaften photosynthetisch aktiver Pflanzen und den damit einhergehenden Analysemöglichkeiten. Stehen lediglich Daten mäßiger geometrischer Auflösung zur Verfügung (z. B. wegen der Notwendigkeit zur Abdeckung großer Gebiete) spielen Verfahren der spektralen Mischpixelanalyse eine besondere Rolle. So können die Anteile relevanter Oberflächen an einem Bildelement in ihren prozentualen Anteilen abgeleitet werden.

Abb. 2: Ergebnis der Berechnung eines Normalized Differential Vegetation Index für Berlin (Datengrundlage: Landsat-ETM+ 20.8.2002). Zunehmende Helligkeit steht für zunehmende photo–synthetische Aktivität. Deutlich treten beispielsweise die Flächen des Tiergarten und innerstädtischer Grünanlagen hervor.

Aufnahmesysteme und Sensoren

Prinzipiell lassen sich flugzeug- von satellitengestützten Plattformen in der Fernerkundung unterscheiden. Im Kontext städtischer Fragestellungen war bis vor einigen Jahren das Luftbild die nahezu ausschließlich genutzte Quelle fernerkundlicher Information. Auch heute noch ist das Luftbild weit verbreitet, beispielsweise im Rahmen von Stereobefliegungen, zur Erstellung von Ortholuftbildern oder bei der Befliegung mit CIR-Filmen (color infrared). Geometrisch hoch auflösende Systeme auf digitaler Basis reichen flugzeuggestützt inzwischen an die Auflösung des klassischen Luftbildes heran und lösen dieses vermehrt ab. Hier können mehrere Aufnahmekanäle einschließlich der verschiedenen Bereiche des Infrarot vielfältige Informationsebenen erschließen, welche mit dem klassischen Luftbild nicht erfasst werden können.

1972 startete auf Landsat-1 mit dem Multispectral Scanner (MSS) der erste operationelle Satellitensensor zur systematischen Beobachtung und Kartierung der Erdoberfläche. Im Laufe der Zeit wurde mit dem Landsat Thematic Mapper (TM, seit 1982) und dem Enhanced Thematic Mapper (ETM+, seit 1999) eine Sensorfamilie entwickelt, die trotz ihrer geometrisch Auflösung von lediglich 30 m auch in städtischen Anwendungsfeldern weite Verbreitung gefunden hat. Insbesondere die Monitoringfähigkeiten aufgrund der retrospektiv auswertbaren Archivdaten, die nahezu lückenlose Erfassung der Erdoberfläche und die 16-tägige Wiederholrate ermöglichen eine Vielzahl von Untersuchungen mit Landsat-Daten. Inzwischen existieren eine Reihe vergleichbarer Systeme, so auch das französische Système Probatoire d'Observation de la Terre (SPOT). Aktuelle weltraumgestützte Systeme ermöglichen inzwischen Multispektraldaten mit 2,8 Meter, sowie panchromatische Daten mit 0,7 Meter Auflösung (s. Anwendungsbeispiele unten).

Neben den geometrisch hoch auflösenden Systemen, stehen spektral hoch auflösende Fernerkundungsdaten, sog. „Hyperspektraldaten", zunehmend im Interesse der Forschung, welche hinsichtlich ihrer spektralen Eigenschaften eine deutlich höhere Informationsdichte bereitstellen (Kramer, 2002). Aufgrund ihrer großen Anzahl von Aufnahmekanälen eignen sich Hyperspektraldaten in besonderem Maße zur differenzierten Betrachtung städtischer Oberflächen. Im Kontext städtischer Fragestellungen bietet hyperspektrale Daten eine Erfolg versprechende Alternative zu klassischen Ansätzen (Heiden et al., 2001).

Anwendungsbeispiele

Es existieren mannigfaltige Beispiele zur Anwendung fernerkundlicher Verfahren im städtischen Kontext. Während das analoge und vermehrt auch das digitale Luftbild eine bedeutende Rolle bei der Observation städtischer Oberflächen spielen, entsteht in wachsendem Maße auch ein Interesse am Einsatz satellitengestützter Auswertungsmöglichkeiten. Im Folgenden sollen daher 2 Beispiele satellitengestützter Ansätze die Möglichkeiten derartiger Systeme für Fragestellungen im urbanen Raum illustrieren.

Multitemporale Analyse der Stadtstruktur von Athen mit Landsat TM

In einem von anderen europäischen Metropolen im mediterranen Raum unerreichten Maße weist Griechenlands Hauptstadt Athen seit den Anfängen des 19. Jahrhunderts ein exponenzielles Bevölkerungswachstum mit allen assoziierten Problemen auf. Diese Entwicklung hielt auch während der letzten Jahrzehnte an und führte, gefördert durch die anhaltende Landflucht, fehlende Planungsinstrumentarien und eine rasante Zunahme des innerstädtischen Kfz-Verkehrs, zu den heute nur mit hohem Aufwand zu bewältigenden Problemen bezüglich Luftverschmutzung, Wasserversorgung, flächenhafter Versiegelung und fehlender städtischer Begrünung. Athen gilt daher heute mit Recht als eine der stadtklimatisch am stärksten belasteten Großstädte Europas (Ante 1988, Lienau 1987).

Drei Landsat-5 TM Szenen vom Mai 1985, 1990 und 1994 standen als Datengrundlage für die vorliegende Untersuchung zur Verfügung. Als Vergleichsdaten diente die digitale Vorlage einer im GIS vorgehaltenen Karte der Stadt Athen von 1960. Die hier zur Anwendung gekommene spektrale Mischpixelanalyse erlaubte eine multitemporales Monitoring der städtischen Expansion von 1985 bis 1994 (Hostert und Hill 1997). Beim Vergleich mehrerer Ansätze stellte sich eine auf Kalkstein, Beton, Boden (Terra rossa), grüner Vegetation (Pinus brutia) und Schatten fokussierende Betrachtung als optimal für die

Trennung von Stadt und Umland, sowie in Hinblick auf die Untersuchung der innerstädtischen Oberflächenverteilung heraus.

Die Überlagerung mit der Kartengrundlage verdeutlicht das Ausmaß der städtischen Erweiterung Athens seit 1960 (Abb. 3 li.). Neben dem Wachstum der Stadt über ihre ehemals natürlichen Grenzen hinaus, treten vor allem die zwischenzeitlich geschlossenen Baulücken im Bereich der innerstädtischen Kifissosmulde (verstärkte Industrieansiedlung), zwischen Glyfada und Innenstadt (überwiegend Wohnbebauung) und die massiven Erweiterungen am Aigaleo (Ausdehnung der Wohnflächen im Zuge der Industrialisierung) hervor.

Über die quantitative Beurteilung der städtischen Ausdehnung hinaus liefern die Ergebnisse der Mischungsanalyse aber auch Hinweise auf die qualitative Entwicklung der Bebauung Athens. In der Innenstadt zeigt sich eine verstärkte Korrelation der Schattenanteile zu Strukturelementen, wie Straßenzügen oder Hochhausbebauung, aber auch zu erhöhtem Vegetationsanteil. Demgegenüber lassen sich die Vegetationsproportionen direkt als Begrünungsanteil im Stadtbild interpretieren. In der Kombination beider Parameter bietet sich somit die Möglichkeit innerstädtische Bebauung weiter zu differenzieren. Hohe Schatten- und niedrige Vegetationsanteile lassen auf hohe Bebauung oder enge Straßenzüge schließen. Hohe Schattenanteile und viel Vegetation charakterisieren hingegen die Villenvororte des Nordens und Nordostens Athens (Abb. 3 re.).

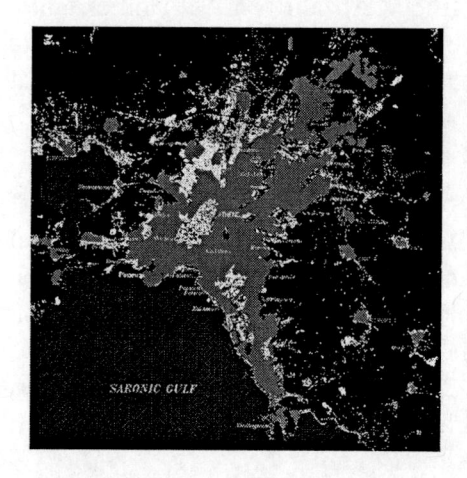

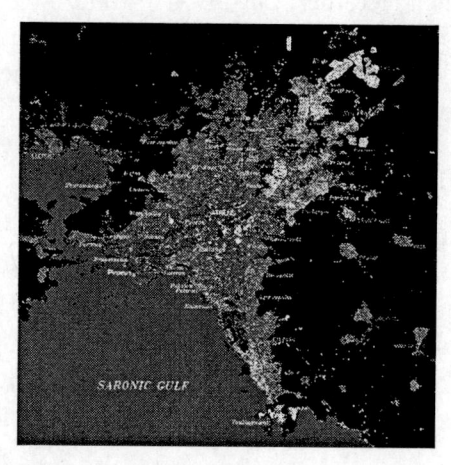

Abb. 3: li. – Ausdehnung Athens 1960 (rot) gegenüber 1994 (gelb);
re. – Anteil an Vegetation (Min. dunkelblau, Max. hellgelb)

Analyse brachliegender Bahnflächen in Berlin mit Quickbird-Daten

Die Historie Berlins seit Beginn des 20. Jahrhunderts, die Teilung der Stadt und die Wiedervereinigung, sowie der urbane Strukturwandel der letzten Jahre und Jahrzehnte haben in Berlin ein singuläres Mosaik von Flächennutzungen geschaffen. Dazu zählt auch der hohe Anteil an brachgefallenen, innerstädtischen Bahnflächen, für deren Nachnutzung heute vermehrt alternative Konzepte gefordert werden (BBR 2003).

Die Diskussion verläuft durchaus konträr - einerseits sind derartige Flächen als innerstädtische Entwicklungsareale prädestiniert, andererseits stellt die oftmals hohe ökologische Wertigkeit ein Gegenargument zur Nachverdichtung dar. Informationen über den gegenwärtigen Zustand bilden daher eine wesentliche Entscheidungsgrundlage für künftige Entwicklungsszenarien. Das nachfolgende Beispiel geometrisch hoch auflösender Quickbird-Satellitenbilder fokussiert auf ein ca. 52 ha großen Bahnareals in Schöneweide im Südosten Berlins (Informationen zu Quickbird-Daten unter www.digitalglobe.com).

Quickbird-Daten zeichnen sich durch eine geometrische Auflösung im Meterbereich aus, so dass das Gros der Bildobjekte in der Stadt (Hausdächer, Bäume, etc.) nicht durch einzelne Pixel oder gar Mischpixel, sondern durch mehrere Pixel repräsentiert wird. Die Datenauswertung erfolgte daher anhand einer objektbasierten Klassifikation, d.h. es werden zunächst spektral relativ homogene Bildobjekte ausgewiesen, welche dann gemeinsam klassifiziert werden können (Abb. 4). Im vorliegenden Beispiel lag der Interessenschwerpunkt auf den verschiedenen Vegetationstypen, dem Versiegelungsgrad von Bahnflächen, sowie dem Anteil genutzter und ungenutzter Gleisanlagen (Damm 2004). Letztere fallen durch den einsetzenden Pflanzenbewuchs aufgrund fehlender Unkrautvernichtung auf.

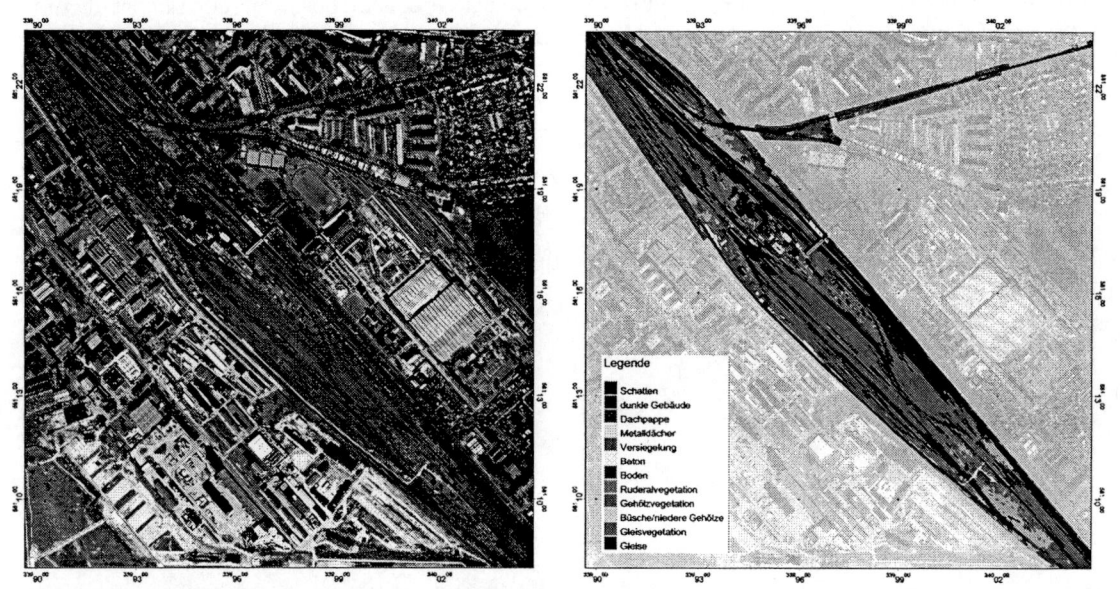

Abb. 4: li. – Falschfarbdarstellung des Areals „Betriebsbahnhof Schöneweide" in Quickbird Satellitendaten;
re. – Klassifikationsergebnis für das Gleisareal

Die Datenauswertung ergab, dass wasserundurchlässige Flächen lediglich einen geringen Anteil des Areals ausmachen. Mit einem mittleren Versiegelungsgrad von rund 30% liegt die berechnete Rate weit unter jener der meisten städtischen Wohngebiete. Hinsichtlich des Grünanteils wurden rund 14% der Gesamtfläche als Strauch- und Baumvegetation identifiziert. Etwa 25% der Flächen sind durch krautige Vegetation geprägt. Insofern Strauch- und Baumvegetation als fortgeschrittene Sukzessionsstadien ruderaler Vegetation aufgefasst werden können zeigt sich, dass eine Reihe von Arealen schon seit etlichen Jahren oder Jahrzehnten nicht mehr intensiv genutzt wird. Weiterhin ergibt sich ein Anteil von rund 17% vegetationsbestandener Gleise – auch dies ist ein deutliches Indiz für brachgefallene Bahnflächen.

Literaturverzeichnis

ANTE, U. (1988): Zur Entwicklung des Großraumes Athen. In: Geographische Rundschau, 40, 4: 20-26

BBR (2003) (BUNDESAMT FÜR BAUWESEN UND RAUMORDNUNG, Hrsg.): Best Practices „Neue Urbanität auf alten Bahnflächen". Projektaufruf „Vom Reißbrett aufs Gleisbett" – Städtebauliche Chancen und Risiken bei der Entwicklung von Bahnflächen (zentrenrelevante Areale). Bonn.

DAMM, A. (2004): Anwendung spektral und geometrisch hoch auflösender Fernerkundungsdaten für stadtökologische Fragestellungen - Am Beispiel ausgewählter Brachflächen in Berlin. Diplomarbeit, Humboldt-Universität zu Berlin, Geographisches Institut. Berlin

HEIDEN, U., RÖßNER, S. u. SEGL, K. (2001): Potential of hyperspectral HyMap data for material oriented identification of urban surfaces. In: JÜRGENS, C. (Hrsg.): Remote Sensing of Urban Areas. Regensburg (Regensburger Geographische Schriften, 35: 31-32)

HOSTERT, P. u. HILL, J. (1997): Die kombinierte Anwendung von spektraler Entmischung und GIS als Ansatz zum Monitoring mediterranen Städtewachstums. In: JÜRGENS, C. (Hrsg.): Fernerkundung in urbanen Räumen. Regensburg (Regensburger Geographische Schriften, 28: 111-121)

KRAMER, H.J. (2002): Observation of the Earth and its environment. Survey of missions and sensors. Berlin, Heidelberg.

LIENAU, C. (1987): 150 Jahre Athen Hauptstadt des neuen Griechenlands. Von der Landstadt zur Metropole. In: Geographisches Institut, Universität Münster (Hrsg.), Münster (Münstersche Geographische Arbeiten, 27: 219-232)

Anschrift des Verfassers:
Prof. Dr. Patrick Hostert
Geographisches Institut der Humboldt-Universität zu Berlin
Unter den Linden 6, 10099 Berlin
email: patrick.hostert@geo.hu-berlin.de

Fachwissenschaftliche Sitzung FW 2
Wetter und Klima im Wandel – lokal, europaweit, global

Astrid Bendix & Jörg Bendix
El Niño ist an allem Schuld!?
Seite 49 - 55

Jörg Rapp
Der Hitzesommer 2003
Seite 57 - 63

****

Die Beiträge von M. Claußen und S. Rahmstorf liegen nur auf der CD-ROM vor. Beide Artikel können auch direkt im WWW heruntergeladen werden:

- Claußen: http://www.pik-potsdam.de/~claussen

- Rahmstorf: http://www.pik-potsdam.de/~stefan/taz-essay.html

El Niño ist an allem Schuld !?

von ASTRID BENDIX und JÖRG BENDIX, Marburg

1. Einleitung

Mit dem Titel „Tumult in der Wetterküche - El Niño, der mächtigste Klimaschreck des Planeten, ist zurück...", beschrieb DER SPIEGEL im September 1997 den Beginn des stärksten El Niño-Ereignisses des ausgeklungenen Jahrhunderts. Im heutigen alltagssprachlichen Gebrauch hat sich der Name des Klimaphänomens zu einem Schlagwort entwickelt, mit dem klimatisch induzierte Naturkatastrophen der tropischen und subtropischen Breiten ebenso wie Änderungen im Witterungsverlauf der mittleren Breiten gerne überschrieben werden. „Feuer, Fluten, Dürre, Sturm – die Elemente sind außer Rand und Band. El Niño ist zurückgekehrt: ..." heißt es im SPIEGEL-Artikel weiter und nach einigen folgenreichen Ausführungen über El Niño, die sich wie ein Krimi lesen, kann sich der Leser durch didaktisch eindrucksvolle Graphiken über die Funktionsweise der „Klimamaschine im Ozean - das Entstehen eines El Niño" informieren. Die Entwicklung eines El Niño-Ereignisses ist vielen Europäern geläufiger als Witterungsabläufe der mittleren Breiten, denen sie selbst ausgesetzt sind. Die durch El Niño (EN) weltweit verursachten Schäden sind nur schwer bilanzierbar. Allein die infrastrukturellen Schäden für das EN 1997/98 in den am stärksten betroffenen fünf Küstenprovinzen Ecuadors betrugen über 200 Mio. US$. Der Agrarsektor, von dem besonders die ärmsten Bevölkerungsschichten abhängig sind, musste Verluste von 104,7 Mio. US$ hinnehmen (BENDIX et al. 2003). Zur Schadensprävention ist die EN-Vorhersage eine wichtige Aufgabe im Klimamonitoring. Bereits die Ankündigung eines EN lässt die Preise für Nahrungsmittel in die Höhe schnellen, die Börse reagiert mit entsprechenden Kursgewinnen und -verlusten. Doch ist EN wirklich an allem Schuld oder wird das Phänomen überstrapaziert? Im komplexen Klimageschehen ist die Suche und Unterscheidung von Ursache und Wirkung sehr schwer. Der Artikel gibt einen kurzen Einblick in das komplizierte Wirkungsgefüge der ozeanisch-atmosphärischen Anomalie in ihrem pazifischen Ursprungsgebiet insbesondere im Bereich der tropischen südamerikanischen Westküste. Dabei werden speziell ausgewählte niederschlagsbringende Zirkulationselemente beleuchtet, die im *Onset* (=Initialphase) bzw. während eines gesamten EN-Zyklus eine wichtige Rolle spielen: die Madden-Julian Oscillation, Westerly Wind Bursts und die südpazifische Konvergenzzone. Sie sind unabhängig von EN Steuer- und Störgrößen im Wetterzyklus der Tropen, finden jedoch nur marginale Beachtung, wenn sich ein EN-Ereignis anbahnt. Die vielschichtigen, aber bereits ausreichend publizierten globalen Telekonnektionen können im Rahmen der vorliegenden Arbeit nicht berücksichtigt werden.

2. Was ist El Niño ?

Das Klima der Tropen wird durch die quasistationären Systeme der HADLEYzirkulation und bei fehlendem Coriolisparameter im äquatorialen Bereich durch die WALKERzirkulation bzw. Southern Oscillation (SO) geprägt. Beide Zirkulationszellen besitzen einen thermischen Antrieb und folgen in ihren Ausprägungen den Oberflächentemperaturen. Im tropisch-pazifischen Raum sind für den Normalzustand vor allem die kalten Oberflächenwasser des Humboldtstroms vor der südamerikanischen Westküste in Verbindung mit dem stark ausgebildeten Südpazifikhoch (SPH) und die Region des „Maritimen Kontinents" (indomalaiisches Archipel bis zu den Carolineninseln) als größte äquatoriale Wärmequelle mit Meeresoberflächentemperaturen (SST, *Sea Surface Temperature*) >29°C und ständigem Tiefdruck klimawirksam (RAMAGE 1968). Während EN kehren sich die Verhältnisse um, der Humboldt-Strom kommt zum Erliegen bzw. wird weit nach Süden abgedrängt, das SPH schwächt sich ab und die Warmwassermassen des „Maritimen Kontinents" verlagern sich in Form einer Kelvinwelle in den Ostpazifik bis an die südamerikanische Westküste. Die Hadleyzirkulation schwächt sich ab, die SO dreht sich um, mit einem Konvektionsast im Bereich der Warmwasserzone an der südamerikanischen Westküste und einem absteigenden Ast über dem „Maritimen Kontinent". Zur Initialisierung, den Einzelschritten dieses atmosphärischen Prozesses und den Wechselwirkungen mit der Ozeanzirkulation gibt es verschiedene Theorien. Hier sei auf die Akkumulationstheorie nach WYRTKI 1975 und die Delayed (Action) Oscillator Theorie nach ZEBIAK & CANE 1987, GRAHAM & WHITE 1988 u.a. verwiesen. Da die großräumige Änderung der SST-Verhältnisse im Pazifik eine Änderung der energetischen Bedingungen der gesamten Region bewirkt, kehren sich auch die Druckverhältnisse und Windfelder um. Der jeweilige Zustand wird durch den Southern Oscillation Index (SOI) charakterisiert, bei positivem SOI (Normalzustand) herrscht hoher Luftdruck im Südostpazifik und niedriger Luftdruck im Indomalaiischen Archipel, bei negativem SOI kehren sich die Verhältnisse entsprechend um. Aufgrund der engen Beziehung zwischen EN und der Southern Oscillation wird die Klimaanomalie auch unter ihren Initialen zu ENSO zusammengefügt.

3. Veränderungen im ozeanisch-atmosphärischen Wirkungsfeld als Basis für die Entstehung eines El Niño

Neben der Hadleyzirkulation und der SO ist das Klima in den Tropen auch einer Vielzahl von meteorologischen Störungen ausgesetzt. Diese Störungen kommen allesamt unabhängig von EN vor, einige spielen als *Triggerimpulse* (=Auslöseimpulse zur Initialisierung eines EN) im Onset der Klimaanomalie bzw. während EN als verstärkende Impulse jedoch eine wichtige Rolle. Da die aus diesen Störungen resultierenden Niederschläge oder Stürme oft EN zugeschrieben werden, sollen daher die wichtigsten herausgegriffen werden.

3.1 Die MADDEN-JULIAN Oszillation (MJO) und Westerly Wind Bursts (WWB)

Bei der MADDEN-JULIAN Oszillation MJO handelt es sich um eine makroskalige intrasaisonale atmosphärisch-ozeanisch gekoppelte Zonalstörung. Sie ist innerhalb der gesamten Tropen wirksam und äußert sich in einer aus dem Indik nach Osten vorstoßenden Zone positiver und negativer Konvektionsanomalien, Windfeldveränderungen im oberen und unteren troposphärischen Level sowie Veränderungen der SST's. Ihre höchste Intensität besitzt sie im tropischen Zentralpazifik, am schwächsten ist sie über dem Atlantik (MADDEN & JULIAN 1972). Neben einer Vielzahl ozeanisch-atmosphärischer Wechselwirkungen ist die MJO eine Steuergröße für den Rhythmus aktiver und passiver Monsunphasen Indiens und Australiens (MADDEN & JULIAN 1994). Die Hurrikangenese im ostpazifischen und karibischen Raum ist während aktiver MJO-Phasen um ein vierfaches erhöht (ZHU *et al.* 2003). Da sich die MJO und ENSO auf einer unterschiedlichen Zeitskala bewegen, wurden sie lange Zeit getrennt voneinander betrachtet (LAU & CHAN 1986): ENSO besitzt eine zeitliche Wiederkehr von ca. 4-11 Jahren und eine Andauer von ungefähr einem Jahr. Die MJO tritt spontan mehrfach innerhalb eines Jahres auf und besitzt eine zeitliche Andauer zwischen 30 und 60 Tagen. Neuere Studien zeigen aber eine Abhängigkeit der ENSO von der MJO, weshalb der MJO eine Triggerfunktion im ENSO-Zyklus zugeschrieben wird (LAU & CHAN 1986, SLINGO *et al.* 1999, WALISER *et al.* 2003).

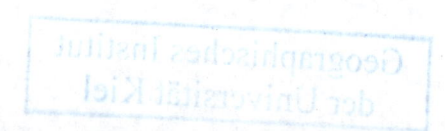

Auch das abrupte Ende des Jahrhundert EN 1997/98 wird auf eine plötzlich einsetzende MJO zurückgeführt (TAKAYABU et al. 1999).

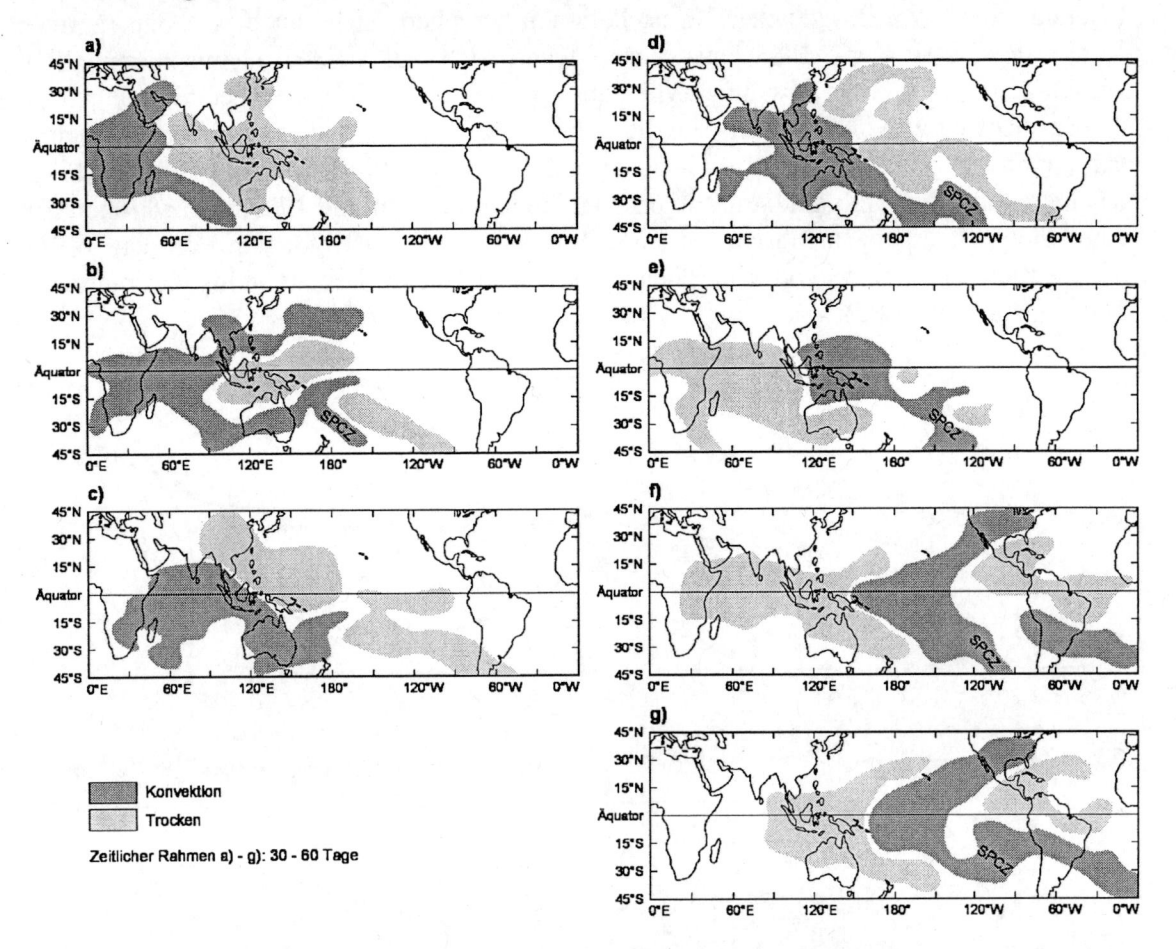

Abb. 1 Phasen eines starken MJO-Zyklus, nach Rui & Wang 1990, verändert

Abbildung 1 zeigt die regionalen Auswirkungen der MJO in ihren unterschiedlichen Phasen für einen starken Zyklus nach einer Studie von RUI & WANG (1990). Derart starke Zyklen sind jeweils vor dem eigentlichen EN-Onset zu verzeichnen (SLINGO et al. 1999). Sie unterscheiden sich von schwachen bzw. mittleren MJO-Ereignissen nicht nur durch eine größere räumliche Ausdehnung der (vorwiegend niederschlagsbringenden) Konvektionsanomalien, die auch die Datumsgrenze überschreiten (Phase f), sondern durch eine zusätzliche Phase (g), die sich unmittelbar auf das Wettergeschehen in Südamerika auswirkt. Während dieser Phasen haben sich die Konvektionsanomalien der MJO z.T. mit der südpazifischen Konvergenzzone (SPCZ) zu einer mächtigen Konvektionszone verbunden, die im Vorfeld von EN zu Niederschlägen an der südamerikanischen Westküste (ab ca. 10 °S bis in die mittleren Breiten Südamerikas) führen können. Derartige Niederschläge vor und auch am Ende von EN sind v.a. im Bereich von Chile zu beobachten, sie können eine Andauer von bis zu einigen Tagen besitzen.

Ein weiteres Glied in der Kette der ozeanisch-atmosphärischen Störfaktoren v.a. im pazifischen Raum sind Westerly Winds Bursts (WWB). Dabei handelt es sich um großskalige Westwinde im Bodenniveau mit einer Dimension von 500-2000 km Länge. Ihre Persistenz reicht von einigen Tagen bis wenigen Wochen. Sie setzten plötzlich mit hohen Windgeschwindigkeiten (> 5 m sec-1) ein und lösen die normalen schwachen Ostwinde ab. Die WWB treten als eigenständige Wettererscheinung unabhängig von der MJO auf, innerhalb eines MJO-Zyklus ist die tropische Zyklogenese unter Ausbildung ausgedehnter konvektiver Wolkenkomplexe (Super Cloud Cluster, SCC) jedoch eng mit WWB verbunden (Barry & Carleton 2001). Abbildung 2 zeigt die Grundkonstellation der Bildung von WWB, gleiche Konstellationen ergeben sich auch in der aktiven Konvektionsphase der MJO: äquatornah stehen sich auf beiden Hemisphärenhälften ausgeprägte Zyklonen („Zwillingszyklonen") gegenüber. Die Druckgebilde ziehen in östliche Richtung, wobei sie sich ständig verstärken. Durch die zyklonale Drehbewegung der parallel gegenüberstehenden Tiefs entsteht der starke Westwind. Starkniederschläge resultieren aus der Verbindung der intensiven Bodenzyklonen und Höhenantizyklonen mit einer Höhendivergenz an ihrem östlichen Rand. Die sich ostwärts bewegenden WWB repräsentieren eine Serie von tropischen Zyklonen mit einem Lebenszyklus von mehreren Tagen (Zhu et al. 2003).

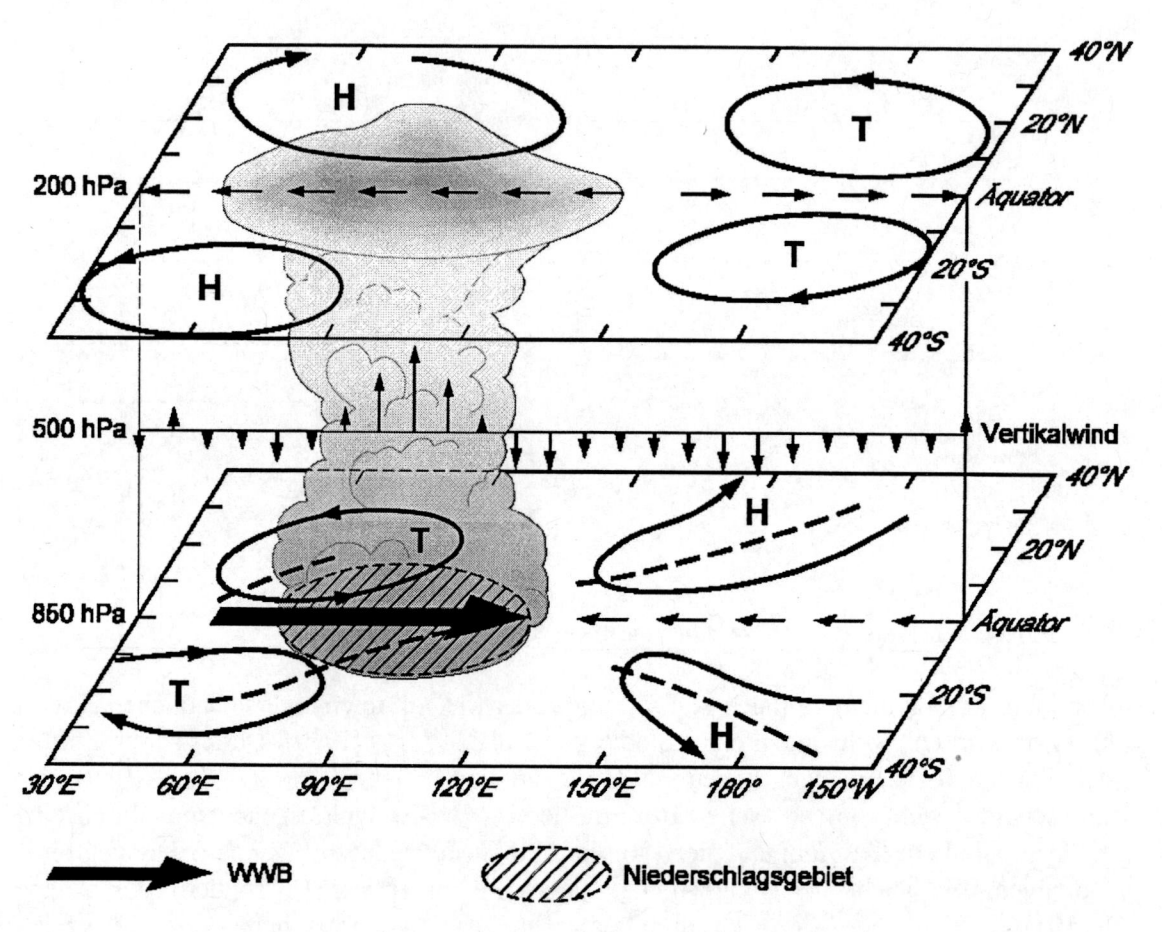

Abb. 2: Entstehung von Westerly Wind Bursts (WWB) und tropische Zyklogenese mit Bildung von SCC's während der MJO

Die WWB besitzen eine besondere Bedeutung in der Modifikation der Temperatur insbesondere des östlichen Pazifiks. Lang anhaltende WWB rufen ozeanische Kelvinwellen hervor, die die Thermokline herabsetzen und zu einer lokalen Erwärmung der SST's führen (SLINGO et al. 1999). Dies wirkt sich v.a. an den Grenzflächen zu den noch nicht erwärmten SST-Regionen besonders konvektionsverstärkend aus.
Aufgrund der Herabsetzung der Thermokline sowie der SST-Veränderungen, die mit einem WWB-Durchlauf verbunden sind, wird den WWB eine Triggerfunktion für einen EN-Onset zugeschrieben (WALISER et al. 2003, BARRY & CARLETON 2001). So haben bereits LUTHER et al. (1983) festgestellt, dass in ihrem Untersuchungszeitraum (1950-1982) in 9 von 10

Fällen den El Niño-Ereignissen jeweils starke WWB mit einer langen zeitlichen Andauer von mehreren Wochen vorausgegangen sind. Auch VERBICKAS (1998) stellte für die Onsets der stärksten EN des ausgeklungenen Jahrhunderts eine besonders intensive WWB-Aktivität heraus: 1982 verzeichnete 7 starke WWB und im Zeitraum Januar-September 1997 waren 8 starke WWB-Ereignisse festzustellen. Dabei ist aber weiterhin festzuhalten, dass sich - im Gegensatz zur MJO, die bei EN völlig zum Erliegen kommt (SLINGO et al. 1999) – die WWB-Aktivität während EN noch verstärkt (MURAKAMI & SUMATHIPALA 1989): WWB besitzen die Tendenz einer größeren (kleineren) Auftrittshäufigkeit bei negativem (positivem) SOI (BARRY & CARLETON 2001). WWB haben in einem ENSO-Zyklus nicht nur die Funktion eines Triggerimpulses zur Entstehung eines EN, sondern verstärken auch das Niederschlags- und Sturmgeschehen sowie die Erwärmung der SST's. Insgesamt sind MJO und WWB wichtige Stör- und Steuergrößen innerhalb des Tropenklimas. Bahnt sich jedoch ein EN an, werden die auf MJO oder WWB zurückzuführenden Unwetter kaum diesen Zirkulationsphänomen zugeschrieben.

3.2 Die Südpazifische Konvergenzzone (SPCZ)

Die SPCZ stellt ein wichtiges Bindeglied für den Energie- und Feuchtetransport von den tropischen Bereichen des „Maritimen Kontinents" in die außertropischen Frontalsysteme über dem SE-Pazifik dar und ist auch eingebunden in SST-Veränderungen tropischer und subtropischer Breiten während eines ENSO-Zyklus (TRENBERTH 1976).
Wie das vorangegangene Kapitel gezeigt hat, spielt sie eine wichtige Rolle im Konvektionsgeschehen einer intensivierten MJO, die oftmals unmittelbar vor einem EN-Ereignis zu verzeichnen ist (Abb. 1 Phasen b, d-g). Aber auch unabhängig von der MJO sind die Interaktionen der SPCZ wichtig für den Onset eines EN-Ereignisses. Die Lage der SPCZ hängt von der Stärke des SPH ab und ist damit auch von der SO abhängig. Während eines ENSO-Ereignisses, wenn das SPH abgeschwächt ist, verschiebt sich die SPCZ nach Norden und Osten, teilweise ist sie mit der ITCZ vermischt, wo sie eine Zone mit höchster Konvergenz schafft (STRETEN 1975, TRENBERTH 1976). Dies ist verbunden mit der Ausbreitung der Konvektion über dem zentralen Pazifik während ENSO. Die SPCZ ist damit ein wichtiges Bindeglied im Verflechtungsgefüge der Veränderungen im östlichen Ast der SO (YARNAL & KLIADIS 1988). In einer speziellen Untersuchung haben VAN LOON & SHEA (1985) angenommen, dass die SPCZ eine wichtige Rolle in der Initialisierung eines ENSO-Ereignisses spielt. Sie beobachteten, dass dem einem ENSO-Ereignis vorangehenden Jahr (-1) im Nord-Herbst und -Winter (bei positivem SOI und einem starken SPH) die SPCZ weiter südlich und westlich von ihrer normalen Position liegt, was einen hohen Luftmassenaustausch mit den mittleren Breiten zur Folge hat. Diese Situation fällt mit starkem Niederschlag und relativ niedrigem Bodendruck über dem Westpazifik, starken Passaten und geringem Niederschlag im Zentralpazifik zusammen. Zu dieser Zeit ist der Trog in den südpazifischen Mittelbreiten geschwächt und mit Nordwindanomalien im Bereich 15°S-45°S verbunden, der ozeanische Bereich von Australien bis 140°W verzeichnet positive SST-Anomalien. Im Folgejahr verschiebt sich die SPCZ weiter südlich bis sie die Zone der anomal hohen SST's erreicht hat. Zu diesem Zeitpunkt beginnt im ENSO-Zyklus der SOI zu fallen. VAN LOON & SHEA (1985) hypothetisieren, dass der SOI aufgrund der erhöhten konvektiven Aktivität und dem niedrigen Bodendruck in der SPCZ, verbunden mit den erhöhten SST's im Südpazifik, die ihrerseits wiederum die Passate über dem Zentralpazifik abschwächen, fällt. Ist dieser Prozess einmal gestartet, geht das Ozean-Atmosphären-System im folgenden nordhemisphärischen Herbst/Winter (Jahr 0) recht schnell in einen ENSO-Modus über und in der ersten Hälfte des Jahres 1 (Nordwinter) herrschen EN-Verhältnisse vor der Küste von Peru vor. In der Übergangszeit (EN-Onset)

von Jahr -1 zu Jahr 0 liegt die SPCZ weiter nördlich und weiter östlich von ihrer ursprünglichen Position. Die SPCZ ist damit also ein Trigger in der Umkehr der SO. Die aber durch die anomale Lage der SPCZ verursachten Niederschläge in Südperu und dem anschließenden Chile sind nicht EN anzulasten.

4. Fazit: Das UnSchuldige El Niño ?!

Ursprünglich war mit El Niño (span. *das Christkind*) die Warmwassermassen des äquatorialen Gegenstroms gemeint, die im Zuge des Jahreszeitenwechsels um die Weihnachtszeit für wenige Wochen an die südamerikanische Westküste bis ca. 4 °S vordringen können. Da die Fischer an den Küsten Südecuadors und Nordperus in diesem Zeitraum seltene Warmwasserfische fangen konnten, wurde dies als Geschenk des Christkindes aufgefasst und diese Erscheinung mit El Niño benannt. EN hat innerhalb eines Jahrhunderts einen Bedeutungswandel von einem Geschenk zum „größten Klimaschreck unseres Planeten" (DER SPIEGEL Nr. 42, 1997) erfahren. Dabei besitzt EN aber nicht nur negative Auswirkungen. So bescherte z.B. das Jahrhundert-EN 1997/98 den USA den wärmsten Winter seit 25 Jahren, für den die Statistiken über 600 Kältetote weniger ausweisen als in den Durchschnittsjahren. Monetär greifbare Auswirkungen, z.B. Einsparungen für Heizkosten, kaum wetterbedingte Flugausfälle oder Verspätungen, geringere Tornadohäufigkeit und -intensität etc. wurden mit einem Plus von ca. 16 Mrd. US$ beziffert.

In der Literatur wird der Begriff EN allerdings häufig überstrapaziert und andere Steuer- und Störgrößen im tropischen Klimageschehen außer acht gelassen. Zirkulationselemente wie SPCZ, MJO, WWB sind für kurze heftige Niederschlagsereignisse v.a. vor einem EN verantwortlich, WWB verstärken das Unwettergeschehen während EN zusätzlich. Ebenso schaffen MJO, WWB und eine anomale Lage der SPCZ die Grundkonstellationen für die Entstehung eines EN. Da aber EN im Vergleich zu den anderen Anomalien in der Raum- und Zeitdimension die langlebigste ist, findet sie sicherlich auch die größte Beachtung.

Literatur:

BARRY, R.G. & A.M. CARLETON 2001: Synoptic and dynamic climatology. London

BENDIX, J., S. GÄMMERLER, CH. REUDENBACH, & A. BENDIX 2003: A case study on rainfall dynamics during El Niño/La Niña 1997/99 in Ecuador and sourrounding areas as inferred from GOES-8 and TRMM-PR observations. In: Erdkunde, 57: 81-93

GRAHAM, N.E. & W.B. WHITE 1988: The El Niño Cycle: A natural oscillator of the pacific ocean-atmosphere system. In: Science, 240: 1293-1302

LAU, K.-M. & P.H. CHAN 1986: The 40-50 day oscillation and the El Niño/Southern Oscillation: A new perspective. In: Bul. Am. Met. Soc., 67: 533-534

LUTHER, D.S., D.E. HARRISON & KNOX, R.A. 1983: Zonal winds in the central equatorial Pacific and El Niño. In: Science, 222: 327-330

MADDEN, R. A. & P.R. JULIAN 1972: Description of global-scale circulation cells in the Tropics with a 40-50 day period. In: J. Atmosph. Sci., 29: 1109-1123

MADDEN, R. A. & P.R. JULIAN 1994: Observations of the 40-50 day tropical oscillation – A review. In: Mon. Weather Rev., 122: 814-837

MURAKAMI, T. & W.L. SUMATHIPALA 1989: Westerly Bursts during the 1982/83 ENSO. In: J. Climate, 2: 71-85

RAMAGE, C.S. 1968: Role of a tropical "Maritime Continent" in the atmospheric circulation. In: Mon. Weather Rev., 96: 365-370

RUI, H. & B. WANG 1990: Development characteristics and dynamic structure of tropical intraseasonal convection anomalies. In: J. Atmosph. Sci., 47: 357-379

SLINGO, J.M., D.P. ROWELL, K.R. SPERBER, & F. NORTLEY, 1999: On the predicability of the interannual behaviour of the Madden-Julian oscillation and its relationship with El Niño. In: Quart. J. Roy. Meteor. Soc., 125: 583-608

STRETEN, N.A. 1975: A quasi-periodicity in the motion of the South Pacific cloud band. In: Mon. Weather Rev., 106: 1211-1214

TAKAYABU, Y.N., T. IGUCCHI, M. KACHI, A. SHIBATA & H. KANZAWA 1999: Abrupt termination of the 1997-98 El Niño in response to a Madden-Julian oscillation. In: Nature, 402: 279-282

TRENBERTH, K.E. 1996: El Niño definition. In: CLIVAR-Exchanges (1/3): 6-8.

VAN LOON, H. & D.J. SHEA 1985: The Southern Oscillation. Part IV: The precursors south of 15 °S to the extremes of the oscillation. In: Month. Weather Rev., 113: 2063-2074

VERBICKAS, S. 1998: Westerly wind bursts in the tropical Pacific. In: Weather, 53: 282-287

WALISER, D.E., K.M. LAU, W. STERN, & C. JONES 2003: Potential predictability of the Madden-Julian Oscillation. In: Bull. Am. Met. Soc., 84: 33-50

WYRTKI, K. 1975: El Niño - The dynamic response of the equatorial Pacific ocean to atmospheric forcing. In: J. Physical Oceanography, 5: 572-584

YARNAL, B. & G. KILADIS 1988: Tropical teleconnections associated with El Niño/Southern Oscillation (ENSO) events. In: Progr. Physical Geography, 9: 524-558

ZEBIAK, S.E. & M.A. CANE 1987: A model El Niño-Southern Oscillation. In: Mon. Weath. Rev., 115: 2262-2278

ZHU, C., T. NAKAZAWA & J. LI, 2003: Modulation of twin tropical cyclogenesis by the MJO Westerly Wind Burst during the onset period of 1997/98 ENSO. In: Advances in the Atmospheric Sciences, 20: 882-898

Anschrift der Verfasser:
Dipl.-Geogr. Astrid Bendix
Fachbereich Geographie der Philipps-Universität Marburg
Deutschhausstraße 10, 35037 Marburg
email: bendixa@staff.uni-marburg.de

Prof. Dr. Jörg Bendix
Fachbereich Geographie der Philipps-Universität Marburg
Deutschhausstraße 10, 35037 Marburg
email: bendix@staff.uni-marburg.de

Der Hitzesommer 2003

von JÖRG RAPP, Offenbach

1. Einleitung

Die Schlagzeilen des Sommers 2003 bleiben wahrscheinlich lange Zeit unvergessen: „Sommer der Superlative" (Badische Zeitung vom 5.8.), „Der heißeste Tag aller Zeiten" (Generalanzeiger vom 9.8.) und „Gluthitze fordert hunderte Tote in Paris" (Frankfurter Rundschau vom 14.8.) sind nur einige Beispiele, die das ungewöhnlich heiße und trockene Wetter in weiten Teilen Mittel- und Westeuropas charakterisieren. Und Meldungen wie „Die Hitze verändert den Lebensstil in Deutschland" (Offenbach-Post vom 12.8.) oder „Gletscher durch Hitze schwer geschädigt" (Frankfurter Allgemeine Zeitung vom 13.8.) deuten schon die möglichen langfristigen Auswirkungen solch extremer Witterungsperioden an, falls sie sich in der Zukunft wiederholen sollten.

Noch ein Jahr zuvor war es ein völlig konträres Wetterextrem, das die Medien über Wochen hinweg beschäftigte, nämlich die ungewöhnlich starken Regenfälle im Einzugsgebiet der Elbe, die verbreitet zu katastrophalem Hochwasser führten. Speziell im Erzgebirge regnete es tagelang mit besonders starker Intensität. Die DWD-Station Zinnwald, die auf dem östlichen Kamm des Mittelgebirges liegt, registrierte eine bis zu diesem Zeitpunkt noch nie gemessene Niederschlagshöhe von 353 mm innerhalb von 24 Stunden (am 12. und 13.08.2002; RUDOLF u. RAPP, 2003).

Abb. 1: „Rest" des Ederstausees im August 2003 mit einer alten Brücke, die normalerweise unter dem Wasserspiegel liegt. (Fotonachweis: Mark-Oliver van Druten, mit freundlicher Genehmigung)

Beinahe auf den Tag genau 12 Monate später erlebte Mittel- und Westeuropa dann ein ganz anderes Wetterextrem: Eine Hitzeperiode, die im Grunde den ganzen Sommer anhielt und ihren Höhepunkt im August erreichte. Die Zahl der Todesopfer aufgrund der großen Hitze wird allein für Frankreich mit 14 900 und für Deutschland mit 3 500 angegeben (MÜNCHENER RÜCK, 2004). Die Gesamt-Ernteausfälle lagen nach Angaben der EU (COPA/COGECA, 2003) bei 23 Millionen Tonnen gegenüber dem Vorjahr. Das Futterdefizit schwankte zwischen 30 und 60 Prozent. Waldbrände vernichteten allein auf der Iberischen Halbinsel über 500 000 Hektar Forst. Vielerorts erreichten die Flüsse historische

Tiefststände. Der beinahe vollständig entleerte Ederstausee in Nordhessen demonstriert die stark negative Wasserbilanz eindrucksvoll (Abbildung 1). Schließlich sind die alpinen Gletscher um durchschnittlich 23 Meter geschrumpft, auch dies ein Rekordwert seit Beginn regelmäßiger Aufzeichnungen (PATZELT, 2004).

2. Phänomenologie

Der Sommer 2003, der im meteorologischen Sinn die Monate Juni, Juli und August umfasst, fiel in fast ganz Europa deutlich zu warm aus (GRAZZINI u.a., 2004; SCHÖNWIESE u.a., 2004; MÜLLER-WESTERMEIER u. RIECKE, 2004). Besonders hohe Temperaturanomalien traten dabei über Frankreich, Deutschland und den Westalpen auf, wo die Lufttemperatur gegenüber dem langjährigen Mittel um mehr als 3 Grad höher lag (Abbildung 2). In Deutschland betrug das Flächenmittel der Sommertemperatur 19.7 Grad C und war damit um 3.4 Grad höher als der vieljährige Durchschnittswert. Den Hauptbeitrag hierzu lieferte der Monat August, aber schon der Juni war verbreitet deutlich zu warm, während der Juli hinsichtlich des Wärmeüberschusses etwas in den Hintergrund trat. Im August gab es im Südwesten Deutschlands sogar einige Klimastationen mit Anomalien von mehr als 6 Grad.

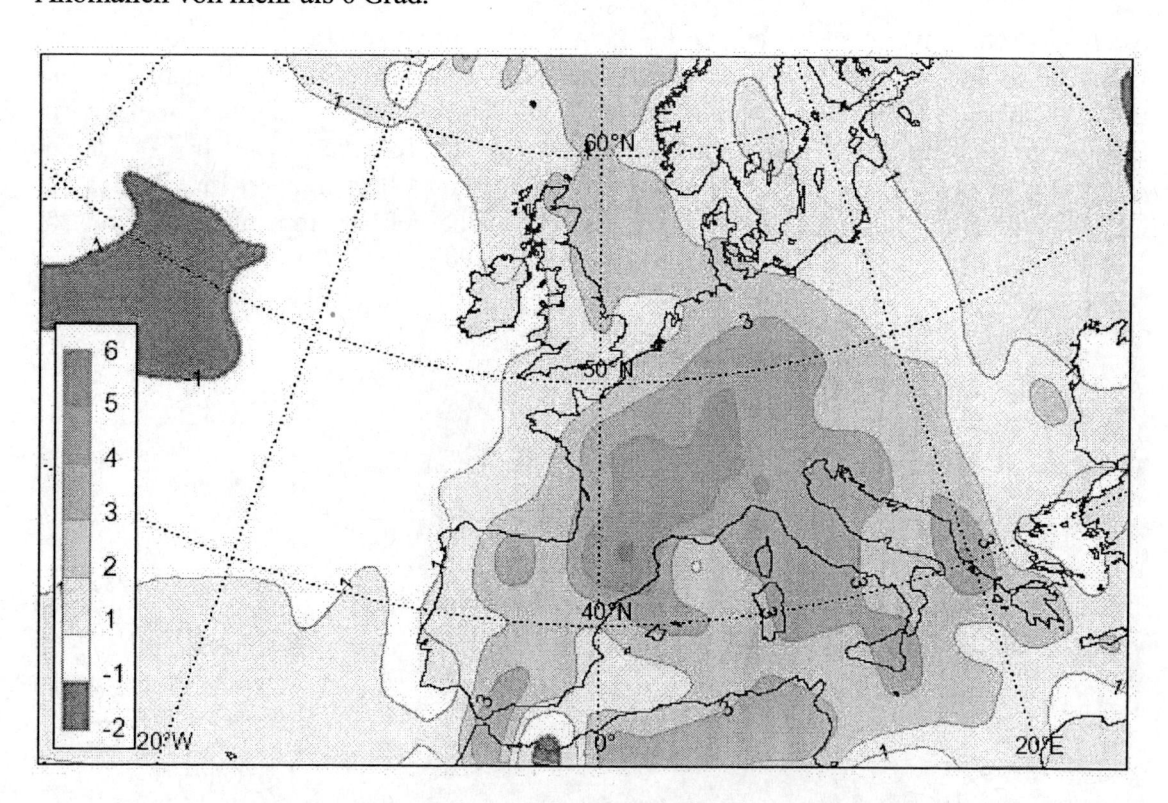

Abb. 2: Anomalie der Temperatur in zwei Meter Höhe im Sommer 2003 in Grad C bezogen auf das ERA-40-Referenzklima 1958 –2001 (aus: GRAZZINI u.a., 2003).

Während der größten Hitzeperiode zwischen dem 1. und 15. August traten in Frankreich und im Südwesten Deutschlands verbreitet mehr als zehn „extreme Hitzetage" auf, also Tage mit einer Höchsttemperatur von mindestens 35.0 Grad C (GRAZZINI u.a., 2004). Für den Südwesten Deutschlands (Karlsruhe) berechneten SCHÖNWIESE u.a. (2004) insgesamt 53 Hitzetage (Maximum über 30.0 Grad C) und 16 extreme Hitzetage (siehe auch Abbildung 6). Der Hitzerekord wurde am 9. August in Karlsruhe und am 13. August in Freiburg i.Br. und abermals in Karlsruhe mit 40.2 Grad C aufgestellt (MÜLLER-WESTERMEIER u. RIECKE, 2004). Im nordöstlichen Mitteleuropa waren die

Temperaturen nicht ganz so extrem. Trotzdem erwärmten sich Nord- und Ostsee im August auf 21 bis 25 Grad C, was den zu dieser Zeit herrschenden Wassertemperaturen im nördlichen Mittelmeerraum entspricht.

Besondere Relevanz erlangte die sommerliche Hitze durch die gleichzeitig herrschende große Trockenheit, die überdies das ganze Jahr anhielt, so dass sich ein markantes Defizit im Wasserdargebot ausbildete, das am Ende des Jahres vor allem im südlichen und östlichen Deutschland bei mehr als 30 Prozent lag (RUDOLF, 2004). Das Gebietsmittel der jährlichen Niederschlagshöhe betrug lediglich 607 mm, was 182 mm weniger als normalerweise in der Referenzperiode an Regen fällt (MÜLLER-WESTERMEIER u. RIECKE, 2004). In Frankfurt am Main betrug das von Januar bis September 2003 kumulierte Defizit sogar 230 mm (Abbildung 3). Auffällig war außerdem die beträchtliche Sonnenscheindauer, die im August verbreitet 25 bis 50 Prozent, im mittleren Deutschland sogar bis zu 75 Prozent höher war als im vieljährigen Mittel.

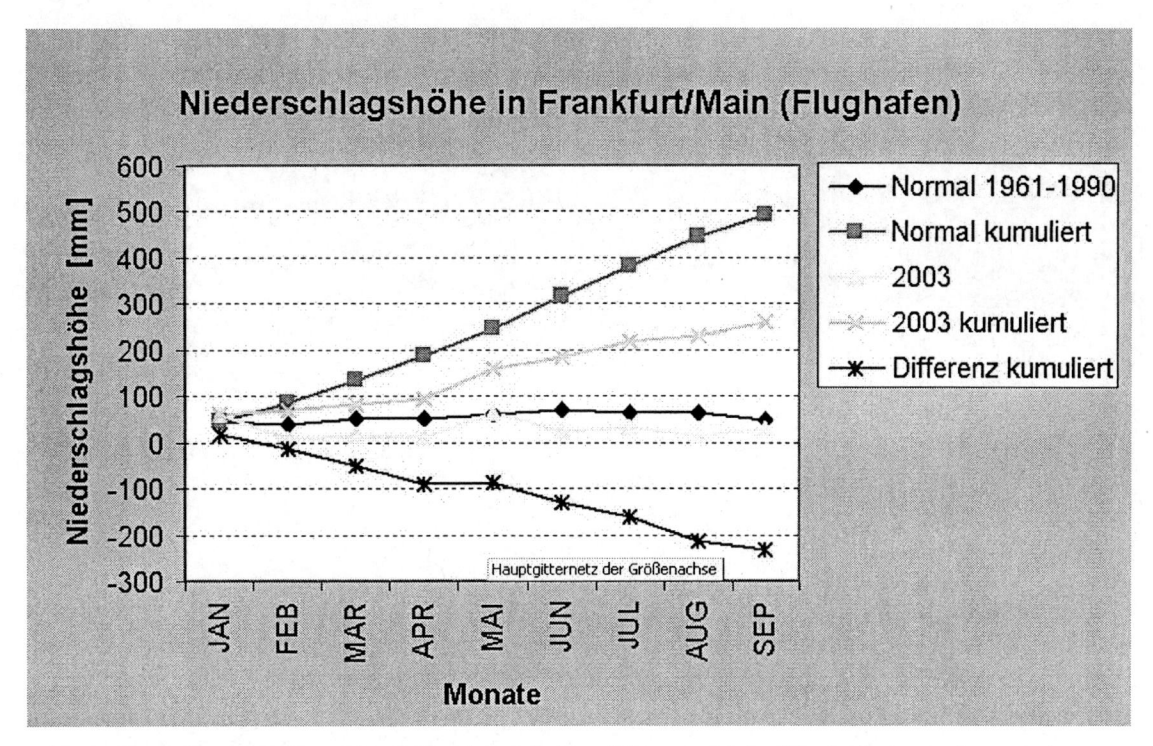

Abb. 3: Kumulierte Niederschlagshöhe (mm) in Frankfurt am Main (Flughafen) von Januar bis September 2003, mit Klimanormal- und Differenzwert.

3. Synoptisch-meteorologische Aspekte

Synoptische Ursache der lang andauernden Hitzeperiode, vorzugsweise im August 2003, war eine spezielle nordhemisphärische Strömungskonstellation, die über viele Wochen hinweg nahezu stationär war und durch den orographisch „verankerten" Höhenrücken über den nordamerikanischen Rocky Mountains vermutlich gestützt wurde. Dabei war zum einen ein Regime langer, quasistationärer troposphärischer Wellen mit niedriger Wellenzahl (3 bis 5) genau so positioniert (KURZ, 1990; INSTITUT FÜR METEOROLOGIE DER FREIEN UNIVERSITÄT BERLIN, 2003), dass ein markanter Höhenhochkeil gerade über Mittel- und Westeuropa lag (Abbildung 4). Dieser Keil war lange Zeit mit hochreichender Warmluft korreliert, in der die Temperatur in 5500 Meter Höhe verbreitet über minus 10 Grad C stieg. Andererseits war die Westwinddrift der nördlichen Breiten nach Norden verschoben, so dass sich Süd- und Teile Mittel- und Westeuropas im Bereich relativ hohen Geopotentials befanden.

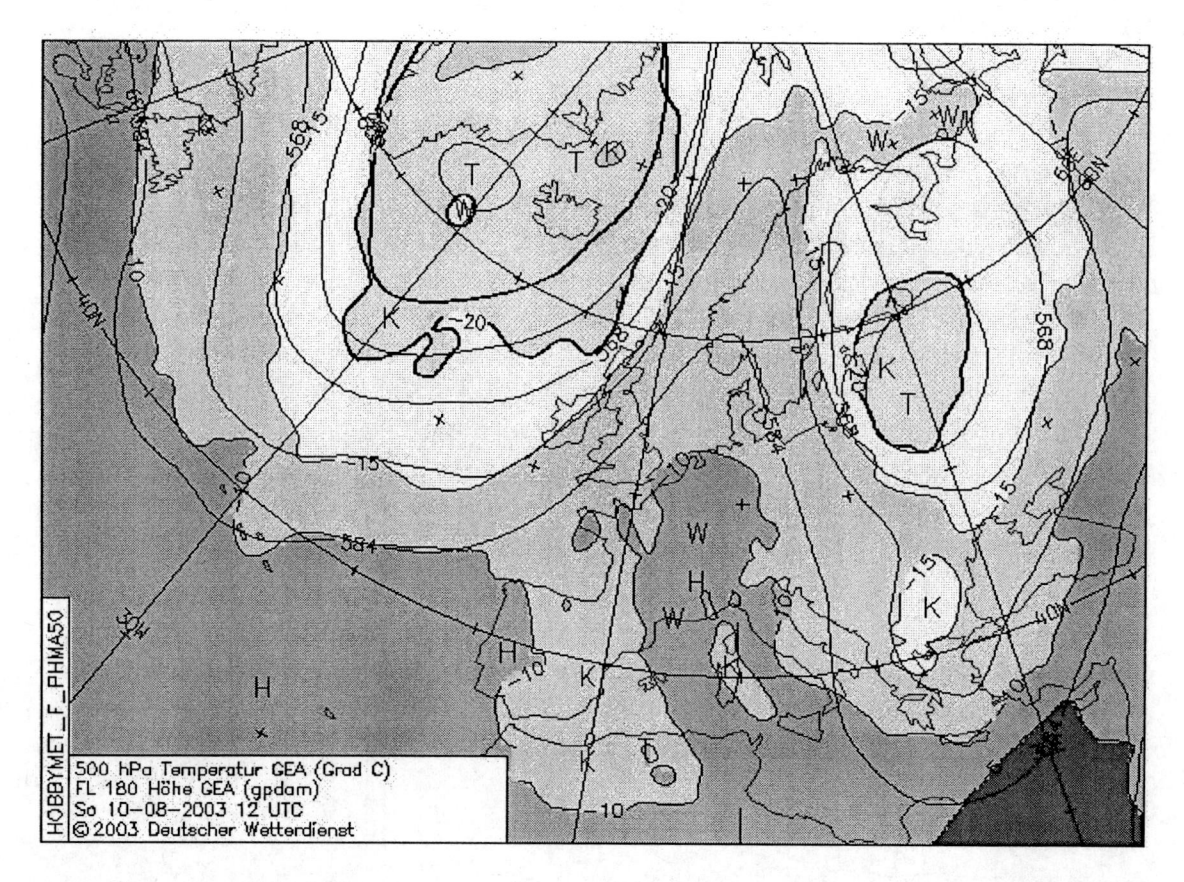

Abb. 4: Geopotentielle Höhe (Isolinien) in gpdm und Temperatur in 5500 m Höhe (Luftdruckniveau 500 hPa; Farbflächen) in Grad C am 10.08.2003, 12 UTC.

4. Klimatologische Einordnung

Die Temperatur war in Deutschland im Sommer 2003 – flächendeckend – noch nie so hoch wie seit 1761 (SCHÖNWIESE u.a., 2004). Die bisher wärmsten Sommermonate lagen in den Jahren 1826, 1834, 1947, 1992 und 1994 mit Anomalien von jeweils knapp über 2 Grad, verglichen mit dem Referenzzeitraum 1961-1990 (Abbildung 5). Im Jahr 2003 lag die Anomalie sogar bei deutlich mehr als 3 Grad (MÜLLER-WESTERMEIER u. RIECKE, 2004), so daß dieser Sommer als absolut singulär bezeichnet werden muß. Er passt sich zudem gut in den seit 100 Jahren beobachteten sommerlichen Erwärmungstrend ein. Seit der vorletzten Jahrhundertwende ist die Temperatur in dieser Jahreszeit bis heute um rund 1 Grad, im Monat August sogar um 1.7 Grad signifikant angestiegen (SCHÖNWIESE u.a., 2004). Daraus resultiert ganz wesentlich auch der 100-jährige Anstieg der jährlichen Temperaturwerte. Gleichzeitig ist die Zahl der Hitze- und extremen Hitzetage spürbar gewachsen (Abbildung 6; SCHÖNWIESE u.a., 2004). Wurden in den ersten Dekaden des 20. Jahrhunderts in Karlsruhe durchschnittlich nur 5 bis 10 Hitzetage (mit Temperaturmaxima über 30 Grad C) pro Jahr registriert, stieg dieser Wert in den 90er Jahren auf ungefähr 20, im Jahr 2003 sogar auf 53 Tage.

Der positiven Temperaturanomalie steht ein ausgeprägtes Niederschlagsdefizit gegenüber. Der Sommer 2003 war in Deutschland der fünfttrockenste Sommer seit 1900, wenn auch ein genereller Trend hin zu niedrigeren Niederschlagshöhen in dieser Jahreszeit nur schwer auszumachen ist. Daß die Extreme aber deutlicher hervortreten, wird dadurch veranschaulicht, daß das Vorjahr (2002) das feuchteste in Deutschland seit über 100 Jahren war (MÜLLER-WESTERMEIER u. RIECKE, 2004). Schließlich schien die Sonne in 2003 in Deutschland an durchschnittlich 2038 Stunden und damit so häufig wie seit mindestens 1950 nicht mehr.

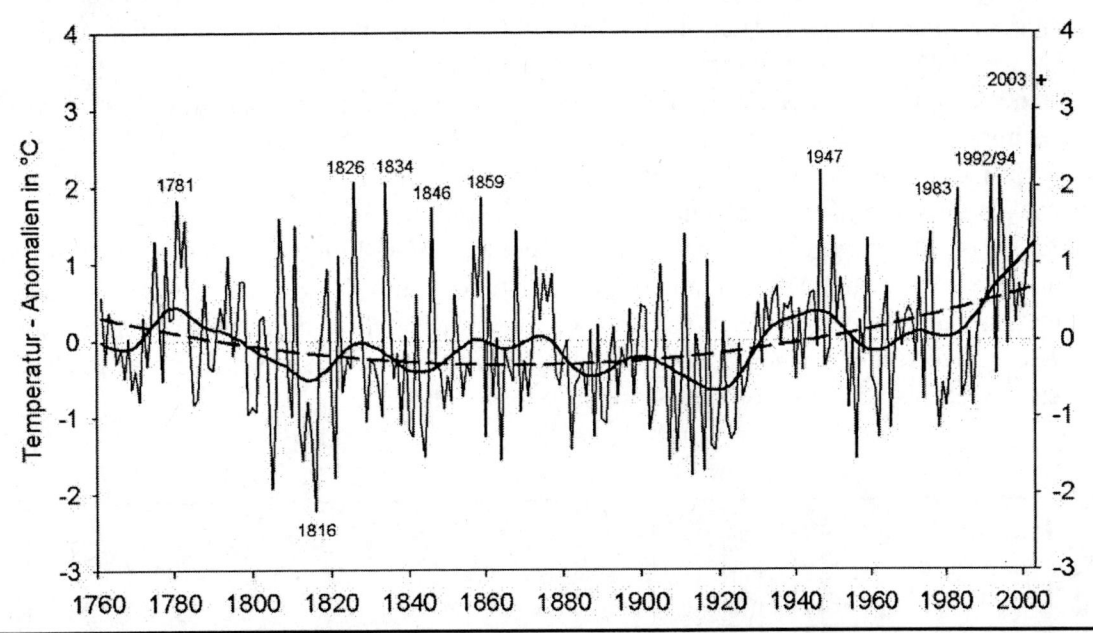

Abb. 5: Sommeranomalien der Deutschland-Temperatur mit 30-jährig geglätteten Daten (dicke Kurve) und polynomialen Trend (gestrichelte Kurve), in Grad C (nach: SCHÖNWIESE u.a., 2004)

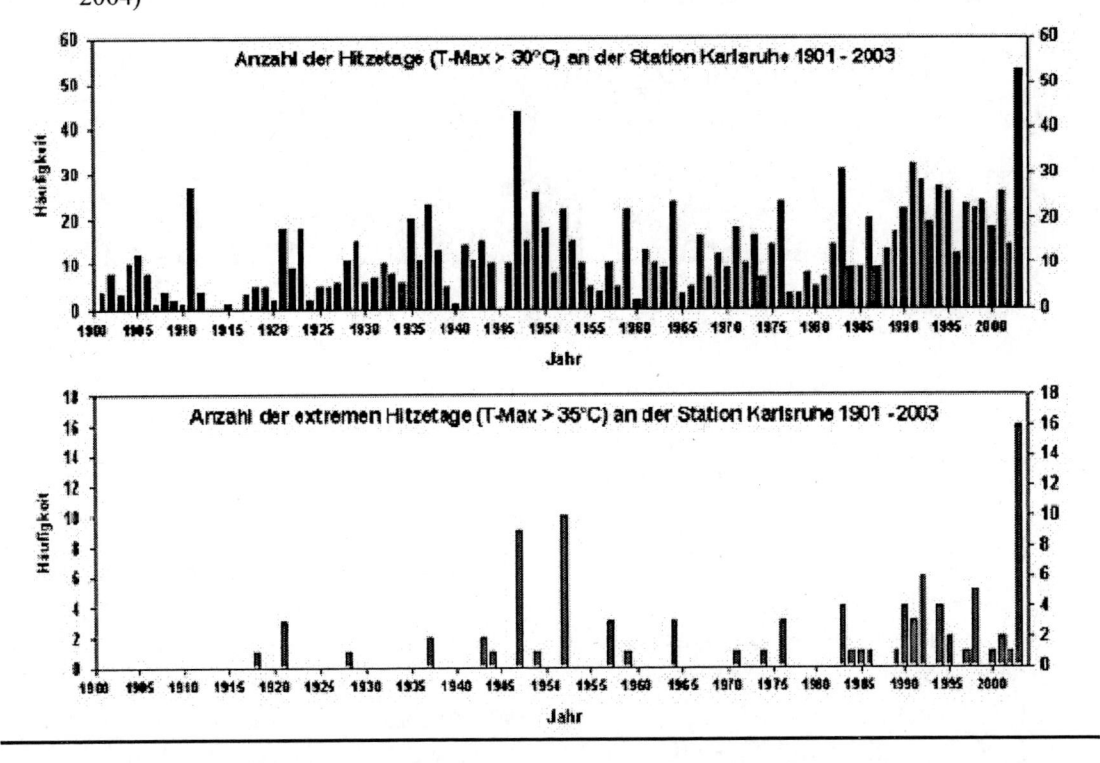

Abb. 6: Jährliche Häufigkeiten von Hitzetagen (Tagesmaximum der Temperatur über 30 Grad C, oben) und „extremen Hitzetagen" (Tagesmaximum über 35 Grad C, unten) für die Station Karlsruhe 1901-2003 (aus: SCHÖNWIESE u.a., 2004)

5. Klimaszenarien und -prognosen

Klimaprognosen sind immer noch recht schwierig und bezüglich der Problematik der ansteigenden Temperatur und der daraus resultierenden Möglichkeit, daß Hitzesommer wie 2003 häufiger auftreten könnten, nur mittels Szenarien- und Klimamodellrechnungen vernünftig abschätzbar. SCHÄR u.a. (2004) haben, um nur eine bekannte Forschergruppe zu zitieren, untersucht, wie sich die Verteilung der Sommertemperaturen in einem Klima verändert, das unter den gängigen Treibhausgas-Szenarien zwischen 2071 und 2100 zustande kommen soll. Sie verglichen diese Verteilung mit den heutigen (1961-1990) Verhältnissen. Abbildung 7 zeigt am Beispiel eines Modellgitterpunktes in der nördlichen Schweiz nicht nur eine Verschiebung der Verteilung hin zu höheren Temperaturen (um mehr als 4 Grad), sondern auch eine wachsende Variationsbreite, so dass extreme Sommer künftig wesentlich zahlreicher auftreten dürften. Die Variabilität der Temperatur würde nach diesen Berechnungen vor allem in Mitteleuropa um 60 bis 100 Prozent deutlich zunehmen. Allerdings stellt der Sommer 2003 auch im Hinblick auf die Szenarienrechnung ein außergewöhnliches Ereignis dar, liegt er doch mit 22.5 Grad C schon im Bereich des höchsten Quartils der prognostizierten Verteilungskurve.

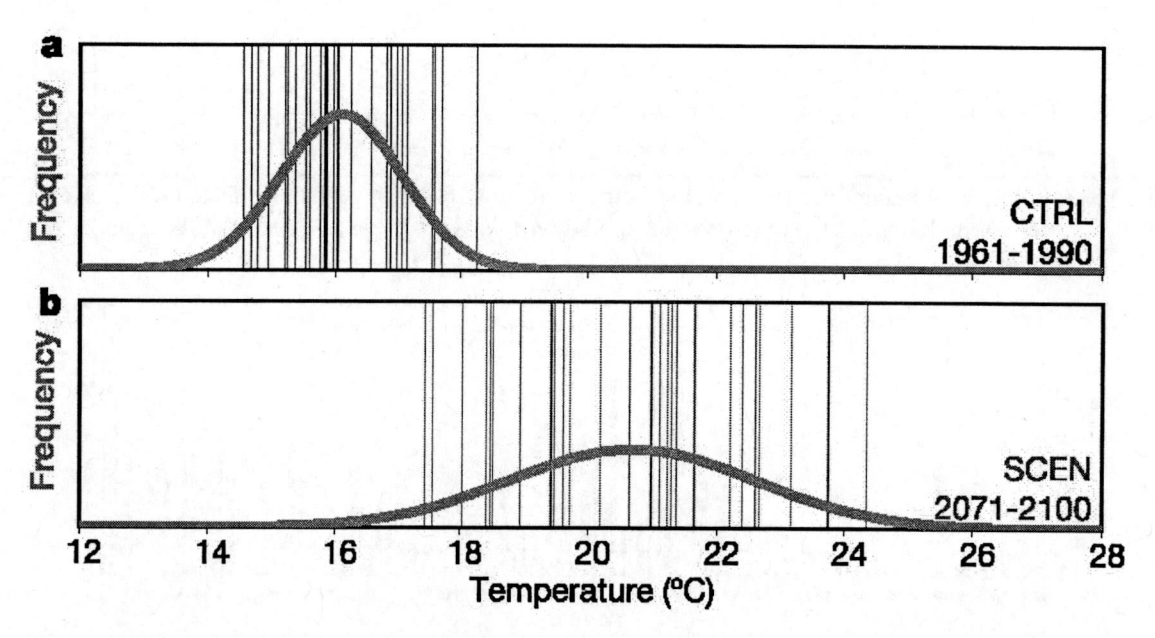

Abb. 7: Ergebnisse eines regionalen Klimamodells unter gegenwärtigen (a, CTRL 1961-1990) und zukünftigen (b, SCEN 2071-2100) Bedingungen. Gezeigt wird die statistische Verteilung der Sommertemperaturen der einzelnen der jeweils 30 Jahre an einem Gitterpunkt über der nördlichen Schweiz (aus: SCHÄR u.a., 2004).

6. Fazit

Der Hitzesommer 2003 ist gewiss noch kein Beweis für eine signifikante Änderung unseres Klimas. Er ist jedoch ein weiteres wichtiges Indiz, ein weiterer Mosaikstein für die schwerwiegende These, dass sich das Klima einschließlich seiner Extrema auch in Mitteleuropa deutlich verschoben hat. Es ist sogar zu befürchten, daß sich das Klima in Zukunft noch weiter vom bisher Gewohnten wegbewegt. In diesem Kontext gibt die historische Hitzewelle des Jahres 2003 einen „Vorgeschmack" auf das, was wir in 50 bis 100 Jahren regelmäßig zu erwarten haben. Den Pädagogen fällt die Aufgabe zu, das Wissen um die Zukunft, wenn es auch noch mit Unsicherheiten behaftet ist, weiterzutragen und ihren Schülern, die Hauptbetroffene des Klimawandels sein werden, weiterzuvermitteln.

Literaturverzeichnis

COPA/COGECA (2003): Bewertung der Auswirkungen der Hitzewelle und Dürre des Sommers 2003 für Land- und Forstwirtschaft, www.copa.be/pdf/pocc_03_78i4_1d.pdf

Grazzini F., L. Ferranti L., F. Lalaurette F. u. F. Vitart (2003): The exceptional warm anomalies of summer 2003. In: ECMWF (Hrsg.): Newsletter No 99, Autumn/Winter 2003, 2-8.

Institut für Meteorologie der Freien Universität Berlin (2003): Klimatologische Übersicht August 2003 (KEU VIII/03), Beilage zur Berliner Wetterkarte Nr. 72/2003, 4 Seiten.

KURZ M. (1990): Synoptische Meteorologie. Leitfäden für die Ausbildung im Deutschen Wetterdienst Nr. 8. Offenbach.

MÜLLER-WESTERMEIER G. u. W. RIECKE (2004): Die Witterung in Deutschland. In: DEUTSCHER WETTERDIENST (Hrsg.): Klimastatusbericht 2003. Offenbach: 71-78.

Münchener Rück (2004): Hitzesommer in Europa – Die Zukunft hat bereits begonnen. In: Münchener Rück (Hrsg.): TOPICS geo 2003. München: 21-26.

Patzelt G. (2004): Gletscherbericht 2002/2003. In: Zeitschrift des Alpenvereins 1, 2004: 8-14. files.alpenverein.at/download/1076670171156_18_gletscherberichte2003.pdf

RUDOLF B. (2004): Hydroklimatologische Einordnung der in Europa extremen Jahre 2002 und 2003. In: DEUTSCHER WETTERDIENST (Hrsg.): Klimastatusbericht 2003. Offenbach: 132-141.

RUDOLF B. u. J. RAPP (2003): Das Jahrhunderthochwasser der Elbe: Synoptische Wetterentwicklung und klimatologische Aspekte. In: Deutscher Wetterdienst (Hrsg.): Klimastatusbericht 2002. Offenbach, 173-188.

Schär C., P.L. Vidale, D. Lüthi, C. Frei, C. Häberli, M.A. Liniger, u. C. Appenzeller (2004): The role of increasing temperature variability in European summer heatwaves. In: Nature, 427: 332-336.

Schönwiese C.-D., T. Staeger, S. Trömel u. M. Jonas (2004): Statistisch-klimatologische Analyse des Hitzesommers 2003 in Deutschland. In: DEUTSCHER WETTERDIENST (Hrsg.): Klimastatusbericht 2003. Offenbach: 123-132.

Anschrift des Verfassers:
Dr. Jörg Rapp
Deutscher Wetterdienst, Referat „Zentrale Vorhersage"
Kaiserleistr. 42, 63067 Offenbach am Main
email: Joerg.Rapp@dwd.de

Fachwissenschaftliche Sitzung FW 3

Metropolen und Großstädte im Wandel

Bodo Freund

Die deutschen Metropolen von europäischer Bedeutung – Wo steht Berlin?

Seite 67 - 74

Martin Gornig

Wandel der städtischen Ökonomie

Seite 75 - 79

Stefanie Föbker & Günter Thieme

Migration und Großstadt – Eine Analyse aktueller Entwicklungstrends

Seite 81 - 86

Die deutschen Metropolen von europäischer Bedeutung – Wo steht Berlin?

von BODO FREUND, Berlin

Das Wort „Metropole" wird – oft mit Hoffnung auf Werbewirksamkeit – im Alltagsleben in vielen Zusammenhängen gebraucht. In der Geographie und in der raumbezogenen Literatur benachbarter Disziplinen hat sich seit den Veröffentlichungen von Friedmann (1986), Sassen (1994) und Blotevogel (2001) eine begriffliche Präzisierung durchgesetzt. Eine Metropole ist eine Stadt, die eine herausragende Rolle spielt in der Ausübung supranationaler ökonomischer Führungs- und Kontrollfunktionen, indem vor Ort und im Umland sowohl die Hauptsitze transnationaler Unternehmen als auch die Niederlassungen ausländischer Firmen sind, welche für das betreffende Land oder darüber hinaus Leitungsfunktionen ausüben.

Nach Friedmann gibt es sechs Kriterien für eine Metropole, die aber im Einzelfall nicht alle erfüllt sein müssen. Eine Metropole ist ein Finanzzentrum (Börse, Banken, Versicherungen), ist Sitz transnationaler Großunternehmen anderer Wirtschaftszweige (bes. Industrie; auch Handel) und Standort von Betrieben für wissensintensive unternehmensorientierte Dienstleistungen (z.B. Marktforschung, Werbung, Rechtsberatung, Personal- und Immobilienvermittlung, Rechts-, Personal- und EDV-Beratung). Oft findet man dort auch internationale Organisationen. Zur Funktionsfähigkeit bedarf es eines Flughafens mit Interkontinental(linien)verkehr und – so muss man hinzufügen – einer optimalen Anbindung der Unternehmen an weltweite Kommunikationsnetze. Demographische Größe ist in der Regel gegeben, aber nicht vorrangiges Kriterium.

Bei Metropolen handelt es sich um etwa 30 bis 35 ökonomische Weltstädte („global cities") der zweiten oder dritten Hierarchiestufe unterhalb von London, New York, Tokyo und eventuell auch Paris. Eine Metropole muss weder eine Million Einwohner zählen noch politisches Zentrum eines Landes sein, und umgekehrt garantieren weder herausragende demographische Größe noch Hauptstadtfunktion den Status einer ökonomischen Metropole.

Die Gleichsetzung von Metropole und Metropolitanraum in weiträumigen Vergleichen ist zu verstehen, sind doch amerikanischer „Städte" administrativ in viele Gemeinden um den namengebenden Kern zersplittert; wegen der Polyzentralität einiger deutscher Verdichtungsräume und der gebietsweise weit fortgeschrittenen Unternehmenssuburbanisierung ist dies aber auch hierzulande sinnvoll.

Für Deutschland wurden 1995 durch einen Beschluss der für Raumordnung zuständigen Minister sieben „Metropolen von europäischer Bedeutung" benannt, und zwar Hamburg, Düsseldorf, Frankfurt, Stuttgart und München. Als Stadt in der Entwicklung zur Metropole fügte das Gremium Berlin hinzu, und dem „Sachsendreieck" Dresden – Chemnitz – Leipzig/Halle wurde die Entwicklungsmöglichkeit zu einer Metropolitanregion zugesprochen. Diese politisch-voluntaristische Festlegung auf fünf bis sieben Einheiten entspricht zwar keineswegs der Definition deutscher Metropolen in zahlreichen empirischen Studien ausländischer Autoren, soll aber für die weitere Behandlung akzeptiert werden. Die komparativ orientierte Literatur dient allerdings dazu, die im Folgenden skizzierten Metropolen in eine andere Abfolge zu bringen als in einer bloß topographischen Reihung von Nord nach Süd.

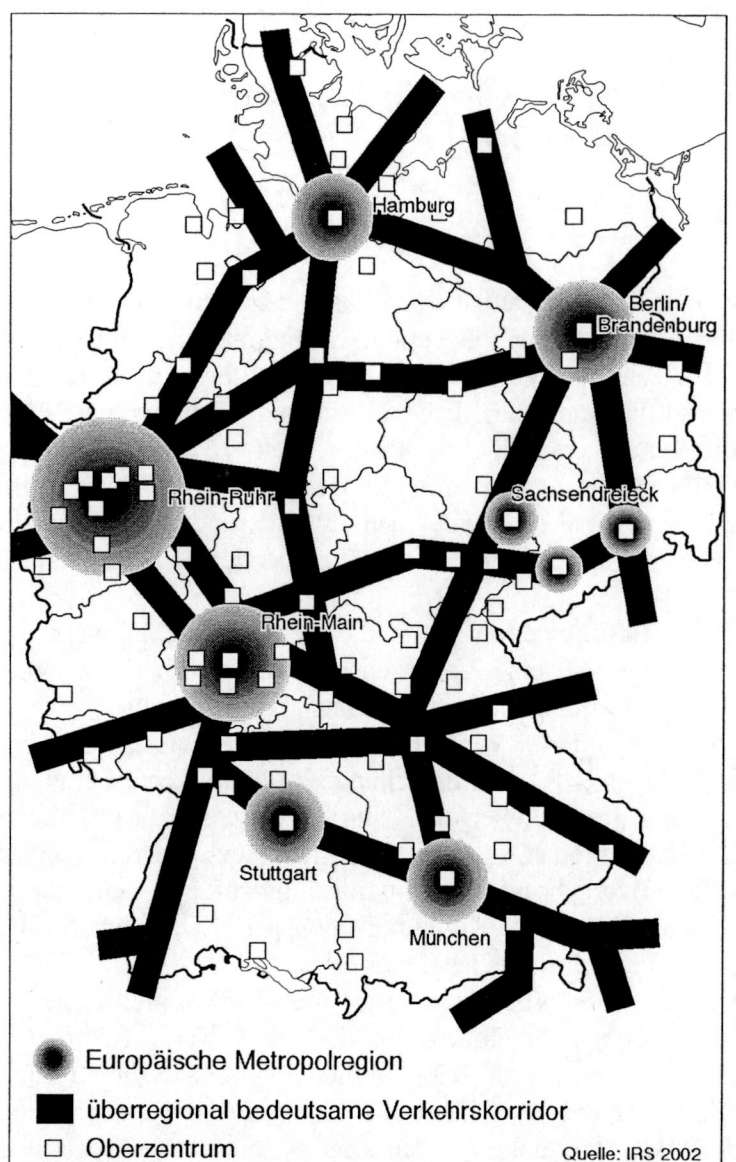

Abb.1: Europäische Metropolregionen in Deutschland

Legende:
- Europäische Metropolregion
- überregional bedeutsame Verkehrskorridor
- Oberzentrum

Quelle: IRS 2002

Frankfurt ist mit 644.00 Einwohnern (2002) keine besonders große Stadt, gilt aber wegen der Börse und Großbanken als Steuerungszentrum der deutschen Wirtschaft und wegen des Interkontinentalflughafens als „gateway to Europe". Im Ausland wird der Stadtname weithin synonym für den polyzentrischen Metropolitanraum Rhein-Main verwendet, der sich durch eine extreme Suburbanisierung von Bevölkerung und Unternehmen auszeichnet. Ohne Zweifel dominiert Frankfurt den – nach Rhein-Ruhr und Berlin – demographisch drittgrößten Verdichtungsraum Deutschlands.

Der Aufstieg von Stadt und Region war, bei günstiger verkehrsgeographischer und wirtschaftstruktureller Ausgangssituation, auch eine unbeabsichtigte Nebenwirkung der Teilung Deutschlands und der amerikanischen Machtkonzentration. In dieser Stadt gab es sofort nach 1945 Sicherheit, dort wurde der Flughafen weiter ausgebaut und als erster 1946 wieder für die Zivilluftfahrt freigegeben, dort wurde auf amerikanisches Drängen die Bank Deutscher Länder eingerichtet (1948, ab 1956 Bundesbank), dorthin zog es amerikanische Investoren. Zahlreiche Institutionen und Unternehmen verlegten ihren Sitz von Berlin und Leipzig in den Frankfurter Raum (Freund 2002, 76-77). Dieser weist die stärksten Merkmale der Globalisierung auf – einerseits die maximale Kapitalverflechtung mit dem Ausland, andererseits die deutlich überdurchschnittliche Präsenz von Bürgern aus den hoch entwickelten OECD-Staaten sowie Fach- und Führungskräften aus weiteren Ländern der Welt (Freund 2001). Die expandierende Europäische Zentralbank fungiert als institutionelle Komponente in diesem Prozess der Internationalisierung. Stärken bestehen in vielen Bereichen unternehmensorientierter Dienstleistungen, beispielsweise der Rechtsberatung durch internationale „law firms", der Werbung, Marktforschung, Immobilien- und Personalvermittlung, des Leasing.

Die Auflösung berühmter Traditionsbetriebe (Hoechst, Philipp Holzmann), deren Übernahme (Wella) und Verlagerung (Degussa) deuten seit den späten neunziger Jahren allerdings auf eine krisenhafte Entwicklung im Produzierenden Gewerbe, das hier auch in Konkurrenz zum Tertiären Sektor steht.

München weist gegenüber Frankfurt die doppelte Einwohnerzahl (1.264.000) auf, dominiert einen monozentrischen Raum und genießt vor allem im Kulturbereich Vorteile als Hauptstadt eines großen Bundeslandes. Die Stadt ist zweitwichtigstes deutsches Finanzzentrum (Allianz-Versicherung, Hypo-Vereinsbank) und gewinnt seit der Eröffnung des neuen Flughafens 1992 schnell an Bedeutung als zweite Drehscheibe für den internationalen Flugverkehr. München hat nicht das Image einer Industriestadt, ist aber Standort großer Unternehmen in diversen Branchen mit starker Affinität zur Hochtechnologie (Elektronik, Raumfahrt, Wehrtechnik, Luxusautomobilbau; Potential in Biotechnologie). Gleichwohl ist die internationale Kapitalverflechtung weniger weiträumig; besonders starke Verbindungen bestehen durch Investitionen in Österreich.

Herstellung von Software, Unternehmensberatung, Buchverlage und Filmproduktion bestimmen das Profil des Tertiären Sektors. Das Europäische Patentamt ist eine große und wichtige internationale Organisation mit Multiplikatoreffekten (z.B. Patentanwälten). Während in Frankfurt die Messen besonders viele Geschäftsreisende anziehen, ist München eher Kongressort. In Umfragen erscheint die bayerische Metropole schon seit Jahrzehnten als Großstadt von höchster Attraktivität, was sicher positiv auf die Zuwanderung von Hochqualifizierten wirkt. Dies spiegelt sich nicht nur in den Daten zur Beschäftigtenstruktur und zur Arbeitsmarktlage, sondern auch in den Immobilienpreisen, die bei Kauf oder Miete in jeglicher Nutzungskategorie fast doppelt so hoch liegen wie in Berlin.

Düsseldorf ist mit 571.000 Einwohnern noch kleiner als Frankfurt, gilt aber als Metropole des Rhein-Ruhr-Raumes mit seinen z.T. deutlich größeren Städten (Köln, Essen, Dortmund). Wie in München ist es nicht nachteilig, auch Hauptstadt eines besonders großen Bundeslandes zu sein. In Düsseldorf haben traditionsreiche Firmen ihren Sitz, deren materielle Basis einst im Ruhrgebiet lag, die aber neue Geschäftsfelder aufbauten, sei es durch interne Diversifikation, sei es durch Übernahmen. Der Wandel geht vor allem hin zu den Bereichen Chemie, Produktion und Verteilung von Energie (Elektrizität, Gas), Anlagenbau, Logistik, Handel und Telekommunikation. In der Stadt und in ihrer Nähe haben die größten deutschen Einzelhandelsunternehmen ihren Sitz, vermutlich weil das Bevölkerungspotential eine gute Grundlage für die Filialisierung und Durchdringung entfernterer Absatzgebiete war. Bei den unternehmensorientierten Diensten weist Düsseldorf eine besondere Stärke in der Werbung auf, steht damit noch vor Frankfurt und Hamburg.

Während das Ruhrgebiet trotz intensiver Strukturwandlungen noch immer problembeladen ist, entwickeln sich die Standorte im Rheinischen eher positiv. Besonders zu erwähnen sind die Medienwirtschaft (TV) in Köln und die Telekommunikation in Bonn, wo trotz der Verlagerung wichtiger Regierungsfunktionen die Beschäftigtenzahl auffällig zunahm.

Die Wirtschaft des Rhein-Ruhr-Raumes ist vergleichsweise wenig internationalisiert. Das dürfte auf die früheren, fast ganz auf Deutschland gerichteten Absatzbeziehungen der dominanten Produktionszweige zurückzuführen sein. Eine sehr enge Verflechtung besteht zu den Nachbarländern Niederlande und Belgien, eine sehr spezielle in Düsseldorf zu Japan.

Es mag erstaunen, dass erst jetzt Hamburg erwähnt wird, und zwar fast als gleichrangig mit Stuttgart. Hamburg nahm als „Tor zur Welt" bis 1945 klar die zweite Position in der zentralörtlichen Hierarchie des Deutschen Reiches ein (Blotevogel 1982) und ist noch heute die zweitgrößte Stadt der Bundsrepublik (1.712.000 Ew.). Allerdings ist sie eher ein Solitär mit einem nicht weit reichenden Verdichtungsraum. Die Hansestadt ist zwar noch Europas zweitwichtigster Hafen, jedoch hat sich Rotterdam an einer der Rheinmündungen – und nicht zuletzt wegen der teilweisen Kappung des Hamburger Hinterlandes bis 1989 - zum wichtigsten Bezugspunkt für den deutschen Seehandel entwickelt.

Mit der Veränderung der Außenhandelsstruktur hat der Flugverkehr (Frankfurt) wertmäßig stark gewonnen gegenüber dem Schiffsverkehr; dieser wurde außerdem durch neue Techniken („Containerisierung") stark rationalisiert, so dass auch in der Hamburger Stadtökonomie seine Bedeutung stark zurückgegangen ist. Gleichwohl verweisen die Ölraffinerien und Nahrungsgüterindustrien weiter auf den Verkehr über die Meere. Der Schiffsbau ist inzwischen bei weitem durch den Flugzeugbau (Airbus in Kooperation mit Toulouse) überholt worden.

Eine überragende Rolle spielt Hamburg im Segment der Verlage für Publikumszeitschriften, wodurch auch die Werbewirtschaft einen Standortvorteil hat. Seit der Wiedervereinigung weist die Hansestadt eine positive Wirtschaftsentwicklung auf, obwohl mehrere bekannte Unternehmen (Universal Music, Vattenvall, Scholz & Friends) nach Berlin verlagert wurden.

Stuttgart hat nur etwa ein Drittel der Hamburger Einwohnerzahl (588.000), ist aber funktionales Zentrum des Oberen Neckarraumes mit zahlreichen Mittel- und Kleinstädten, starker Suburbanisierung und folglich großer Verdichtung.

Unter den deutschen Metropolräumen ist der Stuttgarter Raum am stärksten durch Industrie geprägt. Eine herausragende Rolle spielt der Automobilbau, wozu außer den bekannten Unternehmen (Daimler Chrysler, Porsche) statistisch noch diejenigen Firmen gehören, deren - materiell ganz unterschiedliche - Erzeugnisse wertmäßig überwiegend der Herstellung von Kraftfahrzeugen dienen. Eine Verbindung zum weit verzweigten Komplex des Kraftfahrzeugbaues haben auch manche Unternehmen des ebenfalls bekannten Bereiches Elektrotechnik und Elektronik (Bosch, IBM, Hewlett Packard). Kaum bekannt ist dagegen der stark diversifizierte Maschinenbau, da die Produkte fast nur an Unternehmen und nicht an Haushalte verkauft werden.

Kartogramme mit Darstellung der hundert größten Industrieunternehmen Deutschlands lassen erkennen, dass sich von 1957 bis 2002 die industrielle Entwicklung deutlich vom nördlichen in den südlichen Teil Deutschlands verlagert hat, so dass Stuttgart und München heute die wichtigsten Steuerungszentren sind vor Düsseldorf mit den nahen Städten Essen, Köln und Leverkusen. Dafür wirkten Faktoren in der tradierten Branchenstruktur, in den regionalen Energiekosten, den Betriebsfunktionen, der Innovativität (Patentanmeldungen) und vermutlich auch im Sozialverhalten.

Um die weltweite Interaktion zu erleichtern, sind die Kapazitäten des Flughafens (2002/04) erweitert und die Anlage eines neuen Messegeländes (2006) vorangetrieben worden.

Wo steht Berlin? Obwohl die deutsche Hauptstadt heute fast eine Million Einwohner weniger hat als bei der letzten Zählung vor dem Krieg (1939: 4.339.000; 2003: 3.393.000), ist sie noch immer doppelt so groß wie Hamburg. Und der monozentrische Verdichtungsraum mit 4.360.000 Einwohnern – davon nur 22,8 % im Umland - steht an zweiter Stelle zwischen den polyzentrischen Räumen Rhein-Ruhr und Rhein-Main.

Die demographischen Daten und die Hauptstadtfunktion stehen in eklatantem Gegensatz zur ganz geringen wirtschaftlichen Steuerungskraft der Berliner Unternehmen. Betrachtet man die regionale Verteilung der Sitze der hundert größten Industriefirmen (2002), so steht die Hauptstadt noch deutlich hinter dem Rhein-Neckar Raum (Mannheim-Ludwigshafen-

Heidelberg) zurück, auch hinter dem Dreieck Hannover-Wolfsburg-Salzgitter. Außer Schering und den - kennzeichnenderweise ausländischen - Neuzugängen Sony, Coca Cola und Vattenfall gibt es keine Unternehmen des Produzierenden Gewerbes von überregionaler Bedeutung, und führende Firmen fehlen auch im Finanzsektor. Folglich wird die Expansion in den ergänzenden Bereichen der höherwertigen Dienstleistungen mangels regionaler Auftraggeber schwer.

Im internationalen Vergleich weist Deutschland also zwei Besonderheiten auf: Erstens die voluntaristisch deklarierte große Zahl an Metropolen im Verhältnis zur Landesbevölkerung von 82 Millionen, zweitens die wirtschaftlich subalterne Rolle einer Hauptstadt, die einst auch ökonomisch überragendes Zentrum gewesen ist. Zwar lässt sich häufig feststellen, dass die politische Hauptstadt nicht auch „economic capital" ist, beispielsweise in Italien und vor allem in föderalistisch verfassten Nationen (Schweiz, USA, Kanada, Australien, Brasilien, Indien). Dass eine einst in jeder Hinsicht dominierende Hauptstadt ihre ökonomische Funktion verlor, ist der einmalige kriegs- und teilungsbedingte Ausnahmefall. Die Verlagerungen von Betrieben und qualifiziertem Personal aus Berlin und Leipzig nach Westdeutschland haben dort den Städten von vormals eher regionaler Bedeutung starke wirtschaftliche Impulse gegeben. Dies gilt vor allem für Frankfurt (Großbanken, AEG; Messe) und München (Siemens, Osram, Allianz), in geringerem Maße für Stuttgart (IBM) und Hamburg. Einschränkend ist allerdings festzuhalten, dass die Ost-West-Verlagerungen die Entwicklung der späteren Metropolen keineswegs determiniert haben. In den drei südlichen Städten hatte es schon vor der Teilung Deutschlands eine strukturell günstige Ausgangslage mit tendenziell expandierenden Branchen gegeben (Chemie und Pharmazie, Elektrotechnik, Automobil- und Maschinenbau), und sowohl unter altansässigen als auch unter hinzugekommenen Unternehmen gab es später Aufstieg und Niedergang (BMW/Hoechst, Siemens/AEG). Entscheidend ist, dass in Westberlin – ganz im Gegensatz zu London und Paris – nicht die Kopffunktionen, sondern allenfalls die operativen Teile kapitalistischer Unternehmen verblieben. Strukturbestimmend wurden Betriebe, in denen mit ausgereifter Technologie Waren gefertigt wurden, die im Konfliktfall irrelevant gewesen wären, am deutlichsten erkennbar in der einstigen Bedeutung von Genussmitteln.

Die vierzigjährige Spaltung in zwei Staaten unterschiedlicher Wirtschaftssysteme bewirkte weiterhin, dass sich nur im westlichen Deutschland Unternehmen mit Wettbewerbsfähigkeit auf Weltmärkten entwickelten, dass nur von dort her Auslandsinvestitionen getätigt und die entsprechenden Kenntnisse akkumuliert wurden. Da es in Westberlin bei der Währungs- und Wirtschaftsunion keine starken unabhängigen Unternehmen gab, konnten sich auch keine durch Übernahme von Betrieben ostdeutscher Kombinate verstärken. Vielmehr bewirkten der Wegfall von Fördermitteln, die zur Kompensation von isolationsbedingten Standortnachteilen gedacht waren, sowie die unzureichende Produktivität Ostberliner Fabriken einen rapiden Personalabbau, wenn Betriebe nicht ganz geschlossen wurden. Somit wurde in beiden Teilen der Stadt eine rapide Deindustrialisierung eingeleitet, die in wenigen Jahren zur Halbierung der gewerblichen Arbeitsplätze führte (1991: 343.600; 2002: 165.900).

Der metropolentypische Komplex wissensintensiver unternehmensorientierter Dienstleistungsbetriebe hatte sich weder im planwirtschaftlichen Ostteil noch um die „verlängerten Werkbänke" im Westen der Stadt entwickelt; nach der Wiedervereinigung stießen einschlägige Unternehmen weiterhin auf enge Expansionsgrenzen. Von 1998 bis 2002 war die Beschäftigungsentwicklung in den überregional orientierten Dienstleistungen sogar negativ - völlig abweichend von den Metropolen und am schlechtesten unter Deutschlands elf größten Städten (Geppert und Gornig, 2003). Die Tertiarisierung, die wegen der Deindustrialisierung in statistischen Relativzahlen sogar überhöht erscheint,

blieb also quantitativ und qualitativ weit hinter der wirtschaftssektoralen Veränderung westdeutscher Metropolen zurück. Dies spiegelt sich schon grob in den Quoten der Büroarbeitsplätze und exakter in den Beschäftigtenzahlen metropolentypischer Branchen.
Auf eine unüberblickbare Zahl euphorischer Verlautbarungen zur zukünftigen demographischen und ökonomischen Expansion der Stadt reagierten vor allem die Immobilienwirtschaft und Privatpersonen, zumal es bis Ende 1996 (Neubau) bzw. 1998 (Altbau) die steuerlichen Sonderabschreibungen für Investitionen gab. Dabei hatte die bisherige Bundeshauptstadt Bonn keinerlei Anlass zu überschwänglichen Prognosen geboten: Die Zahl von 48.000 zentralstaatlich bedingten Arbeitsplätzen war im Bonner Raum auffällig gering geblieben, entsprechend gering erwies sich auch das langfristige Bevölkerungswachstum um nur 100.000 Einwohner in vierzig Jahren, und große Unternehmen waren nicht zu- sondern eher weggezogen (VIAG).
Die wichtigsten Impulse für die Bauwirtschaft gingen in Berlin von der 1991 beschlossenen Hauptstadtfunktion aus. Das führte direkt zum repräsentativen Bürobau für Regierung, Ländervertretungen, Botschaften, Verbände, Firmenrepräsentanzen und Infrastruktur, indirekt zur Bautätigkeit für kommerzielle Büro- und Ladennutzer sowie zum Neubau und zur Renovierung von Wohnungen. Dadurch entstanden einerseits die viel beschriebenen Immobilienkomplexe mit Leuchtturm-Charakter (Potsdamer Platz, Friedrichstraße, Hauptbahnhof-Lehrter Bahnhof) und ein Freilichtmuseum zeitgenössischer Architektur, aber auch ein Überhang von 1,62 Mio. qm Bürofläche (31.03.2004, Aengevelt-Research) und ein Leerstand von etwa 140.000 Wohnungen, wovon rund 100.000 in bewohnbarer Qualität sind.
Der Regierungsumzug hat im Stadtbild architektonische und gesellschaftliche Veränderungen induziert, nicht aber besondere Bevölkerungsgewinne und einen wirtschaftlichen Aufschwung. Die Einwohnerzahl ist seit 1991 um rund 55.000 zurückgegangen trotz starker Migrationsgewinne (und Unterschichtung) durch Ausländer. Dagegen ist im engeren Verflechtungsraum („Speckgürtel") durch Suburbanisierung eine Zunahme um rund 190.000 zu verzeichnen. Per Saldo hat die Bevölkerung in der gemeinsamen Planungsregion Berlin-Brandenburg damit gleichwohl nur um 3 % zugenommen.
Die Stadt hat kaum an Arbeitszentralität gewonnen. Während im Jahre 2002 in den zuvor aufgeführten Metropolen auf hundert Einwohner zwischen 61 (Hamburg) und 93 (Frankfurt) sozialversicherungspflichtige Erwerbstätige kamen, waren es in Berlin – für eine Stadt völlig atypisch - ganze 45. Im Vergleich wies die Hauptstadt 2003 mit 193.000 (svp.) Einpendlern die geringste Zahl auf und mit 82.000 zugleich den weitaus geringsten Saldo; unter den Erwerbstätigen am Arbeitsort lag die Einpendlerquote mit 18,1 % ebenfalls bei weitem am niedrigsten (Frankfurt: 310.000, 251.000, 65,1 %).
Seit fast fünfzehn Jahren wird unablässig von den guten wirtschaftlichen Perspektiven der Stadt schwadroniert; Schlagworte sind Regierungsumzug, Drehscheibe nach Osteuropa, Kulturökonomie, Multimedia, kreatives Milieu, Biotechnologie, Kompetenz im Verkehrswesen, Technologie- und Gründerzentren, Wissenschaftsparks. Die tatsächlichen Entwicklungen und auch die Aktivitäten zuständiger Institutionen werden aber bei Überprüfungen ganz anders gesehen (Bertelsmann-Stiftung, 2003). Auch eine Umfrage unter Vertretern der mittelständischen Wirtschaft im Februar 2004 ergab, dass das Niveau und die Dynamik der Berliner Wirtschaft extrem schlecht eingeschätzt werden. Unter den fünfzig größten Städten verteilten sich vier Metropolen auf die Ränge 1 bis 5, nur Hamburg lag auf Platz 9 zurück, die Hauptstadt hingegen kam auf Platz 48.
Die Arbeitslosenquote liegt mit 18,7 % (2002) weit über derjenigen der anderen Metropolen, und ganz besonders gilt dies für die Jugendarbeitslosigkeit (24,7 %).

Angesichts dieser Daten erstaunt es nicht mehr, dass die verfügbaren Haushaltseinkommen, die in Berlin 1991 fast dem deutschen Durchschnittswert entsprachen, nach Daten des Statistischen Landesamtes bis zum Jahre 2002 um 11 Punkte auf 88 % gesunken sind. Es wundert auch nicht, dass die Zufriedenheit mit dem Leben, die bei einer Umfrage Ende 2003 in den Metropolregionen zwischen 84 % (Stuttgart) und 74 % (Düsseldorf) variierte, in der Region Berlin nur bei 63 % lag.

Mit den angegebenen Daten konnte nur bestätigt werden, was schon keine neue Erkenntnis mehr ist: Berlin gehört – im wirtschafts- und sozialgeographischen Sinne – nicht zu den Metropolen, und eine Entwicklung dorthin erscheint inzwischen fraglicher denn je. Andererseits muss festgehalten werden, dass die Position der übrigen Städte keineswegs gesichert ist. Im Vergleich zur extremen Zentralisierung in London und Paris haben alle deutschen Metropolen eine sehr geringe Zahl von „global players". Viele Erfahrungen der letzten Jahre aus den USA, Frankreich und aus Deutschland zeigen, wie schnell das Ende von vermeintlich unerschütterbaren Unternehmen (AEG, Hoechst, Philipp Holzmann) kommen kann. Das Bewusstsein von Gefährdung ist trotz langer Globalisierungsdebatten bisher kaum geschärft.

Das spiegelt sich in den Widerständen gegen Großinvestitionen in die wirtschaftsfördernde Infrastruktur (Flughäfen) wie auch in Widerständen gegen intraregionale Kooperation von Gebietskörperschaften, was der Stärkung von Metropolregionen dienen könnte.

Bibliographie

Adam, B. u. J. Göddecke-Stellmann (2002): Metropolregionen - Konzepte, Definitionen und Herausforderungen. In: Informationen zur Raumentwicklung, 9: 513-525.

BERTHOLD, N. / BERTELSMANN-STIFTUNG (2003): Die Bundesländer im Standortwettbewerb 2003. Gütersloh.

BLOTEVOGEL, H. H. (2001): Die Metropolregionen in der Raumordnungspolitik Deutschlands – ein neues strategisches Raumbild? In: Geographica Helvetica, 56, 3: 157-168.

BLOTEVOGEL, H. H. (1997): Berlin in der Entwicklung des deutschen Städtesystems. In: SÜSS, W. u. W. QUAST (Hrsg.): Berlin. Metropole im Europa der Zukunft. Berlin: 130-136.

BLOTEVOGEL, H. H. (2000): Gibt es in Deutschland Metropolen? Die Entwicklung des deutschen Städtesystems und das Raumordnungskonzept der „Europäischen Metropolregionen". In: MATEJOVSKI, D. (Hrsg.): Metropolen: Laboratorien der Moderne. Frankfurt am Main:179-208.

BLOTEVOGEL, H. H. (1982): Zur Entwicklung und Struktur des Systems höchstrangiger Zentren. In: Seminare, Symposien, Arbeitspapiere der Bundesforschungsanstalt für Landeskunde und Raumordnung, 5: 3-34.

BUNDESAMT FÜR BAUWESEN UND RAUMORDNUNG (2002) (Hrsg.): Die großräumigen Verflechtungen deutscher Metropolregionen (Themenheft). (Informationen zur Raumentwicklung, 6/7).

ELLGER, C. (1995): Zwischen Hauptstadtboom und Niedergang: Zur Entwicklung Berlins in den 90er Jahren. In: Berliner Geographische Studien, 40: 25-35.

FREUND, B. (2002): Hessen. (Perthes Länderprofile). Gotha.

FREUND, B (2001): Hochqualifizierte Migranten im Rhein-Main-Gebiet. In: Frankfurter Statistische Berichte, 3: 207-223.

FRIEDMANN, J. (1986): The World City Hypothesis. In: Development and Change, 17: 69-84.

FRIEDMANN, J. u. G. WOLFF (1982): World City Formation: An Agenda for Research and Action. In: Intl. J. of Urban and Regional Research 15(1) 269-283.

GEPPERT, K. u. M. GORNIG (2003): Die Renaissance der großen Städte – und die Chancen Berlins. In: Wochenbericht des DIW, 70, 26: 411-418.

HÄUßERMANN, H. (1997): Berlin: Lasten der Vergangenheit und Hoffnungen der Zukunft. In: Aus Politik und Zeitgeschichte B, 17: 10-19.

KIRSCH, J. (2003): Geographie des deutschen Verbandswesens. Mobilität und Immobilität der Interessenverbände im Zusammenhang mit dem Regierungsumzug. Münster.

KRÄTKE, S. u. R. BORST (2000): Berlin – Metropole zwischen Boom und Krise. Opladen.

KRÄTKE, S. (2004): Berlin – Stadt im Globalisierungsprozess. In: Geographische Rundschau, 56, 4: 20-25.
KUJATH, H. R. u.a. / IRS INSTITUT FÜR REGIONALENTWICKLUNG UND STRUKTURPLANUNG (2002): Europäische Verflechtung deutscher Regionen und ihre Auswirkungen auf die Raumstruktur des Bundesgebietes. Endbericht. Erkner bei Berlin.
SASSEN, S. (1996): Metropolen des Weltmarkts. Die neue Rolle der Global Cities. Frankfurt am Main. (Original: SASSEN, S. (1994): Cities in a World Economy. Thousand Oaks).
SASSEN, S. (2000): Ausgrabungen in der "Global City". In: SCHARENBERG, A. (Hrsg.): Berlin: Global City oder Konkursmasse? Berlin: 14-26.
SÜß, W. (1995) (Hrsg.): Hauptstadt Berlin. 3 Bände. Berlin.
STIENS, G. (2004): Aktuelle deutsche Raumentwicklungsszenarien im Vergleich mit Szenarien aus benachbarten Staaten. In: Informationen zur Raumentwicklung, 1/2: 77-106.

Anschrift des Verfassers:
Prof. Dr. Bodo Freund
Geographisches Institut der Humboldt-Universität zu Berlin
Unter den Linden 6, 10099 Berlin
email: bodo.freund@geo.hu-berlin.de

Wandel der städtischen Ökonomie

von MARTIN GORNIG, Berlin

Die Megatrends der ökonomischen Entwicklungsprozesse wie Deindustrialisierung und Globalisierung scheinen an der ökonomischen Vormachtstellung der Städte zu nagen. Insbesondere ihre Fähigkeit, neue Beschäftigung zu generieren, wird immer mehr bezweifelt. Die Ausführungen beschreiben zunächst Thesen, die eine solche Perspektive begründen. Dem werden dann aktuelle empirische Ergebnisse gegenübergestellt und mit Blick auf die räumlichen Entwicklungsmuster interpretiert.

Der 1. Schlag: Deindustrialisierung

Die Städte der Moderne sind mit der Industrialisierung groß geworden. Industrialisierung und Urbanisierung sind historisch gesehen untrennbar miteinander verbunden (Croon 1963). Merkmale wie eine besondere Produktionsweise (Fordismus, Taylorismus), eine spezifische Sozialstruktur (Arbeiterschaft) und daran ausgerichtete räumliche Strukturen (spezifische Gewerbezonen und Wohngebiete) prägten die moderne Stadt. Trotz der Dominanz industriellen Wachstums trugen allerdings auch tertiäre Funktionen in vielen Städten wesentlich zur wirtschaftlichen Stärke bei (Blotevogel 1995).

Die Regionalökonomie hatte jedoch lange Zeit wenig Interesse an solchen strukturellen Unterschieden, denn: Alle Städte bzw. Stadtregionen - mit welcher funktionalen Ausrichtung auch immer - wuchsen. Zurück blieben die ländlich-peripheren Räume. Die Regionalökonomie hatte also vor allem das Wachstumsgefälle zwischen Zentrum und Peripherie zu erklären. Und das tat sie auch: Allgemeine Agglomerationsvorteile aufgrund interner und externer economies of scale (Isard 1956; Lösch 1940) und Polarisationseffekte (Myrdal 1959; Hirschman 1958), welche die Konzentration vorantrieben, reichten zur Erklärung der empirischen Phänomene weitgehend aus.

Mitte der siebziger Jahre ging dann der ausgeprägte Industrialisierungsprozess mit fordistischen Produktionsweisen in den westlichen Ländern mehr oder weniger zu Ende. Von den Ölpreisschocks erholte sich die Industrie zwar wieder, aber der neue Wachstumsführer war von nun an der Dienstleistungssektor. Konjunkturzyklus zu Konjunkturzyklus nahm die Bedeutung der Industrie vor allem für die Beschäftigung ab (Häußermann/Siebel 1995; Gornig 2000).

Mit den sektoralen Strukturumbrüchen änderten sich schlagartig auch die regionalen Wachstumsmuster in den OECD-Staaten (Norton 1986; Hall/Hey 1980). Nicht mehr die Entwicklungsdifferenzen zwischen Zentrum und Peripherie, sondern die zwischen den verschiedenen Agglomerationen bestimmten nun das Bild. Betroffen waren vor allem von der Montanindustrie geprägte Regionen in Europa. Sie hießen von nun an altindustrialisierte Regionen (Wienert 1990). Relativ gut kamen dagegen i.d.R. Städte mit hohem Dienstleistungsanteil davon.

Der 2. Schlag: Globalisierung

Die Städtesysteme in Europa waren ausgerichtet auf viele nationale Wirtschafträume. Der Veränderung der Organisation und Steuerung der Wirtschaft im Rahmen der Integrationsprozesse der EU und der Globalisierung folgt eine Internationalisierung des Städtesystems. Diese wiederum vertieft die Entwicklungsdifferenzen zwischen den Städten (Krätke 1998).

Populär geworden sind solche Überlegungen vor allem durch die Thesen zur global city (Sassen 1994). Durch die betrieblichen Konzentrationsprozesse und räumliche Markterweiterung wächst die Bedeutung tertiärer Steuerungsfunktionen. Die tertiärer Steuerungsfunktionen ihrerseits besitzen eine hohe interne räumliche Bindung, so dass sie nur in wenigen großen Städten räumlich verortet sind. Die Beschäftigten in den Steuerungszentralen der globalen Wirtschaft nehmen zu. Mit ihren hohen Einkommen stimulieren sie zudem die regionale Nachfrage nach persönlichen Dienstleistungen. Die global cities erhalten dadurch starke Wachstumsimpulse, während andere Städte in der OECD durch die Ausweitung des internationalen Standortwettbewerbs zurückfallen.

In der Regionalökonomie werden die raumstrukturellen Folgen der Globalisierung mit fast gleichlautenden Ergebnissen wie bei Sassen vor allem auf der Basis der Theorien zur sogenannten neuen ökonomischen Geografie diskutiert (Ottaviano/Puga 1998). In diesem Theorieansatz werden regionale Konzentrations- und Dekonzentrationsprozesse insbesondere aus sektoralen Veränderungen von Skalenerträgen und Transportkosten erklärt (Krugman 1995). Die Effekte der Globalisierung lassen sich danach zum einen als eine Erhöhung der Großbetriebsvorteile (Skalenerträge) im Sektor der tertiären Steuerungsfunktionen interpretieren. Als wesentliche Voraussetzung für die raumübergreifende Steuerung sind zum anderen verbesserter Informations- und Telekommunikationstechniken sowie institutionelle Handelserleichterungen anzusehen. Diese Effekte lassen sich im Konzept der neuen ökonomischen Geographie als sinkende Transportkosten für diese Leistungen interpretieren. Zunehmende Skalenerträge und sinkende Transportkosten führen im Modell zu einer Erhöhung der räumlichen Konzentration des Sektors. Kristallisationspunkte dieser Entwicklung sind die historisch schon stärksten Regionen. In ihnen erzielen aufgrund der Ausgangsgröße und der Wirksamkeit steigender Skalenerträge zusätzliche Aktivitäten die höchsten Überschüsse (Grenzproduktivitäten).

Empirischer Beleg?

Soweit die Theorie. Aber stimmen diese Behauptungen, verlieren die Städte insgesamt an ökonomischer Bedeutung und konzentrieren sich die wenigen Wachstumsimpulse wirklich auf einige wenige als global cities bezeichnete Städte? Wenn man nach den empirischen Belegen der theoretischen Überlegungen fragt, ist in den genannten Studien oft wenig zu finden.

Auch auf europäische vergleichender Ebene sind wissenschaftliche Auswertungen über aktuelle strukturelle Verschiebungen in und zwischen den Regionen rar. Das empirische Forschungsinteresse konzentriert sich seit Mitte der neunziger Jahren vielmehr auf die Analyse genereller räumlicher Konvergenz- und Divergenzprozesse in Europa (Boldrin/Canova 2001; Martin 2001). In der Tradition neoklassischer Wachstumstheorie (Barro/Sala-i-Martin 1992) bleiben die Analysen dabei aber ohne räumlichen Kontextbezug. Es werden detailliert regionale Entwicklungsprozesse analysiert, ohne dass es eine Rolle spielt, in welchen Regionstypen oder in welchen Wirtschaftssektoren sich diese Prozesse abspielen.

In Deutschland sah es über viele Jahre so aus, als ob die großen Städte und Ballungsräume Opfer einer unumstößlichen Tendenz zur räumlichen Dezentralisierung seien (Irmen/Blach 1994; Bade/Niebuhr 1999). Sie verloren Einwohner und Arbeitsplätze an weniger verdichtete Gebiete, und mit der weiteren Verbesserung der Verkehrs- und Kommunikationsinfrastruktur schien ihr wirtschaftlicher Niedergang vorprogrammiert.

Paradoxerweise kam es aber gerade gegen Ende der 1990er Jahre, als die Entwicklung und Verbreitung der Informationstechnologie sprunghafte Fortschritte machte, zu einer Umkehr des langjährigen Trends (Geppert/Gornig 2003). In Deutschland nahm von 1998 bis 2002 die Beschäftigung in den großen Ballungsräumen deutlich stärker zu als im nationalen Durchschnitt. Noch bemerkenswerter ist, dass die Kernstädte, die lange Zeit die eindeutigen Verlierer im räumlichen Strukturwandel waren, die günstigste Entwicklung aufwiesen (vgl. Abb. 1).

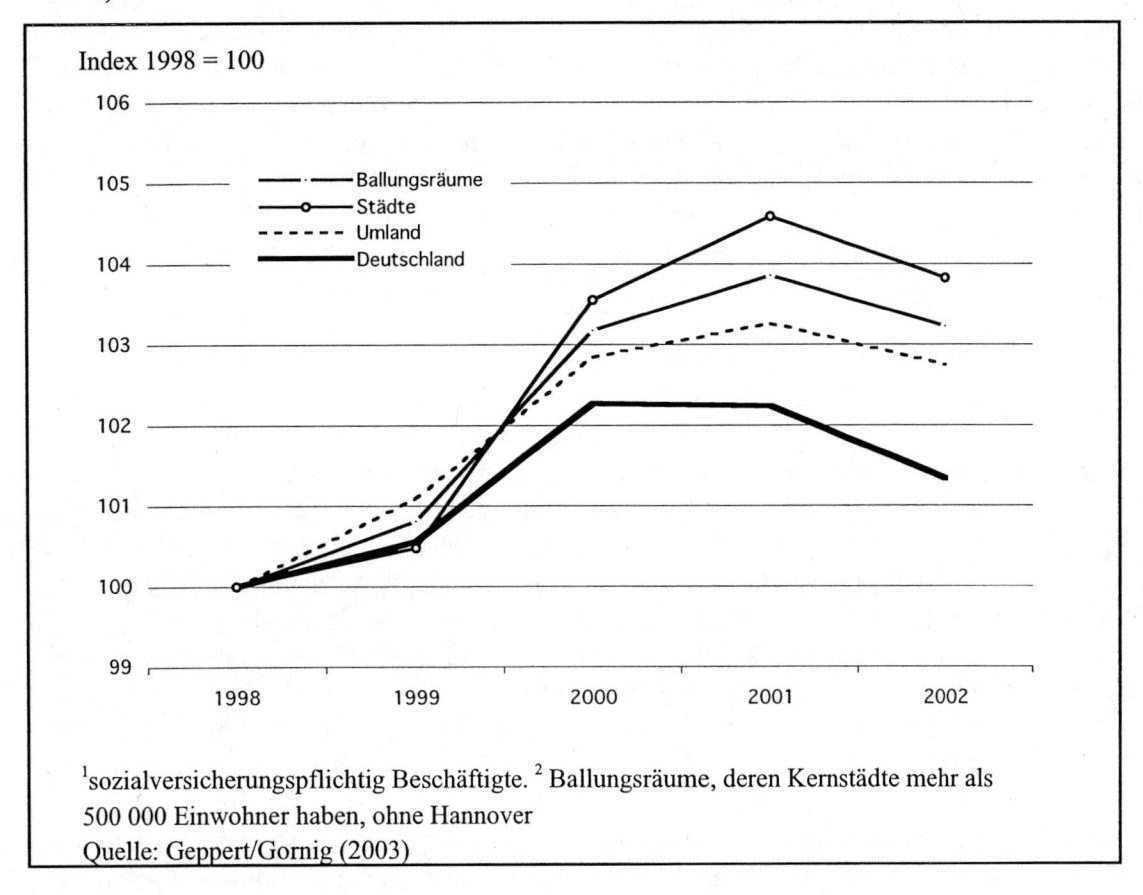

[1]sozialversicherungspflichtig Beschäftigte. [2] Ballungsräume, deren Kernstädte mehr als 500 000 Einwohner haben, ohne Hannover
Quelle: Geppert/Gornig (2003)

Abb.1: Beschäftigungsentwicklung[1] in deutschen Ballungsräumen[2] 1998-2002

Von einem „New Urban Revival" wie Frey (1993) Zusammenhang mit der zwischenzeitliche wirtschaftliche Erholung der Städte der USA in den 80er Jahren zu sprechen, mag angesichts der kurzen Beobachtungsperiode verfrüht erscheinen. Die hier präsentierten Daten liefern aber Hinweise darauf, dass die urbanen Zentren Deutschlands im Begriff sind, ihre Stellung in der räumlichen Arbeitsteilung zu stabilisieren und auszubauen.

Fragt man nach der Erklärung für die aktuellen Wachstumsprozesse der Großstädte nicht nur in Deutschland, lassen sich diese insbesondere anhand der „Theorie der Exportbasis" veranschaulichen (Buck et. al. 2002). Nach diesem schon in den 1950er Jahren entwickelten Ansatz wird die ökonomische Bedeutung einer Stadt oder Region durch ihre Fähigkeit bestimmt, überregionale Nachfrage an sich zu binden. Je stärker der regionale Exportüberschuss steigt, umso größer ist das regionale Wachstum.

Die Gründe für den jüngsten Trendbruch in den regionalen Entwicklungsmustern liegen ganz offensichtlich in der Ausweitung und der Diversifizierung der städtischen Exportbasis. Während traditionell die Exportbasis häufig identisch mit der industriellen Warenproduktion war, werden heute immer mehr auch Dienstleistungen überregional gehandelt (Daniels 1995; Gornig/Einem 2000). Das gilt auf der einen Seite für große Teile des Finanzsektors sowie die primär auf den Vorleistungsbedarf anderer Unternehmen ausgerichteten Beratungsdienstleistungen. Aber auch bei bestimmten auf die Endnachfrage der Haushalte bezogenen Dienstleistungen kann eine zunehmend überregionale Ausrichtung festgestellt werden. Hierzu zählen der Mediensektor sowie im Zusammenhang mit dem Tourismus weite Teile des Kulturbereichs und des Gastgewerbes.

Schlussfolgerung

Deindustrialisierung und Globalisierung haben ihre tiefen Spuren in den städtischen Ökonomien hinterlassen. Davon zeugen nicht nur hier und da Industriebrachen und leerstehende Bürotürme. Ganze Städte mit ehemals prosperierenden Industrien sind mittlerweile von Schrumpfungsprozessen erfasst. So erreichen heute Städte wie Kassel oder Magdeburg Spitzenwerte in den Sozialhilfe- oder Arbeitslosenstatistiken.

Unverkennbar ist aber auch, dass sich zumindest in den größeren Städten eine neue ökonomische Basis entwickelt: überregionale Dienstleistungen. Die ökonomischen Potentiale solcher Dienstleistungen konzentrieren sich dabei nicht auf nur wenige Städte, die als Steuerungszentralen der globalen Ökonomie angesehen werden können. Die Beschäftigungsentwicklung der letzten Jahre gerade in Deutschland zeigt vielmehr eine breite Streuung der Wachstumsimpulse. So erreichen nicht nur Frankfurt/Main und München ein hohes Wachstumstempo, auch Städte wie Stuttgart, Bremen und Essen liegen in der Beschäftigungsentwicklung über dem Bundesdurchschnitt.

Die Heterogenität der Beschäftigungsentwicklung auch gleichgroßer Städte zeigt aber zugleich, dass der ökonomische Erfolg wesentlich von der Art und dem Ausmaß der Ausnutzung der regionalen Ressourcen bestimmt wird. Nicht das Vorhandensein bestimmter Ressourcen, sondern die Fähigkeit zur bedarfsgerechten Anpassung der Ressourcen und die Offenheit neue Ressourcen aufzunehmen, entscheidet über die Positionsverschiebung im sektoralen Strukturwandel (Gornig/Häußermann 1998).

Dahinter steht die These, dass die Städte einem permanenten strukturellen Anpassungsbedarf unterliegen. Jedes Produkt, jede Dienstleistung durchläuft einen Lebenszyklus von der Innovation über die Expansion hin zu Sättigungs- und Schrumpfungstendenzen (Vernon 1966). Ein dauerhafter ökonomischer Wachstumsprozess einer Agglomeration ist daher nur möglich, wenn eine stetige Diversifizierung bzw. Neuausrichtung der sektoralen Wirtschaftsstrukturen erfolgt (Duranton/Puga 2000). Bleibt eine solche Erneuerung aus, schrumpft die ökonomische Bedeutung der Stadt mit der Erreichung der Marktsättigung für die etablierten Güter und Dienstleistungen. Entscheidend für den dauerhaften Wachstumserfolg einer Agglomeration ist somit vor allem die effiziente Organisation der Innovations- und Diffusionsprozesse.

Literatur

BADE, F-J. u. A. NIEBUHR (1999): Zur Stabilität des räumlichen Strukturwandels. Jahrbuch für Regionalwissenschaft, 19, S. 131 ff.

BARRO, R. a. X. SALA-I-MARTIN (1992): Convergence. In: Journal of Political Economy, No. 1.

BLOTEVOGEL, H.H. (1995): Zentrale Orte. In: Akademie für Raumforschung und Landesplanung (Hrsg.): Handwörterbuch der Raumordnung, Hannover, S. 1122 f.

BOLDRIN, M. a. F. CANOVA (2001): Inequality and convergence in Europe's regions: reconsidering European regional policies. Economic Policy, Vol. 32, pp. 207-253.

BUCK, N. et. al. (2002): Working capital: Life and labour in contemporary London. London, New York.

CROON, H. (1963): Zur Entwicklung deutscher Städte im 19. und 20. Jahrhundert. In: Studium Generale, Nr. 9.

DANIELS, P. (1995): The EU internal market programme and the spatial development of producer services in Great Britain. In: European Urban and Regional Studies, No. 2, S. 299-316.

DURANTON, G. a. D. PUGA (2000): Diversity and Specialisation in Cities: Why, Where and When Does it Matter? In: Urban Studies, No. 3.

FREY, W.H. (1993): The New Urban Revival in the United States. Urban Studies, No 4/5, S. 741-774.

GEPPERT K. u. M. GORNIG (2003): Renaissance der großen Städte – und die Chancen Berlins. In: Wochenberichte des DIW, 26/03.

GORNIG, M. (2000): Gesamtwirtschaftliche Leitsektoren und regionaler Strukturwandel. Schriften zur Wirtschafts- und Sozialgeschichte, Berlin.

GORNIG, M. u. E.V. EINEM: Charakteristika einer dienstleistungsorientierten Exportbasis. In: H.-J. BULLINGER u. F. STILLE (Hrsg.): Dienstleistungsheadquarter Deutschland. Wiesbaden, 2000.

GORNIG, M. u. H. HÄUßERMANN (1998): Städte und Regionen im Süd/Nord- und West/Ost-Gefälle. In: WOLLMANN, H. u. R. ROTH (Hrsg.): Kommunalpolitik, Schriftenreihe der Bundeszentrale für politische Bildung, Band 356, Bonn.

HALL, P. a. P. HEY (1980): Growth Centers in European Urban System, Norwich

HÄUßERMANN, H. u. W. SIEBEL (1995): Dienstleistungsgesellschaften, Frankfurt a. M.

HIRSCHMAN, A. (1958): The Strategy of Economic Development. New Haven.

IRMEN, E. u. A. BLACH (1994): Räumlicher Strukturwandel. Konzentration, Dekonzentration, Dispersion. In: Informationen zur Raumordnung, Heft 7/8, S. 445 ff.

ISARD, W. (1956): Location and Space-Economy, A General Theory Relating to Industrial Location, Market Areas, Land Use, Trade and Urban Structure, New York/London.

KRÄTKE, S. (1998): Internationales Städtesystem im Zeitalter der Globalisierung. In: WOLLMANN, H. u. R. ROTH (Hrsg.): Kommunalpolitik. Bundeszentrale für politische Bildung, Bonn.

KRUGMAN, P. (1995): Development, Geography and Economic Theory, Cambridge/ London.

LÖSCH, A. (1940): Die räumliche Ordnung der Wirtschaft, 1. Aufl. 1940, Stuttgart 1962.

MARTIN, R. (2001): EMU versus the regions? Regional convergence and divergence in Euroland. In: Journal of Economic Geography, Vol. 1, pp. 51-80.

MYRDAL, G. (1959): Ökonomische Theorie und unterentwickelte Regionen, Stuttgart.

NORTON, R.D. (1986): Industrial Policy and American Renewal. In: Journal of Economic Literature, vol. 24, No. 1.

OTTAVIANO, I.P. a. D. PUGA (1998): Agglomeration in the Global Economy: A Servey of the New Economic Geography. In: The World Economy, Vol. 21, No. 6.

SASSEN, S. (1994): Cities in a World Economy. Sociology for a New Century, Thousand Oaks, London, New Delhi.

VERNON, R. (1966): International Investment and International Trade in Product Cycle. In: Quarterly Journal of Economics, vol. 80.

WIENERT, H. (1990): Was macht Industrieregionen alt? - Sektorale und regionale Ansätze zur theoretischen Erklärung regionaler Niedergangsprozesse. In: Mitteilungen des RWI, Heft 4.

Anschrift des Verfassers:
Dr. Martin Gornig
Deutsches Institut für Wirtschaftsforschung
Postfach, 14191 Berlin
email: mgornig@diw.de

Migration und Großstadt -
Eine Analyse aktueller Entwicklungstrends

von STEFANIE FÖBKER und GÜNTER THIEME, Köln

1. Einleitung: Das neue Bild der Städte

Das Erscheinungsbild zahlreicher Großstädte in Deutschland hat sich durch Migrationsprozesse grundlegend gewandelt. Einerseits sind die Großstädte der entwickelten Welt seit langem das Ziel internationaler Wanderungen von Menschen aus Regionen mit niedrigerem Einkommensniveau. Gleichzeitig haben auch die Migrationen von Hochqualifizierten deutliche Auswirkungen auf die modernen Metropolen.

Während also unsere Großstädte durch Außenwanderung generell Einwohner gewinnen, sind sie umgekehrt ganz überwiegend die Verlierer im Prozess der Binnenwanderung. Zudem sind diese Verluste demographisch und sozio-ökonomisch höchst selektiv – mit gravierenden Konsequenzen für die betroffenen Städte. Hierdurch werden unsere Städte zum einen noch stärker als bisher multi-ethnisch geprägt sein, zum anderen werden sie auch von teilweise einschneidenden Schrumpfungsprozessen betroffen sein.

2. Wachstum oder Schrumpfung? Tendenzen der urbanen Bevölkerungsdynamik

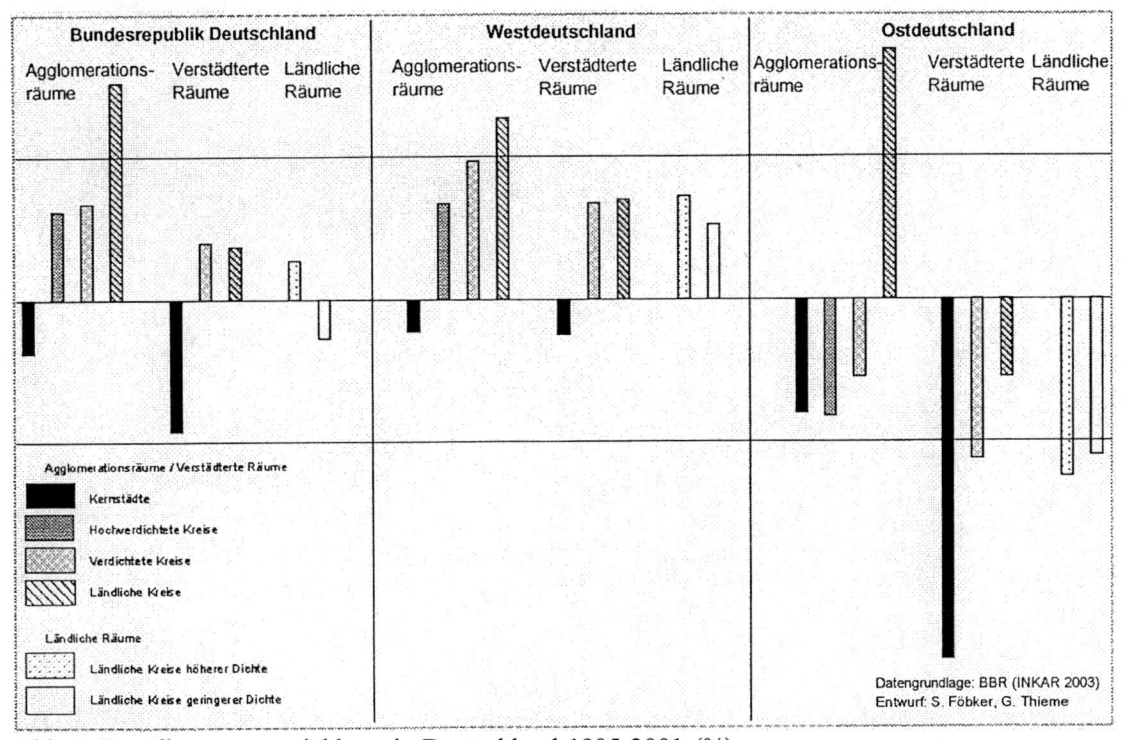

Abb. 1: Bevölkerungsentwicklung in Deutschland 1995-2001 (%)

Die Gesamtbevölkerung der Bundesrepublik Deutschland wächst aktuell um etwa 125.000 Personen pro Jahr (www.genesis.destatis.de). Während man auf nationaler Ebene erst zwischen 2010 und 2020 einen Bevölkerungsrückgang erwartet (STATISTISCHES BUNDESAMT, 2003: 47), wird dieser Prozess in vielen Regionen Deutschlands bereits heute registriert. Dazu zählen insbesondere die Kernstädte und die ländlichen Räume geringer Dichte (Abb. 1). Allerdings unterscheiden sich Ost- und Westdeutschland in dieser Hinsicht erheblich: Verlieren in Ostdeutschland nahezu alle Raumkategorien massiv an Bevölkerung, so betreffen die Verluste in Westdeutschland ausschließlich die Kernstädte. Das Umland der Kernstädte sowie die ländlichen Räume verzeichnen dagegen Gewinne (BBR, 2003).

Blickt man in die Zukunft, ist eine Intensivierung der Schrumpfungsprozesse zu erwarten. Das Bundesamt für Bauwesen und Raumordnung (BBR) rechnet in seiner Bevölkerungsprognose bis zum Jahr 2020 mit zum Teil gravierenden Bevölkerungsverlusten in den Großstädten: So werden z.B. in Hagen und Chemnitz Einbußen von über 15% prognostiziert (KRÖHNERT, van OLST u. KLINGHOLZ, 2004: 17).

3. Komponenten der Bevölkerungsdynamik

3.1 Natürliche Bevölkerungsbewegungen und Migration

Auf welche Komponenten der Bevölkerungsdynamik ist die aktuelle Entwicklung vor allem zurückzuführen? In fast allen Räumen Deutschlands überwiegen die Sterbefälle in Relation zu den Geburten. Lediglich im Umland der Kernstädte in Westdeutschland findet man, primär aufgrund der jungen Bevölkerungsstruktur und des Zuzugs von jungen Familien, leichte Geburtenüberschüsse. Richtet man den Blick auf die Großstädte, dominieren mehrheitlich negative natürliche Salden, vor allem in den ostdeutschen Städten. (Die Zahlen in diesem und den folgenden Kapiteln stammen aus BBR, 2000; BBR, 2002; BBR, 2003).

Auch die Wanderungen wirken sich insgesamt negativ auf die Bevölkerungsentwicklung der Großstädte aus. Ein Vergleich der 20 größten Städte Deutschlands zeigt deutliche Unterschiede der Wanderungssalden, die im Durchschnitt der Jahre 1998-2000 zwischen –6,9 in Duisburg und +3,5 in Hamburg schwanken. Nur ein Viertel dieser Großstädte hat eine positive Wanderungsbilanz. Die regionalen Unterschiede im Migrationsgeschehen sind wesentlich stärker ausgeprägt als bei der natürlichen Bevölkerungsentwicklung.

3.2 Außenwanderung und Binnenwanderung

Für eine detaillierte Analyse der Migrationsströme empfiehlt es sich, zwischen Außenwanderungen, d.h. Wanderungen über die Grenzen der Bundesrepublik Deutschland hinweg, und Binnenwanderungen zu unterscheiden. Insgesamt weist Deutschland leichte Gewinne (2000: 2‰) bei den Außenwanderungen auf, die in allen Raumtypen ähnlich festzustellen sind. Anders als zu erwarten, liegen die Außenwanderungssalden jedoch nicht in den Kernstädten, den traditionellen Zielorten ausländischer Zuwanderer, am höchsten, sondern in den verdichteten Kreisen der verstädterten Gebiete.

Wer sind nun die Gewinner und Verlierer bei der Binnenwanderung, wo über das gesamte Territorium hinweg sich Zuzüge und Fortzüge ausgleichen? Während die Kernstädte überwiegend an Bevölkerung verlieren, sind die ländlichen und die verdichteten Kreise innerhalb der Agglomerationsräume bevorzugte Ziele von Binnenwanderern.

Setzt man Binnenwanderungen und Außenwanderungen zueinander ins Verhältnis, so gewinnt die Mehrzahl der Städte zwar Zuwanderer aus dem Ausland, verliert aber im Gegenzug umso stärker Binnenwanderer (Beispiele hierfür sind Dortmund, Leipzig und Duisburg). Nur wenige Städte (z.B. Köln und München) zeigen das umgekehrte Phänomen oder gewinnen sowohl Außen- wie auch Binnenwanderer (Hamburg).

4. Am urbanen Migrationsgeschehen beteiligte Gruppen

Das Wanderungsgeschehen ist durch eine starke Altersselektivität gekennzeichnet. Während alle betrachteten Städte junge Menschen im Alter zwischen 18 und 24 Jahren, also Personen in der Ausbildungsphase, gewinnen, überwiegen bei den Familienwanderern (<18 und 30-49-Jährige) und den älteren Wanderern (50+) die Verluste. Unterschiede zwischen den Städten ergeben sich lediglich in der Gruppe der 25-29-Jährigen, bei denen man davon ausgehen kann, dass sie hauptsächlich zum Zweck der Arbeitssuche ihren Wohnort wechseln. In dieser Altersgruppe gewinnt die Mehrzahl der Städte an Bevölkerung. Städte in altindustrialisierten Räumen dagegen (z.B. Dortmund, Saarbrücken und Wuppertal) werden von dieser Altersgruppe verlassen.

Im Vergleich zur Gesamtbevölkerung ziehen Personen mit nicht deutscher Staatsbürgerschaft, die ihren Wohnsitz innerhalb der Bundesrepublik verlagern, häufiger in die Städte als dass sie aus ihnen fortziehen. Dabei variiert das Binnenwanderungsverhalten jedoch sehr stark zwischen den Städten. Auf der einen Seite verlieren wenige Städte ausländische Bewohner (Saarbrücken und Bremen). Auf der anderen Seite sind ausgewählte Städte deutliche Gewinner der Binnenwanderungen von Ausländern (z.B. Nürnberg und Hannover).

5. Das Suburbanisierungsphänomen

Eines der wesentlichen Merkmale der Bevölkerungsbewegungen in Agglomerationsräumen ist die Wohnsuburbanisierung, die in Westdeutschland verstärkt ab den 1960er Jahren auftrat (vgl. hierzu u.a. BRAKE, DANGSCHAT u. HERFERT, 2001). Besonders in den großen Verdichtungsräumen entwickelte sich durch hoch selektive Wanderungsbewegungen ein häufig geschlossener Ring von Umlandgemeinden hoher Wachstumsdynamik (HERFERT u. SCHULZ, 2002: 126). Die Suburbanisierung resultierte nicht zuletzt aus den spezifischen Ansprüchen insbesondere junger Familien an Wohnbedingungen und Wohnformen (Erwerb von Wohneigentum) sowie gewünschte Eigenschaften des Wohnumfelds. Erheblich verstärkt wurde die Stadt-Umland-Wanderung durch die ab den 1970er Jahren nahezu universelle private Motorisierung, aber auch durch politische Vorgaben wie die steuerliche Förderung des Erwerbs von Wohneigentum (Eigenheimzulage) und des Berufspendelns (Pendlerpauschale).

Da Suburbanisierung in der DDR aus politischen Erwägungen verhindert worden war, begann dieser Prozess in Ostdeutschland erst nach der Wiedervereinigung. Aufgrund veränderter Rahmenbedingungen (Nachfragestau nach privatem Wohnraum, ungeklärte Eigentumsverhältnisse im städtischen Wohnungsbestand, staatliche Förderprogramme sowie Vereinfachungen im Planungs- und Baurecht) entwickelte sich die Stadt-Umland-Wanderung in den neuen Ländern zunächst sogar noch dynamischer als in Westdeutschland.

Zu einer genaueren Analyse der Migrationsvorgänge wurden in ausgewählten Agglomerationsräumen für die Jahre 1998 bis 2000 jeweils die nach Nationalität und Alter differenzierten Binnenwanderungssalden der Kernstadt und der angrenzenden Umlandkreise ermittelt. Für die Verdichtungsräume Berlin, München und Leipzig sind die Ergebnisse in Tab. 1 dargestellt. Als wichtigste Charakteristika fallen auf:

1. Das Umland gewinnt sowohl junge Familien mit Kindern als auch Einwohner in den Altersgruppen ab 50 Jahren. In Ostdeutschland sind die Migrationsgewinne der über 50-Jährigen nicht zuletzt auf eine nachholende Suburbanisierung zurückzuführen.

	Gesamtbev.	Deutsche	Ausländer	<18, 30-49	18-24	25-29	50-64	65 und mehr
Agglomeration Berlin								
Berlin	-3,9	-6,6	5,4	-10,0	23,7	15,7	-7,1	-3,5
Potsdam	-7,3	-12,9	21,1	-16,8	23,7	20,0	-11,7	-3,2
Oberhavel	26,9	31,3	61,9	34,6	-8,3	30,6	25,8	18,7
Barnim	23,9	27,5	36,2	32,9	-9,7	12,8	23,5	15,6
Havelland	27,4	29,2	76,9	39,1	-11,7	20,0	23,9	12,8
Dahme-Spreewald	20,8	24,4	57,1	27,5	-11,7	14,7	20,7	18,3
Teltow-Fläming	17,2	19,1	52,4	23,4	-9,0	17,3	15,1	12,4
Märkisch-Oderland	20,9	24,5	22,9	32,8	-23,3	5,2	18,7	13,6
Oder-Spree	-7,3	8,2	-459,5	-1,6	-72,7	-60,0	11,2	8,2
Potsdam-Mittelmark	31,7	37,1	24,3	43,4	-4,5	20,4	26,1	19,7
Agglomeration München								
München	1,9	-0,5	6,4	-5,6	48,7	42,8	-5,7	-7,8
München Land	11,9	10,8	15,5	16,8	35,7	7,6	-2,3	7,5
Starnberg	9,1	7,9	9,0	16,5	1,3	12,9	0,1	1,4
Fürstenfeldbruck	8,1	6,4	23,6	13,0	15,2	14,0	-1,6	-0,3
Dachau	10,1	10,0	13,7	10,9	15,1	29,0	0,7	8,7
Freising	8,3	6,9	15,0	6,8	35,7	20,5	0,8	-0,2
Erding	15,8	17,3	3,4	17,4	28,6	25,7	6,8	7,7
Ebersberg	13,6	12,7	14,0	18,8	13,6	32,8	-0,4	5,2
Agglomeration Leipzig								
Leipzig	-6,7	-10,7	8,5	-14,3	21,8	10,9	-9,5	-4,7
Leipziger Land	8,4	13,4	-27,9	13,9	-17,4	-13,6	11,4	8,5
Muldentalkreis	6,5	8,9	-40,4	10,6	-20,7	-0,1	11,1	4,8
Delitzsch	-0,2	1,7	-23,2	3,2	-25,3	-11,2	4,4	1,1

Tab. 1: Binnenwanderungssalden (Mittel 1998-2000) in ausgewählten Agglomerationen Deutschlands; Quelle: BBR 2000, BBR 2002, BBR 2003

2. Für die jungen Erwachsenen (Bildungswanderer) sind nach wie vor die Kernstädte bevorzugtes Migrationsziel. In der Region München mit einem sehr angespannten Wohnungsmarkt gewinnt jedoch auch bei dieser Altersgruppe der 18-24-Jährigen das Umland an Bevölkerung durch die Binnenwanderung.

3. Eine Analyse der einzelnen Jahre zeigt, dass sich von 1998-2000 in allen drei Agglomerationen der Abwanderungstrend aus den Kernstädten verlangsamt – im ohnehin dynamischen München hat sich sogar wieder ein Wanderungsgewinn eingestellt. Umgekehrt reduzieren sich durchweg (eine Ausnahme bildet die Region München) auch wieder die Gewinne des Umlands durch Wanderung.

6. Fallstudie: Wanderungen in Köln

Die am Suburbanisierungsprozess Beteiligten können am Beispiel der Stadt Köln genauer charakterisiert werden. Mehr als ein Viertel der Fortzüge führen in die Wohnungsmarktregion, die mit der Suburbia Kölns gleichzusetzen ist. Da bevorzugt Wohnstandorte in räumlicher Nähe zu den vorherigen gewählt werden, verlagert die Mehrzahl kaum den alltäglichen Aktionsraum (STADT KÖLN, 2003a: 51). In einer Studie der Wanderungsmotive (STADT KÖLN, 2003a: 28, 31) wurden als ausschlaggebende Gründe für den Fortzug aus Köln das hohe Preisniveau für Miete und Wohneigentum in Köln, die attraktive Wohnlage im Umland und der Mangel an passenden innerstädtischen Angeboten zum Eigentumserwerb genannt.

Insgesamt ist der Kölner Wanderungssaldo von 1990-2002 jedoch leicht positiv (+1,8), da die Zuzüge der 18-35-Jährigen die Verluste in allen anderen Altersgruppen kompensierten (STADT KÖLN, 2003b: 4, 24). Von den Zugezogenen gaben mehr als die Hälfte berufliche Veränderungen als den mit Abstand wichtigsten Grund ihres Umzugs nach Köln an. Dabei ist die Stadt v.a. Anziehungspunkt für hochqualifizierte Personen. Daraus kann jedoch nicht auf ein deutlich höheres Pro-Kopf-Einkommen der Zuziehenden geschlossen werden, da sie durchschnittlich jünger und damit auf der Karriereleiter weniger weit vorangeschritten sind (STADT KÖLN, 2003a: 22). Insgesamt stehen die sozio-demographische Struktur der Wanderer, ihre Motive und ihre Wohnstandortwahl in engem Zusammenhang.

7. Szenarien der Stadtentwicklung – ein Ausblick

Seit der Industrialisierung des 19. Jahrhunderts war in den deutschen Städten und ihrem Umland, Kriegs- und Nachkriegsperioden einmal ausgenommen, bis in die Gegenwart ein beständiges Wachstum zu beobachten. Heute begegnen wir einem massiven und dauerhaften Verlust von Arbeitsplätzen und Einwohnern. Zudem nahm vor allem in den Großstädten Westdeutschlands der Anteil von Personen mit nicht deutscher Staatsangehörigkeit bzw. mit Migrationshintergrund deutlich zu. Oft liegt der Anteil der ausländischen Bevölkerung bei mehr als 20%, in Einzelfällen sogar bei fast einem Drittel. Welche Szenarien der Großstadtentwicklung sind unter diesen Rahmenbedingungen vorstellbar? Sowohl zu den demographischen als auch zu den ethnischen Perspektiven sei hier ein „pessimistisches" einem „optimistischen" Szenario gegenübergestellt.

Die schrumpfende Stadt

Für nicht wenige deutsche Städte hätte der beschriebene massive Bevölkerungsrückgang einschneidende Konsequenzen. Neben einem Nutzungswandel mit dem Effekt der Erzeugung einer niedrigeren Wohn- und Bebauungsdichte kommen auch Bestandskonservierung, bei der zukünftige Nutzungsoptionen offen gehalten werden, oder sogar Renaturierung urbaner Flächen in Frage (GATZWEILER, MEYER u. MILBERT, 2003: 569).

Die stabile Stadt

Hierzu zählen die deutschen Städte, die aufgrund ihrer wirtschaftlichen Prosperität zumindest mittelfristig ihren Bevölkerungsbestand halten können. Auch für Städte mit Einwohnerverlusten können sich jedoch neue Optionen bieten. Bei Minderung oder Streichung der Pendlerpauschale oder durch eine regionale Differenzierung der Eigenheimförderung könnten Wohnstandorte in der Innenstadt deutlich an Attraktivität gewinnen. Auf diese Weise hätten auch in Großstädten wieder Nutzungen geringerer Dichte und Intensität eine Chance, die unter den Bedingungen eines angespannten Bodenmarktes durch Funktionen mit überlegener Rentierlichkeit verdrängt wurden.

Die 'ghettoisierte' Stadt

Ein Blick auf die ethnische Segregation in den USA verspricht nichts Gutes. Insbesondere unter der schwarzen Bevölkerung sind dort dauerhafte ghettoähnliche Strukturen entstanden, die nur zu einem geringen Teil dem Wunsch der ethnischen Minorität entsprechen, sondern vor allem auf massiver Diskriminierung von Seiten der Mehrheitsgesellschaft beruhen.

Auch in deutschen Städten gibt es Anzeichen für eine solche Entwicklung von Parallelgesellschaften. Dies droht insbesondere dann, wenn durch unzureichende Sprachkenntnisse und, daraus folgend, mangelnde Bildungsqualifikation, eine Art 'underclass' jüngerer Personen mit Migrationshintergrund entsteht, die beruflich nur Chancen in einer ethnischen Ökonomie sehen und ihre Identität zunehmend ethnisch definieren.

Die Stadt vieler Kulturen

Ganz bewusst verwenden wir an dieser Stelle nicht den Begriff der 'multikulturellen' Stadt, der in der Regel ein unreflektiert optimistisches Bild des friedlich-harmonischen Zusammenlebens aller Nationalitäten unter Bewahrung ihrer ethnischen Eigenarten zeichnet.

Dennoch sollte man kulturelle Vielfalt, die sich übrigens keineswegs ausschließlich ethnisch definiert, eher als Chance denn als Bedrohung sehen. Dass unsere Städte bunter geworden sind, ist nicht zuletzt das Resultat der Einwanderung, die in Deutschland als unbestreitbares Faktum seit über vierzig Jahren besteht. Zur sinnvollen Gestaltung dieser Situation bedarf es jedoch erheblicher Integrationsanstrengungen beider Seiten, der eingesessenen Bevölkerung wie auch der Migranten und ihrer Nachkommen.

Literaturverzeichnis

BBR – Bundesamt für Bauwesen und Raumordnung (2003): INKAR 2003 - Indikatoren und Karten zur Raumentwicklung. Bonn (CD-Rom zu Berichte des BBR, 17).

BBR – Bundesamt für Bauwesen und Raumordnung (2002): Aktuelle Daten zur Entwicklung der Städte, Kreise und Gemeinden. Bonn (Berichte des BBR, 14).

BBR – Bundesamt für Bauwesen und Raumordnung (2000): INKAR 2000 - Indikatoren und Karten zur Raumentwicklung. Bonn (CD-Rom zu Berichte des BBR, 8).

BRAKE, K., J.S. DANGSCHAT u. G. HERFERT (2001): Suburbanisierung in Deutschland – Aktuelle Tendenzen. Opladen.

GATZWEILER, H.-P., K. MEYER u. A. MILBERT (2003): Schrumpfende Städte in Deutschland? Fakten und Trends. In: Informationen zur Raumentwicklung, 10/11: 557-574.

HERFERT, G. u. M. SCHULZ (2002): Wohnsuburbanisierung in Verdichtungsräumen. In: Institut für Länderkunde, Leipzig (Hrsg.): Nationalatlas Bundesrepublik Deutschland. Bd. 5: Dörfer und Städte. Heidelberg & Berlin: 124-127.

KRÖHNERT, S., N. van OLST u. R. KLINGHOLZ (2004): Deutschland 2020. Die demografische Zukunft der Nation. Berlin (abrufbar unter www.berlin-institut.org).

STADT KÖLN, Amt für Stadtentwicklung und Statistik (2003a): Das Wanderungsgeschehen in Köln. Köln (Kölner Statistische Nachrichten, 9).

STADT KÖLN, Amt für Stadtentwicklung und Statistik (2003b): Stadt Köln - Statistisches Jahrbuch 2002. Bevölkerung und Haushalte. Köln (abrufbar unter www.stadt-koeln.de/zahlen/bevoelkerung/jahrbuch/index.html).

STATISTISCHES BUNDESAMT (2003): Bevölkerung Deutschlands bis 2050. 10. koordinierte Bevölkerungsvorausberechnung. Wiesbaden (abrufbar unter www.destatis.de/presse/deutsch/pk/2003/bev_2050b.htm).

www.genesis.destatis.de (24.5.2004)

Anschrift der Verfasser:
Dipl.-Geogr. Stefanie Föbker,
Seminar für Geographie, Universität Köln
Gronewaldstr. 2, 50931 Köln

Prof. Dr. Günter Thieme
Seminar für Geographie, Universität Köln
Gronewaldstr. 2, 50931 Köln
email:g.thieme@uni-koeln.de

Fachwissenschaftliche Sitzung FW 4

Aktuelle räumliche Entwicklungen innerhalb der Agglomerationen

Axel Priebs

Die deutschen Agglomerationen als Handlungsräume – Aktueller Stand und Perspektiven

Seite 89 - 94

Suntje Schmidt

Unternehmensorientierte Dienstleistungen in Metropolregionen – Wissensproduktion in regionalen Milieus oder globalen Verflechtungen?

Seite 95 - 100

Die deutschen Agglomerationen als Handlungsräume –
Aktueller Stand und Perspektiven

von AXEL PRIEBS, Hannover

Herausforderungen für die öffentliche Aufgabenwahrnehmung in den Stadtregionen

Die Probleme zwischen den großen Städten und ihrem Umland sind vielfältig und vielschichtig. Interessenunterschiede resultieren vorrangig aus dem Auseinanderfallen funktionaler Räume und administrativer Territorien. Sie werden aber gefördert durch die interkommunale Konkurrenz, die sich zum einen aus dem Steuersystem ergibt (z.B. Wohnsitzprinzip bei der Einkommensteuer), zum anderen aber auch psychologische Ursachen hat (z.B. der Erfolg bei einer Betriebsansiedlung und das Gefühl der Niederlage bei Einwohnerverlust). Problematisch ist auch die meist mangelhafte Kommunikation zwischen den kommunalen Akteuren diesseits und jenseits der Stadtgrenzen. Schließlich überhöhen die administrativen und politischen Grenzen die faktischen Interessengegensätze und führen – insbesondere bei ungünstigen Akteurskonstellationen – zu Frontstellungen und gegenseitigen Vorurteilen, die sich über Jahrzehnte verhärten und nur mit einem hohen regionaldiplomatischen Einsatz wieder abzubauen sind.

Betrachtet man die heutigen raumfunktionalen Gegebenheiten in den Stadtregionen, so wird deutlich, dass das klassische Begriffspaar „Stadt und Umland" nur noch sehr eingeschränkt anwendbar ist. Die zumindest in monozentrischen Verdichtungsräumen lange dominierenden eindimensionalen und stark hierarchisch geprägten Kernstadt-Umland-Beziehungen sind zunehmend abgelöst worden durch ein differenziertes funktionales System unterschiedlich begabter und sich tendenziell spezialisierender Kommunen bzw. Teilräume. Sehr einprägsam war das Tagungsmotto der gemeinsamen Jahrestagung der beiden Planungsakademien im Jahr 1998, die unter dem Motto stand „Die Region ist die Stadt" (ARL/DASL 1999). Entsprechend komplex sind die zahlreichen Verflechtungsbeziehungen innerhalb der Stadtregion, die den Charakter eines intensiv vernetzten Systems angenommen hat.

Bereits seit Anfang des 20. Jahrhunderts haben sich Kernbereiche stadtregionaler Kooperation herausgebildet, bei denen die Notwendigkeit übergemeindlichen Handelns unbestritten sind, nämlich die Planung der Siedlungsstruktur, die Verkehrsentwicklung, die Sicherung von Freiräumen für Zwecke der Naherholung. Später kam die Schaffung von wirtschaftsnaher Infrastruktur einschließlich der Entwicklung von Gewerbeflächen hinzu. Allerdings handelt es sich dabei nur um einen kleinen Ausschnitt der vielfältigen Verflechtungen und Abhängigkeiten zwischen den Kommunen einer Stadtregion. Zu nennen sind ferner die Standortvorsorge für raumbeanspruchende und emittierende Infrastrukturobjekte sowie die Organisation von Einrichtungen der Daseinsvorsorge (Berufsschulen, Krankenhäuser, Volkshochschulen und Abfallbetriebe). Eine zunehmende Rolle spielt auch der Aspekt der solidarischen Region. Dies bedeutet vor allem, dass Kosten von Einrichtungen mit gesamtregionaler Bedeutung auch regional finanziert werden sollten (z.B. Zoos, Kultureinrichtungen, Messe), aber auch, dass die für die Kernstädte und bestimmte Stadtrandgemeinden besonders drückenden Ausgaben der Sozial- und Jugendhilfe regional finanziert werden sollten. Noch weiter geht die Forderung, für die stadtregionale Ebene zur Erledigung ihrer Aufgaben eine eigene Finanzquelle anstelle der klassischen Umlagefinanzierung zu schaffen. Durchgesetzt haben dürfte sich inzwischen die Erkenntnis, dass angesichts des internationalen Wettbewerbs der Wirtschaftsstandorte ein wirksames Standortmarketing nur noch auf regionaler Ebene betrieben und finanziert werden kann.

Mit dieser kurzen Aufzählung soll gezeigt werden, dass aus einer ganzen Reihen von Gründen ein leistungsfähiges stadtregionales Management erforderlich ist, das weit über die klassischen, vorrangig planerischen Handlungsansätze hinaus geht und so gut wie alle Bereiche der überörtlichen Daseinsvorsorge umfasst. Künftig dürfte die Stadtregion nur noch als gut organisierte, handlungsfähige Einheit in der Lage sein, sich den vielfältigen Herausforderungen zu stellen. Tatsächlich haben die Stadtregionen aber bislang sehr unterschiedlich auf die skizzierten Herausforderungen reagiert. Betrachtet man die Praxis in den deutschen Stadtregionen, so wird deutlich, dass auch die jeweilige Kooperationskultur und die Erfahrungen mit regionalen Denk- und Handlungsansätzen sehr unterschiedlich sind.

Stadtregionale Aufgabenwahrnehmung: Spektrum der Möglichkeiten

Obwohl die genannten Herausforderungen zu entschlossenem stadtregionalem Handeln Anlass geben, ist für viele Stadtregionen immer noch ein Neben- oder sogar ein Gegeneinander der Akteure und Institutionen vorherrschend – gemeinsame Aufgabenwahrnehmung findet dort nicht statt oder ist auf ein absolutes Minimum beschränkt.

Dort, wo zumindest die Notwendigkeit erkannt wird, Gemeinsamkeiten zu suchen, werden *informelle Kooperationsformen* gewählt, z. B. Regionalkonferenzen (FÜRST 1999). Allerdings gibt es einige Regionen, in denen auf lediglich informeller Basis durchaus intensive Kooperationsbeziehungen erreicht wurden. Als Beispiel sei die regionale Kooperation im Raum Bonn/Rhein-Sieg/Ahrweiler genannt, die sich sogar auf das Gebiet zweier Bundesländer (Rheinland-Pfalz und Nordrhein-Westfalen) erstreckt (REHSÖFT/ TROMMER 2000). Auch in den Regionen um die Stadtstaaten Hamburg und Bremen wurden informelle Kooperationsstrukturen entwickelt, die bereits zu zahlreichen regionalen Handlungsansätzen geführt haben. Sollen informelle Kooperationsstrukturen organisatorisch verstetigt und verfestigt werden, so wird gerne auf privatrechtliche Formen zurückgegriffen, so z.B. beim Kommunalverbund Niedersachsen-Bremen e.V.

Da informelle Kooperationen zwangsläufig an ihre Grenzen geraten, wenn es um „harte" Planungs- und Verwaltungsaufgaben und um die Installierung stabiler Entscheidungs-, Finanzierungs- und Konfliktlösungsstrukturen geht, werden in einer Reihe von Stadtregionen bestimmte übergemeindliche Verwaltungsaufgaben durch einen für die gesamte Stadtregion verantwortlichen Träger mit einem direkt oder indirekt legitimierten politischen Organ wahrgenommen. Wie im Folgenden dargestellt wird, kann diese öffentlich-rechtliche Aufgabenwahrnehmung über Gemeindegrenzen hinweg allerdings in sehr unterschiedlicher Form und Intensität praktiziert werden (vgl. hierzu DANIELZYK & PRIEBS 2001):

- *Ein-Themen-Zweckverbände:* Eine traditionell von Kommunen in vielen Handlungsbereichen (z.B. Ver- und Entsorgung, Öffentlicher Personennahverkehr, Trägerschaft von Bildungseinrichtungen) praktizierte Kooperationsform mit rechtsverbindlichen Entscheidungsmöglichkeiten ist der Zweckverband bzw. öffentlich-rechtliche Sonderverband. Beispiel eines regionalen (sogar auf zwei Bundesländer bezogenen) Zweckverbandes für den ÖPNV ist der Zweckverband Verkehrsverbund Bremen/Niedersachsen.

- *Regionale Planungsverbände:* Darunter sind hier Verbände zu verstehen, die mehrere benachbarte kommunale Gebietskörperschaften umfassen und aufgrund gesetzlicher Grundlagen Kompetenzen im Bereich der integrativen räumlichen Gesamtplanung haben. Eine Möglichkeit ist dabei die Kompetenz für die gemeinsame Flächennutzungsplanung im Sinne des Baugesetzbuches wie sie die baden-württembergischen Nachbarschaftsverbände (z.B. im Raum Karlsruhe) haben. Die zweite Möglichkeit ist die Zuständigkeit für die Regionalplanung im Sinne des Raumordnungsgesetzes wie sie Regionalverbände und regionale Planungsverbände in mehreren Bundesländern (z.B. Baden-Württemberg, Brandenburg, Rheinland-Pfalz, Sachsen) betreiben. Wie die Verbände für den Rhein-Neckar-Raum und die Region Donau-Iller zeigen, kann Regionalplanung sogar über Ländergrenzen hinweg betrieben werden. Seit einigen Jahren eröffnet das Baugesetzbuch auch eine dritte Möglichkeit, nämlich die Zusammenfassung von Regionalplanung und Flächennutzungsplanung im neuen Plantyp „Regionaler Flächennutzungsplan". Praktiziert wird dieses neue Modell bislang allerdings nur beim Planungsverband Rhein-Main.

- Die Organisationsform des *regionalen Mehrzweckverbandes* zeigt, dass regionale Planung und die Umsetzung bestimmter Aufgaben zusammengeführt werden können. Bei einem stadtregionalen Mehrzweckverband werden die üblichen Verwaltungsstrukturen (kreisfreie Städte, Landkreise, kreisangehörige Städte und Gemeinden) nicht verändert. Vielmehr wird für einen bestimmten Katalog überörtlicher öffentlicher Aufgaben ein gemeinsames „institutionelles Dach" über diese Strukturen gezogen. Welche Aufgaben diese Institution erfüllen soll, hängt von der jeweiligen regionalen Problemlage ab; klassische Aufgaben sind die räumliche Planung, der ÖPNV, die Wirtschaftsförderung und die regionalen Grün- und Erholungsflächen. Ein bekanntes Beispiel für diesen Organisationstyp war über mehrere Jahrzehnte der Großraum Hannover, wo aus dem Kommunalverband im Jahr 2001 die Region Hannover (siehe unten) hervorgegangen ist. Heute gilt der Verband Region Stuttgart als der am weitesten entwickelte Mehrzweckverband, der neben der Regionalplanung und der Landschaftsrahmenplanung auch zuständig ist für die Wirtschaftsförderung, bestimmte Bereiche des Öffentlichen Personennahverkehrs sowie die Messe (STEINACHER 1999). Beispiele von Mehrzweckverbänden mit deutlich engerem Aufgabenzuschnitt sind der Zweckverband Großraum Braunschweig und der Kommunalverband Ruhrgebiet.

- *Der Regionalkreis* ist die weitestgehende Form regionaler Aufgabenwahrnehmung für Kernstadt und Nachbarkommunen. Hierbei werden unter dem Dach einer regionalen Gebietskörperschaft Kernstadt und Nachbarkommunen für einen breiten Bestand gemeinsamer Aufgaben der überörtlichen Ebene (Kreisebene, z.T. auch höhere staatliche Verwaltungsbehörde) zusammengeführt. Die Kernstadt muss dafür ihre Kreisfreiheit aufgeben. Das politische Organ wird durch Direktwahl legitimiert. Praktiziert wird dieses Modell in den Grundzügen bereits seit 1974 beim Stadtverband Saarbrücken. In den letzten Jahren wird besonders das Modell Region Hannover diskutiert. Die Region Hannover hat im Jahr 2001 die Rechtsnachfolge sowohl für den Kommunalverband Großraum Hannover (einen Mehrzweckverband) als auch den Landkreis Hannover angetreten. Ferner hat die Region Hannover bestimmte Aufgaben der Landeshauptstadt Hannover und der Bezirksregierung Hannover übernommen. Sie zeichnet sich durch ein breites Spektrum regionaler Aufgabenwahrnehmung ab, das vom Krankenhaus- und Berufsschulwesen über die Sozialhilfe, die Regionalplanung, den gesamten Umweltbereich einschließlich der Abfallwirtschaft bis zur Wirtschaftsförderung und zum Öffentlichen Personennahverkehr reicht (PRIEBS 2002).

- Die Region wird richtigerweise als eine übergemeindliche Ebene verstanden. Allerdings ist auch denkbar, dass die gesamte Stadtregion zu einer einzigen Kommune (*„Regionalstadt"*) zusammengefasst wird. Kommunalrechtlich wird eine derartige Regionalstadt durch Eingemeindungen vorbereitet. Sie zeichnet sich durch eine starke politische Handlungsebene aus, benötigt jedoch zusätzlich eine lokale Politikebene für die einzelnen Stadtbezirke. Bis heute ist die 1920 gebildete Einheitsgemeinde Groß-Berlin die einzige echte Regionalstadt in Deutschland geblieben. Gerade dieses Modell zeigt aber auch, dass ein ständiger Konflikt zwischen dem Steuerungsanspruch der Gesamtstadt und den Selbstverwaltungsvorstellungen der kommunalrechtlich unselbständigen Stadtbezirke besteht. In jüngster Zeit ist dieses Organisationsmodell seitens des Oberbürgermeisters der Landeshauptstadt Hannover als Perspektive für die Weiterentwicklung der oben vorgestellten Region Hannover ins Gespräch gebracht worden.

Im Gegensatz zu den vorgenannten Typen ist auch eine regionale Handlungsebene denkbar, die sich sehr stark auf die politisch-strategische Ebene konzentriert, während die operative Ebene von unterschiedlich verfassten Trägern wahrgenommen wird. Charakteristisch ist hier eine starke, direkt legitimierte Politikebene für die gesamte Stadtregion, die sich jedoch in erster Linie als *„Holding für den Konzern Stadtregion"* versteht und über eine nur sehr schlanke eigene Verwaltung verfügt. Ausländisches Beispiel für dieses Modell ist die Greater London Authority, die im Jahr 2000 gebildet wurde. In bescheidenen Ansätzen wird dieses Holdingmodell auch schon in Deutschland, nämlich im Rhein-Main-Raum, praktiziert. Allerdings muss die dort gefundene Lösung als missglückt gelten, da der „Rat der Region" über keinerlei operative Kompetenzen verfügt und entsprechend nicht in der Lage ist, die unterschiedlichen Fachpolitiken zu koordinieren oder gar zu bündeln. Angedacht war ein Holding-Modell auch bei der Entwicklungsagentur Ruhr, die Ende der 90er Jahre in Nordrhein-Westfalen diskutiert, schließlich aber nicht realisiert wurde.

Stand der Diskussion

Betrachtet man die aktuelle politische Diskussion in den deutschen Stadtregionen, so sind durchaus unterschiedliche Denkrichtungen und Handlungsansätze erkennbar.

Insbesondere in den 90er Jahren waren in einigen Regionen Ansätze zur Stärkung formaler Verbandsstrukturen erkennbar. Neben der Bildung des Zweckverbandes Großraum Braunschweig und der institutionellen Stärkung des Zweckverbandes Raum Kassel ist die Bildung der Region Stuttgart im Jahr 1994 auf besondere öffentliche Resonanz gestoßen. In den letzten Jahren ist es jedoch nicht mehr zu neuen Verbandsgründungen gekommen. Ein Grund hierfür liegt in der Befürchtung vorhandener Institutionen, insbesondere der Landkreise, eigene Kompetenzen könnten eingeschränkt werden, ein weiterer Grund ist, dass die Bildung neuer öffentlicher Institutionen vor dem Hintergrund der teilweise stark ideologisch geführten Deregulierungsdebatte nicht mehr opportun erscheint. Allerdings werden in Regionen mit fortgeschrittener informeller Kooperation durchaus Überlegungen angestellt, eine stärkere Formalisierung und damit auch Verbindlichkeit zu erreichen (z.B. Bonn/Rhein-Sieg, Bremen/Niedersachsen).

Als Beispiel einer Region mit langjährigen Kooperationserfahrungen, in der jedoch die Politik vor einer Intensivierung der regionalen Kooperationsstrukturen zurückweicht, ist der Rhein-Main-Raum zu nennen. Hier war unter Federführung des früheren hessischen Landesministers Jordan im Jahr 1996 ein sehr weitreichendes Regionalkreismodell für den gesamten Rhein-Main-Raum entwickelt worden, das jedoch zur breiten Abwehr bei den Verantwortlichen der bestehenden Institutionen führte. Schließlich wurde durch Landesgesetz der seit 1974 bestehende Umlandverband aufgelöst und stattdessen ein reiner Planungsverband gebildet. Der bereits erwähnte Ansatz, daneben über einen „Rat der Region" eine regionale Steuerung für verschiedene Fachpolitiken zu erreichen, kann aus den genannten Gründen freilich nicht überzeugen.

Das Vorbild der Region Hannover hat in einigen Regionen, so in den Räumen Aachen, Kassel, Halle und Chemnitz, durchaus Interesse geweckt, auch dort eine regionalkreisähnliche Lösung zu verfolgen. Am konsequentesten stellt sich der Vorschlag der Landesregierung in Mecklenburg-Vorpommern dar, die landesweit 5 Regionalkreise als Ersatz für die heutige Landkreisstruktur etablieren will. Ähnliche Ansätze wurden auch in Baden-Württemberg und Schleswig-Holstein, jedoch erfolglos, vorgeschlagen.

Als Sonderfall stadtregionaler Kooperation stellt sich bislang der Raum Berlin dar. Wie erwähnt, stellte die Bildung der Stadtgemeinde Berlin im Jahr 1920 bereits eine besonders weitgehende stadtregionale Institutionalisierung dar. Nach 1989 sind Versuche zur Bildung eines Regionalverbandes für Berlin und seinen engeren Verflechtungsbereich gescheitert. Auch die Fusion der Länder Berlin und Brandenburg ist 1996 gescheitert, wobei auch bei einer Länderfusion die Frage der stadtregionalen Kooperation erst gelöst werden müsste. Eine formalisierte planerische Zusammenarbeit findet derzeit nur auf Landesebene in der Gemeinsamen Landesplanungsabteilung der Länder Berlin und Brandenburg statt.

Der Beitrag soll zeigen, dass in einer Reihe von Stadtregionen die Diskussion über künftige Kooperations- und Organisationsstrukturen geführt wird. Dass diese Diskussion dabei jeweils sehr unterschiedlich verläuft und auf individuelle Lösungen abzielt, liegt auf der Hand. Wünschenswert wäre es allerdings, dass eine konstruktive Diskussion geführt wird, die eine schrittweise stadtregionale Integration ermöglicht. Die Erhaltung des status quo, der gelegentlich örtlichen Akteuren vorschwebt, die nicht auf eigenen Einfluss verzichten wollen, kann keine tragfähige Alternative sein.

Literatur

ARL/DASL (Akademie für Raumforschung und Landesplanung; Deutsche Akademie für Städtebau und Landesplanung) (Hrsg.) (1999): Die Region ist die Stadt. Forschungs- und Sitzungsberichte 206, Hannover.

Danielzyk, Rainer und Priebs, Axel (2001): Suburbia und stadtregionale Kooperation. In: Brake, Klaus et al. (Hrsg.): Suburbanisierung in Deutschland, S.261-269, Opladen

Fürst, Dietrich (1999): „Weiche Kooperationsstrukturen" – eine ausreichende Antwort auf den Kooperationsbedarf in Stadtregionen? In: Inf. zur Raumentwicklung 1999, S. 609-615.

Priebs, Axel (2002): Die Bildung der Region Hannover und ihre Bedeutung für die Zukunft stadtregionaler Organisationsstrukturen. In: Die Öffentliche Verwaltung (55), S. 144-151.

Rehsöft, Fritz und Trommer, Sigurd (2000): Regionale Zusammenarbeit in der Region Bonn/Rhein-Sieg/Ahrweiler. In CIMMIT-Jahrbuch 2000, S. 9-18

Scheller, Jens Peter (2002): Kooperations- und Organisationsformen für Stadtregionen – Modelle und ihre Umsetzungsmöglichkeiten. In: Stadt und Region – Dynamik von Lebenswelten.

Tagungsbericht und wissenschaftliche Abhandlungen, 53. Deutscher Geographentag Leipzig, Leipzig, S. 692-700.

Steinacher, Bernd (1999): Regionales Management für regionale Probleme. In: Auf dem Weg zu einer neuen regionalen Organisation? Rhein-Mainische Forschungen Heft 116, Frankfurt am Main. S. 35-63.

Anschrift des Verfassers:
Prof. Dr. Axel Priebs
Region Hannover, Dezernat für Ökologie und Planung
Höltystraße 17, 30169 Hannover
email: axel.priebs@region-hannover.de

Unternehmensorientierte Dienstleistungen in Metropolregionen – Wissensproduktion in regionalen Milieus oder globalen Verflechtungen?

von SUNTJE SCHMIDT, Erkner

Einleitung

Durch den wirtschaftlichen Strukturwandel stützen sich die nationalen Ökonomien nunmehr weniger auf die industrielle Produktion, als vielmehr auf die Produktion und den Handel von Dienstleistungen und Wissen. Wissen und Informationen werden zu Schlüsselkomponenten in diesem Prozess (Neuhoff 1998: 13), indem sie nicht nur Inputfaktoren/Rohstoffe, sondern auch Produkte der Wissensökonomie sind. Damit einher geht der Bedeutungsgewinn des Dienstleistungssektors, in dem seit den 60er Jahren die Zahl der Beschäftigten bspw. in Deutschland zunimmt, insbesondere der Bereich der höherwertigen unternehmensorientierten Dienstleister. Zu erklären ist diese Tendenz zum einen durch die steigende Nachfrage nach spezifischem Wissen, welches für einzelne Unternehmen Informationsvorsprünge sowie Wettbewerbsvorteile sichern kann, zum anderen aber auch in der Eigenschaft neuen Wissens, neue Produkte und Märkte zu erschließen.

Zu beobachten ist in diesem Zusammenhang eine Ballung von Dienstleistungsunternehmen in Metropolregionen, die damit im wirtschaftlichen Strukturwandel eine zentrale Rolle übernehmen. Der Aufschwung metropolitaner Agglomerationen geht einher mit der Wechselwirkung zwischen Globalisierung/Europäisierung wirtschaftlicher Beziehungen und der zunehmenden Wissensbasierung der Wirtschaft. Die Frage nach der Begründung der räumlichen Ballung von unternehmensorientierten Dienstleitungen in Metropolregionen konnte bisher noch nicht befriedigend beantwortet werden. Der vorliegende Beitrag soll nach einem kurzen theoretischen Einstieg anhand empirischer Ergebnisse einige Erklärungsansätze vorstellen, indem die räumliche Dimension der Beziehungsnetzwerke von unternehmensorientierten Dienstleistungen und den daraus folgenden Standortansprüchen dargestellt werden.

Unternehmensorientierte Dienstleistungen

Zunächst stellt sich die Frage nach den charakteristischen Eigenschaften unternehmensorientierter Dienstleistungen. Der im Folgenden vorgestellte Erklärungsansatz basiert auf der Abgrenzung unternehmensorientierter Dienstleistungen, wie sie in Vorbereitung einer schriftlichen Unternehmensbefragung, die die Grundlage der weiter unten vorgestellten empirischen Ergebnisse bildet, herausgearbeitet wurde. Hier standen unternehmensorientierte Informationsdienstleistungen im Mittelpunkt, die immobiles und individuelles Wissen einem breiten Kreis von Nutzern verfügbar machen.

In eher klassischen Ansätzen werden Dienstleistungen als „ökonomische Produkte, die keine Sachleistungen sind" (Neuhoff 1998: 4) beschrieben, oder aber durch eine Auflistung von Branchen definiert (ebd.). Ein weiteres klassisches Definitionsmerkmal beschreibt Dienstleistungen als wirtschaftliche Aktivitäten, die an das Uno-Acto-Prinzip gekoppelt sind, also an die Gleichzeitigkeit von Produktion und Konsum. Gerade diese Eigenschaft hat sich aber gewandelt: So werden auch weiträumig vertriebene Sachgüter zunehmend an bestimmten Dienstleistungen gekoppelt. Darüber hinaus verändert sich der Prozess der Dienstleistungserstellung durch den Einsatz von IuK-Technologien. Sie ermöglichen nicht nur die rationelle Bearbeitung und Speicherung, sondern auch die Übermittlung von Informationen über große Distanzen. Somit sind diese zu unterschiedlichen Zeitpunkten beliebig oft abrufbar und der Zeitpunkt der Dienstleistungserstellung und des Konsums sind demzufolge voneinander gelöst.

Es müssen also andere Definitionsmerkmale herauskristallisiert werden. Dunning (1993) definiert Informationsdienstleister beispielsweise als Unternehmen, deren Haupterwerb in der Beschaffung, Erstellung, Zusammenführung, Speicherung, Überwachung, Interpretation und Analyse von Informationen besteht. Hierbei sind sie auf die Interaktion mit den Nachfragern, aber auch mit Partnern, Zulieferern und Informationsquellen angewiesen und tragen zur Produktion expliziten Wissens bei, wodurch sie zu Innovationsträgern werden können. Erst durch eine Überschneidung dieser inhaltlich-funktionale Abgrenzung an der enumeratorisch-statistisch festgelegten Abgrenzung (festgelegt durch die WZ93) können Aktivitäten und Beschäftigungsfelder der unternehmensorientierten Informationsdienstleister abgeleitet werden (Schmidt, Wolke 2003: 76).

Wissensökonomie

Die Definitionsansätze von unternehmensorientierten Dienstleistungen allein reichen jedoch nicht aus, um deren Ballung in Metropolregionen zu erklären. Vielmehr deuten v.a. der Einfluss von IuK-Technologien wie auch die Auflösung der engen Kunden-Dienstleister-Beziehung eher auf eine dezentral angelegte Organisation der Dienstleistungsaktivitäten hin. Um die räumliche Konzentration erklären zu können, muss wieder auf die Schlüsselkomponente Wissen zurück verwiesen werden.

Jedes Individuum ist Träger von Wissen sowie spezifischer Fähigkeiten und Kenntnisse, die z.T. nur schwer ausformulierbar sind (tacit und implicit knowledge; weiterführende Auseinandersetzungen hierzu siehe Kujath 2004 und Matthiesen 2003). Informationsdienstleister verfügen durch ihre Mitarbeiter über einen Bestand an implizitem Wissen, welcher durch Lernprozesse ständig erweitert und durch Externalisierung zu marktfähigen Produkten entwickelt wird. Dieses explizite Wissen ist jener ausformulierte Teil des Wissen, welcher es zu einem handelbaren Gut macht: „Die Wissensarbeit [besteht darin], in einem bisher nicht bekannten Umfang diese schwierig mobilisierbare Ressource durch Kodifizierung systematisch einem großen Kreis von Interessenten und Nachfragern verfügbar zu machen" (Kujath 2004: 24).

Wissensarbeit erfordert jedoch besondere Organisationsstrukturen. Jansen (2004) argumentiert, dass starre Organisationen für die Wissensproduktion ungeeignet sind, weil sie durch ihre hierarchische Struktur nicht über die notwendige Flexibilität, die zur Entwicklung neuer, innovativer Ideen und Produkte notwendig ist, verfügen (Jansen 2004: 9). Durch die Möglichkeiten der Nutzung von Skaleneffekten (Routinetätigkeiten) können sie existierendes Wissen für sich nutzen, aber selten neues Wissen generieren. Hierfür sind Netzwerke besser geeignet, weil aus verschiedenen Organisationen und Institutionen problembezogene Verbünde gebildet werden, die je nach Ziel Spezialisten zusammen führen. Der Austausch zwischen den Akteuren ist verglichen zu hierarchischen Strukturen auch deswegen einfacher, weil er auf „gleicher Augenhöhe" erfolgt und jeweils spezifisch ausgehandelt werden kann (Lo 2001: 134f.). Durch die in der Regel zeitlich befristete Kooperation in Netzwerken sind diese als dynamisch anzusehen, weil sie je nach Transaktion bzw. Problembezug neu gegründet werden müssen bzw. können, um jeweils die passenden Spezialisten zusammen zu führen (vgl. Grabher 2002, Lo 2001).

In der Wissensökonomie muss es demzufolge Orte geben, die die Bildung von Netzwerken begünstigen. Milieutheoretiker argumentieren, dass der Aufbau von Vertrauen die zentrale Voraussetzung für den Aufbau wirtschaftlicher Beziehungen in Netzwerken ist. Die durch die räumliche Nähe begünstigte persönliche Kommunikation zwischen den Netzwerkpartnern vereinfacht den Vertrauensaufbau (Barthelt, Glückler 2000: 170). Durch den besonderen Mix unterschiedlicher Branchen und die hohe Dichte an hochspezialisierten Experten bieten Metropolregionen für den Aufbau und die Organisation von Netzwerken in mehrfacher Hinsicht günstige Ausgangsbedingungen (vgl. auch Barthelt, Glückler 2000: 170, Cappellin 1991: 233f.):

Die Suche nach benötigten Partnern, Zulieferern und Informationsquellen wird vereinfacht, weil ein diversifiziertes Angebot zu Verfügung steht.

Die räumliche Nähe zu anderen begünstigt die persönliche Kommunikation und ermöglicht Wissensspillovern.

Das große Angebot an hochqualifiziertem Humankapital bietet unternehmensorientierten Dienstleistern die Ressourcen für die Wissensökonomie.

Somit würde die Wissensproduktion überwiegend aus regionalen Ressourcen heraus erstellt werden. Allerdings verbergen sich hinter solchen Möglichkeiten auch Gefahren: Zum einen begünstigt der Vertrauensaufbau das Verstärken von Beziehungen und könnte das Öffnen für neue/kreative Einflüsse erschweren. Zum anderen fehlt der Austausch mit anderen Regionen, so dass Informationen zum Erschließen neuer Märkte schwer zugänglich werden. Dies zusammen kann dazu führen, dass sich eine Region in eine Lock-in-Situation bewegt und regionales Wachstum begrenzt ist. Um dies zu vermeiden, müssen sich die Wissensproduzenten also Wege zu externen verlässlichen Wissensquellen erschließen. Für den Aufbau des notwendigen Vertrauens zu diesen Quellen sind persönliche Kontakte unumgänglich. Allerdings wären die Dienstleister hierfür an eine intensive Reisetätigkeit gebunden, die in Metropolregionen durch das Vorhandensein sich überlagernder infrastruktureller Netzwerke günstige Vorraussetzungen findet (Hub-Funktion der Metropolregionen, vgl. hierzu Schmidt 2004).

Unternehmensorientierte Dienstleistungen als Wissensproduzenten scheinen sich also im Spannungsverhältnis zwischen Globalisierungs- und Regionalisierungstendenzen zu befinden und müssen hierfür spezifische Beziehungsnetzwerke aufbauen. Zur Aufrechterhaltung dieser Beziehungen haben die Dienstleister spezifische Standortanforderungen ausgebildet, die möglicherweise von Metropolregionen erfüllt werden können.

Zur Rolle von Metropolregionen in der Wissensökonomie – empirische Befunde

Die oben angeführten Überlegungen haben bereits angedeutet, dass sich die enge Kunden-Dienstleister-Beziehung auflösen könnte. Tatsächlich haben deutlich über die Hälfte der befragten Unternehmen Kunden außerhalb der eigenen Region. Bestätigt werden kann ferner, dass die Dienstleister für die Wissensproduktion auf ein ausgedehntes Netzwerk an Zulieferern, Partnern und Informationsquellen zurückgreifen. Ein solches Netzwerk an Beziehungen wäre aus regionalökonomischer Sicht um so wertvoller, je mehr die Wissensproduktion aus regionalen Ressourcen erfolgt, um regionales Wachstum über den Export von Dienstleistungen zu realisieren. Dies kann allerdings basierend auf den Befragungsergebnissen nicht bestätigt werden. Vielmehr deutet sich an, dass überregionale Kundenbeziehungen auch mit überregional organisierten Zuliefer-, Partner- und Informationsquellenverflechtungen einhergehen: Exportfähige Wissensprodukte können demnach nur durch einen ebenfalls weiträumig organisierten Wissensinput erstellt werden, während für den regionalen Markt bestimmtes Wissen aus regionalen Ressourcen generiert wird. In Metropolregionen vorhandene Milieus oder die Dichte an möglichen

Kooperationspartnern und Informationsquellen können demnach nicht die Ballung von Dienstleistungsfunktionen in ihnen erklären.

Darüber hinaus stellt sich die Frage, ob aus regionalen Ressourcen erstelltes Wissen, tatsächlich der überregionalen Nachfrage entsprechen kann. Trifft diese Überlegung zu, müssten die regional orientierten Dienstleister „nur" eine Vorstufe in der überregional organisierten Wissensökonomie sein und über ihre Kunden in großräumig organisierte Wissensnetzwerke eingebunden werden. Über die Hälfte der Kunden von exportorientierten Dienstleistern sind in der Unternehmenshierarchie weit oben (Zentralen, Holdings) angesiedelt und daher vermutlich in globale Beziehungen involviert. Auch sie haben Metropolregionen als Standorte gewählt, was die zentrale Rolle der Metropolregionen in der wissensbasierten Wirtschaft unterstreicht: In ihnen werden wichtige Funktionen der wissensintensiven Wirtschaft gebündelt, neu organisiert und überregional verteilt. Im Gegensatz dazu trifft dies für die Dienstleistungen mit regionalen Kundenbeziehungen nicht zu. Ihre Kunden gehören weniger häufig zu größeren Unternehmensverbünden und können die Dienstleister daher kaum in überregionale Wirtschaftsbeziehungen einbinden.

Diese sehr unterschiedlich ausgeprägten Verflechtungsbeziehungen der Dienstleister erfordern vermutlich spezielle Standortqualitäten. Im Rahmen der Unternehmensbefragung wurden Ansprüche an den Mikrostandort, die Infrastrukturausstattung und Faktoren der räumlichen Nähe zu weiteren öffentlichen und privaten Akteuren sowie weiche Standortfaktoren untersucht. Die genauere Untersuchung dieser Faktoren verdeutlicht, dass die exportorientierten Dienstleister andere Anforderungen an ihren Unternehmensstandort ausgebildet haben, als die Dienstleister, die einen regionalen Markt bedienen.

Zu erwarten wäre zunächst, dass die Dienstleister, die einen regionalen Markt bedienen, noch stark durch das eher klassische Dienstleistungsmerkmal der benötigten Kundennähe gekennzeichnet sind. So kann durch die Unternehmensbefragung nachgewiesen werden, dass knapp über 60% dieser Dienstleister die Nähe zu den Kunden als wichtig bis sehr wichtig erachten. Dem gegenüber trifft dies nur für knapp über 30% der exportorientierten Dienstleister zu. Auch die Nähe zu Zulieferern, Partnern, und Hochschulen (als Informationsquellen und Partner) spielt für die exportorientierten Dienstleistungsunternehmen nur eine untergeordnete Rolle. Erstaunlicherweise trifft dies auch auf die regional orientierten Dienstleister zu. So befinden sich die Quellen des Wissensinputs zwar innerhalb der eigenen Region, was von Vorteil für die Dienstleistungserstellung, aber keine notwendige Bedingung ist, welche die Standortentscheidungen beeinflusst. Vielmehr entscheiden hierüber andere lokale Standortfaktoren, wie das Image des Standortes und die Anbindung an den öffentlichen Nahverkehr.

Der Vergleich der fünf wichtigsten Standortfaktoren verdeutlicht dies:

Standort-ranking	Dienstleister mit ausschließlich regionalen Kundenbeziehungen	Dienstleister mit überregionalen Kundenbeziehungen
1	Telekommunikationsinfrastruktur	Telekommunikationsinfrastruktur
2	Standortfaktor Büromieten	Standortfaktor Büromieten
3	Nähe zu Kunden	Verfügbarkeit qualifizierter Arbeitskräfte in der Region
4	Image des Standortes	Autobahnanschluss der Region
5	S-/U-Bahn-Anbindung des Standortes	S-/U-Bahn-Anbindung des Standortes

Quelle: Unternehmensbefragung 2002, IRS

Tabelle 1: Ranking der Standortfaktoren

Während die Dienstleister mit regionalen Kundenbeziehungen zunächst weniger metropolenspezifische Standortansprüche stellen, sind die Standortanforderungen der exportorientierten Dienstleister auf qualitativ hochwertige Standorte zugespitzt. Die besondere Herausstellung des Standortanspruchs „Verfügbarkeit qualifizierter Arbeitskräfte in der Region" verdeutlicht die Notwendigkeit des Zugangs zu den Wissensträgern und Wissensarbeitern, dem Humankapital. Metropolregionen haben bezogen auf diese Standortqualität einen besonderen Vorteil: Sie sind in der Regel Hochschul- und Universitätsstandorte, in denen ständig neues Humankapital ausgebildet wird. Darüber hinaus erhöht sich durch die Dichte an Unternehmen gleicher oder ähnlicher Branchen die Fluktuation von Wissensarbeitern zwischen den Unternehmen und die erlernten Fähigkeiten in Form von tacit oder implizitem Wissen kann zwischen den Unternehmen ausgetauscht werden (Wissensspillover und Wissensdiffusion). Gleichzeitig bieten Metropolregionen gerade für Wissensarbeiter einen besonderen Wohnort mit spezifischen Lebensqualitäten (z.B. kulturelles Leben) und ein großes Angebot an Beschäftigungsverhältnissen.

Der Standortfaktor „Autobahnanschluss der Region" verdeutlicht die Notwendigkeit der Unternehmen, flexibel die einzelnen Bereiche ihres unternehmensrelevanten Netzwerkes zu erreichen. Aus Platzgründen nicht in der Tabelle abgebildet sind die in dem Ranking der Standortfaktoren anderen Infrastrukturmerkmale (Flughafen, Fernbahn), die ebenfalls für die exportorientierten Dienstleister eine wichtigere Rolle spielen. Nur durch die in Metropolregionen charakteristische Dichte und Überlagerung verschiedener infrastruktureller Netze sind die Dienstleister in der Lage, ihr überregional angelegtes Beziehungsnetzwerk aufrecht zu erhalten. Denn selbst wenn sie durch IuK-Technologien in der Lage sind, einen Teil der Kommunikation und des Wissenstransfers virtuell zu organisieren, sind sie dennoch auf persönliche Kontakte angewiesen.

Fazit

Metropolregionen bieten sowohl für in regionale als auch in überregionale Netzwerke eingebundenen unternehmensorientierten Dienstleister günstige Standortbedingungen. Für die Unternehmen mit überwiegend regionalen Netzwerken bieten Metropolregionen die Nähe zu einem großen Kundenmarkt. Darüber hinaus könnte vermutet werden, dass sie ferner durch ihr regional angelegtes Beziehungsnetzwerk, insbesondere auch durch die Nähe zu Unternehmen gleicher oder ähnlicher Branchen, Wissensspillover für sich nutzbar machen. In diesem Zusammenhang kann ebenfalls angenommen werden, dass sie durch ihre Beziehungen Teil eines regionalen Milieus sind, wodurch sie regionale Potentiale für sich erschließen. Allerdings begünstigen diese regionalen Milieus nicht den Export von Dienstleistungen.

Für die exportorientierten Dienstleister bieten Metropolregionen demgegenüber andere Standortortqualitäten, die in nicht-metropolitanen Regionen nicht vorzufinden sind. Hier sind insbesondere das Infrastrukturnetz zur Aufrechterhaltung überregionaler Beziehungen und der Zugang zum impliziten Wissen des hochqualifizierten Humankapitals hervorzuheben.

Somit liegt in der Wissensökonomie das Alleinstellungsmerkmal von Metropolregionen in dem besonderen Mix an Standortqualitäten, die es den wirtschaftlichen Akteuren ermöglicht, unterschiedlichste Beziehungsnetzwerke auszubauen und aufrecht zu erhalten.

Literatur

BATHELT, H.; GLÜCKLER, J. (2000): Netzwerke, Lernen und evolutionäre Regionalentwicklung. In: Zeitschrift für Wirtschaftsgeographie, Jg. 44, H. _: S. 167 - 182

CAPPELLIN, R. (1991): International networks of cities. In: CAMAGNI, R. (Hrsg.): Innovation networks: spatial perspectives, London/ New York: 230 - 244

DUNNING, J.H. (1993): Multinational Enterprises and the Growth of Services: Some Conceptual and Theoretical Issues. In: SAUVANT, K.P.; MALLAMPALLY, P. (Hrsg.): International Corporations in Services. London, New York.

GRABHER, G. (2002): The Project Ecology of Advertising: Talents, Tasks, and Teams." In: GRABHER, G. (Hrsg.): Production in Projects. Economic Geographies of Temporary Collaboration. Regional Studies - Special Issue, vol. 36, no. 3, S. 245-262

JANSEN, D. (2004): Networks, social Capital and Knowledge Production. In: FÖV Discussion Papers, Nr. 8. Speyer

KUJATH, H.J. (2004): Die neue Rolle der Metropolregionen in der Wissensökonomie. In: KUJATH, H.J. (Hrsg.): Knoten im Netz: Zur neuen Rolle der Metropolregionen in der Dienstleistungswirtschaft und Wissensökonomie. Lit-Verlag Berlin

LO, V. (2001): Zwischen regionalen und globalen Beziehungen: Wissensbasierte Netzwerke im Finanzsektor. In: ESSER, J.; SCHAMP, E.W. (Hrsg.) (2001): Metropolitane Region in der Vernetzung – Der Fall Frankfurt/ Rhein-Main. Frankfurt/ Main

MATTHIESEN, U.; BÜRKNER, H.-J. (2003): Wissensmilieus - Zur sozialen Konstruktion und analytischen Rekonstruktion eines neuen Sozialraum-Typus. In: MATTHIESEN, U. (Hrsg.): Stadtregion und Wissen. Analysen und Plädoyers für eine wissensbasierte Stadtpolitik. Wiesbaden (im Erscheinen)

NEUHOFF, A. (1998): Zum Standortsystem der höherwertigen unternehmensorientierten Dienstleistungen. Duisburg. www.ub.uni-duisburg.de/diss/diss9804/

SCHMIDT, S. (2004): Metropolregionen als Hub globaler Kommunikation und Mobilität in einer wissensbasierten Wirtschaft? In: KUJATH, H.J. (Hrsg.): Knoten im Netz: Zur neuen Rolle der Metropolregionen in der Dienstleistungswirtschaft und Wissensökonomie. Berlin (im Erscheinen)

SCHMIDT, S.; WOLKE, M. (2003): Thesen zur organisatorischen und räumlichen Ordnung wissensbasierter Dienstleistungen – Berlin und München im Vergleich. In: Matthiesen (Hrsg.): Stadtregion und Wissen. Analysen und Plädoyers für eine wissensbasierte Stadtpolitik. Wiesbaden

Anschrift der Verfasserin:
M.A. Suntje Schmidt
Institut für Regionalentwicklung und Strukturplanung (IRS)
Flakenstraße 28-31, 15537 Erkner
email: schmidts@irs-net.de

Fachwissenschaftliche Sitzung FW 5

Kieze und Quartiersmanagement

Christian Krajewski

Gentrification in zentrumsnahen Stadtquartieren am Beispiel der Spandauer und der Rosenthaler Vorstadt in Berlin-Mitte*

Seite 103 - 107

Olaf Schnur

Am Rande der City : Nachbarschafts- und Engagementpotenziale in Quartiersmanagementgebieten der neuen Berliner Mitte

Seite 109 - 115

Cornelia Cremer

Marzahn NordWest: Ein Berliner Großsiedlungskiez im Wandel?

Seite 117 – 122

* = auf der CD-ROM als Langfassung mit farbigen Abbildungen

Gentrification in zentrumsnahen Stadtquartieren am Beispiel der Spandauer und der Rosenthaler Vorstadt in Berlin-Mitte

von CHRISTIAN KRAJEWSKI, Münster

1. Einleitung

Seit der politischen Wiedervereinigung beider Teile Deutschlands und Berlins und dem Umzug von Bundestag, Bundesregierung und weiteren wichtigen Institutionen nach Berlin vollzieht sich in der neuen alten Hauptstadt Deutschlands ein umfassender urbaner Transformationsprozess. So haben sich mit dem Übergang von der sozialistischen Planwirtschaft zur kapitalistischen Marktwirtschaft und den damit verbundenen tiefgreifenden Veränderungen im Wirtschafts-, Gesellschafts- und Planungssystem seit der politischen Wende 1989/90 wichtige Einflussfaktoren auf die Stadtentwicklung gewandelt. Erst mit dem Übergang von der zentralstaatlich gesteuerten Wohnungspolitik zum marktwirtschaftlich organisierten Wohnungswesen setzte in ostdeutschen Städten eine umfangreichere Segregation ein. In diesem Kontext war für Ost-Berlin ebenso wie für andere ostdeutsche Großstädte das Auftreten von Gentrifizierungsprozessen – ähnlich den früheren Entwicklungen in innenstadtnahen Vierteln westlicher Großstädte – erwartet worden. Tatsächlich setzte nach 1990 im Zuge beginnender Sanierungstätigkeiten vielfach eine Neubewertung von Altbauquartieren ein, infolge dessen bauliche und soziale Aufwertungsprozesse angestoßen wurden.

Angesichts der noch ausstehenden ökonomischen Restrukturierung und Konsolidierung Berlins kam es entgegen der Erwartung in den frühen 1990er Jahren zwar nicht zu einer flächendeckenden Gentrifizierung in den Innenstadtquartieren im Ostteil der Hauptstadt. In bestimmten Wohnquartieren vollzog sich jedoch mit dem Einsetzen baulicher Aufwertungs- und sozialer Austauschprozesse ein deutlich sichtbarer Wandel auch der Ausstattung mit Kultur-, Einzelhandels- und Dienstleistungseinrichtungen, der den betroffenen Quartieren rasch das Image von Szene-Vierteln verlieh. Ein solcher Imagewandel weist auf die Bedeutung symbolischer Zuschreibungen im Gentrifizierungsprozess. Insbesondere die Spandauer Vorstadt im Stadtbezirk Mitte, aber zunehmend auch die nördlich angrenzende Rosenthaler Vorstadt sind hierfür markante Beispiele.

In einem Großteil vorliegender Gentrification-Untersuchungen sind die bauliche und soziale Aufwertung zentraler Definitionsbestandteil (vgl. zum Gentrification-Begriff z.B. HELBRECHT 1996: 2, FRIEDRICH 2000: 34). Um Gentrifizierungsprozesse als Element postsozialistischer urbaner Transformation – wie hier am Beispiel zweier Innenstadtquartiere erfolgt – zu analysieren, ist ein erweiterter Ansatz erforderlich, der durch mehrdimensionale Herangehensweise der Komplexität des Gentrification-Phänomens begegnet. Dabei wird das Phänomen Gentrification verstanden als:

- Bauliche Aufwertung (Gebäudesanierungen und Neubauten, Wohnumfeld- und Infrastrukturverbesserungen),
- Soziale Aufwertung (Zuzug von statushöherer Bevölkerung: v.a. Besserverdienende, höher Gebildete, z.B. Yuppies, Studierende),
- Funktionale Aufwertung (Ansiedlung neuer Geschäfte u. Dienstleistungen, qualitative u. quantitative Angebotsausweitung),

- Symbolische Aufwertung („positive' Kommunikation über die Gebiete, Medienpräsenz, Schaffung von Landmarks, hohe Akzeptanz bei Bewohnern und Besuchern).

Dieser mehrdimensionale Aufwertungsprozess soll anhand verschiedener Merkmale am Beispiel der nördlich der City-Ost gelegenen Kieze Spandauer und Rosenthaler Vorstadt aufgezeigt werden. Die Analyse ausgewählter Merkmale und Indikatoren fußt dabei vor allem auf eigenen, zwischen 2000 und 2003 durchgeführten empirischen Untersuchungen sowie auf sekundär-statistischem Datenmaterial (vgl. hierzu ausführlich KRAJEWSKI 2004).

2. Lage und Entwicklung der Beispielquartiere

Die Spandauer Vorstadt befindet sich in unmittelbarer Nähe zur (neuen) City-Ost in der Berliner Mitte im Norden von Stadtbahn-Trasse und Spree (vgl. Abb. 1 auf der CD-ROM). Nördlich der Torstraße schließt sich bis zur Bernauer Straße (Grenze zum Wedding) die Rosenthaler Vorstadt an. Bei der Spandauer Vorstadt handelt es sich um ein Stadterweiterungsgebiet (1737 eingemeindet), das sich seit dem ausgehenden 17. Jahrhundert vor den ehemaligen Festungsanlagen im Norden der barocken Residenzstadt Berlin vor dem Spandauer Stadttor entwickelte. Im Zuge der dynamischen industriezeitlichen Urbanisierung im 19. und frühen 20. Jahrhundert wurde die ursprüngliche Bebauung des Stadtviertels verdichtet und überformt sowie – in ihrem westlichen Teil – um zentralörtlich bedeutende Funktionen aus den Bereichen Wirtschaft, Verwaltung und Kultur (besonders jüdischer) ergänzt. Das nördlich der Spandauer Vorstadt – vor der damaligen Zollmauer – gelegene Gebiet erhielt dagegen erst Mitte des 18. Jahrhundert mit der Kolonie ‚Neu-Voigtland' eine erste planmäßige Besiedlung. Im Jahr 1861 als Rosenthaler Vorstadt nach Berlin eingemeindet, wurde das Gebiet im Zuge der industriezeitlichen Stadtexpansion auf Basis des Hobrecht'schen Bebauungsplans mit den sog. ‚Berliner Mietskasernen' be- und überbaut. Die Rosenthaler Vorstadt wurde somit – wie die angrenzenden Gebiete im Wedding und Prenzlauer Berg – Teil des gründerzeitlich hochverdichteten Wilhelminischen Wohnrings mit typischer Blockrandbebauung und Hinterhofstruktur. Beide Stadtviertel blieben von großflächigen Zerstörungen während des Zweiten Weltkrieges weitgehend verschont, wurden allerdings in der Nachkriegszeit stark vernachlässigt, so dass die größtenteils aus der Gründerzeit stammenden Gebäude verfielen und vielfach leer standen. Mit dem Bau der Berliner Mauer entlang der Bernauer Straße geriet insbesondere die Rosenthaler Vorstadt in eine doppelte innerstädtische Peripherlage, deren Folgen auch heute noch nicht vollständig überwundenen sind. Nach 1990 befand sich die Spandauer Vorstadt in einem baulich zwar degradierten Zustand, war aber durch eine große Zahl architektonisch wie denkmalpflegerisch bedeutsamer Altbauten, durch bekannte ‚Landmarks' (z.B. ‚Tacheles-Gebäude', Neue Synagoge, Hackesche Höfe) und – infolge der unmittelbaren Zentrumsnähe – durch eine hohe Lagegunst gekennzeichnet. Im Gegensatz dazu verfügt die Rosenthaler Vorstadt nur über eine kleine Anzahl weniger bekannter Landmarken oder Raumstellen.

3. Zur baulichen Aufwertung

Mit der Intention, das wertvolle kultur- und bauhistorische Erbe zu erhalten und gleichzeitig die städtebaulichen Missstände, Mängel und Funktionsschwächen zu beseitigen sowie die Wohnsituation, das Wohnumfeld, die Bedingungen der Gewerbetreibenden und die öffentlichen Einrichtungen zu verbessern, sind die beiden Stadtquartiere 1993/94 als zwei von insgesamt 17 Sanierungsgebieten im Ostteil Berlins ausgewiesen worden. Die

Spandauer Vorstadt war außerdem bereits 1990 als Flächendenkmal unter Schutz gestellt worden. Flächendeckende Ausstattungsdefizite in den Wohnungen, z.B. im Bereich der sanitären Einrichtungen und der Heizungstechnik (z.B. Anteil Kohleöfen: 70-90 %) waren noch Mitte der 1990er Jahre in beiden Vierteln charakteristisch. Durch einen hohen Prozentsatz Rückgabeforderungen und teilweise langwierige Restitutionsverfahren verzögerte sich jedoch bei vielen Gebäuden der Erneuerungsprozess. Infolge der Reprivatisierung des Grundstück- und Immobiliensektors entstand zudem eine völlig neue, vorwiegend professionelle Eigentümerstruktur. Die Bereitstellung öffentlicher Fördergelder (v.a. aus den Programmen Städtebaulicher Denkmalschutz und Soziale Stadtentwicklung) sowie steuerliche Abschreibemöglichkeiten bei der privaten Finanzierung führten nach Sanierungsgebietsausweisung insgesamt gesehen dennoch in beiden Stadtvierteln zu einem rasch einsetzenden baulichen Erneuerungsprozess.

Während in den 1990er Jahren das Tempo des Stadterneuerungsprozesses in der Rosenthaler Vorstadt im Durchschnitt der Ost-Berliner Sanierungsgebiete lag, war die Spandauer Vorstadt das Berliner Stadtquartier mit der größten Sanierungsdynamik. Bis zum Jahr 2003 hat in der Spandauer Vorstadt mit einem 80 %igen Anteil an saniertem und neu geschaffenem Wohnraum eine umfassende bauliche Aufwertung stattgefunden. Der bauliche Aufwertungsprozess ist in der Rosenthaler Vorstadt mit einem Modernisierungsstand von rund 55 % zuzüglich eines Neubaubestandes von ca. 5 % noch nicht ganz so weit fortgeschritten wie im Spandauer Vorstadt-Quartier. Die Erfolge der Erneuerung, die sich auch in einem stark gestiegenen Anteil an Vollstandardwohnungen mit moderner Heizungstechnik ablesen lassen, prägen heute zunehmend sichtbar das Straßenbild (vgl. KRAJEWSKI 2004, Kap. 4.3; auch Tabelle 1 auf der CD-ROM). Infolge des Modernisierungsprozesses sind die Mietpreise in den beiden Gebieten wie im Ostteil Berlins insgesamt durch die 1990er Jahre hindurch stetig angestiegen. Im Jahr 2003 weist der Berliner Mietspiegel für den voll ausgestatteten, bis 1918 fertiggestellten Altbauwohnungsbestand in den östlichen Innenstadtquartieren mit rd. 5 EUR/qm (Nettokaltmiete) sogar eine etwas höhere Durchschnittsmiete als für vergleichbare Westgebiete aus (vgl. auch Tabelle 2 auf der CD-ROM).

4. Zur sozialen Aufwertung

Verschiedene Untersuchungen zeigen (vgl. KRAJEWSKI 2004, Kap. 4.5), dass sich die soziodemographische und die sozioökonomische Struktur der beiden Stadtquartiere seit der Wiedervereinigung grundlegend verändert haben. Während zwischen Anfang der 1990er Jahre und dem Jahr 2000 die Bevölkerungsentwicklung in Berlin insgesamt und insbesondere in den östlichen Innenstadtquartieren rückläufig war (z.B. Berlin-Mitte(alt): -10%), ist die Einwohnerzahl in der Rosenthaler Vorstadt nur leicht auf 5.900 gesunken – und in der Spandauer Vorstadt sogar um 3 % auf 7.400 gestiegen. Besonders auffällig wird der Gebietswandel jedoch bei Betrachtung der Wohnmobilität: So hat seit 1990 ein umfassender Bevölkerungsaustausch stattgefunden (Spandauer Vorstadt: 66 %, Rosenthaler Vorstadt: 82 %). Nur rund ein Drittel (Spandauer Vorstadt) bzw. ein Fünftel (Rosenthaler Vorstadt) der Bewohner lebte schon vor der Wiedervereinigung im jeweiligen Stadtquartier. Der Rückgang an Familienhaushalten um jeweils fast 40 % (Indikator: Einwohneranteil unter 15 Jahre; Berlin-Gesamt: -11%) ist in beiden Quartieren überdurchschnittlich hoch gewesen. Der Anteil an Single-Haushalten, besonders aber der Anteil an Wohngemeinschaften (Spandauer Vorstadt: 20 %, Rosenthaler Vorstadt: 30%) ist demgegenüber im ersten Nachwendejahrzehnt deutlich gestiegen. Während in der Spandauer Vorstadt der Bevölkerungsaustausch recht früh mit einer erkennbaren Gebietsaufwertung einherging, verlief der Austauschprozess in der Rosenthaler Vorstadt bei hoher Dynamik zunächst mit weniger erkennbarer Perspektive. Erst heute zeichnet sich in der Rosenthaler Vorstadt eine soziale Stabilisierung im Sinne einer Gebietsaufwertung ab, was insbesondere an der starken Zunahme von Einwohnern mit höheren Bildungsabschlüssen festzumachen ist.

In beiden Vierteln lässt sich heute ein soziales ‚Upgrading' der Gebietsbevölkerung sowohl an der Zunahme von Bewohnern mit Hochschulabschluss (in der Spandauer Vorstadt von 24 % 1992 auf 33 % im Jahr 2000, in der Rosenthaler Vorstadt von 16 % auf 24 %, vgl. auch Tab. 3 auf der CD-ROM) als auch am Anstieg des durchschnittlichen Haushaltsnettoeinkommens ablesen (von 900 bzw. 920 € im Jahr 1992 auf 1.640 bzw. 1.480 € im Jahr 2000; vgl. auch Tab. 4 auf der CD-ROM). Die sozioökonomische Situation der Quartiersbevölkerung zeichnet sich jedoch durch eine zunehmende Polarisierung der Einkommenssituation aus. So verfügen z.B. 50 % der Haushalte in der Spandauer Vorstadt im Jahr 2000 über weniger als 1.500 €, über 20 % der Haushalte – vornehmlich die in den letzten Jahren zugezogenen – aber über mehr als 2.500 €. Diese status- und einkommenshöheren zumeist im tertiären und quartären Wirtschaftssektor beschäftigten Bevölkerungsgruppen mit Präferenz für urbane Lebensstile können in beiden Stadtquartieren als Träger von Gentrifizierungsprozessen identifiziert werden. Ähnliches gilt für die große Anzahl an Bewohnern mit Abitur, vornehmlich Studierende, die insbesondere in der Rosenthaler Vorstadt anzutreffen sind. Der Arbeiteranteil ist ebenso wie der Anteil an Sozialhilfeempfängern in beiden Vierteln überdurchschnittlich stark zurückgegangen, die Arbeitslosenzahlen dagegen sind stark unterdurchschnittlich gestiegen. An den jeweiligen Differenzen bei der Ausprägung der verschiedenen Indikatoren wird deutlich, dass der soziale Aufwertungsprozess in der Spandauer Vorstadt deutlich weiter fortgeschritten ist als in der Rosenthaler Vorstadt. Alle aufgezeigten Aspekte können als Indikator für die soziale Dimension der Gentrification herangezogen werden.

5. Zur funktionalen Aufwertung

Nach 1989/90 erfuhren beide untersuchten Stadtviertel auch in funktionaler Hinsicht einen grundlegenden Wandel. Die Spandauer Vorstadt hat sich in den vergangenen Jahren zu einem vitalen urbanen Mischgebiet mit cityergänzenden Funktionen entwickelt. Als Indikator für die funktionale Aufwertung, welche das Viertel in den letzten Jahren erfahren hat, können der quantitative Anstieg und die qualitative Entwicklung (in Richtung Höherwertigkeit) von Einzelhandels- und Dienstleistungseinrichtungen herangezogen werden. Die funktionale Aufwertung stellt somit als Transformationsfolge eine zentrale Dimension der Gentrifizierung der Spandauer Vorstadt dar. Die funktionale Bedeutung, welche das Stadtquartier heute im Bereich gastronomischer Nutzungen und in speziellen Segmenten des mittelfristigen bzw. mittel- u. hochwertigen Einzelhandels – z.B. bei den Modegeschäften und Galerien – besitzt, sowie die Attraktivität, welche die Angebotsausrichtung auf ein anspruchsvolles, auf erlebnisorientierte Konsumtion ausgerichtetes gesamtstädtisches und touristisches Publikum ausübt, ist zu Beginn des 21. Jahrhunderts sogar höher einzustufen als die rezente Bedeutung von Teilen des ehemaligen sozialistischen Stadtzentrums um den Alexanderplatz. Eine Vielzahl quartärer Dienstleistungseinrichtungen insbesondere aus dem Bereich der Kulturökonomie und Medienwirtschaft ergänzt die Funktion des Stadtviertels als wichtigen Arbeitsplatzstandort in Cityrandlage (vgl. KRAJEWSKI 2003 u. 2004, auch Tab. 5-7 auf der CD-ROM). Die Rosenthaler Vorstadt konnte dagegen in funktionaler Hinsicht auch mehr als zehn Jahre nach dem Fall der Mauer ihre innerstädtische Peripherlage noch nicht vollständig überwinden. Das gilt insbesondere für die Brunnenstraße. Andere Bereiche haben sich jedoch wieder zu attraktiven Stadträumen entwickelt. Funktionale Aufwertungs- und Entwicklungsimpulse strahlen langsam und sukzessive in die Rosenthaler Vorstadt aus Richtung des Spandauer Quartiers und aus Richtung Prenzlauer Berg hinein (Beispiel: Diffusion der Galerien aus der Spandauer Vorstadt nach Norden; Ausdehnung der Kneipenszene um Weinbergsweg, Kastanienallee und Zionskirchplatz).

6. Fazit

Wie am Beispiel der Spandauer und Rosenthaler Vorstadt in Berlin verdeutlicht werden kann und Untersuchungen aus anderen ostdeutschen Großstädten bestätigen (vgl. zusammenfassend auch KRAJEWSKI 2004 u. WIEßNER 2004), gehört zu den im Zuge der postsozialistischen urbanen Transformation auftretenden Gentrifizierungserscheinungen, dass soziale und bauliche Aufwertungsprozesse von einer Aufwertung der funktionalen Nutzungsstruktur begleitet werden. Diese drei Aspekte lassen sich somit als zentrale Dimensionen der Gentrification in ostdeutschen Städten identifizieren. Symbolische Aufwertungen als Resultat raumbezogener Kommunikationsprozesse (wie sie z. B. im Imagewandel zum Ausdruck kommen) können als Meta-Dimension der Gentrification aufgefasst werden. Gentrification ist also als mehrdimensionales Phänomen zu begreifen.

Vor dem Hintergrund einer verhandlungsorientierten, sozialen Stadterneuerung sowie einer stagnierenden bzw. rückläufigen Bevölkerungsentwicklung bei gleichzeitiger Erhöhung des Wohnungsbestandes bedeutet Gentrification in den östlichen Innenstadtquartieren, dass die soziale Aufwertung von einer hohen Bevölkerungsmobilität begleitet wird, ohne dass eine flächendeckende Verdrängung einkommensschwacher Bewohner stattfindet. Anders als in den 1970er und 80er Jahren im Westen kann in Ostdeutschland also eher von einer ‚sanften' oder ‚postmodern sensiblen' Gentrification gesprochen werden.

7. Literatur

FRIEDRICH, K. (2000): Gentrifizierung. Theoretische Ansätze und Anwendung auf Städte in den neuen Ländern. In: Geographische Rundschau 52, 7-8: 34-39.

HÄUßERMANN, H., HOLM, A. u. D. ZUNZER (2002): Stadterneuerung in der Berliner Republik. Modernisierung in Berlin-Prenzlauer Berg. Opladen

HELBRECHT, I. (1996): Die Wiederkehr der Innenstädte. In: Geographische Zeitschrift 84, 1: 1-15.

KRAJEWSKI, C. (2003): Die funktionale Aufwertung der Spandauer Vorstadt in Berlin-Mitte – ein zentrumsnahes Stadtquartier im urbanen Transformationsprozess. In: BISCHOFF, C. u. C. KRAJEWSKI (2003) (Hrsg.): Beiträge zur geographischen Stadt- und Regionalforschung. Festschrift für Heinz Heineberg. Münster. (Münstersche Geographische Arbeiten 46: 89-106).

KRAJEWSKI, C. (2004): Urbane Transformationsprozesse in zentrumsnahen Stadtquartieren - Gentrifizierung und innere Differenzierung am Beispiel der Spandauer Vorstadt und der Rosenthaler Vorstadt in Berlin. Münster. (Münstersche Geographische Arbeiten 48).

WIEßNER, R. (2004): Ostdeutsche Wohnungsmärkte im Wandel. Berichte zur deutschen Landeskunde 78, 1: 7-23.

Anschrift des Verfassers:
Dr. Christian Krajewski
Institut für Geographie der Universität Münster
Robert-Koch-Straße 26, 48149 Münster
email: krajewc@uni-muenster.de

Am Rande der City: Nachbarschafts- und Engagementpotenziale in Quartiersmanagementgebieten der neuen Berliner Mitte

von OLAF SCHNUR, Berlin

1. Kapitale Berlin: Gewinnwarnungen

Die "Berliner Zeitung" titelte im Oktober 2000: "Mitten am Rand - Ein paar hundert Meter vom Reichstag entfernt beginnt Moabit - eines der ärmsten Viertel Berlins, dem man einst eine große Zukunft versprochen hat." Aber was ist aus dieser Zukunft geworden? Die Ansprüche an die "Metropole Berlin" waren nach der Wende groß und die Stadt wurde mit Bedeutungen und Zukunftsvisionen aufgeladen. Inzwischen hat die Finanzmisere die Kluft zwischen Ansprüchen und Realität nahezu unüberwindbar gemacht. Das Klima in der desubventionierten Ex-Mauerstadt hat sich gewandelt. Die neue Kapitale entwickelt dabei ganz typische großstädtische Restrukturierungsmuster: Gängige raumstrukturelle Prozesse wie etwa die Suburbanisierung werden fast wie im Zeitraffer nachgeholt und sozialräumliche Polarisierungsprozesse bahnen sich ihren Weg. Spätestens ab Mitte der 1990er Jahre wurden die letzten rosaroten Metropolenszenarien von der Realität eingeholt. Zwar sollte die Einrichtung des Steuerungsinstruments "Quartiersmanagement" (QM) in Berlin im Rahmen des Bund-Länder-Programms "Soziale Stadt" die befürchteten Abwärtsspiralen in vorher qua Gutachten ermittelten "Stadtteilen mit besonderem Entwicklungsbedarf" stoppen. Spätestens der Start dieses Programms hat aber auch die Medien sensibilisiert, die ihre Deutungsmacht wiederum für Polarisierungen nutzen. Vertreter der lokalen Politik und Presse kommen oft zu eindeutigen Urteilen über die "Problemkieze", wie Journalisten die "Stadtteile mit besonderem Entwicklungsbedarf" inzwischen in stiller Übereinkunft titulieren (vgl. Schnur 2004). Attribute wie "Ghetto", "Slum", "Verbotene Stadt", "unregierbar", "Parallelgesellschaft" oder "No Go Area" sind nicht selten – zumindest wird immer wieder in einem oft geradezu apokalyptischen Reportagestil vor den solcherlei Zuständen gewarnt und trotz der vielerorts sogar rückläufigen Straßenkriminalität Angst geschürt. Auch die nichtdeutschen Kiezbewohner werden immer wieder pauschal als (Mit-)verursacher der vielfältigen Probleme herangezogen.

Diesen Bewertungen möchte ich hier auf den Grund gehen. Wie sieht die Realität in den "Problemkiezen" aus? Haben wir es mit "Defizitwelten" zu tun, letztlich mit hoffnungslosen Distrikten ohne nennenswerte Potenziale? Wie ist die öffentliche Diskussion einzuordnen? Ist sie eine Art Gewinnwarnung der neuen unternehmerischen Stadt Berlin – die Vorbereitung und Rechtfertigung dafür, defizitäre Abteilungen, wenn man sie schon nicht abgeben kann, in Zukunft wenigstens mit harter Hand führen zu können, zumal die Erfolge des QM-Programms sich nur sehr langsam manifestieren?

2. Am Rand der Mitte: Mitte Revisited

Im neuen, vergrößerten Hauptstadtbezirk Mitte, vor allem in den neu einverleibten Bezirksteilen, lassen sich Beobachtungen machen, die direkt oder indirekt mit den veränderten Rollen, Funktionen und vielleicht auch mit dem Selbstverständnis des "neuen" Berlin zu tun haben. Beschleunigter Verfall, soziale Polarisierung und Marginalisierung prägen seit Anfang der 1990er Jahre auch viele Quartiere im Schatten der neuen, mit Glas und Marmor aufpolierten City-Ost, der ebenfalls revitalisierten West-City rund um den Kurfürstendamm sowie des monolithischen City-Scharniers Potsdamer Platz. Die für manche dieser Quartiere noch kurz nach der Wende befürchtete Gefahr einer unkontrollierten Aufwertung mit unsozialen Mietsteigerungen und Verdrängungsprozessen (z.B. S.T.E.R.N. 1993) haben sich nicht bestätigt, ganz im Gegenteil. Kollektive soziale Abstiegsprozesse und Desinvestition scheinen die Kiezrealität vielerorts wesentlich mehr zu prägen als die neu gewonnene Zentralität im mauerlosen Berlin. David Friedmanns viel zitierte, funktional und metaphorisch zu verstehende Dualität von "Zitadelle und Ghetto" drängt sich auf. Die "Zitadelle", der Altbezirk Mitte, ist von zunehmender Büronutzung, steigenden Mieten und einem Kultur- und Freizeitangebot für die gehobene urbane Szene der "Professionals" rund um die Regierungsfunktionen geprägt. Das "Ghetto", die Peripherie, der Raum der Marginalisierung ist mit der Bezirksgebietsreform nun dieser "Zitadelle" administrativ zugeordnet worden. Dass diese benachteiligten Gebiete traditionelle Arbeiter- und Migrantenhochburgen sind, bedarf keiner weiteren Erläuterung (vgl. z.B. Häußermann/Kapphan 2000). Neben "Ausländern" werden auch "Arme", "Alte" und "Arbeitslose" mit Stadtteilen wie Wedding und Moabit (Teil des Altbezirks Tiergarten) assoziiert - nicht zu Unrecht, wie man anhand amtlicher Statistiken nachvollziehen kann. Doch die Probleme nehmen sogar noch zu: Die Altbezirke Tiergarten und Wedding haben in den 1990er Jahren jedoch eine weitere sozioökonomische Talfahrt angetreten (Krätke/Borst 2000). Der Sozialstrukturatlas 2003 zeigt Wedding und Tiergarten auf den Plätzen zwei und fünf der Altbezirke mit dem höchsten Anteil "armer" Bewohner (als umstrittener, aber hier ausreichender Indikator diente der Senatsverwaltung die ökonomisch definierte Armut auf der Basis des sog. Äquivalenzeinkommens, SenGSV 2004: 106). Für den früheren Bezirk Mitte fällt die Diagnose dagegen weniger deutlich aus. Beim Faktor "Armut" belegt der Altbezirk 2003 den Rang 18, also den sechstbesten Platz von 23 Bezirken (vgl. SenGSV 2004). Doch nicht nur die Gebiete insgesamt entwickeln sich auseinander. Auch innerhalb jedes dieser drei Ex-Bezirke kann man eine Polarisierung der Einkommen erkennen. Nach einer Übergangsphase nach der Wende nahm der Anteil der schlechter Gestellten ebenso zu wie der Anteil höherer Einkommensgruppen (Häußermann/Kapphan 2000: 115) - weitere Segregations- und Konzentrationsprozesse sind also vorprogrammiert.

Die Situation ist also in der Tat alarmierend. Individuelle ökonomische Armut verbreitet sich schleichend. Die Armutsursachen sind allenfalls teilweise an den Wohnorten der verarmten Menschen zu suchen. Armut, basierend u.a. auf Kinderreichtum, fehlender Ausbildung, Erwerbslosigkeit und auf Abhängigkeit von staatlichen Transferleistungen (Attribute, die überproportional oft nichtdeutsche Haushalte betreffen), konzentriert sich aber aufgrund selektiver Abwanderung und in situ-Abwertungsprozessen in bestimmten Gebieten der Stadt stärker als in anderen. In diesen Gebieten wird weniger investiert, die Bausubstanz und die Grundversorgung verschlechtern sich, es kommt zu einem Downgrading, das bis hin zu einer Stigmatisierung führen kann, welche die dort lebenden Menschen zusätzlich – quasi über ihre Wohnadresse – benachteiligen, demotivieren und zur Resignation führen kann. In diesen Gebieten kommt es auch zu sozial unerwünschten (normabweichenden, manchmal auch kriminellen) Handlungen oder auch zu einer individuell und kollektiv hemmenden Passivität – Folgeerscheinungen, die in der öffentlichen Wahrnehmung und Bewertung ganz weit oben rangieren. Aber reicht diese Analyse aus, um sich einen adäquaten Zugang zu den "Problemkiezen" zu verschaffen oder gar zu Entwicklungsstrategien zu kommen?

3. Ein Blick in die Winkel: Potenzialkulissen in "Problemkiezen"

Für viele der oft als problematisch eingeschätzten Westberliner Mitte-Kieze wurden in den letzten Jahren Problemdiagnosen erstellt, die deutlich auf die existierenden Defizite hinwiesen (z.B. TOPOS 2000). Mögliche Entwicklungspotenziale in den Kiezen, die über die stadträumliche Lagegunst oder das Arbeitskräftepotenzial hinausgehen, waren dabei stark unterrepräsentiert. Mit dem Ziel, diese wiederum defizitäre und zusätzlich benachteiligende Gebietsdiagnostik zu verbessern, wurden im Rahmen zweier Projekte des Geographischen Instituts der Humboldt-Universität unabhängige Potenzialstudien durchgeführt, die wiederum unterschiedliche Schwerpunkte hatten. In zwei empirischen Studien wurden in sechs Quartieren in Moabit (2000) und Wedding (2002) insgesamt 1241 Bewohner mit dem Ziel befragt, u.a. Hinweise zu ihrem "lokalen Sozialkapital" zu erhalten (siehe Karte 1). Im einzelnen spielten in den semistandardisierten und ergänzenden offenen Face-to-face-Interviews lokale Identifikationspotenziale, das Ausmaß sozialer Ortsbindung, Nachbarschaftsressourcen, soziale Normen und Engagementpotenziale eine tragende Rolle. Die Studien beinhalten eine gemeinsame Schnittmenge von Fragen, auf die hier vor allem Bezug genommen werden soll (vgl. Schnur 2000, 2003a,b). Mit Hilfe der Untersuchungsergebnisse können Potenziale für eine soziale Quartiersentwicklung identifiziert und damit erfolgversprechende strategische Schwerpunkte kiezbezogen ermittelt werden. Neben die bekannte "Defizitkulisse" wird also zusätzlich eine alternative "Potenzialkulisse" gestellt. Als besonders aussagekräftig erwiesen sich die Kategorien "soziale Ortsbindung", "soziale Normen" und "Zivilität". Dazu folgen nun einige ausgewählte Ergebnisse.[1]

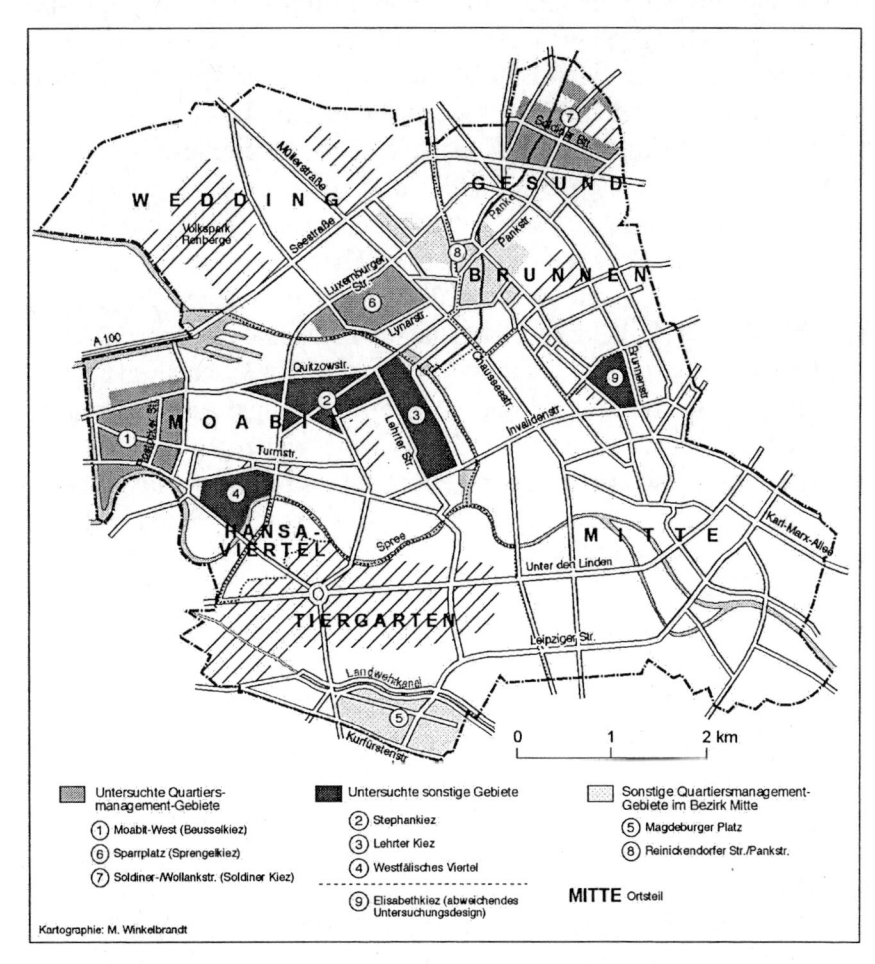

Karte 1: QM- und Untersuchungsgebiete in Berlin-Mitte

---

[1] Die insgesamt sechs untersuchten Gebiete, die für sich genommen jeweils einen eigenen sozialräumlichen Mikrokosmos darstellen, können im gegebenen Rahmen nicht näher charakterisiert werden. Das "Westfälische Viertel" stellt für Moabiter und Weddinger Verhältnisse ein traditionell "besseres", sehr stabiles und nachgefragtes Mittelschichtquartier dar, in dem wohlhabendere Menschen mit höherem Bildungsniveau in teureren Wohnungen leben. Niemand würde dieses Quartier zu den sogenannten "Problemkiezen" zählen. Es soll deshalb als eine "moderate Referenz" für die anderen Kieze dienen.

Ein Faktor, der immer wieder bei Defizitanalysen betont wird, ist die hohe und ansteigende Wegzugsneigung, deren Selektivität und zerstörerische Kraft in problematischen Quartieren (vgl. TOPOS 2000: 38). Diese soll auch hier nicht negiert werden, zumal dadurch lokales Sozialkapital verloren geht. Dennoch haben Fragen nach einem "potenziellen Umzug" nur eine eingeschränkte empirische Aussagekraft und die Bewertung des resultierenden Anteils an Wegzugswilligen ist überaus schwierig. Zieht man in Betracht, dass Umzüge umso schwerer fallen, je intensiver die sozialen Kontakte in einem Gebiet sind (*soziale Ortsbindung*), kommt man zu differenzierteren Bewertungen und zu strategischen Ansatzpunkten. Darüber hinaus führt lokale Identifikation auch zu einer stärkeren Partizipationsneigung. Zunächst fallen die zum Teil großen Unterschiede zwischen den Quartieren auf (vgl. im folgenden Tabelle 1). Bemerkenswert ist dabei der durchgängig hohe Anteil an Bewohnern, die auf lokale Freundeskreise zurückgreifen können (63,7 %). Auch Verwandtschaftsnetzwerke haben in allen Quartieren eine mehr oder weniger große Bedeutung. Vergleicht man diesgebiet mit dem "Referenz " Westfälisches Viertel, so scheint es also keine zu verallgemeinernde "Netzwerkarmut" zu geben. Die beiden Indikatoren "rücksichtsvolle Atmosphäre" und "Zivilcourage der Mitmenschen" zielen – über Freundeskreise hinaus - auf ein generalisiertes Vertrauen in die Kiezbewohner ab. Beussel- und Soldiner Kiez gelten als weniger "rücksichtsvoll", während bei der "Zivilcourage" die beiden Quartiere "Lehrter Kiez" und "Sprengelkiez" herausragen. Eine Erklärung hierfür liegt in der Kiezgeschichte: Beide Quartiere können auf eine zivilgesellschaftliche Tradition ihrer ehemaligen Hausbesetzerszenen zurückgreifen. Gerade die (Haus- und Hof-)Nachbarschaften in den Kiezen bergen Potenziale in sich. Zum einen existiert in allen Gebieten ein reger Austausch nachbarschaftlicher Hilfeleistungen (wie etwa: Blumen gießen, Hausrat ausleihen etc.), zum anderen auch – vor dem Hintergrund des verbreiteten Klischees der "anonymen Nachbarschaften" - eine starke Kontaktintensität. Besonders stark ist diese wiederum im Sprengel- und Lehrter Kiez, den Quartieren, deren Bewohner bereits vor über fünfundzwanzig Jahren begonnen haben, "städtische Zivilgesellschaft einzuüben". Dieses kollektive Potenzial eines sozialkapitalorientierten Lebensstils wird zum einen Teil heute noch von den gleichen, inzwischen gealterten Akteuren getragen, zum anderen Teil sind die kommunikativen Umgangsformen aber auch bereits vorgelebt und an nächste Generationen oder Zugezogene weitergegeben worden. Inkubatoren für das Erlernen zivilgesellschaftlicher Kompetenz sind zum einen lokale Vereine oder Initiativen, zum anderen aber auch die oft zusammengewürfelten, seltener auch ausgesuchten Haus- und Hofnachbarschaften.

Bei den *sozialen Normen*, die mit Hilfe des Themenfeldes "Verschmutzung des Kiezes" erfasst werden sollten, ergaben sich erstaunliche Unterschiede. So schneiden die beiden Weddinger Quartiere in allen Punkten am besten ab, jeweils auch etwas besser als das problemarme Referenzquartier. Die Erklärung könnte einerseits in einem differierenden Befragungskontext liegen. Andererseits wurden im Soldiner Kiez im Frühjahr 2002 so genannte "Kiezläufer" eingeführt, die durch ihre Präsenz "als ‚soziales Gewissen' für ein nachbarschaftliches Miteinander" (L.I.S.T. 2004) fungieren und unangemessenes Verhalten im öffentlichen Raum offen und direkt ansprechen. Die Kiezläufer stammen aus dem Quartier und genießen offenbar hohes Ansehen und große Akzeptanz bei den Bewohnern. Dies könnte durchaus ein Grund für das stabilere Normengefüge in diesem Quartier sein. Vor allem wird deutlich, wie wichtig das Thema "öffentlicher Nahraum" offenbar für die Bewohner ist.

Am Rande der City – Nachbarschafts- und Engagementpotenziale in
Quartiersmanagementgebieten der neuen Berliner Mitte

Kategorie	Indikator basierend auf einfachen nominalskalierter Fragen oder ordinalskalierten Itembatterien mit den Ausprägungen: ° ja °° weiß ich nicht * starke Zustimmung ** starke und einfache Zustimmung *** sehr häufig Angaben in %	Moabit				Wedding				
		Beusselkiez	Stephankiez	Lehrter Kiez	Westfälisches Viertel	Soldiner Kiez	Sprengelkiez	Arithm. Mittel	Kiezunterschiede: Statistische Signifikanz = .05 oder besser (bezogen auf alle Antwortkategorien)	n (für die jeweiligen Antwortkategorien zusammengefasst, n gesamt = 1241)
Soziale Ortsbindung	Freunde im Kiez°	65,2	61,4	79,5	69,9	57,8	62,0	63,7	nein	777
	Verwandte im Kiez°	20,1	27,1	35,1	31,5	36,2	33,3	30,2	ja	370
	rücksichtsvolle Atmosphäre im Kiez**	16,8	36,4	48,7	41,2	20,7	36,7	31,4	nein	377
	Zivilcourage der Mitmenschen**	23,6	37,5	59,5	33,4	36,8	45,9	37,3	ja	437
	empfangene Hilfeleistungen von Nachbarn***	11,3	21,3	25,6	19,2	18,5	17,3	18,2	nein	217
	gewährte Hilfeleistungen an Nachbarn***	16,1	22,1	33,8	22,2	20,9	20,0	21,2	nein	253
	Kontaktintensität unter Nachbarn (> 2 h/Wo.)	19,0	18,8	42,9	18,2	24,1	30,6	21,5	nein	262
Soziale Normen	Normintensität: "schlechtes Gewissen"*	38,9	43,3	51,3	61,7	74,2	66,7	56,7	ja	670
	Normintensität: "Abfall in Mülleimer"*	40,9	44,7	63,6	68,8	69,7	69,5	58,8	ja	694
	Normintensität: "Hundekot"*	45,5	50,8	49,3	52,9	62,2	55,6	53,4	ja	626
Zivilität	Beteiligung an Kommunalwahlen 1999°	57,5	71,9	57,6	79,9	61,0	72,6	67,8	nein	677
	Ausübung eines "Ehrenamts" im verg. Jahr°	23,5	18,5	27,6	24,6	26,6	23,9	23,5	nein	283
	Bereitschaft: "freiwillige Aufgabe im Kiez"°	30,9	40,1	39,7	43,6	38,4	35,1	37,8	nein	387
	Bereitschaft: "freiwilligen Aufgabe im Kiez"°°	21,2	14,1	13,8	12,8	13,8	25,2	17,2	nein	176

Quelle: Bewohnerbefragungen Moabit (2000) und Wedding (2002)

Tab. 1: Ausgewählte Untersuchungsergebnisse

Während die "Wahlbeteiligung" insbesondere wegen der Quartiersrelationen von Interesse ist (sie spiegelt die befragten Personen wider und hat nichts mit den tatsächlichen amtlichen Wahlergebnissen zu tun), zeigt die "Ehrenamtsquote" zwei Dinge deutlich: Zum einen sind die Quartiersunterschiede beim Faktor Zivilität relativ gering (bzw. statistisch nicht signifikant). Zum anderen erscheint der Anteil derjenigen Bewohner, die sich im Jahr vor der Befragung ehrenamtlich engagiert hatten, vor dem Hintergrund der sozialen Situation in den Kiezen als sehr hoch (fast jeder Vierte). Im Vergleich zu bundesweiten Studien ist dies aber ein überaus plausibler Wert (vgl. Rosenbladt 2000). Dies betrifft ebenso die hohe kiezbezogene Engagementbereitschaft: Knapp 38 % der Befragten wären sofort dazu bereit, 17,2 % sind zögerlich, aber nicht sofort ablehnend.

Kategorie	Moabit				Wedding	
dargestellt sind die standardisierter Mittelwerte der zusammengefassten Variablen Westfälisches Viertel = 100	Beusselkiez	Stephankiez	Lehrter Kiez	Westfälisches Viertel	Soldiner Kiez	Sprengelkiez
Soziale Ortsbindung	72	98	149	100	97	110
Soziale Normen	70	77	90	100	113	105
Zivilität	101	92	96	100	95	116

Tab. 2: Zusammenfassung der Indikatoren

Quelle: Bewohnerbefragungen Moabit (2000) und Wedding (2002)

Fasst man diese (bereits reduzierte) Indikatorenauswahl ohne Gewichtung zu drei einfachen Faktoren zusammen, gelangt man zur Übersicht in Tabelle 2 (das Westfälische Viertel wurde dabei willkürlich zum Standard erhoben). Während in der öffentlichen Bewertung sowie in den "nackten" amtlichen Daten der Beusselkiez und der Soldiner Kiez als "Problemkieze" weit vorne rangieren, kann man dies zumindest für den Soldiner Kiez hier nicht bestätigen. Bei der "Zivilität" schneidet auch der Beusselkiez kaum schlechter ab als die anderen Kieze (vor allem der hohe Anteil Unentschlossener kann hier als Potenzial interpretiert werden). Wie man die Einhaltung sozialer Normen auch im Beusselkiez wirksam verbessern könnte, zeigt das Kiezläufer-Projekt im Soldiner Kiez. Auch in den anderen Punkten kann der Soldiner Kiez überraschender Weise durchaus mit dem Referenzviertel konkurrieren, ebenso der Stephankiez, wenn man von der unterdurchschnittlichen Normintensität absieht. Die starke soziale Ortsbindung im Lehrter und Sprengelkiez sowie die gute Position des Sprengelkiezes sind ebenfalls überraschend und lassen an den gängigen Bewertungsmustern zweifeln. Insgesamt fällt in allen Quartieren das große Volumen an nachbarschaftlichem Sozialkapital und individuellem Engagement auf.

IV. Mitten am Rand: Hoffnungen für und durch eine lokale Zivilgesellschaft

Es existieren also vergleichsweise große soziale Ressourcen auch in "Problemkiezen". Diese Ressourcen – als Potenziale für eine gezielte Stadtteilentwicklungspolitik - werden zum einen in der öffentlichen Diskussion weitgehend ignoriert und zum anderen für Projekte zu wenig gezielt genutzt. Der auf weiteren, hier nicht ausgeführten Berechnungen beruhende "lokale Sozialkapitalindex" (vgl. Schnur 2003b) würde dem Soldiner und Sprengelkiez die mittleren Plätze nach dem Lehrter Kiez und dem Referenzviertel zuordnen, über weniger Potenzial, aber doch immerhin über ein bemerkenswerte Ressourcen verfügen auch auf dieser Basis wiederum Stephan- und Beusselkiez. Auch wenn bei den letztgenannten Quartieren negative Aspekte zu dominieren scheinen, kann man nicht pauschal von "Problemkiezen" sprechen. Bereits auf den ersten Blick ist deutlich zu sehen, dass der Moabiter Beusselkiez und der Weddinger Soldiner Kiez – häufig als Synonyme für sozialen Niedergang und urbane Agonie benutzt – beide über Potenziale verfügen. Darüber hinaus unterscheiden sie sich in vielerlei Hinsicht voneinander. Der "berüchtigte" Soldiner Kiez verfügt über unerwartet große und noch zu wenig strategisch genutzte Ressourcen, während im Beusselkiez einige schwächere Ressourcen gezielt erweitert und das vorhandene zivilgesellschaftliche Engagement stärker unterstützt werden könnten. Der Lehrter Kiez zeigt wiederum, dass man in Gebieten ähnlicher sozialstruktureller Voraussetzungen unter dem Einfluss weicher kontextueller Faktoren (Sozialkapital, "Zivilgesellschaft") günstigere Entwicklungspfade erwarten kann als in Gebieten mit einem unterdurchschnittlichen "zivilen" Klima. Die urbane Zivilgesellschaft erweist sich hier als robuster und stellt ein Beispiel für eine positiv zu bewertende Pfadabhängigkeit dar, die auf weitgehend sozial konstruierten Institutionen beruht.

Doch dies ist nur ein Teil der Realität: Das auf den amerikanischen Soziologen William I. Thomas zurückgehende "Thomas-Theorem" besagt, dass Situationen und deren Folgen immer dann bereits als maßgeblich angesehen werden können, wenn die Menschen diese Situationen für sich als real definieren – unabhängig von den tatsächlichen Rahmenbedingungen. Die Entwicklung der "Problemkieze" hängt also auch von der öffentlichen Meinungsbildung durch lokale Politik und Medien ab. Sie werden sich umso problematischer entwickeln, je häufiger Probleme klischeehaft oder falsch und ohne Hinweis auf die Potenziale öffentlich dargestellt werden. Zwar gibt es in Berlin ein im Ansatz deutlich differenzierteres und auch auf Potenzialen basierendes QM-Programm. Der politische Diskurs und die lokale Medienberichterstattung zum Thema "Problemkieze" gehen aber häufig an der lebensweltlichen Realität vorbei und wirken im Kiezalltag ebenso wie bei der QM-Arbeit kontraproduktiv. Darüber hinaus sind QM-Teams in Anbetracht des Umfangs der ihnen eigentlich zugedachten programmatischen Aufgaben unterausgestattet und oft überfordert. Diese Ambivalenzen lassen Zweifel an der Ernsthaftigkeit des politischen Willens aufkommen. Ob die "Soziale Stadt" nur eine inzwischen lästig gewordene symbolische PR-Aktion der unternehmerischen Stadt ist, kann hier nicht abschließend beurteilt werden. Die empirischen Ergebnisse aus dem dynamischen, fragmentierten Hauptstadtbezirk ermutigen jedenfalls dazu, lokale zivilgesellschaftliche

Strukturen als einen Nukleus sozialer Stadtentwicklungspolitik zu verstehen und gezielter zu unterstützen bzw. zu fördern.

Literaturverzeichnis

Häußermann, H. und A. Kapphan (2000): Berlin: von der geteilten zu gespaltenen Stadt. Sozialräumlicher Wandel seit 1990. Opladen.

Krätke, S. und R. Borst (2000): Berlin: Metropole zwischen Boom und Krise. Opladen.

L.I.S.T GmbH (2004): DeinKiez.de Soldiner Straße. Datum: 14.5.04. Abrufbar unter: http://www.deinkiez.de/easytool/index/2956/.

Rosenbladt, B. v. (2000): Freiwilliges Engagement in Deutschland (Freiwilligensurvey 1999). Bd. 1: Gesamtbericht. Stuttgart, Berlin, Köln.

S.T.E.R.N. GmbH (1993b): Stephankiez, Berlin-Tiergarten - Vorbereitende Untersuchung. Berlin.

Schnur, O. [Hrsg.] (2000): Nachbarschaft, Sozialkapital und Bürgerengagement: Potenziale sozialer Stadtteilentwicklung? (Projektbericht Moabit = Arbeitsberichte des Geographischen Instituts der HU Berlin, Bd. 48). Berlin.

Schnur, O. [Hrsg.] (2003a): Sozialkapital und Bürgerengagement in der Nachbarschaft: Ressourcen für die 'soziale' Stadtentwicklung. (Projektbericht Wedding = Arbeitsberichte des Geographischen Instituts der HU Berlin, Bd. 87). Berlin.

Schnur, O. (2003b): Lokales Sozialkapital für die 'soziale Stadt'. Politische Geographien sozialer Quartiersentwicklung am Beispiel Berlin-Moabit. Opladen.

Schnur, O. (2004): Wider das wohlige Gruseln. Ein Plädoyer. In: taz, 23.3.04.

SenGSV [Hrsg.] (2004): Sozialstrukturatlas Berlin 2003. Berlin.

TOPOS Stadtforschung (2000): Sozialstruktur und Mietentwicklung im Beusselkiez. Berlin.

Anschrift des Verfassers:
Dr. Olaf Schnur
Geographisches Institut der Humboldt-Universität zu Berlin
Unter den Linden 6, 10099 Berlin
email: olaf.schnur@geo.hu-berlin.de

Marzahn NordWest: ein Berliner Großsiedlungskiez im Wandel?

von CORNELIA CREMER, Berlin

1. Vorbemerkung

Vom Wohngebiet zum Großsiedlungskiez - so kann die Entwicklung des Stadtteils Marzahn NordWest charakterisiert werden. Gleichzeitig ist damit angesprochen, dass dieser Stadtteil andere Qualitäten als ein multifunktionelles Innenstadtquartier aufweist, jedoch auch Monostrukturen, womit im Allgemeinen Großsiedlungen charakterisiert werden, entwicklungsfähig sind.

Marzahn NordWest, am Stadtrand gelegen, ist bislang das einzige Gebiet in Berlin, das am Programm „Stadtumbau Ost" mit einem nennenswerten Rückbauvolumen teilnimmt. - aktuell ca. 1.600 Wohnungen. Gleichzeitig werden dabei durch Teilabriss in Form von Abstockungen etwas mehr als 400 Wohnungen modernisiert und erhalten.

Seit 1999 gehört Marzahn NordWest auch zur Kulisse der 17 Berliner Quartiersmanagementgebiete des Programms „Soziale Stadt". Gründe für die Einrichtung eines Quartiersmanagements liegen in den Folge der ab ca. Mitte der 1990er einsetzenden außerordentlich hohen Fluktuation.

In diesem Kurzbeitrag schließen sich an die knappe Darstellung der Entstehung des Stadtteils sowie der weiteren Entwicklung in den 1990er Jahren stichwortartig Hinweise und Bemerkungen zu der bisher eher ungewöhnlichen Verquickung der Programme „Soziale Stadt" und „Stadtumbau Ost" an. Diese markieren m.E. zwei programmatische Pole in der aktuellen Stadtentwicklung: Während der Stadtumbau für die notwendige Marktbereinigung im Zuge einer schrumpfenden Bevölkerung steht, ist das Programm „Soziale Stadt" für die Förderung von Selbsthilfe, ehrenamtlichem Engagement, Kommunikation und Netzwerkbildung der lokalen Akteure als Bestandteile der Stadtentwicklung.

2. Lage und Entstehung von Marzahn NordWest

Marzahn NordWest liegt im äußersten Nordosten von Berlin, direkt an der Grenze zu Brandenburg. Dieser Stadtteil, erst kurz vor der Wende fertiggestellt, war nicht in der Ursprungsplanung der „Neuen Stadt" vorgesehen, sondern entstand quasi nebenbei, weil die Stadttechnik ausreichte und das Wohnungsproblem das Weiterbauen gebot. Insgesamt wurden 13.800 Wohnungen gebaut. Der Stadtteil besteht aus zwei Teilen - Marzahn Nord und Marzahn West, die durch die Bahntrasse und eine überörtliche Ostwesttangente getrennt werden.

Die weniger sorgfältige Planung, insb. von Marzahn Nord, wurde von Beginn an sehr kritisch wahrgenommen. Anders stellte es sich in West dar. Dort machte die sechsgeschossige Bauweise im Gegensatz zu den Elfgeschossern in Nord einen wesentlich gefälligeren Eindruck.

Eine Stärke des Stadtteils liegt in der Nähe zum offenen Landschaftraum in Brandenburg sowie in seinem direkten Anschluss an die S-Bahn.

3. Die 1990er Jahre im Zeitraffer

Nach der Wende musste die Großsiedlung Marzahn und mit ihr der Stadtteil NordWest einen tiefgreifenden Imageverlust hinnehmen. Gleichwohl gab in den jährlichen Befragungen durch das städtische Wohnungsunternehmen eine Mehrheit der Bewohner (über

80%) an, dass sie gern bis sehr gern hier leben (Wohnungsbaugesellschaft Marzahn, 1991 bis 1999).

Angesichts der Wachstumsprognosen wurde nach der Wende aus wohnungs- und stadtentwicklungspolitischen Gründen den beiden Quartieren - Marzahn-West und Marzahn-Nord - große Aufmerksamkeit zuteil. Bei den vielfältigen stadträumlichen und sozialen Weiterentwicklungsansätzen sind v.a. das Berliner Landesprogramm für die Wohnumfeldförderung sowie das Plattenbaumodernisierungsprogramm herauszuheben. Entwicklungsfelder betrafen:
- Qualifizierung der Außenräume,
- Sanierung und Modernisierung der Wohngebäude
- Etablierung von Foren und Gremien zur Bürgerbeteiligung an der Weiterentwicklung, z.B. Plattform Marzahn-Hellersdorf,
- Förderung unterschiedlicher Träger und Projekte der freien Kinder- und Jugend- sowie Sozialarbeit,
- Weiterentwicklung des zunächst lediglich rudimentär vorhandenen Einzelhandels.

Im Stadtteil setzte das örtliche städtische Wohnungsunternehmen, als hauptsächlicher Wohnungseigentümer, v.a. auf Hofgestaltung und bei den Gebäuden auf die Sanierung der Haustechnik. Die Zurückhaltung bei Fassadensanierung und durchgreifender Gebäudemodernisierung wurden aus den Ergebnissen der großen bautechnischen Untersuchung des Landes Berlin abgeleitet, die dem Bautyp der Serie „WBS 70", der in Marzahn Nord errichtet wurde, DIN-Niveau bei der Fassadenfestigkeit sowie der Wärmedämmung bescheinigte (Senatsverwaltung für Bau- und Wohnungswesen 1991). Indes errichtete das städtische Wohnungsunternehmen mehrere Neubauten im Quartier. Herauszuheben ist das Niedrigenergiehaus (Auszeichnung mit dem Bauherrenpreis 1997/98). Die Auflagen des Altschuldenhilfegesetztes führten gegen Ende der 1990er Jahre zum Verkauf größerer Teile des Wohnungsbestands v.a. am Stadtrand. Dadurch erhöhte sich die Wohnungseigentümerzahl im Stadtteil auf nunmehr sieben.

4. Bevölkerungsverluste und die Folgen

Trotz der positiven Bewertung der Großsiedlungsgebiete durch die Bewohner und der vielfältigen öffentlichen und privaten Entwicklungsmaßnahmen setzte seit Beginn und verstärkt ab Mitte der 1990er Jahre eine Fluktuation der Bewohner ein. In deren Folge zeichnete sich ein immer stärker zunehmender Bevölkerungsverlust ab. Zwischen 1992 und 2003 sank die Zahl der Einwohner um 39% (1992: 36.747 EW / 2003: 22.403 EW; Statistisches Landesamt Berlin, 1993 bis 2003). Im gleichen Zeitraum beträgt der Einwohnerverlust im ehemaligen Bezirk Marzahn lediglich 22% (von 164.907 auf 128.498 EW, Statistisches Landesamt Berlin1992; 2003). Ein Blick auf die Wanderungsstatistiken zeigt, wie tiefgreifend sich die Bevölkerung seit Mitte der 1990er Jahre ausgetauscht hat. Zwischen 1994 und 2002 sind etwas mehr als 51.000 Menschen fortgezogen und beinah 39.000 zugezogen. Damit einher ging eine Verschiebung in der

Jahr	Zuzüge	Fortzüge	Saldo
1994	3.425	4.417	- 992
1995	3.916	5 054	-1.138
1996	4.702	5.786	-1.084
1997	4.469	7.091	-2 622
1998	5.132	7.005	-1.873
1999	4.651	5.948	-1.297
2000	4.242	5.613	-1.371
2001	3.786	5.282	-1.496
2002	4.527	5.254	- 727

Quelle: Statistisches Landesamt Berlin, 1994-2002

Abb.1: Wanderungen Marzahn NordWest

Entwicklung der Altersstruktur in Marzahn NordWest zwischen 1992 und 2003

Abb. 2: Entwicklung der Altersstruktur in Marzahn NordWest zwischen 1992 und 2003

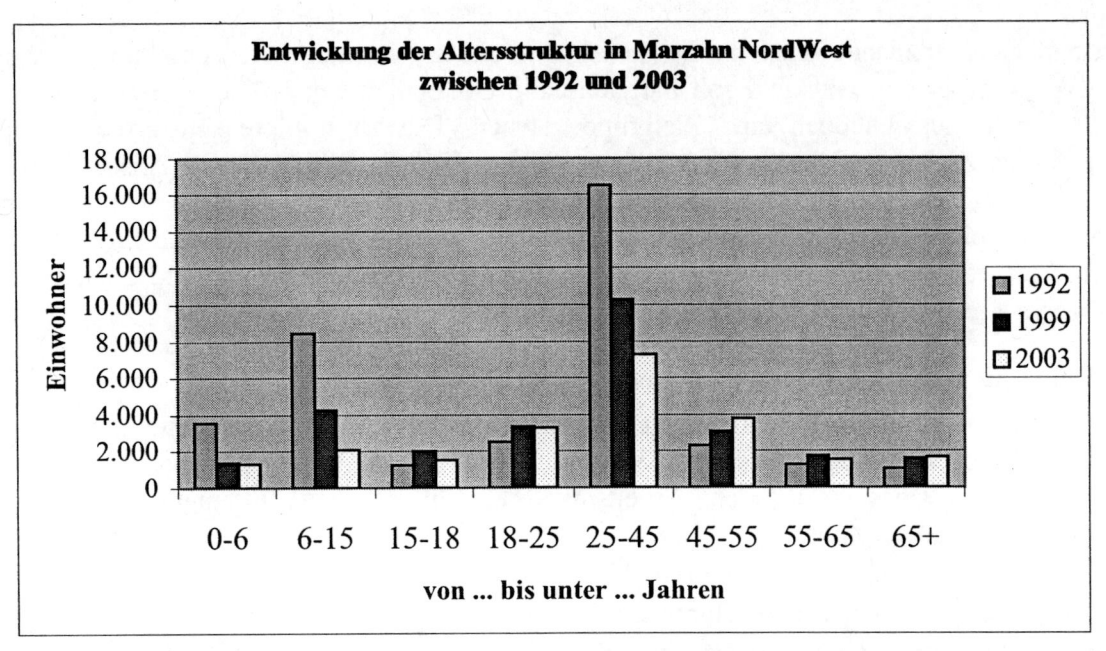

Quelle: Statistisches Landesamt Berlin, 1992, 1999, 2003

Altersstruktur mit deutlichen Verlusten in der Gruppe der Kinder und Jugendlichen bis 15 Jahren und der Erwachsenen zwischen 25 und 45 Jahren.

In den 1990er Jahren wurde der Stadtteil Zuzugsort für Einwanderer, v.a. für Spätaussiedler aus der ehemaligen Sowjetunion. Da diese Migrantengruppe statistisch nicht als Ausländer geführt werden, gibt es keine exakten Angaben über ihre Anzahl im Wohngebiet. Schätzungen gehen von 3.000 bis sogar 6.000 russlanddeutschen Einwohnern aus.

Im Zuge dieses Mobilitätsprozesses lässt sich beobachten, dass i.d.R. die Jüngeren, Mobilen und meist gut Ausgebildeten wegzogen, und in erster Linie ältere, immobile und weniger gut situierte Bewohner bleiben und kommen. Letzteres lässt sich leicht an der Zunahme der Bezieher von öffentlichen Einkommenstransfers ablesen.

Jahr	Marzahn NordWest	Marzahn	Berlin
1995	4,0	3,7	5,0
1997	8,4	5,6	7,8
1998	9,8	6,2	8,3
		Marzahn-Hellersdorf	
2001	10,6	5,4	7,0

Quelle: AG SPAS 1999, Bezirksamt Marzahn Hellersdorf 2002

Abb.3: Anteil Sozialhilfeempfänger an der Bevölkerung in %

5. Einrichtung eines Quartiersmanagements

Wesentliche Gründe für die Einrichtung des Quartiersmanagements liegen im beschriebenen „Fahrstuhleffekt". Diese Entwicklung wird auch im kürzlich erschienenen Sozialstrukturatlas Berlin 2003 nachvollzogen (Senatsverwaltung für Gesundheit, Soziales und Verbraucherschutz, Berlin 2004). Zudem war die Angebotsstruktur im Stadtteil für die Integrationsanforderungen nicht vorbereitet. Allerdings stellt der Stadtteil kein Problemkiez dar (vgl. Weeber + Partner, Berlin 2004).

Beim Quartiersmanagement ist die sozialräumliche sowie integrierte Handlungsstrategie hervorzuheben. Im Blickfeld soll möglichst die Gesamtheit des örtlichen Gemeinwesens und nicht ausschließlich eine Zielgruppe stehen. Die zu initiierenden Projekte sind mehreren Zielen verpflichtet. Für diesen sozialräumlichen und integrierten Ansatz ist von Bedeutung, dass lokale Partnerschaften und Netzwerke aufgebaut werden und Bewohnern Möglichkeiten zur Partizipation und der Entwicklung von bürgerschaftlichem Engagement eröffnet werden. Auf dieses Weise werden örtliche Potenziale erschlossen und Chancen für die synergetische Kombination von Ressourcen eröffnet.

Ziele und Handlungsfelder des Quartiersmanagements

In Berlin wurden für alle 17 Quartiersmanagementgebiete acht so genannte strategische Ziele vorgegeben, die gleichzeitig die hauptsächlichen Handlungsfelder darstellen:
- Mehr Chancen auf dem Arbeitsmarkt einschl. erhöhter Bildungs- und Ausbildungschancen
- Bessere Qualität des Wohn- und Lebensraums
- Bewohneradäquate (nachfragegerechte) soziale Infrastruktur
- Bewohneradäquate Stadtteilkultur
- Besseres Gesundheitsniveau
- Besseres Sicherheitsniveau und Steigerung des subjektiven Sicherheitsempfindens
- Mehr Partizipation der Bewohner und Akteure
- Mehr Akzeptanz und unterstützendes Sozialgefüge

Im Zeitraum 1999 bis 2003 wurden in Marzahn Nord West mehr als 186 Projekte mit einem Fördervolumen des Programms „Soziale Stadt" in Höhe von mehr als 3,1 Mio. € auf den Weg gebracht.

Partizipation: Herzstück des Quartiersmanagements

Eine besondere Bedeutung für die Arbeit des Quartiersmanagements hat die Partizipation der Bewohner und der anderen Akteure. Sie stellt das Herzstück der einzuleitenden Entwicklungen dar. Partizipation schafft Bedingungen, die die Teilnahme an gesellschaftlichen Prozessen ermöglicht und fördert. Dabei erstreckt sich das Spektrum der Beteiligung von der Information als Voraussetzung zur Meinungsbildung des Einzelnen über die Mitbestimmung an Maßnahmen bis zur eigenverantwortlichen Projektentwicklung und -umsetzung.

Im Rahmen des Quartiersmanagements wurden unterschiedliche Beteiligungsformen entwickelt. Sie reichen von dauerhaften Einrichtungen, wie bspw. dem Bewohnerbeirat oder dem „Freien Forum der Spätaussiedler", über punktuelle, maßnahmebezogene Veranstaltungen und Werkstätten bis hin zur Etablierung unterschiedlicher Informationsmedien, wie z.B. dem Kiezportal im Internet und den beiden Stadtteilzeitungen, wobei eine, der „Nachbar" in russischer und deutscher Sprache erscheint.

Besonders soll der „Quartiersfonds" und die Arbeit der „Quartiersfondsjury" herausgestellt werden. Über den Einsatz von 500.000 Euro konnte im Zeitraum 2001 bis 2002 eine Jury entscheiden, die sich zu 49% aus Vertretern von im Quartier engagierten sozialen Trägern und anderen örtlichen Institutionen sowie zu 51% aus Bewohnern zusammensetzte. Die Bewohner wurden per Zufallswahl aus dem Einwohnermelderegister rekrutiert. Augenblicklich wird über die modifizierte Weiterführung dieses Partizipationsansatzes nachgedacht.

Durch die vielfältigen Beteiligungsangebote, die von der Information als Voraussetzung für die Meinungsbildung über die Entscheidung über einen beträchtlichen Finanzbetrag bis zur tätigen Mitwirkung, bspw. bei Projektwerkstätten reichen, hat sich bei vielen Bewohnern anstelle von Resignation eine kritische und engagierte Einstellung zu ihrem Stadtteil entwickelt.

6. Stadtumbau Ost

Diese kritische und engagierte Einstellung der Bewohner zu ihrem Stadtteil bot und bietet auch die Basis für den Umgang mit dem aktuellen Stadtumbaugeschehen. Denn vorgesehen war zunächst keine Beteiligung der Bewohner. Allenfalls konnte man sich Bewohnerbeteiligung als qualifiziertes Umzugsmanagement vorstellen. Dieser Blickwinkel richtet sich allein auf die Rückbauobjekte. Aus dem Fokus gerät dabei, dass angesichts dieses massiven Eingriffs in ein Quartier sich vor allem die Bewohner, die nicht in den Rückbauobjekten wohnen, eine neue Perspektive für ihr Quartier und dortiges Wohnen erschließen müssen. Nur wenn dies gelingt, wird der Stadtteil auch „zukunftsfähig" sein (vgl. Cremer, Berlin 2002).

Dass in Marzahn NordWest letztlich doch eine vielschichtige, streitbare und lösungsorientierte Kommunikation zwischen den Bewohnern und den anderen Akteuren aus der Verwaltung bzw. aus dem Wohnungsunternehmen zustande gekommen ist, liegt in erster Linie am Bewohnerbeirat, der sich im Rahmen des Quartiersmanagements gegründet hatte. Diesem gelang es, sich durch eine große Auftaktveranstaltung Gehör zu verschaffen und um Mitstreiter zu werben. Am Positionspapier lässt sich einmal mehr ablesen, dass Bewohner den Stadtumbau in Marzahn NordWest kaum anders als professionelle Experten beurteilen (Bewohnerbeirat Marzahn Nord, Berlin 2003).

Das Bürgerengagement hat in Marzahn NordWest viel zur Versachlichung der Diskussion und zur Qualifizierung des Stadtumbauprozesses beigetragen. Zum Beispiel haben die Bewohner im Anschluss an die Auftaktversammlung die „Mieterschutzinitiative" als ihr Gremium im Stadtteil und als Ansprechpartner für Dritte gegründet. Diese hat zusammen mit den entsprechenden Mieterorganisationen und in selbstorganisierten Infoveranstaltungen bspw. zu Rechten und Pflichten des Vermieters und der Mieter bei Wohnungskündigung beraten. Alle sechs Wochen trifft sich die Initiative und lädt Bezirkspolitiker, Landesabgeordnete sowie die Geschäftsführer des Wohnungsunternehmens ein, um neueste Entwicklungen zu erörtern. Seit kurzem vertritt die Mieterschutzinitiative auch offiziell die Betroffenen im örtlichen Stadtumbauprozess als Delegierte beim neugegründeten Stadtumbaubeirat des städtischen Wohnungsunternehmens.

In Marzahn NordWest zeigt sich m.E. am deutlichsten an der Kommunikation die Entwicklung eines ehemaligen Wohnquartiers zum Großsiedlungskiez. Die Bewohner haben sich stark gemacht, dass der Stadtumbau nicht allein auf wohnungswirtschaftliche Fragen reduziert wird. Ihnen geht es um die Entwicklung und Belebung von Stadtteilidentität und Kiezimage. Die bisherigen Marzahner Erfahrungen mit dem Stadtumbau können m.E. auch zur These zusammengefasst werden, dass der Stadtumbauprozess qualifiziert wird, wenn im Gebiet ein Quartiersmanagement agiert und das Quartiersmanagement in diesem Fall einen guten Katalysator für die Kiezentwicklung darstellt.

Literaturhinweise

Arbeitsgemeinschaft für Sozialplanung und angewandte Stadtforschung e.V. - AG SPAS i.A. Plattform Marzahn, Senatsverwaltung für Bauen, Wohnen und Verkehr: Marzahn-Nord und -West (Stadtteil 1), Soziale Lage und Strategien für eine soziale Aufwertung, Berlin 1999

Bewohnerbeirat Marzahn NordWest: Positionspapier Stadtumbau, Typoskript Berlin 2003

Bezirksamt Marzahn-Hellersdorf: Sozialbericht Marzahn-Hellersdorf 2002, Berlin 2003

Cornelia Cremer: Beteiligung, eine Bedingung des Stadtumbaus. In Senatsverwaltung für Stadtentwicklung (Hg.): Stadtumbau als Impuls für die Berliner Großsiedlungen, Berlin 2002, S. 40ff

Senatsverwaltung für Gesundheit, Soziales und Verbraucherschutz: Sozialstrukturatlas Berlin 2003, Berlin 2004

Senatsverwaltung für Bau- und Wohnungswesen (Bearbeitung: SPECHT + PARTNER Ingenieurbüro für Bauwesen): Gutachten G 67 / 91, über die im industriellen Wohnungsbau als Serienerzeugnisse errichteten Nachkriegsgebäude in Berlin (Ost), Berlin 1991

Statistisches Landesamt Berlin: Statistische Berichte, Melderechtlich registrierte Einwohner in Berlin, verschied. Jg., Berlin 1992 bis 2003

Statistisches Landesamt Berlin: Statistische Berichte, Wanderungen Berlin, verschied. Jg., Berlin 1994 bis 2002

Weeber + Partner i.A. QuartiersAgentur Marzahn NordWest: Sozialstudie Marzahn-NordWest 2003, Berlin 2003

Wohnungsbaugesellschaft Marzahn (Bearbeitung: Institut für Stadtforschung und Strukturpolitik GmbH / USUMA Markt-, Meinungs- und Sozialforschung GmbH): Mieterbarometer Marzahn - Befragung der Mieter der Wohnungsbaugesellschaft Marzahn, Berlin verschied. Jahrgänge von 1991 bis 1999

Anschrift der Verfasserin:
Dipl.-Soz. Cornelia Cremer
UrbanPlan GmbH
Eisenacher Str. 56, 10823 Berlin
email: c.cremer@urbanplan.de

Fachwissenschaftliche Sitzung FW 6

Berlin als Metropole im neuen Europa

Klaus Brake

Potenzial für die Stadtentwicklung Berlin

Potenzial für die Stadtentwicklung Berlin
-Kurzfassung-

von KLAUS BRAKE, Berlin

1. Ausgangspunkt

Mit Potenzialen aktiv umzugehen, ist für Berlin besonders essentiell, denn der totale Strukturbruch erfordert es, die Sozialökonomie der Stadt ganz neu aufzubauen, und die Attraktionskraft für Engagements in Berlin als Standort muß noch entwickelt werden.

2. Potenziale

Die Potenziale Berlins sind in folgenden Bereichen zu sehen:

Wissen: Mit Wissenschaft und Forschung, Kultur und Alltags- und Erfahrungswissen ist Berlin hervorragend ausgestattet. Die synergetischen und sozioökonomischen Effekte fallen jedoch zu gering aus.

Hauptstadt: Die politischen Entscheidungen Deutschlands werden hier von föderalen Beratungen in (inter-)nationalen Netzwerken begleitet: Experten und Eliten kommen nach Berlin, ihre Sichtweisen geben Anregungen für neue Ideen. Berlin kann sich als Zentrum für Politikberatung und Kommunikation qualifizieren.

Kompetenzzentrum: Die Wettbewerbsfähigkeit entwicklungsfähiger Kerne wirtschaftlichen Handelns zu steigern, kann Berlin zu einem ernstzunehmenden Angebotsort für wichtige Leistungen und Produkte machen. Über die vorhandenen Kerne hinaus wird es um Beratungs- und andere Dienstleistungen, individuelle Fertigungen, Kultur, Content Industries, insbes. Medien und Verlage und Messen, bzw. deren Kombination gehen.

Urbanität: Berlin verfügt – sowohl für bauliche Nutzungen wie auch sozialstrukturell – über Dichte und Mischung in ungewöhnlicher Intensität und Ausdehnung. Öffentlichkeit und neue Offenheit bilden mit einem Anregungsmilieu für Kreative die Standortqualitäten einer Wissensökonomie („Labor"). Differenzierte Lebensstile und Kulturszenen machen Berlin als Tourismusziel Berlin attraktiv. Die Anwesenheit vieler ZeitgenossInnen aus aller Welt bereichern Berlin mit Erfahrungen und von Kaufkraft („Treffpunkt").

Konzentration/Region: Als monozentrisch gelagerte und insich polyzentrale Agglomeration bildet Berlin inmitten eines weithin sehr gering besiedelten Gebiets mit der umgebenden (Kultur-) Landschaft ein starkes Spannungsverhältnis. Das ist für einen arbeitsteilig / kooperativen Handlungsraum produktiv zu nutzen mit Berlin als einem zentralen Ort über Ostdeutschland / Westpolen hinaus.

Ost und West: Berlin beheimatet aufs Neue sozio-ökonomische und -kulturelle Lebenswelten des Westens wie des Ostens Europas. Auch mit RGW-Kontakten ist Berlin ein Orientierungspunkt für und aus Mittel-Ost-Europa. Zusätzliche Erfahrungen Berlins mit Ost-West-Integration und Transformationsaufgaben können die Stadt zu einem kompetenten Angebotsort von know-how-Dienstleistungen machen.

Menschen und Kulturen: Berlin ist eine gelebte internationale Stadt. Die auf den ersten Blick „schnoddrigen" BerlinerInnen sind hellwache Großstadtmenschen, mit Seele und mit Erfahrungen: im Umgang mit Anderen, Alltag, Beruf, mit Krisen – und mit deren Bewältigung. Für neue Herausforderungen sind sie prinzipiell gut disponiert, und sie identifizieren sich mit der Stadt und mit ihrem Quartier.

Das sind die Potenziale, die in Berlin liegen, für die Entwicklung der Stadt.

3. Verstärker

Darüber hinaus gibt es noch Entwicklungs-Potenziale, die mit dem allgemeinen Strukturwandel als Herausforderungen für Städte auf die Tagesordnung kommen, und auf die Berlin mit Angeboten reagieren kann. Sie können genutzt werden, um die genuinen Potenziale noch besser zur Wirkung zu bringen:

Sich auf die EU-Erweiterung einstellen: Das ist die – inzwischen „zweite (bzw. auch: letzte)" – Chance, die besondere Begabung Berlins für eine Metropole Mittel-Ost-Europas erfolgversprechend zu aktivieren: dazu muß sich Berlin mit konkreten Kooperationsprojekten als Promoter eines mittel-osteuropäischen Städtenetzes profilieren.

Berlin als Einwanderungsstadt: Globale Mobilität kann Berlin helfen, den Austausch mit der Welt zu reaktivieren, Kultur, Wissenschaft und Wirtschaft der Stadt mit den Erfahrungen anderer zu bereichern, Offenheit zu kultivieren und Menschen und Standort transkulturell kompetent zu machen. Dazu braucht die Stadt eine offensive Zuwanderungs- und Integrations-Politik.

(Weiter-) Bildung in der Wissensgesellschaft: Ein erfolgreiches Agieren in der Wissensgesellschaft setzt Qualifikation und Bildung voraus. Sie bilden die Basis sowohl für Wissenstransfer und Arbeits-Fähigkeit wie auch für Gestaltungs-Kompetenz vor dem Hintergrund sozialer Brennpunkte: lebenslanges Lernen und "lernende Stadt(-Region)" gehören da zusammen.

Chancen der Jugend: Demografischer Wandel, Standortkonkurrenz, Innovationskraft und Zukunftsfähigkeit orientieren darauf, dass Zukunft nur mit Jugend ermöglich ist. Berlin muß ein Magnet für junge Menschen sein.

Soziale Kohäsion: Das Zusammenwirken sozial differenzierter Situationen in der Stadt ist ein Entwicklungspotenzial. Synergieinbußen, Reibungsverlusten und Unsicherheit in der Stadt dagegen sind Kompetenzen sozialer Kooperation entgegenzusetzen. Soziale Aktivierung vom Quartier aus kann Verantwortungsfähigkeit und Identität mit der Stadt befördern.

Zukunftsfähige Stadt(-Region): In der Welt(-sicht) behauptet sich, wer identifizierbar und handlungsfähig ist. Globales Agieren korrespondiert mit lokaler Einbettung. Berlin ist von außen gesehen eine Stadtregion. Darin realisieren sich seine Qualitäten. Überzeugende Identität ist auch von innen her zu befördern: mit einem kooperativen Gesamtraum aus unterschiedlichen Teilen, die in ihren Vorteilen und Lasten ausgeglichen sind.

In dieser Art können sich allgemeine aktuelle Aufgaben für Städte als „Rückenwind" für die Entwicklung Berlins und seiner genuinen Potenziale nutzen lassen.

4. Wirkungszusammenhänge

Die Potenziale sind Kräfte der Entwicklung Berlins nur, indem sie integriert zur Anwendung gelangen. Ihre Wirkungszusammenhänge sind zu aktivieren: in der Aufgabe etwa, Berlin zu entwickeln, indem aus *Wissen* Arbeit generiert wird, fließen so ziemlich alle Potenziale der Stadt und allgemeinen Entwicklungs-Linien zusammen. Die Wirkungszusammenhänge sind zugleich öffentlich zu kommunizieren: die integrierende *Strategie* der Stadtentwicklung muß mit ihren Zielen überzeugend und motivierend und orientierend sein, zumal indem gespart werden muß. Schließlich müssen die Wirkungszusammenhänge kooperativ umgesetzt werden: von dem, was zu tun ist, kann mehr getan werden, indem *bürgerschaftliches Engagement* aktiviert wird: das übrigens ist – nicht zuletzt – neben der neuartigen Offenheit der Stadt das wohl entscheidende Potenzial der Stadt: ohne dessen Kultivierung würde es schwerer für Berlin.

Referenzen

ABGEORDNETENHAUS VON BERLIN (Hrsg.)(1999):Enquetekommission „Zukunftsfähiges Berlin". Bericht der Enquetekommission „Zukunftsfähiges Berlin" –13. Wahlperiode .Berlin

ABGEORDNETENHAUS VON BERLIN (Hrsg.)(2001):Enquetekommission „Lokale Agenda 21/Zukunftsfähiges Berlin. Bericht der Enquetekommission „Lokale Agenda 21/Zukunftsfähiges Berlin – 14. Wahlperiode. Berlin

BIEDENKOPF, K. u.a. (Deutsche Nationalstiftung)(Hrsg.)(2003): Berlin – was ist uns die Hauptstadt wert? Opladen

BRAKE, K. u.a. (Bearb.)(2000): Die BerlinStudie: Strategien für die Stadt - Der Regierende Bürgermeister von Berlin – Senatskanzlei (Hrsg.).Berlin

BRAKE, K. (2004): Berlin: Stadt des Wissens – Optionen und Handlungsansätze. In: MATTHIESEN, U. (Hrsg.): Stadtregion und Wissen. Opladen

BRAKE, K.,IVERSEN. S. (Autoren)(2004):Ideen für Berlin – oder: was Berlin aus sich machen kann. Eine Synopse strategischer Entwicklungsvorschläge für Berlin. hrsg. von: BRAKE,K.,HASSEMER,V.,KREIBICH,R.,RICHTER,S.(durch die Konrad Adenauer-Stiftung). Berlin

DIW (2002): Bausteine für die Zukunft Berlins. Wochenbericht Nr. 10/2002.Berlin

INVESTITIONSBANK BERLIN (Hrsg.)(1999): Kompetenzprofil Berlin. Berlin

KAHLENBORN, W. u.a. (Hrsg.)(1995): Zukunft aus eigener Kraft. Ein Leitbild für den Wirtschaftsstandort Berlin. Berlin

MOMPER, W. u.a. (Hrsg.)(1999): Berlins Zweite Zukunft. Aufbruch in das 21.Jahrhundert. Berlin

OECD (2003): Urban Renaissance Berlin – Towards an integrated strategy for social cohesion and economic development. Paris

ZÖPEL, C. (Hrsg.)(2002): Brandenburg 2025 in der Mitte Europas (im Auftrag des Vereins „Forum Zukunft Brandenburg" als Bericht über dessen Veranstaltungsreihe 1997/1998).Berlin

Anschrift des Verfassers:
Prof. Dr. Klaus Brake
Duisburger Straße 1
10707 Berlin
email: klaus.brake@berlin.de

Fachwissenschaftliche Sitzung FW 7
Auf den Spuren des Eiszeitalters

Joachim Marcinek
Zur Geschichte der Eiszeitforschung
Seite 131-136

Hilmar Schröder
Auswirkungen des Klimawandels auf die Oberflächenformung – Konsequenzen für eine mögliche künftige Entwicklung
Seite 137 - 143

Zur Geschichte der Eiszeitforschung

von JOACHIM MARCINEK, Berlin

„Sollten die nordischen Gletscher wirklich von den Skandinavischen Bergen bis an die Wurzner Hügel gereicht haben? Mich friert bei dem Gedanken!" (B. v. Cotta 1844, S. 561). Bevor solche Gedanken in der geowissenschaftlichen Literatur geäußert wurden, war mindestens ein Dreiviertel Jahrhundert mit Überlegungen und Forschungen zu ausgedehnteren Gletscherständen in den Alpen vorausgegangen. Wo denn, wenn nicht dort, konnte die Gletscherforschung ihren Ausgang nehmen. Die liebliche grüne Schweiz lag unterhalb des unwirtlichen bis schrecklichen „Eisgebirges". Dieses musste aber gequert und bezwungen werden, wenn der Weg in das reiche Mittelmeergebiet und zurück führen sollte.

Sicherlich griffen, angeregt durch besondere Ereignisse, Gedanken einer ehemals größeren Gletscherausdehnung um sich. Sicherlich wurden mögliche Gletscherbewegungen, besonders mit dem Vorschub und Rückschmelzen von Gletschern, unter den Einheimischen erörtert. In alten Orts- und Talchroniken sind Veränderungen der Gletscher besonders hinsichtlich der Wegsamkeit von wichtigen Wegen und Pässen festgehalten.

Scheuchzer, Simler und Gruner (1760) beschäftigten sich eingehend mit Gletschern oder dem Eisgebirge. „Mit mehr Fleiß und Ausdauer als alle seine Vorgänger und Nachfolger hat de Saussure die Gletscher untersucht" (Louis Agassiz, 1841, S. 7 - Voyages dans les Alpes, par H. B. de Saussure, 4 vol. in –4°, Neuchatel 1803). „Wohl aber verdankt man ihm zuerst den glücklichen Einfall, die Moränen als Mittel zur Bestimmung der verschiedenen Ausdehnung und des Vor- und Rückschreitens der Gletscher zu benutzen;" (L. Agassiz, 1841, S. 9).

Der nächste Wichtige der Gletscherforschung ist Venetz (1821), damals Ingenieur en chef des Kanton Wallis. „Der Verfasser weist zuerst schlagend die ungeheure Ausdehnung der Gletscher in früheren Zeiten nach" (L. Agassiz, 1841, S. 12). Playfairs Ansichten über eine größere Ausdehnung der Gletscher in den Alpen (1802) wurden erwähnt. Zehn Jahre später, 1831, schrieb Venetz den Transport erratischer Blöcke den Gletschern zu. Sein Freund v. Charpentier überzeugte sich auf Grund eigener Geländeuntersuchungen von Venetz Auffassungen und fügte eigene Resultate hinzu wie z. B.: „... die Gletscher hätten früher bis zum Jura gereicht und die Findlingsblöcke dorthin getragen, ..." (L. Agassiz, 1841, S. 14). Über v. Charpentier verliefen die Verbindungen zur Bergakademie nach Freiberg (gegr. 1765) und somit nach dem nördlichen Deutschland. Als Bergwerksdirektor in Bex, lebte er als Deutscher im preußischen Fürstentum Neuenburg oder Neuchatel, das Preußen (1857) der Schweiz schenkte.

Abb. 1: Agassiz (Titelblatt): Untersuchungen über die Gletscher, Solothurn 1841

Agassiz, Desor, sein Freund, und Guyot überzeugten sich von den vorgeführten Belegen im Gelände, die ihnen v. Charpentier bot und entwickelten die Eiszeitlehre weiter. Überall, wo erratische Blöcke, Findlingsgesteine, zu finden sind, bis dahin hätten Vergletscherungen gereicht. Auch das nördliche Deutschland gehörte dazu. 1833 – 1837 führte K. F. Schimper den Begriff „Eiszeit" ein und besang die „Eiszeit" in einem langen Gedicht.

1840 war die Gletschertheorie in den Alpen gesichert. Agassiz legt sie in den „Untersuchungen über die Gletscher" 1841 in deutsch vor – Solothurn 1841, 326 S.. [Abb. 1]

In Norddeutschland, fern von heutigen Gletschern, wurden verschiedene Ansichten und Überzeugungen vertreten. Vorpommern mit Rügen gehörte nach dem fürchterlichen 30jährigen Krieg bis 1815 (Wiener Kongress) zu Schweden. 1775 fielen v. Ahrenswald, in schwedischen Diensten, Ähnlichkeiten mit Gesteinen in Schweden auf. Silberschlag (1780), Konsistorialrat in Berlin, glaubte dagegen, die überaus zahlreichen erratischen Blöcke als vulkanische Bomben erklären zu können und sah die überall auftretenden Sölle als die entsprechenden Krater an. Um 1811 verhalf v. Buch, geboren in Stolpe bei Angermünde, der Rollstein- und Schlammflutauffassung zu allgemeiner Anerkennung. An der ältesten Bergakademie unseres Planeten, in Freiberg, standen sich Plutonisten und Neptunisten gegenüber. 1827 beschrieb v. Buch seine Ansicht folgendermaßen: „Es ist von der Mitte der Alpen her, durch die Alpenthäler, eine ungeheure Fluth ausgebrochen, welche die Trümmer der Alpengipfel weit über entgegenstehende Berge und sehr entlegene Flächen verbreitet". Seine Auffassung übertrug v. Buch auch auf das nördliche Mitteleuropa.

Schwedische Forscher wie Wahlenberg (1824) und Sefström (1836) nahmen eine gewaltige Rollsteinflut an, die von Skandinavien ausgegangen sei. Die Schrammen wiesen darauf hin. Sefström ließ sich von Rose in Berlin von solchen Schrammen auf dem Rüdersdorfer Muschelkalk berichten.

Lyell formulierte 1830 die weitverbreitet bis 1875 vertretene Drifthypothese, die auch Darwin vertrat. Eisberge drifteten in ein kühles Meer im nördlichen Mitteleuropa und setzten riesige Mengen erratischer Blöcke und lehmig-toniges sowie sandiges Material ab.

Eine Ausnahme in dieser Liste unterschiedlicher Auffassungen wies R. Bernhardi 1832 vor. Er vertrat erstmalig die Ansicht einer Gletscherbedeckung von Norden bis an den Mittelgebirgsrand.

Wichtiger war der Versuch einer Übertragung der Auffassung aus den Alpen auf das nördliche Deutschland. Die Verbindung dorthin war über v. Charpentier gegeben. Agassiz führte am 9.8.1843 v. Cotta, Geologieprofessor an der Bergakademie in Freiburg, im Gelände, so dass er 1844, S. 561 schrieb: „In der Schweitz scheint zwischen Eis-Schollen und Gletschern keine Wahl freigelassen; das Phänomen der transportierten Blöcke und der äußeren Schliff-Flächen lässt sich zusammenhängend von den heutigen Gletschern bis zum Jura verfolgen." Weil v. Cotta erkrankt war, bat er seinen Kollegen Naumann aus Leipzig, auf den Hohburger Bergen bei Wurzen nach Gletscherschliffen zu suchen. Naumann berichtete v. Cotta von seinen Beobachtungen. Ein Geologe aus der Schweiz, v. Morlot, der sich an der Bergakademie zu Freiburg aufhielt und in die Diskussion hineingezogen wurde, sah in den Schrammen wie Naumann Gletscherschliffe. Im Vergleich mit dem Gesehenen in der Schweiz überzeugten v. Cotta 1844 die hiesigen Gletscherschliffe nicht. Er schwenkte wieder zur Driftauffassung zurück (1850). Kurz vor 1875 spielten diese Gletscherschliffe noch einmal auf einer Exkursion der Deutschen Geologischen Gesellschaft eine Rolle (1874). Die vorgeführten Stellen wurden als Gletscherschliffe abgelehnt.

Die damaligen Diskussionen berührten auch v. Goethe. In „Wilhelm Meisters Wanderjahre", 2. Buch, Kapitel 10, das „Bergfest" überschrieben, führte v. Goethe 1829 die Ansichten aus den Alpen und die für Norddeutschland vor. Mit seiner Darstellung charakterisierte er überzeugend den damaligen wissenschaftlichen Meinungsstreit: „Eine vierte, wenn auch vielleicht nicht zahlreiche, Partie lächelte über diese vergeblichen Bemühungen und beteuerte: gar manche Zustände dieser Erdoberfläche würden nie zu erklären sein, wofern man nicht größere und kleinere Gebirgsstrecken aus der Atmosphäre heruntergefallen und weite, breite Landschaften durch sie bedeckt werden lasse. Sie beriefen sich auf größere und kleinere Felsmassen, welche zerstreut in vielen Landen umherliegend gefunden und sogar noch in unsern Tagen als von oben herab stürzend, aufgelesen werden.

Zuletzt wollten zwei oder drei stille Gäste sogar einen Zeitraum grimmiger Kälte zu Hilfe rufen und aus den höchsten Gebirgszügen auf weit ins Land eingesenkten Gletschern gleichsam Rutschwege für schwere Ursteinmassen bereitet und diese auf glatter Bahn fern und ferner hinausgeschoben im Geiste sehen. Sie sollten sich bei eintretender Epoche des Auftauens niedersenken und für ewig in fremdem Boden liegen bleiben. Auch sollte sodann durch schwimmendes Treibeis der Transport ungeheurer Felsblöcke von Norden her möglich werden. Diese guten Leute konnten jedoch mit ihrer etwas kühlen Betrachtung nicht durchdringen. Man hielt es ungleich naturgemäßer, die Erschaffung einer Welt mit kolossalem Krachen und Heben, mit wildem Toben und feurigen Schleudern vorgehen zu lassen. Da nun übrigens die Glut des Weines stark mit einwirkte, so hätte das herrliche Fest beinahe mit tödlichen Händeln abgeschlossen."

In Großbritannien erkannte Playfair (1802) als erster den Transport von erratischen Blöcken durch Gletscher über größere Entfernungen. 1855 hatte sich nach Ramsay die Gletschertheorie dort endgültig durchgesetzt. Bernhardis Ansicht (1832) einer Vergletscherung bis zum Rand der Mittelgebirge fand keine nachwirkende Beachtung, ebenso wenig der Hinweis von v. Helmersen (1867), dass die seit 1836 (Rose, Sefström) bekannten Schrammen und Schliffe auf dem Rüdersdorfer Muschelkalk (rund 27 km östlich des Berliner Stadtzentrums gelegen) Gletscherschliffe sein könnten.

Der vergebliche Versuch von v. Cotta, Naumann und v. Morlot über Agassiz und v. Charpentier eine große Vergletscherung von Norden her anzunehmen wurde bereits erwähnt.

Wie tief die Drifthypothese im nördlichen Deutschland verwurzelt war, lässt sich daran erkennen, dass der bekannte Geologe Credner, ein überaus wichtiger Lehrer für Penck, noch 1875 den Verlauf der südlichen Küste des flachen Meeres, in das von Norden her Eisberge hineindrifteten, verbesserte: „Von der Südgrenze des Diluviums findet man auch bei neueren Autoren angegeben, dass sie sich von Görlitz über Bautzen und Dresden bis in die Gegend von Wurzen bei Leipzig und von hier aus nach Altenburg ziehe. Diese Angabe ist irrig. ... Es ergibt sich daraus, dass die Südküste des Diluvialsees 10 bis 12 d. Meilen südlicher zu suchen ist, als bisher angenommen." Dieser Aufsatz steht im gleichen Band der Zeitschrift der Deutschen Geologischen Gesellschaft (Bd. 27, 1875), in dem über Torells Besuch von Rüdersdorf mit dem Auffinden von Gletscherschrammen und –schliffen berichtet wurde. Diese berühmte Sitzung der Deutschen Geologischen Gesellschaft fand am 3. November 1875 statt (Bd. 27, 1875, S. 961/962): „Herr Torell berichtete über einen gemeinschaftlich mit den Herren Berendt und Orth nach den Rüdersdorfer Kalkbergen unternommenen Ausflug, dessen Zweck Aufsuchung der schon im Jahre 1836 durch Sefström von dort erwähnten Schliffflächen und Schrammen auf der Oberfläche es anstehenden Muschelkalks war, und legte eine Reihe schöner, von Rüdersdorf mitgebrachter Handstücke vor, voll deutlicher paralleler Schrammen, die er für unzweifelhafte Gletscherwirkung ansprach. Anknüpfend an diese Beobachtungen, entwickelte er die Ansicht, dass sich eine Vergletscherung Skandinaviens und Finnlands bis über das norddeutsche und nordrussische Flachland erstreckt habe. Ausgehend von den heutigen

Gletscherbildungen der Alpen und Skandinaviens und Bezug nehmend auf seine in Grönland, wie auf Spitzbergen gesammelten Erfahrungen besprach Redner insbesondere die Spuren und Produkte einer früheren Vergletscherung ganz Skandinaviens, die er sämtlich so vollständig in den Diluvialbildungen des norddeutschen Flachlandes wieder zu erkennen erklärte, dass nur die gleiche Entstehung denkbar sei.
Dem Vortrag folgte eine lebhafte Diskussion.
In dieser Diskussion verteidigten alle Redner bis auf Berendt die Drifthypothese. Letzterer wollte zwischen Drift- und Gletschertheorie vermitteln.
Wahnschaffe, Teilnehmer an jener historischen Sitzung, berichtete 23 Jahre danach folgendes: „Ich selbst war in der Sitzung zugegen und werde nie den Eindruck vergessen, den diese völlig neue Lehre auf alle Anwesenden machte. Die meisten älteren Geologen und ich selbst hielten damals die Annahme einer so ausgedehnten und mächtigen Inlandeisdecke für ganz ungeheuerlich (1898, S. 57). Jedoch wirkte nach Aussage von Wahnschaffe: „diese völlig neue Lehre... wie ein zündender Funke" (1898, S. 57) und führte bald die Wende herbei.
Penck warf später den „leitenden Geologen Berlins" vor, dass ihnen die Gletscherschrammen und –schliffe vor den Toren der Stadt, auf dem Rüdersdorfer Muschelkalk „ebenso unbekannt geblieben waren wie die neueren Arbeiten skandinavischer Geologen über die Eiszeit (Penck, 1949/50, S. 7). Auch wichtige Arbeiten britischer Geowissenschaftler wurden nicht beachtet.
In seinen Lebenserinnerungen schrieb Penck (1949)/50, S. 7) u. a.: „Das änderte sich aber, als Hermann Greiner (ein Druckfehler: Hermann Credner – der Verf.) und ich selbst Ende 1877 bei Leipzig Gletscherschliffe fanden. Nunmehr erst fanden die Bemerkungen Torells Beachtung. Sie bestimmten die Richtung und Aufgabe meiner Reise. ... Da wurde mir klar, daß man in Norddeutschland nicht nur mit den Spuren einer einzigen Vergletscherung, sondern von deren mehreren zu tun hat. Das legte ich in meiner ersten größeren Arbeit, nämlich über die Geschiebeformation Norddeutschlands dar." In dieser Studie von 1879 weist der erst 21jährige Penck drei durch zwei lange Warmzeiten getrennte Eiszeiten nach. Über „Die Vergletscherung der deutschen Alpen" (Leipzig 1882) schlug Penck eine feste Brücke zur Forschung in den Alpen. Zunächst konnte er auch dort drei durch zwei Warmzeiten geschiedene Vergletscherungen nachweisen. [Abb. 2]

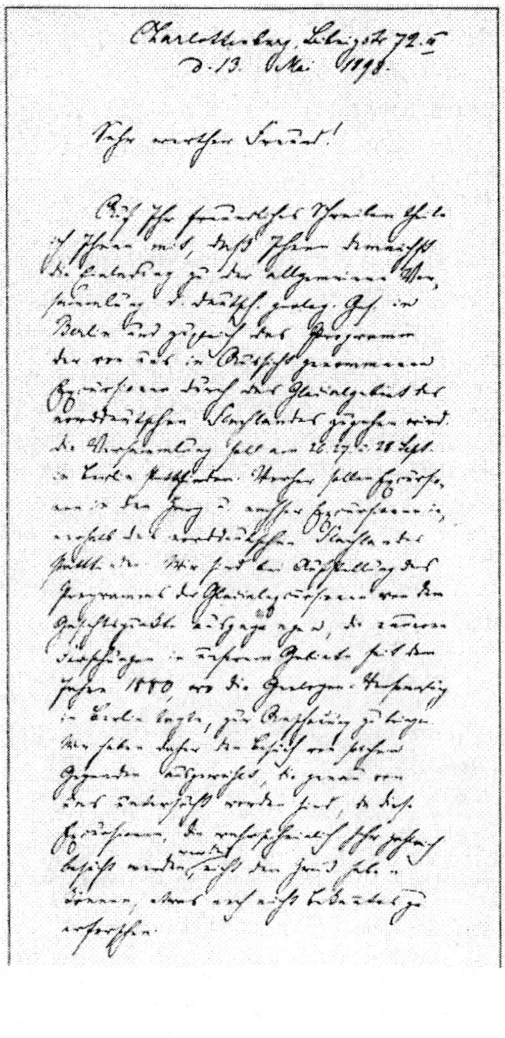

Abb. 2: Brief v. Wahnschaffe an Penck – Ausschnitt mit Einladung

Wahnschaffe lud 1898 Penck, der nun bereits in Wien seit 1895 einen Lehrstuhl innehatte , zur Tagung der Deutschen Geologischen Gesellschaft in Berlin ein. Auf ihr wurde der Nachweis von drei Glazialen (Eiszeiten) getrennt durch zwei Warmzeiten vorgestellt. [Abb. 3] [Abb. 4] Penck hatte sie bereits fast 20 Jahre zuvor (1879) beschrieben (Zeitschr. d. Dtsch. Geol. Gesell., Bd. 31, Berlin 1879, S. 117 – 203). 1880 zog Credner, der noch 1875 der Drifttheorie verhaftet war, „über den Verlauf der südlichen Küsten des Diluvialmeeres, sowie dieselbe Sachsen berührt“ und diese verbessert hatte, einen Schlussstrich für sich und die meisten Geowissenschaftler unter das Kapitel „Drifttheorie“. In einem Vortrag vor der Gesellschaft für Erdkunde zu Berlin referierte er zu dem Thema: „Die Vergletscherung Norddeutschlands während der Eiszeit“. (Verhandlungen d. Gesell. f. Erdkunde zu Berlin, Bd. 7, Berlin 1880, S. 359 ff.).

Neuere Forschungen auf dem Gebiete der Glacialgeologie in Norddeutschland erläutert an einigen Beispielen

zugleich erschienen als

Führer für die Excursionen der deutschen geologischen Gesellschaft in das norddeutsche Flachland vom 28. September bis 5. October 1898.

Von den Herren **G. Berendt, K. Keilhack, H. Schröder** und **F. Wahnschaffe** in Berlin.

Abb. 3: Berendt, Keilhack, Schröder u. Wahnschaffe (Titelblatt): Neuere Forschungen auf dem Gebiete der Glacialgeologie in Norddeutschland

Am Anfang der 80er Jahre stand bereits für Gr.-Britannien und die Alpen eine mindestens zweimalige Vergletscherung mit dazwischenliegenden Interglacialzeiten fest und bald darauf vermochte PENCK mit grossem Scharfsinn für die Alpen eine dreifache Vergletscherung mit zwei Interglacialzeiten nachzuweisen, wodurch er zugleich in Uebereinstimmung mit GEIKIE gelangte, der das gleiche für Schottland ausführte. PENCK und HELLAND waren die ersten, die darauf hinwiesen, dass auch in Norddeutschland eine mehrfache (nach HELLAND eine zweifache, nach PENCK eine dreifache) Vergletscherung mit langen dazwischenliegenden Interglacialzeiten stattgefunden habe, aber es bedurfte erst noch einer grossen Zahl sorgfältiger Specialbeobachtungen und der Auffindung zahlreicher entscheidender und beweisender Ablagerungen, bis alle diese mehr auf speculativem Wege gewonnenen Anschauungen hinreichend gestützt und gekräftigt aus dem Gebiete der Hypothese auf den exacten Boden der Theorie gelangen konnten.

Abb. 4: Seite aus „Neuere Forschungen ...“ mit Nennung von drei Glazialen für Norddeutschland

Zwischen 1901 und 1909 publizierten Penck und Brückner das dreibändige Werk: „Die Alpen im Eiszeitalter“. In ihm wurden für die Alpen vier Glaziale und drei Interglaziale nachgewiesen. Die vier Eiszeiten erhielten ihre Namen nach Flüssen im nördlichen Alpenvorland und sind uns allen als Günz-, Mindel-, Riß- und Würm-Eiszeit bekannt.

Literaturverzeichnis

AGASSIZ, L. (1841): Untersuchungen über die Gletscher. Solothurn. 326 S.

BERENDT, G., KEILHACK, K., SCHRÖDER, H. u. F. WAHNSCHAFFE (1898): Neuere Forschungen auf dem Gebiete der Glacialgeologie in Norddeutschland, erläutert an einzelnen Beispielen. In: Jahrb. d. Königl. Preuss. geol. Landesanstalt u. Bergakademie zu Berlin f. d. Jahr 1897, Bd. 18, Berlin, S. 42-129

PENCK, A. (1949/50): Sechzig Jahre Eiszeitforschung. In: Die Erde, Bd. 1, Berlin, S. 5-11

PENCK, A. u. E. BRÜCKNER (1901-1909): Die Alpen im Eiszeitalter. 3 Bde., Leipzig

TORELL, O. (1875): Über Schliffflächen und Schrammen auf der Oberfläche des anstehenden Muschelkalkes von Rüdersdorf. In: Zeitschr. d. Dtsch. Geol. Gesell., Bd. 27, Berlin, S. 961-962

Weitere Literatur in: MARCINEK, J. (1984): Gletscher der Erde. Leipzig, 214 S.

Anschrift des Verfassers:
Prof. em. Dr. Joachim Marcinek
Giesestraße 12/14, 12621 Berlin

Auswirkungen des Klimawandels auf die Oberflächenformung – Konsequenzen für eine mögliche künftige Entwicklung

von HILMAR SCHRÖDER, Berlin

1. Die Situation zu Beginn des 21. Jahrhunderts

Die gegenwärtig ablaufenden Veränderungen in den Witterungsabläufen werden in den Medien oft unter dem Begriff der Klimaerwärmung zusammengefasst. Der Begriff beschreibt dabei ein komplexes Geschehen, welches tatsächlich zu einer Erhöhung der globalen Durchschnittstemperatur im 20. Jahrhundert um 0,9° geführt hat, wobei hauptverantwortlich der Zeitraum nach 1980 dazu führte, dass vom letzten Jahrtausend die ersten 980 Jahre unter der durchschnittlichen Mitteltemperatur des Jahrtausends liegen. Allein diese Zahl verdeutlicht die Dramatik der Situation, wenn auch die absoluten Höchsttemperaturen des atlantischen Klimaoptimums im Holozän noch nicht ganz erreicht werden. Erdgeschichtlich gibt es bisher keine Belege dafür, dass in derart kurzen Zeiträumen eine ähnliche Temperaturentwicklung vonstatten gegangen ist. Unsere Erde hat Fieber! (Reichert 2002).

Die Veränderungen in den Witterungsabläufen werden den meisten Menschen durch überwiegend kurzfristige Anomalien der atmosphärischen Zirkulation, wie akute Stürme, Starkniederschläge mit folgenden Hochwässern, wie im August 2002 in Sachsen oder extreme Hitze und Trockenperioden wie im Sommer 2003 in fast ganz Europa bewusst. Wenig beachtet, weil langfristig ablaufend und in Mitteleuropa nur recht kleine Territorien betreffend, jedoch weltweit etwa ein Fünftel der Erdbevölkerung beeinflussend, ist ein anderer geomorphologisch determinierter Prozess – das Austauen des Permafrostes. Dieser Prozess ist durchaus mehrfach während des Quartärs abgelaufen, so jeweils beim Übergang zum Holstein, zum Eem und zum Holozän. Dafür waren jedoch Zeiträume von mindestens mehreren Jahrhunderten oder Jahrtausenden typisch. Gegenwärtig läuft dieser Prozess allerdings in Jahrzehnten ab.

In den Hochgebirgen unserer Erde hat der Permafrost für das ökosystemare Gleichgewicht zwei Hauptfunktionen – er ist erstens ein gigantischer Wasserspeicher (Schröder & Severskiy 2004) auf den alle Nutzungssysteme der Menschen eingestellt sind und zweitens bindet er im entscheidenden Maße die Lockersedimente vor allem in Steillagen. Es sollen nunmehr die Konsequenzen der Veränderungen des ökosystemaren Gleichgewichts durch plötzlichen Klimawandel an Beispielen vorgestellt werden.

2. Ausgewählte Beispiele von Auswirkungen des Klimawandels auf die oberflächenformenden Prozesse

2.1 Bergsturz

Er ist eine plötzliche, katastrophenartige, gravitative Massenbewegung von Locker- und/oder Festgestein an Steilhängen oder Wänden, bei dem die stürzende Bewegungsform überwiegt. An Bergstürzen können Eismassen beteiligt und/oder auslösend sein. Sie bestehen im Allgemeinen aus drei Abschnitten. Im oberen Teil besitzen sie eine markante Abrissnische, dem folgt häufig unter Aufnahme weiteren Materials der Transport über die so genannte Sturzbahn mit folgender tomaartiger Ablagerung. Dabei können die Akkumulationen an den Gegenhängen bis über 200 m aufwärts reichen.

Einer der markantesten Bergstürze fand 1970 am Huascaran in Peru statt. Infolge eines Erdbebens lösten sich in der Gipfelregion Eismassen von überhängenden Gletschern und ganze Felswände. Diese stürzten gemeinsam in drei nacheinander folgenden Schüben talwärts. Während des ersten Schubes wurden die Ortschaften Ranrahirca und Caya zerstört. Sie lagen unmittelbar in der Tiefenlinie, die dabei verstopft wurde. Dadurch kam es zu einer derart unglücklichen Situation, dass die beiden nachfolgenden Schübe, die ansonsten keine weiteren Opfer gefordert hätten, aus der Haupttiefenlinie heraus geschleudert wurden, einen ca. 200 m hohen Gegenhang überwanden und in der nördlich liegenden Nachbartiefenlinie abwärts stürzten. Dabei besaß der zweite Schub eine derartige Geschwindigkeit, dass seine Bahn überwiegend über den dünn besiedelten Gegenhang der Tiefenlinie verlief. Die Opferanzahl blieb relativ gering. Der dritte Schub allerdings hatte noch die Energie, um zwar ebenfalls den ca. 200 m hohen Gegenhang der Haupttiefenlinie zu überwinden, wurde aber abschließend von den am Gegenhang akkumulierten Toma in die nördliche Tiefenlinie gedrängt. Dabei nahm er Teile der Toma und in der Tiefenlinie Wasser auf. Dies braute sich zu einem für die Ortschaft Yungay verheerenden Gemisch, welches mit einer Geschwindigkeit von über 160 km/h abwärts raste (www.redtrailcanyon.com) und genau die bisher verschonte Ortschaft Yungay traf und völlig unter sich begrub. Innerhalb einer Sekunde starben 30.000 Menschen. Insgesamt wurden bei diesem Ereignis 66.000 Menschen von etwa 80 Mill. Kubikmeter Bergsturzmaterial getötet.

Die höhenwärtige Differenzierung infolge der Klimaerwärmung der geomorphologischen Prozessgruppe „Bergsturz" in der Periglazialstufe wird durch eine abnehmende Gefährdung im Bereich unmittelbar oberhalb der heutigen Waldgrenze in folge aufwachsenden hochstämmigen Baumwuchses gekennzeichnet. Aber in der Stufe der rezenten freien Solifluktion und im Bereich um die Gletscherschneegrenze, wird durch das Austauen des Permafrostes eine deutlich höhere Gefährdung zu erwarten sein.

2.2 Erdstrom

Derartige Massenbewegungen werden in der geomorphologischen Literatur häufig unter dem Begriff „Rutsche" zusammengefasst. Man versteht darunter das teilweise oder vollständige Lösen von Bodenmonolithen aus dem Gesteins- oder Bodenverband und deren Transport nach den Gesetzen der Schwerkraft unabhängig von der Transportart und dem Medium. Sie können dabei mittlere Geschwindigkeiten erreichen. Häufig werden sie bei einer Verflachung am Hang bzw. beim Übergang vom Hang zur Tiefenlinie ausgebremst. Ihr Ausmaß ist örtlich begrenzt. Opfer sind selten. Eine Wasserübersättigung des verwitterten Materials oder des Bodens ist Voraussetzung, weswegen sie sehr häufig nach langanhaltenden oder intensiven Niederschlägen auftreten. Ihre Auslösewahrscheinlichkeit wird um so größer, je höher die Amplitude des Niederschlags im jährlichen oder mehrjährlichen Wechsel ist.

Die wohl bekannteste Erscheinung eines mehrjährigen intensiven Wechsels der Niederschlagsverhältnisse ist das El Niño-Phänomen, welches im Kernbereich immer den Süden Ecuadors und den Norden Perus betrifft und erstmals von Latif (1986) wissenschaftlich ausführlich beschrieben wurde. Anfänglich glaubte man an einen Zusammenhang mit der anthropogen induzierten Klimaerwärmung. Heute geht man überwiegend von einem natürlichen Phänomen aus, welches aber außerordentlich kleinräumig differenziert ist (Bendix 2000, Schröder & Guthermuth 2000). Für unser Anliegen ist die Ursache nicht wichtig, die Folgen aber umso mehr. An der westlichen Außenkette der ecuadorianischen Anden kommt es dabei zu einer Umkehr der Windverhältnisse und in deren Folge zu extremen Niederschlagsamplituden. So fallen in der größten ecuadorianischen Stadt Guayaquil im November im langjährigen Mittel (ohne El Niño-Jahre) etwa 1 mm Niederschlag. Im El Niño-November 1997 dagegen 549 mm Niderschlag (im Osterzgebirge fielen im „Katastrophensommer 2002" innerhalb von nur 3 Tagen 412 mm). In Guayaquil liegen die Extrema also um das etwa 900fache auseinander. Der Grund dieser Erscheinung ist in Abbildung 1 auf der Breitenlage des Chimborazo (1'30'') dargestellt. Während in normalen Jahren die Winde zu dieser Jahreszeit fast ausschließlich aus dem Amazonasgebiet wehen und sich infolge dessen fast völlig an den beiden Hauptketten der Anden abregnen, kommt der Wind im El Niño über den Pazifik, der

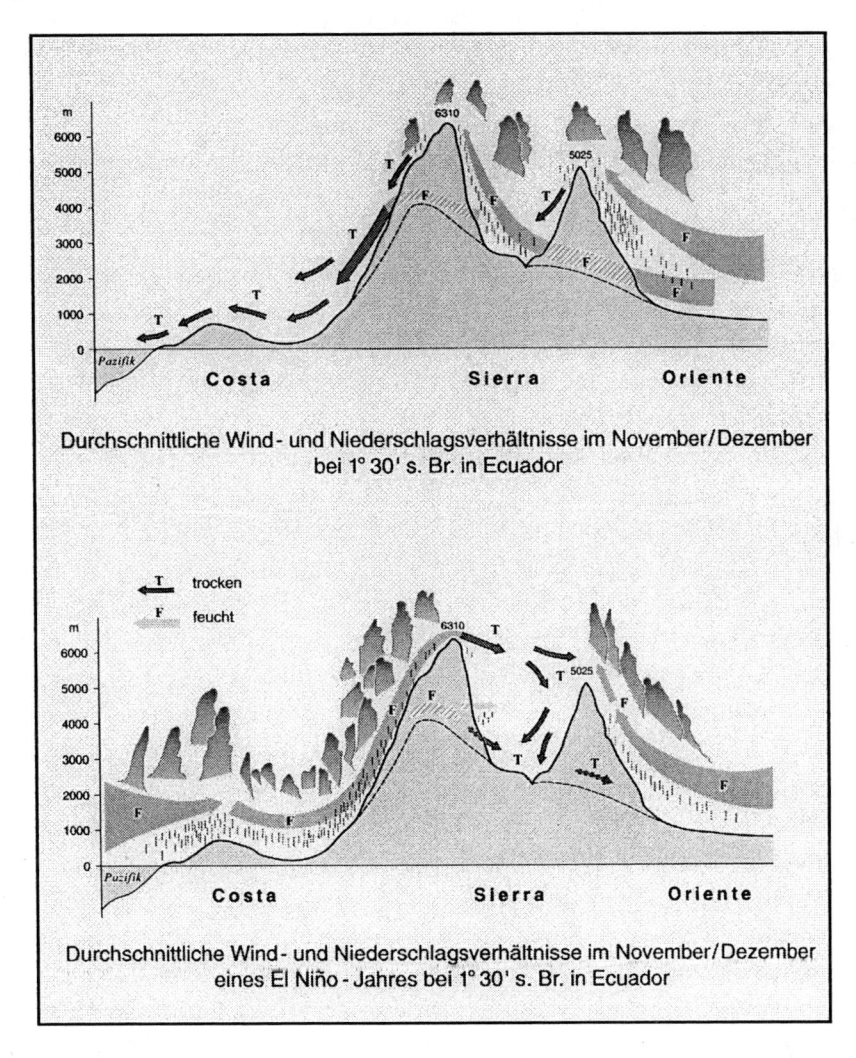

Abb. 1: Das Phänomen des Luftströmungswechsels bei 1° 30's. Br. in den Anden

zu dieser Zeit sehr stark aufgeheizt ist. Die Folge ist, dass die wassergeschwängerten Winde in nicht allzu großer Höhe über die Costa streichen, sich dort durchaus beginnen abzuregnen, aber an der westlichen Außenkette der Anden zum Aufstieg gezwungen werden und dort nunmehr sich sehr intensiv abregnen. Die Niederschlagsmengen nehmen dabei, wie Schröder & Adler (1999) indirekt an der Verbreitung der Erosionszeugen nachweisen konnten, nach oben hin deutlich ab. So wurden an der Straße von Santa Rosa in

Richtung Loja 132 Erosionszeugen, davon 30 Rutschungen, bis in eine Höhe von 400 m ü. M. kartiert. Nach oben hin nahmen die Vergleichszahlen ständig ab. Zwischen 1200 m und 1600 m ü. M. gab es noch 6 Erosionserscheinungen, wobei keine Rutschungen mehr auftraten. Etwas anders ist die Situation in großen Tälern, die nach Westen geöffnet sind. So war der Höhepunkt der Abtragserscheinungen erst zwischen 800 m und 1200 m ü. M. im Tal zwischen Cumanda und Juan de Velasco mit 55 Erosionszeugen, davon 12 Rutschungen, erreicht. Oberhalb von 1600 m wurden noch 6 Erosionszeugen registriert. Rutschungen gab es in dieser Höhe nicht mehr.

2.3 Muren

Es sind Ströme aus Wasser, manchmal auch mit Beimengungen von Schnee und Eis, bodenmaterial, Gesteinsschutt und Blöcken, bei denen das feste Material überwiegt, die sich an Hängen oder in vorgezeichneten Tiefenlinien meist sehr rasch zu Tale bewegen. Muren sind an ihrer Front recht trocken, weil sich das Gesteinsmaterial schneller bewegt als das Wasser. Sie erhöhen ihre Gefährlichkeit, wenn ihnen z.B. in Bachläufen sekundär Wasser zugeführt wird. Die Bewegung ist in der Mitte schneller als am Rand. Die Murenbahnen selbst werden geglättet und zu einem konkaven Querschnitt geschürft.

Ähnlich den Bergstürzen werden Muren ebenfalls sehr häufig durch Erdbeben ausgelöst, dies insbesondere dann, wenn oberflächennah locker lagernde Substrate in Steillagen anstehen und diese wasserübersättigt sind. Recht gut sind Muren am Nordrand des Tienschan untersucht (zusammenfassend bei Schröder & Severskiy 2004). Dieses Gebiet gilt als eines der gefährdetsten auf unserer Erde. Die Ursachen sind vielfältig. Der Nordrand des Tienschan besitzt eine sehr hohe Reliefenergie. Auf einer Entfernung von nur 15 km steigt das Hochgebirge aus der fast ebenen Steppe um über 4000 m an. Der Flugplatz von Almaty liegt etwa 600 m ü. M. Der Talgar als höchster Gipfel ist 4972 m hoch. Die überwiegend sehr feldspatreichen Gratite verwittern locker lagernd und grusig. Da die lokale Morphologie oft durch Hängetäler gekennzeichnet ist, lagern die pleistozänen Lockermaterialien häufig in übersteilten Tiefenlinien. Hinzu kommt, dass die Phase der stärksten Niederschläge im Frühjahr immer mit der Höhenlage der Schneeschmelze zusammenfällt, im März am Gebirgsfuß und im Juli in den Kammlagen (Kokarev, Schesterova & Schröder 1997).

Diese Ungunstfaktoren treten immer dann verstärkt in Erscheinung, wenn mittelschwere (schwere sind sehr selten) Erdbeben auftreten. Dies war 1887, 1889, 1923 und 1963 der Fall. Diese und eine Vielzahl weiterer kleinerer Muren brachte Tod und Verwüstung in die Orte. Seit Mitte der 60er Jahre sind alle wichtigen Täler durch z.T. gewaltige Murenschutzanlagen geschützt. So ist das Kleine Almatika Tal bei Medeo, dem bekannten Eisschnelllaufstadion, durch einen fast 400 m hohen Gesteinsschutt-Erdmassen-Damm geschützt. Durch die Klimaerwärmung, insbesondere durch den Temperaturanstieg der letzten rund 25 Jahre, ist der Permafrost in Höhenlagen von über 3000 m oberflächennah aufgeschmolzen., Dies hat zur Folge, dass viele der vorher festgefrorenen Materialien ihren Zusammenhalt verloren haben. Immer häufiger treten auch größere Muren in Tälern auf, die bis in die jüngste Vergangenheit nicht als murengefährdet anzusprechen waren. So galt die Lage der Ortschaft Talgar, die etwa 25 km östlich von Almaty liegt, bis in die jüngste Vergangenheit als unbedenklich. Der Unterlauf des Flusses Nördlicher Talgar ist im Gegensatz zu vielen anderen Flüssen, die den Tienschan nach Norden verlassen, nur durch ein schwaches Gefälle gekennzeichnet. Auf den letzten 20 km vor der Ortschaft überwindet er eine Höhe von nur rund 500 m. Die Vergleichszahlen z.B. beim Großen oder Kleinen

Almatinka Tal liegen um das 3- bis 4-fache höher. Trotzdem ist heute die Gefährdung der Ortschaft Talgar extrem hoch. Bisher waren keine Murenschutzanlagen notwendig, auf Grund dessen ist dieses Tal noch in sehr naturnahem Zustand. Die Unzugänglichkeit verhinderte sogar in Sowjetzeiten eine Beweidung, obwohl sich große Standorte von Kolchosen in unmittelbarer Nähe befanden. Trotz des naturnahen Zustandes sind der Unterlauf des Nördlichen Talgars und seine Ränder extrem gefährdet. Allein während der Schneeschmelze im Mai 2003 gingen nach mündlicher Auskunft von Igor Severskiy (Hochgebirgsforschungsinstitut der Akademie der Wissenschaften Kasachstans) mindestens 5 mittelschwere bis schwere Muren zu Tal. Vier davon konnten auf einer Exkursion des Geographischen Instituts im Juli von Studenten selbst beobachtet werden.

In der Nacht vom 22. zum 23. Juli 2003 fielen an der Klimastation Großes Almatinka Tal etwas über 60 mm Niederschlag. 20 km davon entfernt ging aus einem Hängetal südlich des Ordshonikidse eine schwere Mure ab, die das Tal des Nördlichen Talgar verschloss und einen See bildete, der voll zulaufen begann. Am durchschnittlich 40° - 50° geneigten Gegenhang schleuderte sie etwa 50 bis 80 m aufwärts. Diese Mure wurde 5 Tage später mit der studentischen Exkursionsgruppe betreten. Sie war außerhalb der Tiefenlinie oberflächig trocken und z.T. schon recht fest verbacken, im Bereich des Nördlichen Talgar aber bereits zu einem recht instabilen Brei aufgeweicht. Aus dem See hatte sich schon eine Abflussbahn am Gegenhang auf ursprünglichem Festgestein gebildet; trotz dieser leichten Entlastung eine insgesamt sehr instabile Situation. Auch wenn diesmal die fluviale Erosion das Material noch in kleineren Schüben talwärts transportiert (durch die Gletscherschmelze sind in den Nachmittagsstunden im Sommer und im Frühherbst immer erhöhte Pegelstände vorhanden), kann jede weitere Mure die Katastrophe für die Ortschaft Talgar bedeuten. Das Austauen des Permafrostes in der Periglazialstufe hat also dazu geführt, dass viele Steillagen, die bis in die jüngste Vergangenheit hinein als sicher galten, unterdessen als Murenbildungsgebiete angesprochen werden müssen.

3. Die Morphodynamik der Hochgebirge im 21. Jahrhundert

Halten die gegenwärtigen Trends bei der Entwicklung des Klimas an, so ist im 21. Jahrhundert insgesamt mit durchaus gravierenden Veränderungen in der Hochgebirgsökologie zu rechnen. Dramatische Züge wird das Abschmelzen der Gletscher aufweisen. Dabei sind nicht unmittelbar die geoökologischen und morphodynamischen Konsequenzen am einschneidendsten für die Bevölkerung, sondern es ist vor allem mit einem beachtlichen Rückgang des Tourismus z.B. in den Alpen zu rechnen. Die eigentliche Attraktion sind nun mal die grandiosen Gletscherlandschaften. Dies hätte für viele Menschen unmittelbare ökonomische Konsequenzen. Infolge dessen käme es zu einer Verstärkung der regionalen Disproportionen. Periphere Lagen wären der Entvölkerung preisgegeben, wie dies jetzt schon in ländlichen Räumen der französischen und italienischen Alpen der Fall ist (Bätzing 1996). In den größeren Städten und deren Umländer wird es dagegen zu erhöhtem Nutzungsdruck mit den bekannten Konsequenzen, wie z.B. der Zunahme der Flächenversiegelung und der Bodenerosion kommen. Beim Abschmelzen der Gletscher sind in Steillagen, insbesondere im Bereich der Hängetäler, immer wieder Eisabbrüche zu erwarten. Von erhöhten Pegelständen geht dagegen nur sehr wenig Gefahr aus.

Bleibt die Frage zu beantworten, ob im 21. Jahrhundert durch die Klimaerwärmung in unseren Hochgebirgen die Katastrophen zunehmen werden oder ob stabilere Verhältnisse zustande kommen?

In den einzelnen Höhenstufen des Periglazialraumes wird die Erwärmung unseres Klimas ganz unterschiedliche Konsequenzen haben. Unmittelbar oberhalb der heutigen Baumgrenze, und dies trifft auf Areale zu, die etwa bis zu 200 m darüber liegen, werden durch Zunahme der Vegetation (dichtere Mattenflur, verstärkter Aufwuchs von Krüppelgewächsen oder sogar Bäumen mit intensivem Wurzelwerk) die Abtragprozesse behindert oder gar verhindert werden. Dabei handelt es sich um Flächen, die überwiegend ortsnah liegen, so dass aus der unmittelbaren Umgebung eher weniger Gefahr droht. Völlig anders gestaltet sich jedoch die Situation in der mittleren und oberen Periglazialstufe. Hier wird das Auftauen der oberen Zentimeter oder gar Dezimeter beim Permafrost viele gegenwärtig noch fest gebundenen Lockermaterialien freigegeben. Diese liegen überwiegend instabil. Ganze Hänge werden bestrebt sein, in ein neues Gleichgewicht zu gelangen. Da dies nur durch Massentransport entsprechend der Gravitation geschehen kann, sind insbesondere steilere Hangpartien, Lawinentransportbahnen und Tiefenlinien extrem gefährdet. Insbesondere bei den Muren konnte in den letzten Jahrzehnten schon ein deutlicher Anstieg verzeichnet werden. Es ist zu erwarten, dass sich im 21. Jahrhundert die Murenabgänge auf dem schon erreichten hohen Niveau stabilisieren.

Der Sicherheitsgewinn der in unmittelbarer Umgebung der Ortschaften, insofern sie unterhalb der Baumgrenze liegen, zustande kommt, wird durch die Zunahme der Gefahren durch Ferntransporte aus der mittleren und insbesondere oberen Periglazialstufe mehr als ausgeglichen. Diese Transporte werden überraschender und schneller vonstatten gehen, da durch das Abtauen des Permafrostes in kurzer Zeit wesentlich mehr Lockermaterial zur Verfügung gestellt werden kann, als durch die im Vergleich dazu sehr langsam ablaufende Verwitterung.

Die oben beschriebenen Veränderungen in der Morphodynamik der Hochgebirge unserer Erde werden regional sehr unterschiedliche Konsequenzen nach sich ziehen. Während alle Hochgebirge, die heute bis in die untere und auch mittlere Periglazialstufe hineinreichen, überwiegend morphodynamisch stabilere Verhältnisse bekommen werden, als Beispiele seien hier nur die skandinavischen, mittel- und süditalienischen Gebirge, die Sierra Nevada und die südosteuropäischen Gebirge, wie Rila, Pirin, Fagaras oder Retezat genannt, werden die Abtragsprozesse in den heute noch relativ stark vergletscherten Hochgebirgen ein größeres Ausmaß annehmen. Stellvertretend seien dafür die Alpen, die Gebirge Hoch- und Zentralasiens (z.B. Himalaya, Karakorum, Tienschan, Kunlunschan), die süd- und mittelchilenischen Anden und die kanadischen Rocky Mountains genannt.

Literaturverzeichnis

BÄTZING, W. (1996): Landwirtschaft im Alpenraum – unverzichtbar, aber zukunftslos? Ansätze für eine Synthesedarstellung. Eine alpenweite Bilanz der aktuellen Probleme und der möglichen Lösungen. Blackwell Wissenschaft: Europäi. Akad. Bozen, Fb. Alpine Umwelt, Berlin, Wien, S. 9 – 11 u. 229 – 242.

BENDIX, J. (2000): Precipitation dynamics in Ecuador and northern Peru during the 1991/92 El Niño: a remote sensing perspektive. Intern. Journ. Remote Sensing, 21, 3, S. 533 – 548.

LATIV, M. (1986): El Niño. Eine Klimaschwankung wird erforscht. Geogr. Rundschau, 38, 2, S. 90 – 95.

KOKAREV, A., I. SCHESTEROVA u. H. SCHRÖDER (1997): Die Blockgletscher im Sailijskij Alatau des Tienschan (Kasachstan). Hallesches Jahrb. Geowiss., R.A, 19, Halle (Saale), S. 81 – 94.

REICHERT; U.(2002): Die Erde hat Fieber. Spektrum der Wissenschaft, Dossier: Klima, S.90.

SCHRÖDER, H. u. S. ADLER (1999): El Niño 1997/98 in Guayaquil (Ecuador). Geogr. Rundschau, 51, 9. S. 502 – 507.
SCHRÖDER, H. u. N. GUTHERMUTH (2000): Flächennutzung und Ausmaß der Bodenerosion im Hochgebirgsrelief Südecuadors. Mitt. Fränk. Geogr. Ges., 47, S. 237 – 255.
SCHRÖDER, H. u. I. SEVERSKIY (2004) (ed.): Water resources in the basin of the Ili river (Republic of Kazakhstan). Berlin.
www.redtrailcanyon.com/items/15655.aspx Mount Huascaran Earthquake 1970.

Anschrift des Verfassers:
Prof. Dr. Hilmar Schröder
Geographisches Institut der Humboldt-Universität zu Berlin
Unter den Linden 6, 10099 Berlin
email: hilmar.schroeder@geo.hu-berlin.de

Fachdidaktische Sitzung FD 1

Natur und Umwelt in der Großstadt

Thomas Draheim

**Die Berliner Luft –
Entwicklung der Luftgüte in Berlin 1991 - 2003**

Seite 147 - 153

Sandra Gehrke

**Biodiversität in Großstädten
(- eine Unterrichtseinheit?)**

Seite 155 - 159

Die Berliner Luft –
Entwicklung der Luftgüte in Berlin 1991 – 2003

von THOMAS DRAHEIM, Berlin

Der Eintrag anthropogener Luftverunreinigungen in die Atmosphäre beginnt mit dem Gebrauch des Feuers durch den Menschen, die Erfindung der Dampfmaschine und die darauf folgende Industrialisierung ließ die ersten Rauchschäden hervortreten und veranlasste Chemiker und Forstwissenschaftler, eine Rauchschadensforschung zu begründen. Bereits 1850/1871 wies Stöckhardt auf die Schadwirkung von Schwefeldioxid auf die assimilierenden Blattorgane und die Belastung des Bodens durch schwermetallhaltige Stäube hin (Dröscher in BAUMBACH 1993). Mit der Londoner Smog Katastrophe im Dezember 1952 rückte das Problem der Luftverschmutzung endgültig in den Fokus der Öffentlichkeit gefolgt von ersten Gesetzen wie dem Clean Air Act in England 1956. In der BRD wurde 1974 das Bundes-Immissionsschutzgesetz erlassen, zu dessen Durchführung verschiedene Verordnungen wie z.B. die 22. Verordnung zur Durchführung des Bundes-Immissionsschutzgesetzes (22.BImSchV) u.a. die Grenzwerte der Immissionskonzentration verschiedener Luftschadstoffe regeln. Aus dem Bundes-Immissionsschutzgesetz ergibt sich auch die Verpflichtung der einzelnen Bundesländer, die Luftqualität in Belastungsgebieten fortlaufend zu kontrollieren.
Angaben zu nachteiligen Gesundheitseffekten verschiedener Luftschadstoffe finden sich u.a. in den Air Quality Guidelines for Europe der World Health Organization (WHO 2000).

Das Berliner Luftgütemessnetz (BLUME)

Seit 1975 betreibt die Berliner Senatsverwaltung für Stadtentwicklung (SenStadt) das automatische Berliner Luftgütemessnetz (BLUME) zur kontinuierlichen Überwachung der Luftqualität in Berlin. Beginnend mit der Überwachung der Schwefeldioxidkonzentration im Jahre 1976 kamen in den Jahren 1977/78 Kohlenmonoxidmessstellen und 1980 Schwebstaubmessstellen hinzu, 1983 ging der erste Multikomponenten-Messcontainer in Betrieb, von 1985 bis 1989 wurde das Messnetz umfassend erneuert und in den Jahren 1992/93 wurden zehn Messcontainer aus dem Westteil Berlins in den Ostteil umgesetzt, um ein einheitliches Messnetz über die gesamte Stadt zu erhalten. 1995 zählte das Messnetz 45 Stationen (SenStadt 1998), der Rückgang der Schwefeldioxid- und Schwebstaubemissionen seit Beginn der 90er Jahre zog eine Reduktion der Anzahl der Multikomponenten-Messcontainer auf 22 im Jahre 1997 nach sich. Die Umrüstung von Gesamtschwebstaub (TSP) auf Feinstaub (PM10) begann im Messnetz 1998 und war bis 2002 abgeschlossen. Im Jahre 2003 bestand das Messnetz aus 18 ortsfesten Messstationen. Zwei weitere Standorte dienen ausschließlich der Erfassung meteorologischer Kenngrößen.

Entwicklung der Immissionen in Berlin 1991-2003

Transformation und Strukturwandel und die damit verbundene Schließung von Großbetrieben, die Umstellung auf moderne Heizungssysteme bei der Sanierung der Wohnviertel insbesondere im Ostteil Berlins, Einsatz moderne Prozesstechnik und Abgasreinigungsverfahren bei der Energieerzeugung sowie die Durchsetzung der Abgaskatalysatoren bei der PKW-Flotte führten zu einem Rückgang des Eintrags von Luftschadstoffen in die Stadtatmosphäre. Nachfolgend werden die immissionsseitigen Veränderungen der kontinuierlich überwachten Luftschadstoffe für den Zeitraum 1991-2003 an ausgewählten Stationen des Berliner Luftgütemessnetzes betrachtet. Die Stationsauswahl umfasst die folgenden Stationen:

Verkehrsbezogene Stationen bzw. Straßenstationen (kurz: Verkehr)
- 014 Stadtautobahn (SO_2, CO, NO_x, O_3, Benzol, PM_{10})
- 174 Frankfurter Allee (ab 1993, SO_2, CO, NO_x, Benzol, PM_{10})
- 117 Schildhornstraße (ab 1994, SO_2, CO, NO_x, Benzol, PM_{10})
- 143 Silbersteinstraße (ab 1996, CO, NO_x)
- 220 Karl-Marx-Straße (ab 1993, CO, NO_x)

Stationen im Innenstadtgebiet (kurz: Wohngebiet)
- 010 Wedding (SO_2, CO, NO_x, O_3, PM_{10})
- 018 Schöneberg (SO_2, CO, NO_x, PM_{10})
- 042 Neukölln (SO_2, CO, NO_x, O_3, Benzol, PM_{10})
- 071 Mitte (SO_2, NO_x, O_3, Benzol, PM_{10})

Stationen am Stadtrand (kurz: Stadtrand)
- 027 Marienfelde (SO_2, CO, NO_x, O_3, PM_{10})
- 077 Buch (ab 1993, SO_2, NO_x, O_3, PM_{10})
- 085 Friedrichshagen (ab 1994, SO_2, NO_x, O_3, PM_{10})
- 145 Frohnau (ab 1996, SO_2, CO, NO_x, O_3, Benzol, PM_{10})

Abbildung 1a-d zeigt die langjährige Entwicklung ausgewählter Schadstoffkomponenten getrennt für Stationen im Innenstadtgebiet, Stationen am Stadtrand und verkehrsbezogene Stationen. Von den hier untersuchten Luftschadstoffen weist Schwefeldioxid die deutlichste Abnahme im betrachteten Zeitraum auf. Dieser Rückgang ist auf die starke Verminderung der Schwefeldioxidemissionen zurückzuführen. Bis etwa zum Jahr 2000 ist ein abnehmender Trend zu erkennen, danach stagnieren die Werte auf sehr niedrigem Niveau, mit den höchsten Werten an Straßenmessstellen und den niedrigsten Werten am Stadtrand, allerdings ist der Unterschied zwischen den drei räumlichen Kategorien gering.

Die zeitliche Entwicklung der Jahresmittelwerte der Kohlenmonoxidimmissionen stellt Abbildung 1b dar. Die höchsten Konzentrationswerte weisen die Straßenstationen auf. Sie übersteigen die Werte der Stationen im Wohngebiet etwa um das Doppelte im Jahr 2003. Die höchsten CO-Werte werden an der stark belasteten Station 143 (Silbersteinstraße, Neukölln) gemessen, die höchsten gleitenden 8-h-Mittelwerte eines Tages (Zeitraum 2001-2003) liegen zwischen 5 und 6 mg/m_, damit liegen sie reichlich unterhalb des diesbezüglich ab 2005 geltenden Grenzwertes von 10 mg/m_.

Die Jahresmittelwerte der Benzolimmissionen (Abbildung 1c, beginnend mit dem Jahr 1996, da für den Zeitraum davor nicht ausreichend Daten verfügbar sind) spiegeln die emissionsseitige Dominanz des Kraftverkehrs wider; die höchsten Konzentrationen zeigen die Straßenstationen, von 1996 bis 2000 ist sowohl an den Straßenstationen als auch im Wohngebiet ein abnehmender Trend der Immissionskonzentration deutlich ausgeprägt, danach zeigt sich kein deutlicher Trend mehr. Die 22. BImSchV sieht ab 2010 einen Grenzwert von 5 µg/m_ (Jahresmittelwert) für Benzol vor. Die höchsten Jahresmittelwerte verzeichnet die Station 117 (Schildhornstraße) die durch eine hohes Verkehrsaufkommen mit innerstädtisch bedingtem hohen Kaltstartanteil und dichter, überwiegend vier- bis fünfgeschossiger randlicher Bebauung (Straßenschlucht) gekennzeichnet ist und damit ungünstige Bedingungen für eine rasche Verdünnung der Schadstoffe aufweist. Im Jahr 2001 lag der Jahresmittelwert hier mit 5,4 µg/m³ noch oberhalb und 2002 mit 4,9 µg/m³ (Wert 2002 nach SenStadt 2003) nur knapp unterhalb des zukünftigen Grenzwertes. Die Immissionswerte für das Jahr 2003 sind aufgrund eines hohen Anteils gestörter Messwerte nicht berücksichtigt.

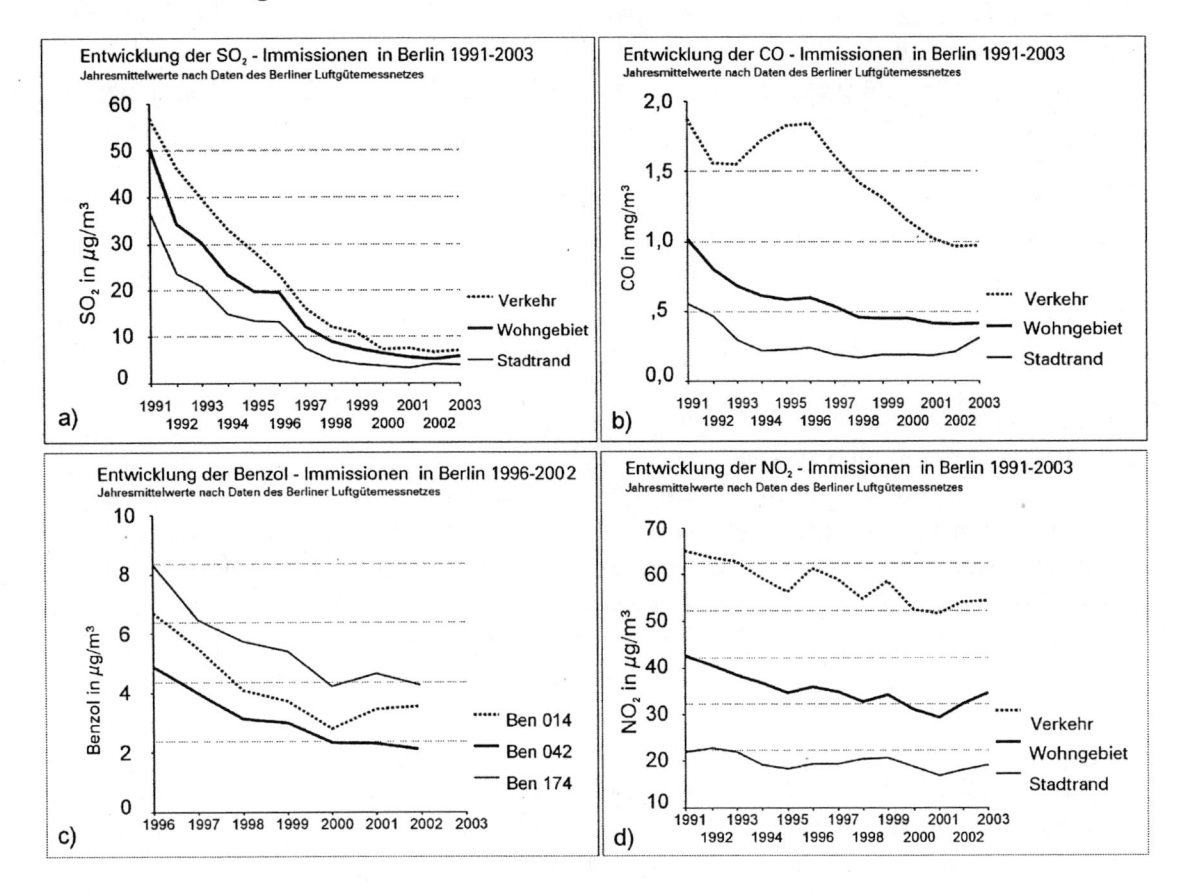

Abb. 1: Zeitliche Entwicklung der Jahresmittelwerte der SO_2-, CO-, Benzol- und NO_2-Immissionen in Berlin 1991-2003 bzw. 1996-2002.

Der Rückgang der Stickoxidemissionen wird in erster Linie durch den Beitrag der genehmigungsbedürftigen Anlagen geleistet, der Beitrag des KFZ-Verkehrs fällt demgegenüber wesentlich geringer aus. Emittiert wird in erster Linie das bei Hochtemperatur-Verbrennungsprozessen aus dem Luftstickstoff und dem Luftsauerstoff primär gebildete Stickstoffmonoxid, das in Entfernung von der Emissionsquelle in der freien Luft schnell durch Ozon und (langsamer) durch Sauerstoff zu Stickstoffdioxid oxidiert wird. Abbildung 1d zeigt, dass die höchsten Jahresmittelwerte die verkehrsbezogenen Messstationen aufweisen, gefolgt von den Werten der Stationen im Wohngebiet und im Stadtrandbereich. Bis zum Jahr 2001 ist an den Straßenmessstellen und den Wohngebietsstationen ein leicht abnehmender Trend auszumachen, während sich an den Stadtrandstationen kein einheitlicher Trend zeigt. Von 2001 bis 2003 zeigen die drei räumlichen Stationskategorien wieder eine leichte Zunahme des Jahresmittelwertes.

Die 22.BImSchV sieht für Stickstoffdioxid einen Immissionsgrenzwert von 40 µg/m³ als Jahresmittelwert ab dem Jahre 2010 vor, der Immissionsgrenzwert 2002 beträgt unter Berücksichtigung der Toleranzmarge 56 µg/m³, für das Jahr 2003 54 µg/m³. In beiden Jahren liegen die Jahresmittelwerte der Verkehrsstationen nur wenig unterhalb der zulässigen Immissionsgrenzwerte. An den Messstellen in den Straßenschluchten (143, 117) stellt sich die Einhaltung der Grenzwerte problematisch dar, der ab 2010 geltende Grenzwert von 40 µg/m_ wird an allen verkehrsbezogenen Messstationen überschritten. Für die Stationen im Wohngebiet und am Stadtrand stellt sich die Einhaltung des Grenzwertes unproblematisch dar.

Ozon besitzt eine Sonderstellung als Luftschadstoff, da es nicht direkt emittiert wird, sondern im Rahmen photochemischer Reaktionen sekundär gebildet wird. Die Bildungsrate des Ozons wird von der Konzentration der Stickoxide, VOCs und Kohlenmonoxid, sowie durch das Strahlungsangebot gesteuert, welches während sommerlicher Hochdruckwetterlagen naturgemäß großzügig ausfällt. In der Nähe stark befahrener Straßen werden große Mengen Stickstoffmonoxid emittiert, welches u.a. mit Ozon reagiert, daher zeigen Straßenmessstellen niedrigere Ozonkonzentrationen, während die höchsten Werte quellfern gemessen werden (Einzelheiten zur troposphärischen Ozonchemie finden sich u.a. bei MÖLLER 2003); wesentliche Ozon-Vorläufersubstanzen werden in den Straßen emittiert. In Berlin weisen dementsprechend Stadtrandstationen die höchsten Konzentrationswerte auf, gefolgt von den Stationen im Wohngebiet (Abb. 2a). Ferner wird deutlich, dass an den Stationen mit geringeren Ozonwerten (Verkehr, Wohngebiet) in den letzten Jahren eine deutliche Zunahme zu beobachten ist, sodass ein genereller Anstieg der Hintergrundkonzentration zu konstatieren ist.

Der Einsatz von Staubfiltern, die Modernisierung der Feurungsanlagen und Heizungssysteme sowie die strukturell bedingten Veränderungen führten bis Mitte der 1990er Jahre zu einer deutlichen Verminderung der Schwebstaubemissionen. Seit dem Jahr 2000 wird die Messung von Schwebstaub mit Vorabscheider verlangt, sodass (näherungsweise) nur Partikel mit einem aerodynamischen Durchmesser $d_{ae} \leq 10$ µm (kurz PM10) bei der Messung berücksichtigt werden. Die Umstellung erfolgte im Berliner Luftgütemessnetz in den Jahren 1998-2002. Der besseren Vergleichbarkeit halber wurden in der nachfolgenden Betrachtung die Jahresmittelwerte der Schwebstaubkonzentration in PM10-Äquivalente umgerechnet, soweit die Messung noch als TSP erfolgte. Die PM10-Äquivalente wurden durch Multiplikation des TSP-Wertes mit dem Faktor 0,8 gewonnen. Dies stellt bei geringer zeitlicher Auflösung eine gute Näherung des PM10-Wertes dar, der Faktor wurde durch Vergleichsmessungen bestimmt (u.a. LENSCHOW et al 2001, S.25). Bei höherer zeitlicher Auflösung (z.B. Tagesmittelwerte) ist diese Methode nicht empfehlenswert.

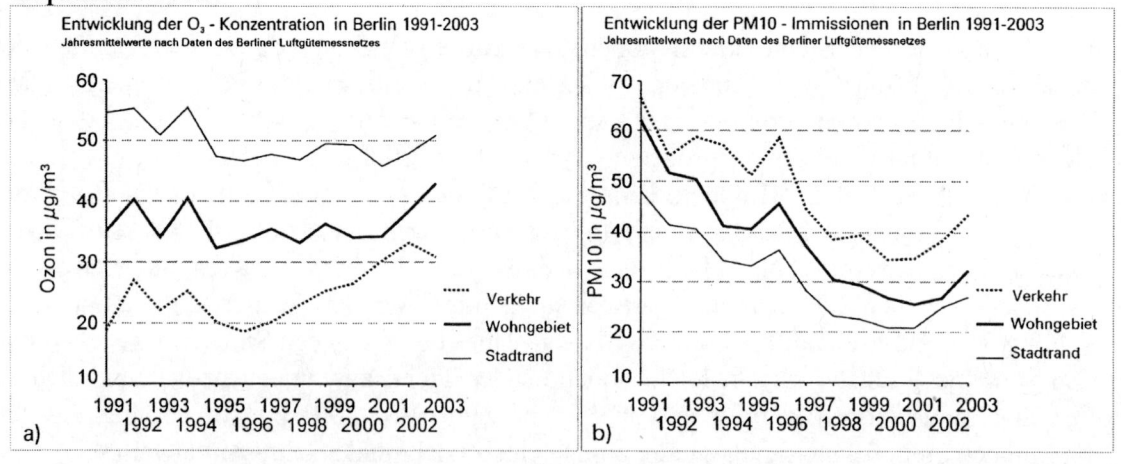

Abb. 2: Zeitliche Entwicklung der Jahresmittelwerte der Ozon- und Schwebstaub-PM10-Immissionen in Berlin 1991-2003.

In Abbildung 2b ist die zeitliche Entwicklung der PM10- (bzw. PM10-Äquivalente-) Schwebstaubkonzentration dargestellt. Die höchsten Werte werden an den verkehrsbezogenen Messstellen gemessen, gefolgt von den Werten der Wohngebietsstationen und der Stadtrandstationen. Die Immissionen von 1991 bis 2000 (Verkehr und Stadtrand) bzw. 2001 (Wohngebiet) zeigen einen abnehmenden Trend, danach steigen sie bis 2003 etwa auf das Niveau von 1997 (Verkehr und Stadtrand) bzw. 1998 (Wohngebiet).

Tabelle 1 gibt die Jahresmittelwerte für Verkehrs- und Wohngebietsmessstellen von 1997 – 2003 an. Ab 2005 gilt im Rahmen der 22. BImSchV ein Grenzwert für PM10-Immissionen von 40 µg/m³ als Jahresmittelwert, im Jahr 2002 zuzüglich Toleranzmarge 44,8 µg/m³ und im Jahr 2003 zuzüglich Toleranzmarge 43,2 µg/m³. Im Jahr 2003 wurde an der Verkehrsstation 014 ein Jahresmittelwert von 47 µg/m³ beobachtet und damit der zulässige Grenzwert inklusive Toleranzmarge überschritten, alle drei verkehrsbezogenen Stationen überschritten den zukünftigen (2005) Grenzwert von 40 µg/m³, an den betrachteten Stationen im Wohngebiet sind keine Überschreitungen zu verzeichnen.

Jahr	PM_{10} 014 [µg/m³]		PM_{10} 117 [µg/m³]		PM_{10} 174 [µg/m³]		PM_{10} 042 [µg/m³]		PM_{10} 071 [µg/m³]	
1997	47		40		47		37		42	
1998	36		39		41		28		35	
1999	37		43		39		29		31	
2000	32		35		37		28		31	
2001	35	60	35	50	35	51	26	20	30	31
2002	40	91	38	84	40	82	30	40	34	57

Tab. 1: Jahresmittelwerte der PM10-Immissionskonzentration bzw. PM10-Äquivalente an verschiedenen Berliner Messstationen nach Daten des Berliner Luftgütemessnetzes. Ab 2001 erscheinen die Jahresmittelwerte links in der Spalte, während rechts die Überschreitungshäufigkeiten des 50µg/m³-Tagesmittelwertes aufgeführt sind.

Stufe II der Richtlinie 1999/30/EG zur Luftreinhaltung sieht ab 2010 einen Richtwert für PM10 von 20 µg/m³ als Jahresmittelwert vor. Abbildung 2b lässt erkennen, dass dieser Wert momentan nicht erreicht wird. Der leicht ansteigende Trend der letzten zwei Jahre lässt auch keine Abschätzung der Einhaltung im Jahr 2010 zu, es ist zu vermuten, dass zumindest an den verkehrsbezogenen Messstellen im Jahr 2010 der angestrebte Wert von 20 µg/m³ nicht eingehalten werden kann.

Die bereits erfolgte Umsetzung der I. Stufe der Richtlinie 1999/30/EG in nationales Recht durch Novellierung der 22. BImSchV schreibt neben dem Grenzwert von 40 µg/m³ als Jahresmittelwert auch einen Grenzwert von 50 µg/m³ als 24-Stunden-Mittelwert bei maximal 35 zulässigen Überschreitungen im Jahr vor.

Tabelle 1 zeigt die Anzahl der Überschreitungen des o.g. 24-h-Mittelwertes an ausgewählten Stationen für die Jahre 2001 und 2002. Bezüglich der Zahl und der Zunahme der zulässigen Überschreitungen stellt sich die Situation an den Straßenstationen problematisch dar. Eine Einhaltung der 35 zulässigen Überschreitungen an den Straßenstationen im Jahr 2005 ist fraglich.

Variabilität der PM10-Immissionen in Abhängigkeit der Großwettertypen

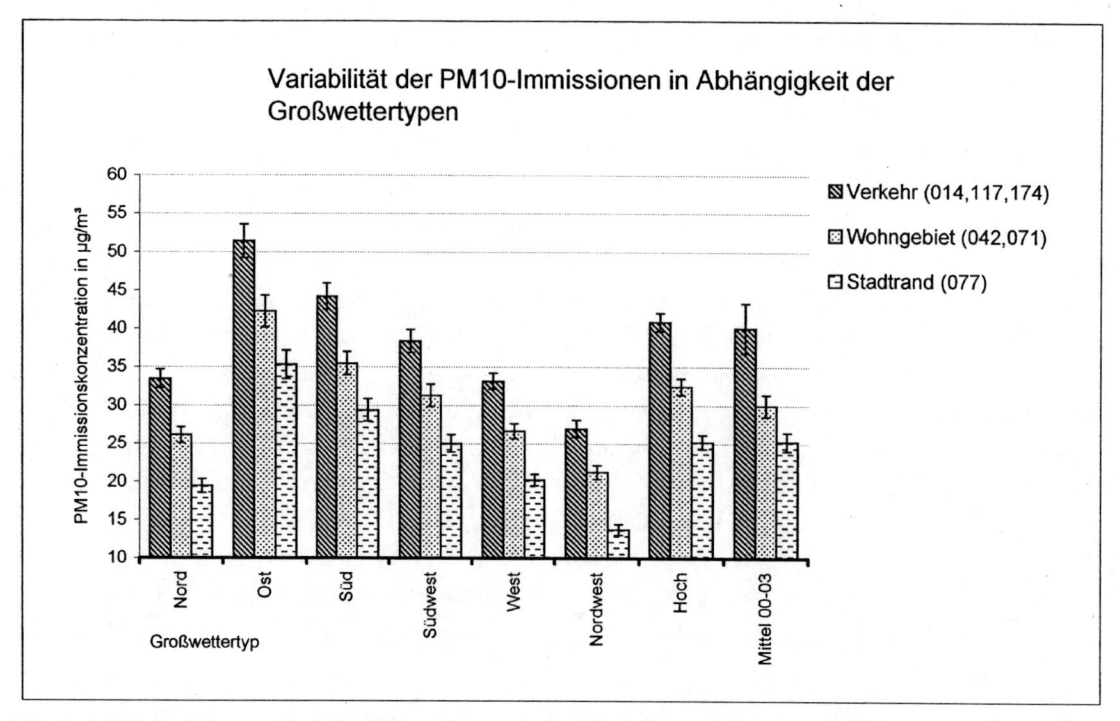

Abb. 3: Variation der Schwebstaubkonzentration infolge der unterschiedlichen Großwettertypen. Zeitraum 2000-2003. Auswertung von Daten des Deutschen Wetterdienstes und des Berliner Luftgütemessnetzes.

Die Schwebstaubkonzentration variiert auch deutlich mit den Witterungsbedingungen. Abbildung 3 stellt die PM10-Immissionskonzentration unter verschiedenen Witterungsbedingungen unter Verwendung der Großwettertypen dar (die Systematik der Großwetterlagen und Großwettertypen wird u.a. bei Gerstengarbe et al 1993 dargestellt). Besonders während der Ostlagen liegt die PM10-Immissionskonzentration deutlich über dem undifferenzierten Mittelwert 2000-2003. Der Großwettertyp Hoch Mitteleuropa (Hoch) entspricht etwa dem undifferenzierten Mittelwert, während die maritim geprägten West- und Nordwestlagen durchweg mit unterdurchschnittlichen PM10-Immissionskonzentrationen assoziiert sind. Die Variation der PM10-Konzentration aufgrund gegensätzlicher Großwettertypen (Ostlagen vs. Westlagen) fällt in Berlin stärker aus als die Variation der drei räumlichen Kategorien untereinander.

Für die Luftqualität Berlins allgemein stellt sich die Situation an den Straßenmessstationen bezüglich Stickstoffdioxid und Schwebstaub-PM10 noch problematisch dar, das sekundär gebildete Ozon bedarf weiterhin aufmerksamer Beobachtung, insbesondere hinsichtlich der Grundbelastung.

Literatur

BAUMBACH 1993: Luftreinhaltung. Berlin, Heidelberg, New York, u.a. 1993.
BImSchV 22, Zweiundzwanzigste Verordnung zur Durchführung des
Bundes-Immissionsschutzgesetzes, September 2002, BGBl I 2002, 3626
GERSTENGARBE, F.-W. et al. 1993: Katalog der Großwetterlagen Europas nach Paul Heß und Helmuth Brezowski 1881-1992. – 4., vollständig neu bearbeitete Auflage. Berichte des Deutschen Wetterdienstes Nr. 113. Offenbach.
LENSCHOW et al 2001: Some ideas about the sources of PM10. Atmospheric Environment 35 Supplement No. 1, 2001, S23–S33
MÖLLER, Detlev 2003: Luft Chemie, Physik, Biologie, Reinhaltung, Recht. Berlin, New York.

Richtlinie 1999/30/EG des Rates vom 22. April 1999 über Grenzwerte für Schwefeldioxid, Stickstoffdioxid und Stickstoffoxide, Partikel und Blei in der Luft, ABl. vom 29. Juni 1999 Nr. L 163 S. 41, geändert durch Entscheidung 2001/744/EG vom 17. Oktober 2001

SenStadt 1998: Air Quality in Berlin 1997. Senatsverwaltung für Stadtentwicklung, Berlin.

SenStadt 2003: Luftgütemessdaten. Jahresbericht 2002. Senatsverwaltung für Stadtentwicklung, Berlin.

WHO 2000: Air Quality Guidelines for Europe. World Health Organization, Regional Office for Europe. Second Edition. Copenhagen.

Anschrift des Verfassers:
Dipl.-Geogr. Thomas Draheim
Geographisches Institut der Humboldt Universität zu Berlin
Unter den Linden 6, 10099 Berlin
email: thomas.draheim@geo.hu-berlin.de

Biodiversität in Großstädten (– eine Unterrichtseinheit?)

von SANDRA GEHRKE, Berlin

1. Vorwort

Das die Großstädte keine artenarmen Inseln sind, sondern im Gegensatz zum jeweiligen Umland eine höhere Biodiversität vorweisen können, ist unlängst bekannt. In den Großstädten bieten die charakteristischen -vom Menschen gestalteten- Räume einzelnen Tier- und Pflanzenarten und ganzen Artenkombinationen neue Lebensmöglichkeiten. So korreliert in Mitteleuropa die Artenzahl der Farn- und Blütenpflanzen eng mit der Einwohnerzahl bzw. –dichte. Während Klein– und Mittelstädten ca. 530-560 Arten aufweisen, erhöht sich die Artenzahl in Millionenstädten auf mehr als 1300 Arten (siehe Abb. 1). Als Ursache für die hohe Artenzahl lassen sich drei Hauptgründe benennen: 1. Die Vielzahl an ökologischen Nischen, bedingt durch die heterogene Siedlungsstruktur und deren unterschiedlicher Flächennutzung; 2. Handel und Verkehr innerhalb der Städte, infolge dessen viele nichteinheimische Arten durch direkte oder indirekte Hilfe in das Siedlungsgebiet gelangt sind und 3. der Artenpool des Umlandes, denn neben den zahlreichen eingeführten Arten können auch einheimische Organismen von den städtischen Lebensbedingungen profitieren (vgl. Sukopp & Trepl 1999: 20-25).

Nun stellt sich die Frage, wie man die rein deskriptive Beschreibung der Biodiversität in Großstädten auf eine normative Bewertungsebene heben kann. Welche Indikatoren und Konzepte eignen sich für die Messung von der Biodiversität? Wie lassen sich die Bevölkerung und allen voran die Schülerinnen und Schüler dazu bringen, die Biodiversität zu erkennen und zu erhalten? Ich möchte in einem kleinen Exkurs die Biodiversiät insbesondere der Gefäßpflanzen in Großstädten darstellen, diskutieren und im Anschluss ein paar Vorschläge für eine Herangehensweise mit Schülerinnen und Schülern diskutieren.

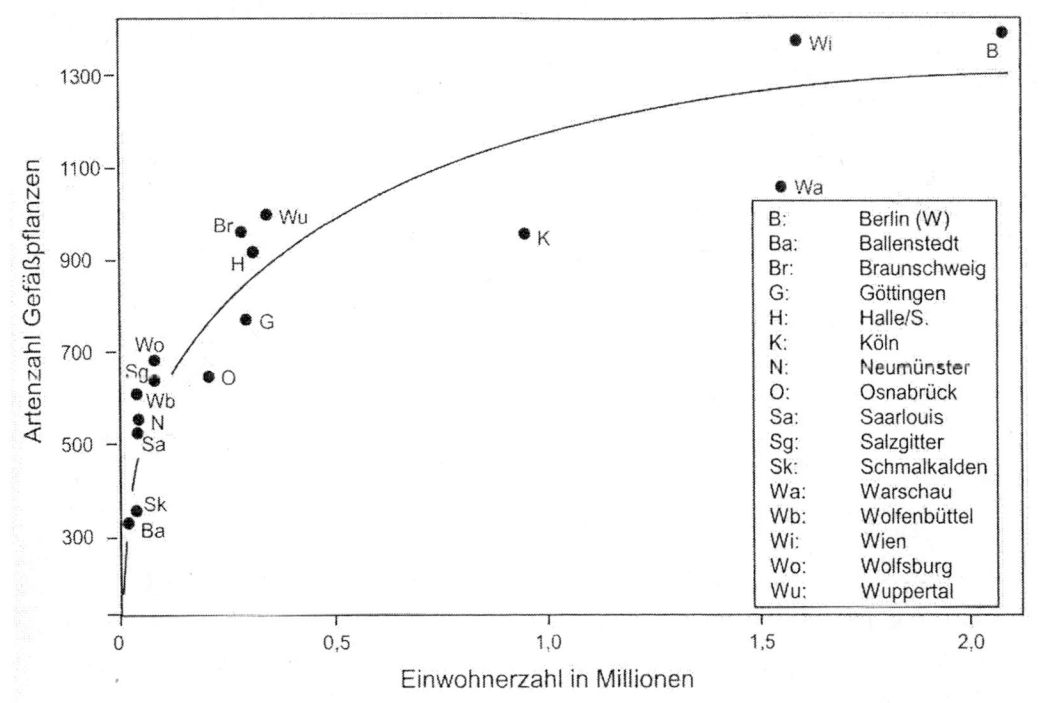

Abb. 1: Anzahl der Gefäßpflanzenarten und Einwohnerzahl von Städten (Brandes & Zacharias 1990, Klotz 1990. In: Wittig 2002: 63).

2. Begriffsbestimmung

Unter dem Begriff Biodiversität versteht man die Variabilität der lebenden Organismen jeglicher Herkunft. Diese Definition beinhaltet die Vielfalt innerhalb der Arten, zwischen den Arten und die Vielfalt der terrestrischen und aquatischen Ökosysteme (vgl. Jedicke 2001: 59). Diese Artenvielfalt ist das Resultat einer seit über 3,5 Milliarden Jahren andauernden Evolution und umfasst ca. 1,7 Millionen Spezies (vgl. Bundesamt für Naturschutz, BfN 1997: 17). Der Fund von ca. 1.100 Käferarten in dem Kronendach eines einzigen Baumes im tropischen Regenwald lässt erahnen, wie hoch die tatsächliche Artenzahl geschätzt werden muss (vgl. BfN 2001: 4).

Um diese Vielfalt zu erhalten, trat am 29.12.1993 das „Übereinkommen über die Biologische Vielfalt" (Convention on Biological Diversity, CBD) in Kraft. Dieses Übereinkommen wurde von 182 Staaten (Stand: März 2002) ratifiziert. Verfolgt werden unter anderem drei Hauptziele: 1. Der Erhalt biologischer Vielfalt, 2. eine Nutzung biologischer Vielfalt, die diese nicht auf Dauer vermindert (nachhaltige Nutzung) und 3. die gerechte Aufteilung der Vorteile (Gewinne) aus der Nutzung genetischer Ressourcen (BfN 2002: 195).

Unterschieden wird grundsätzlich zwischen _-Biodiversität (Genetische Vielfalt, die erblichen Variationen innerhalb und zwischen Populationen von Arten), _-Biodiversität (Anzahl verschiedener Arten in bestimmten Raumausschnitten) und _-Biodiversität (Lebensraumvielfalt, Vielfalt an Lebensräumen/Biotopen in Landschaften oder Landschaftsausschnitten) (vgl. BfN 1997:17).

Die einfachste Möglichkeit, die Biodiversität eines Raumes zu erfassen, ist die Bestimmung der Artenzahl. Da diese rein deskriptive Aufnahme eines Gebietes keine weitere Aussagekraft besitzt, wird für die Darstellung der Komplexität eines Systems häufig die Formel von SHANNON (19948/1976) verwendet, in der die Artmächtigkeit (Individuenzahl & Deckungsgrad) mit berücksichtigt wird (vgl. Dierschke 1994: 145). Je nach Fragestellung bieten sich weitere normative Komponenten an: Für den Naturschutz steht die Erforschung der Anzahl gefährdeter oder schützenwerter Arten (Rote Liste der gefährdeten Arten) im Vordergrund. Als weitere mögliche operationalisierbare Indikatoren wären Eveness (Gleichverteilung), ökologische Zeigerwertspektren, *keystone* (z.B. Robinie*)* und *flagship species* (Wiedereinführung von Arten - „Lachs 2000") zu nennen (vgl. Nagel 1999: 402).

3. Biodiversität in Großstädten

Wenn Wissenschaftlerinnen und Wissenschaftler von der Biodiversität in Großstädten sprechen, so meinen sie in der Regel die spontane Ansiedlung von einheimischen Arten (Indigene), Alteingebürgerten (Archäophyten) und neue nichteinheimische Pflanzen seit dem Jahre 1500 (Neophyten). Ziergärten, Balkonpflanzen und ähnliches werden dabei nicht berücksichtigt. Im Zuge der Einhaltung der Biodiversitätskonvention (Sicherung der Vielfalt der Arten) wird diskutiert, welche Rolle gebietsfremde Arten spielen und vor allem, wie man sie bewerten soll. Denn als Bestandsbildner sind von den Neophyten aus Nordamerika weder Robinie „*Robinia pseudoacacia*", Eschenahorn „*Acer negundo*" oder Roteiche „*Quercus rubra*" aus der Mitteleuropäischen Großstadtflora wegzudenken.. Offen bleibt auch noch die Frage, wie die heimatlosen (neogenen) Arten (z.B. Hirtentäschelkraut „*Capsella bursa-pastoris*", einjähriges Rispengras „*Poa annua*" und weißer Gänsefuß „*Chenopodium album*") zu bewerten sind, denn ihre Entstehung ist unmittelbar an die Stadtentwicklung gekoppelt.

Anders verhält es sich hingegen mit „invasiven" Neophyten wie der kanadischen Goldrute „*Solidago canadensis*". Sie ist in städtischen Artemisieta-Gesellschaften der am weitesten verbreitete Neophyt. Der Erfolg der Verbreitung beruht auf ihrer vielfältigen Ausbreitungsqualitäten: Als R-Stratege kann sie sich mit bis zu 19.000 Flugsamen/Stängel insbesondere Rohböden flächendeckend erschließen. Die Ausbreitung am Standort erfolgt durch ein starkes Rhizomwachstum. Andere Pflanzen werden verdrängt oder kommen nicht auf. Gegenüber Umweltgiften wurde ihr eine gewisse Resistenz nachgewiesen (vgl. Wittig 2002: 155). Weiterhin sind die einheimischen Insekten (Wildbienenarten und Fressfeinde) noch nicht auf ihren „Geschmack" gekommen, so dass ihre Bekämpfung aus der Perspektive des Naturschutzes erstrebenswert ist (vgl. Fachstelle Naturschutz Zürich 2004: 1-2).

Erst kürzlich wurde eine weltweite Studie zur Verbreitung von Pflanzen in städtischen Lebensräumen verschiedener Großstädte der nördlichen Hemisphäre durchgeführt. In den untersuchten Städten (z.B. Los Angeles, New York, Berlin, Rom und Yokohama) wurde vor allem der Frage nachgegangen, welche die erfolgreichsten, spontan wachsenden Wildpflanzen (Gefäßpflanzen) sind. Die oft als „Unkraut" bezeichneten Arten bilden den Hauptanteil der Biomasse in der Stadt. Dabei üben die zahlreichen allochthonen Organismen einen enormen Druck auf die städtischen Biotope aus. So wird in der Studie deutlich, dass durch den internationalen Handel und dem Wegfall der biogeographischen Barrieren, die Pflanzenwelt seit dem 16. Jahrhundert zunehmend von nichteinheimischen Arten beeinflusst wird. Bei dem Vergleich der Großstädte untereinander, zeichnet sich ein recht differenziertes Bild ab. Auch wenn die Zahl der Neophyta in den Großstädten zunimmt, überwiegen unter den 50 häufigsten Stadtpflanzen in Berlin und Rom mit 70% die einheimischen Pflanzen (z.B. Schafgarbe „*Achillea millefolium*", Beifuß „*Artemisia vulgaris*" & Birke „*Betula pendula*"). In amerikanischen Großstädten hingegen macht der Anteil an gebietsfremden Arten über 80% aus. Ehemalige, aus Europa eingeführte Küchenkräuter wie Beifuß „*Artemisia vulgaris*", findet man in New York ebenso häufig wie Löwenzahn „*Taraxacum officinale*" oder Spitzwegerich „*Plantago lanceolata*" (vgl. Hahn 2003:1-3).

3.1. Biodiversität in Berlin

Die Biodiversität in Großstädten wie Berlin ist alles andere als homogen strukturiert. Durch die unterschiedlichen Stadtzonen und den zunehmenden menschlichen Einfluss zum Zentrum hin, ergeben sich entsprechende Veränderungen der Ökosphäre.

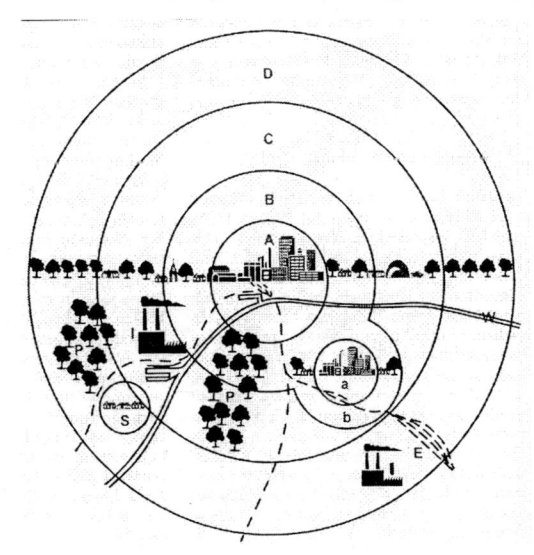

Abb. 2: Das konzentrische Stadtmodell (Zonen A, B, C, D) wird durch Unterzentren (a, b), Schlafstädte (S) und azonale Elemente (E, I, P, W) bis zur Unkenntlichkeit verwischt (aus Wittig 1991/2002).

In einem idealisierten konzentrischen Stadtmodell, lassen sich vier ökologische Zonen erkennen (vgl. Abb. 2): A. Zone der geschlossenen Bebauung, B. Zone der aufgelockerten Bebauung, C. innere Randzone und D. äußere Randzone. Innerhalb dieser einzelnen Zonen liegen inselartige Bereiche wie z.B. Industrieanlagen (I), Parkanlagen (P), Friedhöfe, Kleingärten, innerstädtische Waldflächen, Seen, Einkaufs-, Schul- und Sportzentren. Neben diesen Inseln gibt es auch azonale Bereiche, die sich durch alle Stadtzonen hindurchziehen und eine Ver- und Ausbreitung der Arten vom Umland in die Stadt und umgekehrt ermöglichen, z.B. Eisenbahngelände (E), Autobahnen, Wasserstraßen (W) und Fließgewässer (vgl. Sukopp & Wittig 1998: 316ff.).

Gruppe	Zone A	Zone B	Zone C	Zone D
Gefäßpflanzenarten (pro km^2)	380	424	415	357
Anzahl seltener Arten (pro km^2)	17	23	35	58
Vegetationsbedeckung in %	32	55	75	95
Anteil an Neophyten in %	50	47	43	28
Anteil an Therophyten in %	34	31	33	19

Abb. 3: Floristische Charakteristika anhand eines stadtökologischen Gradientens in Berlin (verändert nach Kunick 1974/ Gilbert 1994/ Wittig 2002)

In der Abb. 3 wird explizit, dass die Anzahl an Gefäßpflanzenarten in der Zone der aufgelockerten Bebauung (B) am höchsten ist. Der Anteil an Neo- und Therophyten (Einjährige) ist in der Zone der geschlossenen Bebauung (A) fast doppelt so hoch, wie in der äußeren Randzone (D), die ans Umland grenzt. Als Prototypen der spontanen Stadtflora findet man in der inneren bebauten Zone Lebensformtypen wie Hemikrypto- und Therophyten mit zahlreichen kleinen Blüten, Wind- und Selbstbestäubung, Wind-, Kleb- und Klettverbreitung. Ferner zeichnen sich die urbanophilen Pflanzen durch eine hohe Lichtzahl (lichtliebend), eine hohe Temperaturzahl (temperaturliebend), eine niedrige Feuchtezahl (trockentolerant), eine hohe Reaktionszahl (basophil) bzw. eine hohe Stickstoffzahl (nitrophil) aus. Im Bereich der innerstädtischen Bürozentren finden sich vor allem schüttere Trittfluren mit Vogelknöterich „*Polygonum aviculare*", einjährigem Rispengras „*Poa annua*" und Fragmenten von ruderalen Gänsefuß-Gemeinschaften „*Chenopodietum ruderale*" (vgl. Richter 2002: 9).

3.2. Biodiversität in Großstädten als eine Unterrichtseinheit?

Die Biodiversität mit Schülerinnen und Schülern zu entdecken und zu erfahren sollte Teil des Berliner Rahmenplanes sein. Aber weder in den Fächern Erdkunde, noch der Biologie lässt sich diese Begrifflichkeit entdecken. In Anbetracht der Tatsache, dass die Mühlen der Kultusministerkonferenzen langsam mahlen und der Begriff „Biodiversität" noch relativ jung ist, lässt er sich hinter anderen Formulierungen, wie „Lebensgemeinschaften erhalten" (Biologie 7. Klassenstufe), vermuten. Hingewiesen sei auf den Artikel „Pflanzen in der Stadt" von K. STEINECKE (2002: 12-18), die eine vegetationsgeographische Schülererkundung für den Erdkundeunterricht der Sekundarstufe I ausführlich erläutert. Trotz vereinfachter Materialien und praktischer Tipps, bleibt auch hier die Frage ungelöst, wie sich die Schülerinnen und Schüler für das Erkennen des unmittelbaren Lebensraumes motivieren lassen und wie die mangelhafte Qualifikation für die Bestimmung sowohl der Pflanzen- als auch der Tierarten kompensiert werden können. Denn die Artenkenntnis ist seit längerem kein primäres Lernziel im Biologieunterricht mehr. Die klassische Forderung vom fächerübergreifenden, entdeckenden

Lernen bleibt der Initiative engagierter Lehrerinnen und Lehrer überlassen. Dies soll kein Plädoyer gegen die Behandlung von Biodiversität im Unterricht sein, sondern auf die Mängel der Inhalte im Schulunterricht hinweisen, bis heute ist es mir ein Rätsel, wie eine Sensibilisierung für die Erhaltung der Biodiversität (nicht nur in Großstädten) erreicht werden soll, ohne jegliche Kenntnis von Flora und Fauna an die Schülerinnen und Schüler zu vermitteln. Diese Frage möchte ich gerne im Anschluss an meinen Vortrag zu Diskussion stellen.

4. Kleines Fazit

Biodiversität können wir zum Glück nicht verhindern. Durch die vielfältig gestalteten Lebensräume des Menschen innerhalb der Stadt, findet man in Großstädten wie z.B. Wien und Berlin über 1300 Gefäßpflanzenarten. Während sich die rein deskriptive Anzahl der Arten relativ leicht erfassen lässt, fällt die normative Bewertung und Messung von Biodiversität noch schwer. Je nach Fragestellung müssen unterschiedliche Indikatoren hinzugezogen werden. Biodiversität = eine Antwort auf keine Frage?

Literaturverzeichnis

Bundesamt für Naturschutz, BfN (Hrsg.) (1997): Erhaltung der biologischen Vielfalt. Wissenschaftliche Analyse deutscher Beiträge. Bonn.
BfN (Hrsg.) (2001): Biologische Vielfalt. Das Netz des Lebens. Bonn.
BfN (Hrsg.) (2002): Daten zur Natur 2002. Bonn.
Dierschke, H. (1994): Pflanzensoziologie: Grundlagen und Methoden. Stuttgart.
Fachstelle Naturschutz Zürich (Hrsg.) (2004): Problempflanzen – spätblühende & kanadische Goldrute. In: http://www.naturschutz.zh.ch (Zugriff am 01.06.2004).
Frey, W. u. Lösch, R. (1998): Lehrbuch der Geobotanik: Pflanze und Vegetation in Raum und Zeit. Stuttgart, Jena, Lübeck & Ulm.
Gilbert, O.L. (1994): Städtische Ökosysteme. Radebeul.
Hahn, R. (2003): Grüne Invasoren – Europäer weltweit am erfolgreichsten in Großstädten. In: http://idw-online.de/public/pmid-59615/zeige_pm.html (Zugriff am 26.04.2004).
Jedicke, E. (2001): Biodiversität, Geodiversität, Ökodiversität. Kriterien zur Analyse der Landschaftsstruktur – ein konzeptioneller Diskussionsbeitrag. In: Naturschutz und Landschaftsplanung 33, (2/3), 2001: 59-68.
Kunick, W. (1974): Veränderungen von Flora und Vegetation einer Großstadt, dargestellt am Beispiel von Berlin (West). Diss. TU Berlin.
Nagel, P. (1999): Biogeographische Raumanalyse und Raumbewertung mit Tieren. In: Schneider-Sliwa, R. (Hrsg.): Angewandte Landschaftsökologie. Berlin u.a.: 397-425.
Richter, M. (2002): Moderne Aspekte der Pflanzengeographie. In: Praxis Geographie 7-8/2002: 4-10.
Steinecke, K. (2002): Pflanzen in der Stadt. In: Praxis Geographie 7-8/2002: 12-18.
Sukopp, H. (Hrsg.) (1990): Stadtökologie: das Beispiel Berlin. Berlin.
Sukopp, H. u. Trepl, L. (1999): Stadtökologie als biologische Wissenschaft und als politische-planerisches Handlungsfeld. In: Friedrichs, J. u. Hollaender, K. (Hrsg.): Stadtökologische Forschung: Theorien und Anwendungen, 1. Auflage. Berlin: 19-34.
Sukopp, H. u. Wittig, R. (Hrsg.) (1998): Stadtökologie. Ein Fachbuch für Studium und Praxis, 2. Auflage. Stuttgart, Jena, Lübeck & Ulm.
Wittig, R. (2002): Siedlungsvegetation. Stuttgart.

Anschrift der Verfasserin:
Sandra Gehrke
Geographisches Institut der Humboldt-Universität zu Berlin
Unter den Linden 6, 10099 Berlin
email: sandra.gehrke@geo.hu-berlin.de

Fachdidaktische Sitzung FD 2

Wetter und Klima im Wandel – lokal, europaweit, global

Rolf Bürki

Klimawandel und Tourismus im Unterricht

Seite 163 - 166

Dieter Klaus

Interaktives Computerprogramm zur Visualisierung globaler und regionaler Klima- und Umweltprozesse

Seite 167 - 170

Hermann Goßmann & Hilke Stümpel

Klimakunde im Internet – Das Projekt webgeo*

Seite 171 – 175

****

* = auf CD-ROM mit farbiger Abbildung

Klimawandel und Tourismus im Unterricht

von ROLF BÜRKI, St. Gallen

1. Einleitung

Der Klimawandel zählt zweifellos zu den wichtigsten Umweltproblemen. Seine Folgen für Natur und Gesellschaft sind gravierend. Für den Wintertourismus stellt der Klimawandel eine existenzielle Herausforderung dar. Skigebiete in mittleren und tieferen Lagen müssen in Zukunft öfters ohne natürlichen Schnee auskommen. In der Schweiz werden in 30 bis 50 Jahren nur noch 44 – 63 % der Skigebiete schneesicher sein. Die Folgen für die Branche sind tief greifend; Anpassungsprozesse haben bereits eingesetzt (Bürki, 2000; vgl. Abb. 1).

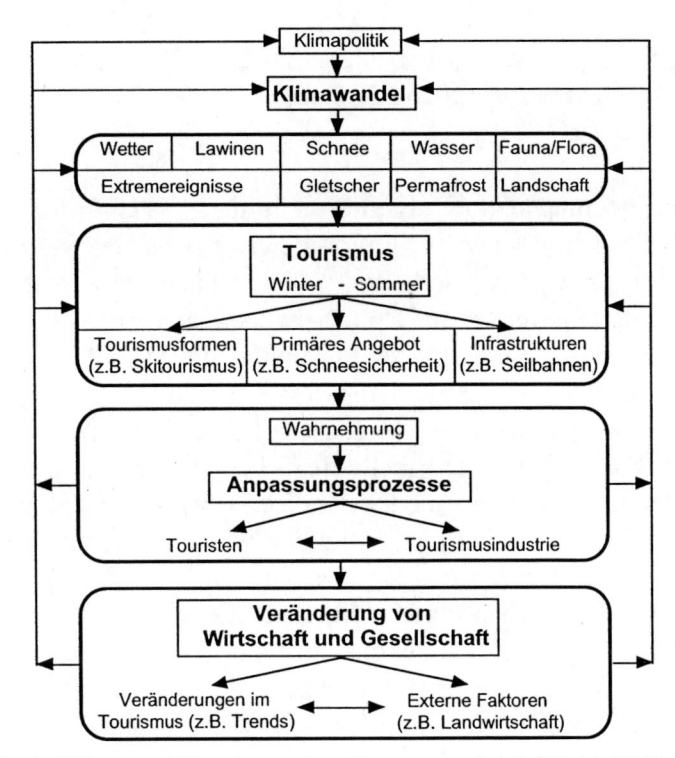

Abb. 1: Klima und Tourismus im Alpenraum (nach Bürki, 2000: 30)

Sowohl Klimawandel als auch Tourismus sind feste Bestandteile des Geographieunterrichts. Eine Verknüpfung der beiden Themen drängt sich insofern auf, da das Zusammenspiel zwischen Klima, Klimawandel und Tourismus genau den Kern der Geographie trifft, nämlich die Verknüpfung von Natur und Gesellschaft, beziehungsweise von naturwissenschaftlichen und gesellschaftswissenschaftlichen Ansätzen. Aufgrund ihrer vielfältigen Aspekte eignet sich die Thematik vorzüglich für einen fächerübergreifenden Unterricht bis hin zu Projekttagen und Studienwochen. Der Artikel zeigt zusammenfassend Anforderungen und Möglichkeiten der Thematik Klimawandel und Tourismus für den Unterricht; weiterführende Informationen mit Fallbeispielen finden sich in Bürki (2004).

2. Didaktische Überlegungen

Der Zusammenhang von Klimawandel und Tourismus lässt sich einfach aufzeigen, wenn die Schnittstelle der beiden Bereiche offensichtlich ist. Beim Wintertourismus ist es der (fehlende) Schnee. Beim Badetourismus besteht allerdings die Schnittstelle aus einem komplexen System von tourismusspezifischen Wetterbedingungen (z.B. Schwüle), der Häufigkeit und Stärke von Extremereignissen (z.B. Stürmen) sowie den Veränderungen der Küste und der Unterwasserwelt (z.B. Korallenbleiche). Eine gründliche didaktische Reduktion braucht es sowieso, um nicht in der Komplexität des Systems zu versinken.

Aus didaktischer Sicht sprechen folgende Gründe für die Behandlung der Thematik Klimaänderung und Tourismus:

Die Klimaänderung zählt zu den wichtigsten Umweltproblemen und wird über die Zukunft der Berggebiete und Küstenregionen mitentscheiden.

Im Berggebiet manifestiert sich die Klimaänderung wegen des Schnees und der Gletscher unmittelbar. Sie wird konkret beobachtbar und erlebbar.

Der Tourismus ist die Leitindustrie in den Alpen und an vielen Küsten.

Viele Schülerinnen und Schüler haben einen direkten Bezug zum Wintersport oder zu Badeferien. Viele leben in touristischen Räumen.

2.1 Anforderungen

Das Thema Klimaänderung und Tourismus stellt spezifische Anforderungen, welche im herkömmlichen Unterricht oft nur am Rande bewusst behandelt werden. An erster Stelle steht der Umgang mit Unsicherheiten. Sie bilden ein zentrales Problem der Klimafolgenforschung und müssen im Unterricht adäquat thematisiert werden. Die Gründe für Unsicherheiten in der Klimafolgenforschung liegen auf verschiedenen Ebenen, angefangen bei der ungewissen natürlichen Klimaentwicklung bis zu den Projektionen einer zukünftigen Gesellschaft. Da die sozialwissenschaftliche Klimafolgenforschung im Bereich des Tourismus am Ende der Wirkungskette liegt, kumulieren sich hier die Unsicherheiten. Die Schülerinnen lernen zum Beispiel, zwischen naturwissenschaftlichen Ergebnissen und der Wahrnehmung der Klimaänderung zu unterscheiden. Das soziale Konstrukt wird zur Wirklichkeit, es entscheidet über Anpassungsreaktionen.

Nebst den wissenschaftlichen Unsicherheiten führt die mediale Aufbereitung des Themas zu Verunsicherung. Sei es aus Unwissenheit, Ignoranz, Überforderung, journalistischer Effekthascherei oder absichtlicher Irreführung sind Medienprodukte zur Klimaänderung oft ungenau, verzerrt oder sogar falsch. Ohne einer blinden Wissenschaftsgläubigkeit das Wort zu sprechen, muss im Unterricht klar zwischen wissenschaftlichen Unsicherheiten und falscher Darstellung in den Medien unterschieden werden. Grundsätzlich gilt es für den Schüler, die Unsicherheiten offen zu legen, kritisch zu werten und trotz Unsicherheiten die Entscheidungsfähigkeit nicht zu verlieren.

Eng verknüpft mit Unsicherheiten ist der Bereich der hypothetischen Überlegungen. Im Rahmen der Klimafolgenforschung sind hypothetische Überlegungen wissenschaftlich notwendig und sinnvoll. Das Thema schliesst jedoch eine streng positivistische Beweisführung aus. Die Schüler werden im Denken mit Hypothesen, Wahrscheinlichkeiten und Alternativen gefördert. Sie lernen zudem, auf die abschliessende, ‚einzig richtige' Lösung zu verzichten. Denn diese sind in hochkomplexen Mensch-Umwelt-Systemen wie dem Beispiel Tourismus und Klimaänderung weder möglich, noch sinnvoll. Jedes Eingreifen in das System führt zwangsläufig zu weiteren, oft nicht voraussehbaren Folgen.

2.2 Möglichkeiten

Den spezifischen Anforderungen stehen eine Reihe Möglichkeiten gegenüber. Erstens ist die Thematik Klimaänderung und Tourismus ganz einfach eine Anwendung von Fähigkeiten und Fertigkeiten der Grundlagen im Bereich der Klimaänderung, des Tourismus und des jeweiligen Raumes (Alpen, Küste). Unabhängig davon, ob die Thematik im Rahmen der Klimatologie, der globalen Umweltprobleme, des Tourismus oder einer regionalgeographischen Betrachtung behandelt wird, bietet sie die Möglichkeit zur Reiseerziehung und –bildung. Denn Touristen sind selbst für einen nicht unbedeutenden Anteil am anthropogenen Treibhauseffekt verantwortlich. Im Sinne eines handlungsorientierten Unterrichts ergeben sich in diesem Themenfeld wichtige und sinnvolle Anknüpfungspunkte.

Zweitens handelt es sich um ein aktuelles Thema. Vor allem (negative) Extremereignisse finden sehr stark den Weg in die Medien, und die Lehrmittelverlage bieten eine Fülle aktueller Unterlagen. Das Internet bietet diverse interaktive Plattformen, welche Schüler zur Recherche und zu eigenständigem Lernen nutzen können (vgl. Büssenschütt, 2001).

Drittens nimmt am Beispiel der Folgen einer Klimaänderung für den Tourismus die Geographie exemplarisch ihre Kernfunktion als Brücke zwischen den Natur- und Humanwissenschaften wahr.

3. Schlussfolgerungen

Einfache Argumentationen im Bereich Klima und Tourismus werden dem komplexen System nicht gerecht, zu differenzierte Ansätze wiederum überfordern Schüler (und zum Teil Lehrer). Solche didaktischen Probleme erfordern sehr viel an Reflexion und Vorbereitung, damit die Thematik zu einem wertvollen Unterrichtsinhalt wird. Ein blosses ‚Behandeln' aktueller klimatologischer Extremereignisse und ihrer Folgen für Mensch und Umwelt verharrt oft beim Schüler auf der Ebene des Staunens.

Andererseits eignet sich das Thema vorzüglich, um wesentliche Aspekte unserer modernen Welt aufzugreifen, wie zum Beispiel das ‚Entscheiden unter Unsicherheit'. Damit wird bereits ersichtlich, dass es im Unterricht bei weitem nicht nur um die Klimaänderung und ihre Folgen auf den Tourismus geht, sondern um Lern- und Denkstrategien, Schlüsselqualifikationen und Sensibilisierung. Das ist keine neue, aber eine im Unterrichtsalltag oft vergessene Feststellung.

Die vielschichtigen Zusammenhänge zwischen Klimaänderung und Tourismus wurden lange Zeit in den Wissenschaften vernachlässigt. Seit wenigen Jahren lässt sich jedoch ein regelrechter Boom feststellen, und sogar die Welttourismusorganisation hat mit einer ersten Konferenz in Tunesien und der daraus entstandenen ‚Djerba-Declaration' gleichsam einen Startpunkt gesetzt (WTO, 2003). Ob die hehren Ziele der Deklaration auch wirklich angepackt und umgesetzt werden, hängt nicht zuletzt von der Thematisierung im Unterricht auf den verschiedenen Stufen von der Sekundarstufe 1 bis zu den Tourismusschulen und Universitäten ab. Der Forschungsstand in der Schweiz im Bereich Klimawandel und Tourismus ist sehr hoch, leider fehlt es noch an didaktischen Untersuchungen. Da wir in der Schweiz (noch) kaum geographiedidaktische Forschung betreiben können, wäre ein gemeinsames Forschungsprojekt mit deutschen Partnern lohnenswert.

Literatur

BÜRKI, R. (2004): Davos sieht grün - Beispiele zu Klimawandel und Tourismus auf der Sekundarstufe II. In: GAMERITH, W. u.a. (Hrsg.) (2004): Alpenwelt – Gebirgswelten. Heidelberg & Bern: 229 – 235.

BÜRKI, R. (2000): Klimaänderung und Anpassungsprozesse im Wintertourismus. St. Gallen.
   (online: http://www.snowfuture.com)
BÜSSENSCHÜTT, M. (2001): Klimaforschung geht zur Schule - Einsatz der Informationsplattform
   CLIMATE FACTS im Unterricht. In: Praxis Geographie, Nr. 11/2001: 29-34.
WTO (2003): Djerba Declaration.
http://www.world-tourism.org/sustainable/climate/decdjerba-eng.pdf

Anschrift des Verfassers:
Dr. Rolf Bürki
Pädagogische Hochschule St. Gallen
Notkerstrasse 27, 9000 St. Gallen (Schweiz)
email: rbuerki@bluewin.ch

Interaktives Computerprogramm zur Visualisierung globaler und regionaler Klima- und Umweltprozesse

von DIETER KLAUS, Bonn

1. Zielsetzung

Zur Bewertung der Folgen von Umwelteingriffen ist das Erkennen und Verstehen der Zusammenhänge zwischen den Umweltfaktoren, die die Dynamik von Umweltprozessen bestimmen, zwingend notwendig. Ziel der im Vortrag vorgestellten interaktiven Computerprogramme ist es, durch Computeranimationen realitätsnahe Vorstellungen zur raumzeitlichen Dynamik und zum Zusammenwirken wichtiger Umweltparameter zu vermitteln. Der Anwender soll im Ergebnis verstehen, welche dynamischen Prozesse zum Werden mittlerer Umweltzustände führen, die in Form der Atlas-Mittelwertkarten von Temperatur, Niederschlag, Luftschadstoffen etc. im Unterricht bearbeitet werden. Außerdem soll der Anwender erkennen, dass anthropogene Manipulationen der Umweltparameter deren mittlere Zustände verändern.

2. Verfahren der Programmerstellung

Zur Visualisierung der raum-zeitlichen Dynamik ausgewählter Umweltparameter werden durch das interaktive Computerprogramm die stündlichen bzw. täglichen globalen bzw. regionalen Karten vom Anwender auszuwählender Klima- und Umweltparameter sowie deren räumliche Verknüpfung in so rascher Aufeinanderfolge gezeigt, dass der optische Eindruck des ineinander Übergehens von Systemzuständen entsteht. Um diesen Animationseffekt zu erreichen, sind riesige Datenmengen zu erheben, zu bearbeiten und in Karten einzutragen, die dann programmtechnisch so zu bearbeiten sind, dass sie in einer wählbaren Ablaufgeschwindigkeit nacheinander gezeigt werden können. Erst die jüngsten Entwicklungen der Computertechnologie und des Internets lassen die Beschaffung, Speicherung und hinreichend rasch aufeinanderfolgende kartographische Darstellung der im Billionenbereich liegenden Datenmengen zu. Die Computeranimationen können musikalisch unterlegt werden, um die Aufmerksamkeit steigernde Emotionen beim Anwender zu wecken.

3. Dynamik globaler Prozesse

In der globalen Dimension bietet das Programm die Möglichkeit zur Animation der für ein $1 \times 1°$ Gitternetz berechneten täglichen Mittelwerte der Temperatur im Boden-, 850hPa- und 200hPa- Niveau, der Bewölkung, des Niederschlags, des Begrünungsindex (Normalized Difference Vegetation Index, NDVI) sowie der 1000hPa und 500hPa Geopotentiale. Diese Parameter können jeweils in Verbindung mit den Windrichtungen und Windgeschwindigkeiten im 850hPa- und 200hPa-Niveau animiert werden (Daten, 2003). Bei den Bodentemperaturen können auch die stündlichen Werte zur Darstellung kommen, anhand deren räumlicher Dynamik sich u.a. die Erddrehung veranschaulichen lässt. Datum und Uhrzeit werden ebenso wie eine Kurzbeschreibung des gewählten Parameters am oberen Bildrand angezeigt. Die Ablaufgeschwindigkeit kann von einem bis zu fünf Bildern pro Sekunde geändert werden. Der Ablauf kann beliebig vom Anwender angehalten und anschließend fortgeführt werden. Die Programmbedienung setzt keinerlei Kenntnisse voraus.

4. Klimaklassifikation nach Köppen

Die Klimaklassifikation nach Köppen basiert auf den langjährigen (1960-90) globalen mittleren monatlichen Temperatur- und Niederschlagswerten von über 10 000 Messstationen. Diese wurden auf ein vergleichsweise grobes, globales 2,5 X 2,5° Gitternetz interpoliert, dessen Quadratflächen entsprechend ihrer Klimatypzugehörigkeit farbig markiert wurden. Beim Anklicken eines Gitterpunktes dieser die ganze Erde abdeckenden Karte mit der rechten Maustaste erscheint das zu diesem Gitterquadrat gehörige Klimadiagramm mit oder ohne Angabe des Klimatyps. Im letzteren Fall ist der Nutzer aufgefordert, den Klimatyp selbst zu bestimmen. Gelingt dies nicht, so können die der Klassifikation zugrunde liegenden Kriterien (Heyer, 1963, 224) angezeigt werden, bevor ein neuer Klassifikationsversuch unternommen wird. Für jedes Gitterquadrat lassen sich außerdem die Zeitreihen der monatlichen Temperaturen von 1958-2002 mit der zugehörigen Trendgeraden anzeigen. Auf einen Blick ist erkennbar, in welchen Monaten im Bereich des gewählten Klimatyps signifikante Temperaturänderungen im Rahmen der globalen Erwärmung aufgetreten sind. Die ebenfalls dargestellte Zeitreihe der monatlichen Mitteltemperaturen gibt Aufschluss über Veränderungen im Jahresgang der Temperatur im Zeitraum 1958-2002.

5. Dynamik kontinentaler Prozesse

In der kontinentalen Dimension können am Beispiel Afrikas die auf ein 1X1km Gitternetz bezogenen täglichen Mittelwerte des Niederschlags in Verbindung mit den Windrichtungen und Windgeschwindigkeiten im 850hPa- und 200hPa-Niveau sowie mit dem Begrünungsindex gezeigt werden. Die täglichen Wanderungen der Innertropischen Konvergenz Zone (ITC) können anhand der Migration der Niederschlags- und Windfelder ebenso wie die im Gefolge des Niederschlags mit einer einmonatigen Verzögerung auftretende Begrünung des afrikanischen Kontinents im Wandel der Jahreszeiten nachvollzogen werden. Auch die das nördliche und südliche Afrika beeinflussenden außertropischen Störungen lassen sich beim Ablauf der Animation ebenso wie deren zeitweilige Einflussnahme auf die Entwicklung und Intensität von Störungen im Bereich der Innertropischen Konvergenz nachweisen (Kraus, 2000, 364).

6. Dynamik regionaler Prozesse

In der regionalen Dimension werden auf der Grundlage der täglichen Daten von 7000 Stationen die Niederschläge der Bundesrepublik Deutschland für die Jahre 1981-1990 in ihrer räumlichen Verteilung in Abhängigkeit von den durchziehenden Fronten und den jeweiligen Großwetterlagen animiert. Für jeden Tag können die korrelativen Beziehungen zwischen den täglichen Niederschlagssummen, der Hangneigung, der Hangexposition, der geographischen Länge und der geographischen Breite unter Berücksichtigung aller Stationen berechnet und angezeigt werden. Graphische Darstellungen langer Niederschlagszeitreihen (1891-1995) sind für 85 Stationen Nordrhein-Westfalens auf Monats-, Jahreszeiten- und Jahresbasis möglich.

In der regionalen Dimension sind außerdem Windfeldanimationen für die Kölner Bucht und den Bonner Raum anhand der stündlichen Messwerte aller hier regelmäßig arbeitenden Boden- und Höhenwind-Messstationen möglich. Die Kanalisierungseffekte, die im Bereich der Kölner Bucht das synoptisch bedingte Windfeld modifizieren, werden durch die Animation der stündlichen Windwerte und durch deren mittleres Strömungsfeld, das unter Berücksichtigung der Luftmassenstabilität und der Wetterlage berechnet und graphisch dargestellt wird, hervorragend veranschaulicht.

7. Stadtklimatische und lufthygienische Prozesse

Da die Luftverunreinigung in der Bundesrepublik Deutschland gegenwärtig nur beim seltenen Auftreten extremer Wetterlagen an die international vorgegebenen Schwellenhöchstwerte heranreicht, wurde für die Animation auf Daten aus Mexiko-Stadt, wo diese Schwellenwerte täglich in einem gesundheitsgefährdenden Ausmaß überschritten werden, zurückgegriffen. Es können für die Jahre 1998 bis 2000 die stündlich gemittelten Messwerte für Ozon, Stickstoffdioxid, Stickoxid, Kohlenmonoxid, Schwefeldioxid und Schwebestaub in ihrer Beziehung zu den gleichzeitig auftretenden mittleren stündlichen Bodenwindgeschwindigkeiten und –Richtungen, den Temperaturen, den relativen Feuchten und den Niederschlägen animiert werden. In Mexiko Stadt messen 17 Stationen die stündlichen Luftschadstoffe, 20 das stündliche Windfeld, die stündliche Temperatur und Feuchte und 55 den stündlichen Niederschlag. Die Messwerte dieser Stationen wurden für die Animation auf ein 2X2Km Gitternetz, das Mexiko-Stadt weitflächig abdeckt, interpoliert. Messwerte gitterquadratnaher Stationen wurden dabei stärker als gitterquadratferner Stationen linear gewichtet.

Bei der Darstellung der Luftschadstoffdaten kann der Anwender zwischen einer statischen und dynamischen Skalierung wählen. Erstere behält die einmal angenommene Skalierung bei, letztere orientiert sich an den zur jeweiligen Uhrzeit auftretenden Maximal- und Minimalwerten hinsichtlich der Farbgebung. Dadurch kann die räumliche Verlagerung der Zonen höchster Parameterwerte besonders leicht beim Ablauf der Animation nachvollzogen werden. Fast täglich lässt die Animation innerstädtische Wärmeinseleffekte hervortreten und zeigt die enge Beziehung zwischen Temperatur, Windfeld und den Zonen maximaler Schadstoffbelastung. Für weiterführende Studien zur Dynamik photochemischer Prozesse können zwei Schadstoffe gleichzeitig, etwa Ozon und Stickstoffmonoxid, animiert werden. Ein Statistikprogramm bietet dem Nutzer die Möglichkeit, die räumliche Verteilung der animierten Parameter für ausgewählte Tages- und Jahreszeiten zu analysieren.

8. Numerische und statistische Modelle

Zur Analyse der Reaktion des Klimasystems auf natürliche oder anthropogene Änderungen ausgewählter Umweltparameter wurde ein einfaches numerisches Energiebilanzmodell entwickelt, in dem der Nutzer die Ozeantiefe, die Solarkonstante, die Albedo, die Transmissivität und den Kohlendioxidgehalt der Atmosphäre nach seinen Vorstellungen manipulieren kann. Das interaktive Programm berechnet die globalen Jahresmitteltemperaturen für die auf die Manipulation folgenden 50 Jahre und stellt diese Zeitreihe graphisch dar. Die Rechnungen lassen sich mit und ohne diverse Rückkopplungseffekte sowie zufalls- und deterministisch chaotisch gesteuerte Störungen durchführen. Die mit dem Energiebilanzmodell bestimmte 50-jährige Zeitreihe der globalen Mitteltemperaturen repräsentiert keine verlässliche Prognose, charakterisiert aber die Sensitivität des Klimasystems hinsichtlich der vom Nutzer manipulierten Umweltparameter (Storch et al. 1999, 79).

Ein statistisches Modell gestattet es, die funktionalen Beziehungen zwischen 87 volkswirtschaftlich relevanten Parameter, die für 173 Nationen im Jahr 2000 verfügbar sind, graphisch und numerisch darzustellen. Das statistische Modell gestattet insbesondere die Verknüpfung von ökonomischen und ökologischen Parametern. Beispielsweise ergibt sich zwischen der Äquatordistanz der Nationen und deren BSP/ Kopf eine statistisch signifikante Beziehung die dadurch gekennzeichnet ist (Abb. 1), dass bei Annährung an den Äquator um einen Kilometer das BSP/Kopf im Mittel um 2,64$ absinkt.

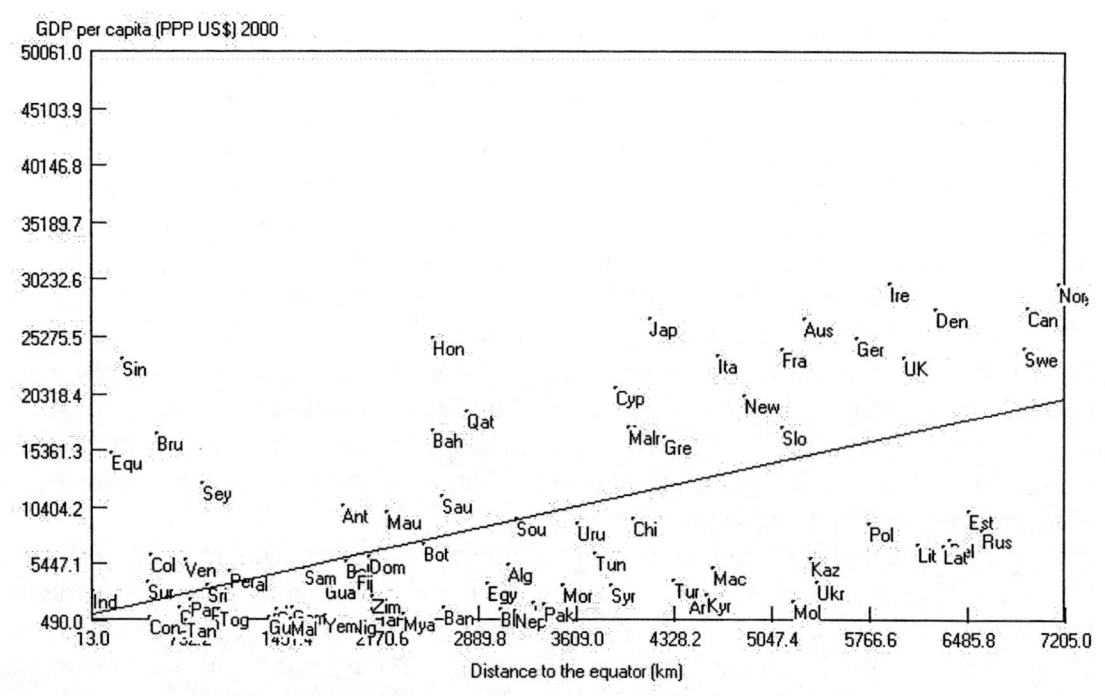

Abb. 1: Statistische Beziehung zwischen Äquatordistanz in Kilometern und dem Bruttosozialprodukt/ Kopf unter Berücksichtigung der Daten von 173 Nationen für das Jahr 2000.

Literatur

DATEN, (2003): Die den verschiedenen Programmen zugrunde liegenden Daten wurden vom Deutschen und Mexikanischen Wetterdienst, von der NASA, der WMO, der OECD sowie von den Umweltämtern der Städte Bonn, Köln und Mexiko-Stadt bereitgestellt.
HEYER, E. (1963): Witterung und Klima. Leipzig.
KRAUS, H. (2000): Die Atmosphäre der Erde. Braunschweig.
STORCH, H., S. GÜSS &. M. HEIMANN (1999): Das Klimasystem und seine Modellierung. Berlin.

Anschrift des Verfassers:
Prof. Dr. Dieter Klaus
Clausiusstr. 15, 53113 Bonn

Klimakunde im Internet – Das Projekt webgeo

von HERMANN GOßMANN und HILKE STÜMPEL, Freiburg

Ein Thema, eine didaktische Idee und dreissig Minuten

Dreissig Minuten im Leben eines Schülers oder Studenten sind ein kostbares Gut, die er aber gerne einsetzt, wenn er damit zu einer ihm bewussten Verständnislücke die notwendige Einsicht erwarten kann.

Deshalb ist das Konzept von WEBGEO, zu so genannten „vermittlungsresistenten Grundeinsichten" der Physischen Geographie mit den Möglichkeiten des neuen Mediums Zugänge zu öffnen, gerade für die Ausbildung in Klimatologie von besonderer Bedeutung. In diesem Bereich sind häufig auch gut abgrenzbare zentrale Themen des Grundstudiums trotz erheblicher Anstrengungen noch Studierenden der Abschlusssemester fremd. Andererseits können durch die Arbeit in zwei Komplexitätsniveaus, die so genannte BLOW- und SLOW-Struktur des WEBGEO-Lehrmateriales auch umfangreichere Stoffe mit ihren Wechselbeziehungen und Vernetzungen erschlossen werden.

Was ist WEBGEO?

WEBGEO war ein Projekt im Rahmen der BMBF-Förderinitiative „Neue Medien in der Bildung",
WEBGEO ist die Methodik, die in diesem Projekt entwickelt wurde und
WEBGEO ist ein Internetportal, in welchem Lehr/Lernmaterial angeboten wird, das den Standards der WEBGEO-Methodik genügt.

Das Projekt WEBGEO:

Mit dem Ziel, ein Internetlehrangebot zum Grundstudium in Physischer Geographie zu schaffen, bestand von 2000-2003 ein Verbund aus sieben Projektpartnern mit insgesamt acht Teilprojekten. Er umfasste einerseits Institute, die in einem Teilbereich der Physischen Geographie besondere Erfahrung in Forschung und Lehre aufweisen, andererseits der Physischen Geographie verbundene Fachdidaktiker.

Beteiligt waren Geographische Institute von Universitäten Frankfurt, Berlin, Halle, Heidelberg und Würzburg sowie Professuren der Fachdidaktik Geographie an der Universität Frankfurt und der Pädagogischen Hochschule Freiburg. Die Koordination lag beim Institut für Physische Geographie der Universität Freiburg.

WEBGEO-Methodik:

Das Mediendidaktisches Konzept von WEBGEO beruht darauf, dass im Sinne des „Blended Learning" eigenständige Lehrmaterialien für die individuelle Erarbeitung von Lerninhalten und die Begleitung oder Nachbearbeitung klassischer Veranstaltungsformen erstellt werden. WEBGEO stellt Lehrmodule bereit, die in Ergänzung zu klassischen Lehrveranstaltungen oder im reinen Selbststudium genutzt werden können. Deshalb ist WEBGEO streng modular aufgebaut. Ziel der Module bzw. Lernbausteine ist einerseits, Verständnis für (insbesondere die als schwer vermittelbar geltenden) Grundeinsichten zu erzeugen, andererseits aber auch, diese in größeren Zusammenhängen anzuwenden und dabei die Reflektion von Wissensaneignung zu fördern. Deshalb arbeitet WEBGEO in zwei Komplexitätsniveaus mit BLOWs (Basic Learning Objects WEBGEO) und SLOWs (Structural Learning Objects WEBGEO).

In den BLOWs werden einzelne Wissensbausteine erarbeitet. Sie sind in sich abgeschlossen und stellen jeweils einen fachlich definierten gedanklichen Bogen dar, der nicht weiter zerstückelt werden sollte. Ein BLOW besteht aus einer Startseite, einem Text- und Graphikangebot, interaktiven Elementen, Übungen bzw. Tests und einer Schlussseite. Ein BLOW sollte in der Regel in weniger als 20 Minuten bearbeitet werden können. Um die Gedankenführung innerhalb der BLOWs stringent zu halten, wird aus dem BLOW heraus eine Verlinkung zu anderen Inhalten nur sehr sparsam durchgeführt.

- Startseite
  Kurzdarstellung der ausgewählten Lehr-/Lerneinheit, Voraussetzungen, Zeitbedarf, Autoren
- Inhaltsseite(n)
  webtaugliche multimediale Darstellung der Lerninhalte mit Wort, Bild, Animationen, Audio, Video ...
- Übungen & Tests
  Einüben des erlernten Wissens mit Hilfe interaktiv gestalteter Übungseinheiten und Überprüfen des erlernten Wissens durch Bewertung der gegebenen Antworten
- Schlussseite
  Zusammenfassung der erlernten Inhalte, verwandte Themen, weiterführende Literatur und Links

Tab. 1: Aufbau eines WEBGEO-BLOW

In die BLOWs integrierte Übungen dienen nicht nur der Anwendung vorher eingeführten Stoffes sondern im Sinne der heuristischen Methode auch seiner Weiterführung. Deshalb haben sie in der Regel eine einheitliche Struktur mit dem Dreischritt Aufgabenstellung, Tipp, Lösung. Ein Bezug auf wenige, immer wieder genutzte Beispiellokalitäten („virtuelle Heimat") dient dazu, Phänomene und Prozesse zu verorten und ihre räumlichen und zeitlichen Skalen erfassbar zu machen
WWW-basierte Tests dienen der Rückmeldung über den individuellen Wissensstand, Übungssequenzen dem Training bestimmter Kenntnisse und der Erleichterung des Wissenstransfers in einen anwendungsnahen Lehr-Lern-Kontext.

Um das Lehrangebot vor allem bei sogenannten schwer vermittelbaren („lernresistenten") Grundeinsichten besonders anschaulich zu gestalten, werden umfassend Animations- und Interaktionstechniken verwendet, die bislang in dem Maße bei der Erstellung von internetbasierten Lernmaterialien in diesen Stoffbereichen kaum Anwendung fanden. Dazu gehören Animationen typischer Prozessabläufe, Online-Exkursionen mit einer vom Nutzer gesteuerter Bewegung in virtuellen Welten sowie Modellrechnungen für einzelne Geoprozesse mit interaktiv vom Lerner zu wählenden Parametern. Da viele der Themen den Aufbau einer dreidimensionalen räumlichen Vorstellung erfordern, werden bei der Visualisierung spezieller Themenkomplexe intensiv 3D-Techniken eingesetzt, die ebenfalls die Möglichkeit der Interaktion nutzen

Eine wichtige Rolle spielt ein gleichzeitig erstelltes Online-Glossar. Es hat die Funktion, die Arbeit in den BLOWs dadurch zu unterstützen, dass benötigte Fachbegriffe ohne den Sprung in andere Lehreinheiten abgeklärt werden können.

In den SLOWs werden die BLOWs zu komplexen Wissensstrukturen angeordnet, die entlang vorgegebener Lernwege oder in freier Vernetzung vom Lernenden erarbeitet werden können.

Zur Abdeckung der Anforderungen verschiedener Studien- und Prüfungsordnungen können aus dem Fundus der BLOWs spezifische SLOWs zusammengestellt werden.

WEBGEO als Internetportal

Die in WEBGEO entwickelten Lernmodule werden unter www.webgeo.de im Internet verfügbar gemacht. Ebenso die Ergebnisse anderer für die geographische Ausbildung in Schule und Hochschule relevanter Vorhaben, soweit sie den Standards der WEBGEO-Methodik entsprechen. Dazu gehören derzeit die Projekte ELMM (Erd- und Landschaftsgeschichte SW-Deutschlands multimedial) und PEMO (Pedologie modular).

Dazu wurde am Institut für Physische Geographie der Universität Freiburg ein Internet-server eingerichtet, der die erforderliche Leistung und Funktionalität liefert. Die einzelnen Seiten werden dynamisch erzeugt und mit Hilfe einer Datenbank, in der alle Elemente abgelegt sind, mit einer einheitlichen Navigation versehen. Der Aufruf der Module erfolgt mit den üblichen Webbrowsern. Erforderliche Plugins für Sonderformate (Flash-Animationen etc.) sind kaum erforderlich und entsprechen wenn sie eingesetzt werden den aktuellen Standards. Gleichzeitig können für die Einbeziehung der Materialien in internet-unterstützte Lehrveranstaltungen an verschiedenen Orten die BLOWs und SLOWs auch in die jeweils verwendeten dezentralen Online-Lernumgebungen wie ILIAS oder CLIX eingebunden werden.

Themenschwerpunkte von WEBGEO-Klima?

Entsprechend dem Konzept der Konzentration auf die „vermittlungsresistenten Grund-einsichten" wurden bisher vor allem die Themenbereiche Geometrisch-astronomische Grundlagen, Energie- und Strahlungshaushalt der Erdoberfläche, Wasser in der Atmosphäre, Vertikalbewegung der Luft, Grundlagen der atmosphärischen Zirkulation sowie Klimazonen und Klimakarten bearbeitet. Derzeit frei verfügbar sind die folgenden Lehrmodule (BLOWs):

Geometrisch-astronomische Grundlagen
- Erde, Erdbahn und astronomische Jahreszeiten
- Mathematische Klimazonen
- Scheinbare Sonnenbahnen in verschiedenen geographischen Breiten und Jahreszeiten
- Tagessumme der Energiezustrahlung

Energie- und Strahlungshaushalt der Erdoberfläche
- Physik der Wärmestrahlung
- Solare Strahlung
- Einfluss der Atmosphäre auf die solare Strahlung
- Streuung der solaren Strahlung in der Atmosphäre

- Absorption der solaren Strahlung in der Atmosphäre

Wasser in der Atmosphäre
- Energieumsätze bei den Phasenübergängen
- Kondensation und Feuchtemaße

Vertikalbewegung in der Luft
- Adiabatische Prozesse / Föhn
- Schichtungszustände

Zirkulation der Atmosphäre
- Druckgradient und Gradientkraft
- Bezugssysteme und die Corioliskraft
- Einfache Experimente zur Corioliskraft
- Das Foucault'sche Pendel
- Divergenz und Konvergenz
- Einführung in die Allgemeine Zirkulation der Atmosphäre

Klimazonen/ Klimaklassifikationen
- Vergleich von Klimaklassifikationen
- Klimaklassifikation nach Köppen und Geiger
- Klimagroßregionen

Klimageschichte
- Dendrochronologie

Beispiel

Als Beispiel eines interaktiven Elementes wird hier eine Seite aus dem BLOW „Das Foucaultsche Pendel" vorgestellt. Das Lernmodul hat die Aufgabe, die Abhängikeit der Corioliskraft von der geographischen Breite anschaulich einzuführen. Der Lernende variiert mit Hilfe des Schiebereglers sowohl die Sonnenbahn als auch ihren Schnittwinkel mit dem Horizontkreis. So kann er die unterschiedliche Drehgeschwindigkeit der Horizontebene in den verschiedenen geographischen Breiten ableiten.

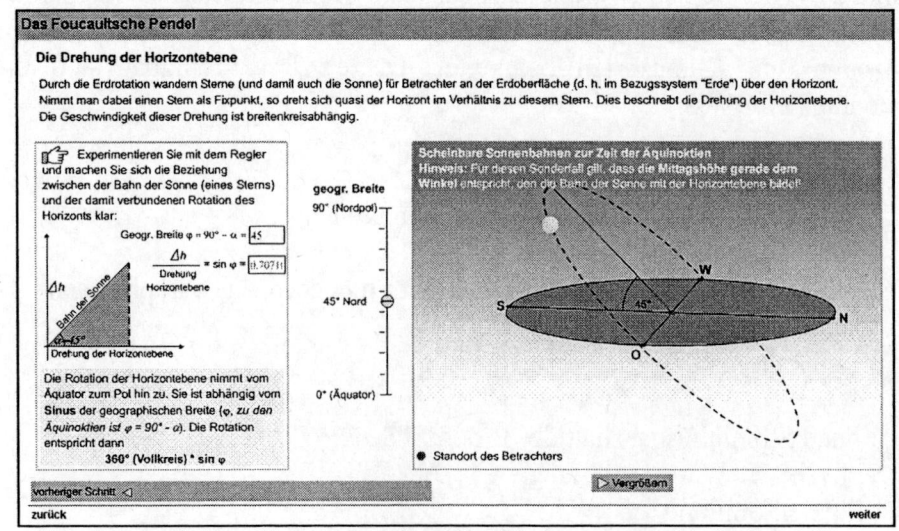

Abb. 1: Interaktives Element aus dem BLOW „Das Foucaultsche Pendel"
(http://www.webgeo.de/module/rahmen.php?string=1;k_458;1)

Literaturverzeichnis

Goßmann, H.; R. Fuest, R. Glawion, H. Saurer et al. (2003): Online-Lernmodule zur Physischen Geographie. Das Projekt WEBGEO. In: Geographische Rundschau, 55(2), 56-61.

Schnirch, M. (2004): Interaktive Visualisierungselemente als grundlegender Bestandteil des E-Learning in der Geographie. Beispiele aus der Klimatologie. Dissertation Universität Freiburg, Mai 2004.

Anschrift der Verfasser:
Prof. Dr. Hermann Goßmann
Institut für Physische Geographie der Universität Freiburg
Werderring 4, 79085 Freiburg
email: hermann.gossmann@geographie.uni-freiburg.de

Hilke Stümpel
Institut für Physische Geographie der Universität Freiburg
Werderring 4, 79085 Freiburg
email: hilke.stuempel@geographie.uni-freiburg.de

Fachdidaktische Sitzung FD 3

Geographiedidaktik für die Zukunft

Hans-Dietrich Schultz

**Wie viel Vergangenheit braucht die Zukunft?
Über Nutzen und Nachteil disziplinhistorischer Reflexionen
für den Geographieunterricht**

Seite 179 - 190

Ingrid Hemmer & Gabi Obermaier

**Aus der Forschung für die Schule:
Ein Beitrag zur Optimierung des Geographieunterrichts**

Seite 191 - 195

Wie viel Vergangenheit braucht die Zukunft?
Über Nutzen und Nachteil disziplinhistorischer Reflexionen für den Geographieunterricht

Von HANS-DIETRICH SCHULTZ, Berlin

In einem Gutachten des Erziehungswissenschaftlers Ewald Terhart zu „Standards für die Lehrerbildung" von 2002 wird u.a. für die Unterrichtsfächer und die Fachdidaktiken auch ein Eingehen auf „Geschichte, Erkenntnisprobleme und Erkenntnisgrenzen der Disziplin" und die „Geschichte des Schulfaches" (34) gefordert. Der vom Arbeitskreis „Kerncurriculum Fachdidaktik" erarbeitete Orientierungsrahmen zur Reform der Lehrerbildung von 2004 enthält ebenfalls mit der Empfehlung, die „Fähigkeit zur Reflexion über die Bedeutung und Entwicklung des Faches bzw. der beteiligten Fächer" (43) zu vermitteln, eine historische Komponente. Damit wird die Wissenschaftsgeschichte, für die es in der Geographie keine Lehrstühle gibt, in einer reformierten Lehrerausbildung als unabdingbar verankert und damit zugleich als *zukunftstauglich* ausgewiesen.

In der gegenwärtigen Lehrerausbildung scheint es dagegen eher dem Zufall überlassen zu sein, ob eine nachhaltige Auseinandersetzung mit der Tradition des Faches erfolgt oder nicht. Die jüngsten Lehrbücher der Fachdidaktik stützen eher die Abstinenz und kommen als Quelle für eine intensive Reflexion der Vergangenheit des Faches nicht in Frage. Sie sind weitgehend *geschichtslos* konzipiert. Da wird auf drei Seiten die „Entwicklung der Geographie als Wissenschaft" vom 3. Jahrtausend vor Chr. bis heute komprimiert (Kestler (2002), die Darstellung früherer didaktischer Konzepte und Lehrplanvorstellungen auf die letzten Jahrzehnte beschränkt (Rinschede 2003) oder ein kurzer Abriss früherer Äußerungen zur Stellung der Geographie im Rahmen eines fächerverbindenden bzw. fachübergreifenden Unterrichts geliefert (Schallhorn 2004). In allen Fällen geschieht die Einbeziehung der Vergangenheit so gut wie *kontextfrei* oder wird bestenfalls angedeutet. Auch in der älteren, 1997 in 3. Auflage erschienenen „Didaktik der Geographie konkret" blitzt die Eingebundenheit des Geographieunterrichts in *gesellschaftspolitische* Umstände nur an wenigen Stellen auf (22). Ist diese weitgehende *Geschichtslosigkeit* der Didaktiken, die Marginalisierung der Vergangenheit, aber überhaupt ein Problem? Was würde passieren, wenn die gegenwärtige Entwicklung der Fachdidaktik ohne Reflexion der Vergangenheit stattfände? Gäbe es dadurch schlechtere Lehrer? Sicher, frühere Einsichten gingen verloren, unnütze Wiederholungen wären nicht ausgeschlossen, ja, man wüsste nicht einmal, ob die gegenwärtigen Konzepte ein Fortschritt sind, weil dies einen Bezugspunkt voraussetzen würde, der in der Vergangenheit liegt. Doch reicht das schon für eine Verpflichtung zur Beschäftigung mit der Vergangenheit einer Disziplin bzw. eines Schulfaches aus?

Es ist eine Binsenweisheit: Was geschehen ist, das ist vorbei und kann nicht mehr ungeschehen gemacht werden. Wohl kann man vergangene Ereignisse (inklusive ihrer Nachwirkungen) bedauern und betrauern, sich auch darüber ärgern und empören, aber rückgängig machen kann man das Geschehene nicht, höchstens vergessen und vergeben. „Die Vergangenheit selbst ist nicht zu verbessern, nur die geschichtswissenschaftlichen Ergebnisse über sie" (Schulin 1998: 6). So mögen sich die Historiker um die Vergangenheit kümmern, für den 'normalen' Menschen der Gegenwart ist die Vergangenheit eher lebensbehindernd. Zahlreiche Alltagsformeln bestätigen dies: Man lebt im Hier und Jetzt, will die Vergangenheit ruhen lassen, alte Geschichten nicht zum x-ten Male aufwärmen und weist jede Verantwortung für das Handeln früherer Generationen zurück. Selbst wer sich für die Vergangenheit interessiert, denkt nicht unbedingt an sie als ein Reservoir von Handlungsimpulsen für die Zukunft. Wird der Mensch gar zum *Objekt* pädagogischer Bemühungen, denen er sich nicht entziehen kann, so stehen die Chancen gut, seine Abneigung gegenüber dem Gegenstand dieser Bemühungen noch zu verstärken. Wie also lässt sich die geforderte Beschäftigung mit der Geschichte der Geographie als Wissenschaft und Schulfach rechtfertigen?

***

Jahrhundertelang galt es als unumstritten, dass die Geschichte (und mit ihr der Unterricht über sie) nützlich und lehrhaft, ja unentbehrlich für die politisch-moralische Erziehung der Jugend sei. Doch Ciceros bündiger Bescheid „Historia magistra vitae!" wurde in der ersten Hälfte des 19. Jh.s durch ein nicht minder berühmtes Urteil Hegels abgelöst, der aus der Geschichte die Lehre zog (zumindest das lehrte sie ihn), dass Völker und Regierungen *niemals* etwas aus ihr gelernt und ihre möglichen Lehren angewandt hätten. Politiker, Publizisten, Revolutionäre, sie alle haben sich auf die Geschichte berufen und sich als ihr verlängerter Arm verstanden, nur lasen sie höchst Gegensätzliches aus ihr heraus, eben das, was sie hören wollten. In der Geschichtswissenschaft ist man heute vorsichtiger geworden. Einerseits hält man das Lernmaterial der Geschichte letztlich für das einzige, aus dem Menschen lernen können, sonst müsste man Lernen aus Erfahrung prinzipiell negieren, andererseits gesteht man jedoch zu, dass dieses Lernen hochgradig selektiv geschieht. Regelmäßig entstünden „so geschichtliche Vorstellungen, welche die Zusammenhänge entstellen, nur den eigenen Interessen entsprechen oder sogar nachweislich falsch" (Wehler 1988: 12) seien. Damit wäre es auf den ersten Blick die Aufgabe des Historikers, gegen das Missverstehen der Geschichte, gegen die Verzerrungen und Instrumentalisierungen mit den richtigen Lehren aus ihr zu intervenieren. Doch zeigt nicht gerade die Geschichte der Geschichtsschreibung, wie wenig geeignet Historiker für eine Korrektur und Läuterung der umlaufenden Geschichtsbilder sind? Haben sie nicht oft genug mit apodiktischer Gewissheit ihre eigenen Vorstellung vom Lauf der Geschichte mit *der* Geschichte selbst (was immer dies sein mag) identifiziert und sich propagandistisch in ihren Mantel gehüllt, um sich entweder als Berater und Sinnstifter bei Hofe (den Herrschenden) einzuschmeicheln oder umgekehrt den Hof im Namen der Geschichte zu bekämpfen?

Auch methodisch scheint gegenüber dem Anspruch des Historikers, falsche Vorstellungen richtig stellen zu können, Vorsicht geboten zu sein. Galt es mit Ranke als Qualitätsmerkmal historischer Forschung, nur die 'harten' Fakten sprechen zu lassen und die eigene Stimme, d.h. alle Subjektivität, zugunsten der 'Stimme der Geschichte' auszuschalten, so gehen heute *konsequente Konstruktivisten* (ich folge hier der Darstellung bei Chris Lorenz) davon aus, dass die Geschichte des Historikers nicht die Geschichte der Geschichte sei, auch keine Annäherung an diese, sondern immer nur *seine* Geschichte. Für den Konstruktivisten sind die Zusammenhänge, die er 'erzählt', keine Zusammenhänge der Vergangenheit, die er mit den anerkannten Explorationsinstrumenten seiner Disziplin nur aufdeckt, um sie vor dem Vergessen zu bewahren, sondern sie sind Ausdruck *seiner* Vorstellungs- und Modellierungskraft, *seiner* Phantasie. Mit anderen Worten: Die historischen Zusammenhänge werden nicht *ge*funden, sondern *er*funden, sie liegen nicht schon vor, sondern entstehen erst in der Werkstatt des Historikers. Damit wird aber auch der Begriff der Wahrheit irrelevant. Die Erzählungen des Historikers werden nur noch danach beurteilt, ob sie in sich kohärent und widerspruchsfrei sind, ein Lektürevergnügen bieten und eine *fruchtbare* (nicht etwa wahre) Perspektive auf die Vergangenheit eröffnen. Gegenüber dieser als willkürlich empfundenen Position pochen jedoch *gemäßigte Realisten* darauf, dass der Historiker sich darum bemühen müsse, seinem 'Gegenstand' *gerecht* zu werden, wenngleich sie zugestehen, dass imaginative Konstruktionen und theoretische Begriffsnetze unvermeidlich seien, um Zusammenhänge sichtbar zu machen. Damit akzeptieren sie, dass auch ihre Geschichtsschreibung nicht einfach *den* Stoff enthält, sondern von Rahmenbedingungen abhängig ist. Der Historiker arbeitet (in Anlehnung an Popper) wie ein Fischer; er knüpft sich ein begriffliches Netz, dessen Fang sich nach der Konzeption des Netzes und der Maschen richtet. Nur bestimmte Fische bleiben hängen, andere entgehen ihm und entschwinden, wenn sie nicht in ein anders geknüpftes Netz geraten, in den 'Ozean des Vergessens'. Damit ist nicht nur das Geschichtsbild des Nicht-Historikers, auch das des Historikers perspektivisch getrübt und *selektiv*; widerstreitende Geschichtsdarstellungen sind die Folge, eine für alle deckungsgleiche Interpretation *prinzipiell* ausgeschlossen.

***

Das *subjektive* Moment in der Geschichtsschreibung scheint demnach unvermeidbar zu sein. Schon Friedrich Nietzsche hat 1873 in seiner berühmten Schrift „Vom Nutzen und Nachteil der Historie für das Leben", auf die der Untertitel meines Beitrags anspielt, diesen Umstand herausgestellt und zugleich die Notwendigkeit der Historie für das Leben betont (M 1). Man könne sich ihr auf dreierlei Weise nähern, *monumentalisch* als Suche nach Vorbildern für die Gegenwart und Zukunft, *antiquarisch* als Wunsch nach Verehrung des Vergangenen in seinem Eigenwert, *kritisch* als Versuch, die als Last für die Gegenwart empfundenen Teile der Vergangenheit abzuschütteln. Allerdings schränkt Nietzsche ein, dass „jeder Mensch, jedes Volk" entsprechend seiner „Ziele, Kräfte und Nöte [nur] eine gewisse Kenntnis der Vergangenheit" brauche, und zwar „immer nur zum Zweck des Lebens und (...) unter der Herrschaft und obersten Führung dieses Zweckes" (34). Auf die Dosierung und rechte Mischung der drei Haltungen kommt es ihm an; denn bei einem Zuviel an Vergangenheit zerbröckele und entarte das Leben und mit ihm zuletzt auch die Historie (18; vgl. auch Material 1). Damit hat Nietzsche zugleich die unhistorische Kraft des *Vergessens* gerechtfertigt; wer sie nicht besitze, verliere sich konturlos „im Strome des Werdens" (9). Geschichte ist für ihn somit notwendig, um Menschen zu einem Bild von sich selbst zu verhelfen. Diese identitätsstiftende, sinnvermittelnde und Orientierung gebende Funktion der Geschichte gilt bei Historikern und Sozialwissenschaftlern als unbestritten, für den Einzelnen wie für Kollektive. „Menschen und Gruppen", so der schon erwähnte niederländische Geschichtstheoretiker Chris Lorenz, „*finden* ihre Identität nämlich nicht in vorliegender Form in den Tatsachen, sondern *bilden* ihre Identität in einer Rekonstruktion der Vergangenheit aus ihrer Sicht der Gegenwart und mit Blick auf die Zukunft" (Lorenz 1997: 407). Doch so, wie es ein erdrückendes Zuviel an Vergangenheit geben kann, so auch ein Zuviel an Vergessen. Aus der „'Kunst des Vergessens'" wird dann eine „'Kritik des Vergessens'". „Wieviel Vergessen benötig oder verträgt eine Kultur?" (Wolfrum 2001: 7). Dieser Fall wird von Nietzsche nicht mehr reflektiert.

Horst Alfred Heinrich, der in seiner Dissertation (1991) die Anfälligkeit der Geographie für faschistisches Gedankengut untersuchte, hat kürzlich in seiner politologischen Habilitationsschrift (2002) zum sozialen Gedächtnis der Deutschen den Stellenwert von Geschichte für Gruppen in folgenden (hier zusammengefassten) fünf Dimensionen beschrieben, die sich an dem französischen Mittelalter-Spezialisten LeGoff orientieren (S.

22ff.): 1. die *Lerndimension* von Geschichte, worunter die Weitergabe von Fertigkeiten, technischem Wissen u.ä. verstanden wird, die in der Vergangenheit der (erfolgreichen) Problemlösung dienten, 2. die *Identifikations-* und *Abgrenzungsdimension* von Geschichte, d.h., ein Kollektiv benutzt die Geschichte als zentrales Kriterium für das Bild von seinem Werdegang, um sich von anderen Kollektiven zu unterscheiden, 3. die *Identitätsdimension* von Geschichte, womit der Rückgriff auf Ursprungsmythen gemeint ist, die einer Gruppe Kontinuität und Sinn (Existenzberechtigung) verschaffen und zur Beschwörung der gegenwärtigen Einheit des Kollektivs dienen, 4. die *Legitimationsfunktion* von Geschichte, die darauf beruht, dass in aktuellen Auseinandersetzungen (Diskursen) auf Vergangenes verwiesen wird, um bei anstehenden Entscheidungen einen Argumentationsvorteil zu haben, der der Durchsetzung der eigenen Interessen dient (Geschichte als Waffe), 5. die *kontrapräsentische* Dimension von Geschichte, bei der einer defizitären Gegenwart eine bessere Vergangenheit (ein 'goldenes Zeitalter') entgegengehalten wird. Kontrapräsentisch wäre aber auch in umgekehrter Richtung die *Distanzierung* von einer schlechten Vergangenheit, um im Kontrast dazu die Gegenwart in einem um so helleren Licht erscheinen zu lassen, und ebenso würde unter diese Kategorie die *kontrafaktische* Gegenüberstellung eines zukünftigen besseren Ganz-Anderen im Vergleich zu Vergangenheit und Gegenwart fallen.

***

Unter den gegenwärtigen Geographiedidaktikern hat Christian Vielhaber die Notwendigkeit der Auseinandersetzung mit der Vergangenheit postuliert: „Wer die Gegenwart verstehen und sich der Zukunft nicht willfährig ergeben möchte, muß sich mit der Vergangenheit auseinandersetzen" (1994: 31). Wer sich ihr entziehe, der werde, wie es Karl Marx griffig formuliert habe, vom Alp der Vergangenheit bedrückt. Und in der Tat, so glaubte er feststellen zu können, würden in der gegenwärtigen Schulgeographie Positionen des 19. Jh.s vertreten, nicht problem- und konfliktorientierte, sondern solche, die von einem „gesamtheitlichen Erkenntnisobjekt der Geographie" ausgingen. Schulgeographen und -geographinnen und Studierende verträten zum Erschrecken der Modernisierer Auffassungen vom „'Wesen der Geographie'", so als hätte es nach 1970 keine „richtungweisenden theoretisch fundierten Neuorientierungen" (31) gegeben. Wie konnte es dazu kommen? Vielhaber vermutet aufgrund eigener Erfahrungen, weil die Einführung in die Geschichte des Faches im Studium „überwiegend fremdbestimmt" gewesen und fragmentarisch geblieben sei. Die Zitate aus „Zweit-, Dritt- und Viertquellen" hätten in Verbindung mit Textausschnitten, die als exemplarisch galten, vordergründig einen plausiblen Eindruck hinterlassen und das traditionelle Bild des Faches stabilisiert. Daher sollten in der Zeitschrift „GW-Unterricht" in unregelmäßiger Folge ungekürzte längere Passagen aus der geographischen und schulgeographischen Literatur des 19. und frühen 20. Jh.s publiziert werden, um neben einem vertieften Rückblick in die Vergangenheit des Faches und seines Schulablegers vor allem auch die Möglichkeit zu bieten, „das jeweils aktuelle persönliche Verständnis von Geographie an den damaligen Vorstellungen" (32) zu messen.

Auf das Experiment der historischen Spurensuche, das nach wenigen Beiträgen wieder auslief, reagierten (nach Auskunft Vielhabers) zwar einige Leser, doch waren es mehr individuelle Aspekte, die sie positiv ansprachen; Lehrer befanden sich nicht darunter. Der von Vielhaber (mit Marx) prognostizierte Alp drückte anscheinend von den Praktikern niemanden. Drückend und bedrängend waren und sind für Lehrer und Lehrerinnen ganz offenkundig die tagtäglichen Probleme der Unterichtsplanung, nicht ein im Studium vermitteltes verkürztes oder auch falsches Verständnis der fachlichen und fachdidaktischen Tradition. Ob z.B. der Raum den Geographen (aus-)macht oder nicht, eine immer wieder einmal aufflackernde Diskussion: für die Unterrichtspraxis scheint dies egal zu sein und die Lehrer und Lehrerinnen nicht sonderlich zu kümmern. Sind fachliche Identitäts*bildung* und eine darauf abgestellte Identitäts*politik* also nur eine Frage der berufsständischen Eliten, eine Spielwiese für ihre Machtkämpfe um die Definitionshoheit für das Fach? Bezieht womöglich der Einzelne sein Selbstbewusstsein gar nicht aus einer wie auch immer vorliegenden geographischen Gruppenidentität, die sich bei näherem Hinsehen zudem in konkurrierende Mehrheits- und Minderheiten-Identiäten auflöst? Jedenfalls gibt es keine *empirischen* Untersuchungen darüber, wie die Berufsidentität der Lehrer und Lehrerinnen bezüglich ihres Faches, der Geographie, entsteht, wie viel fachspezifisches Geschichtsbewusstsein darin eingegangen ist und wie sich diese Identität im Laufe ihrer Arbeit in der Schule verändert. Auch weiß man nichts *empirisch* Abgesichertes darüber zu sagen, ob die Inhalte des Geographieunterrichts überhaupt auf eine Fachidentität bezogen und reflektiert werden, wenn es um die konkrete Stundenplanung geht (von der Referendarsausbildung einmal abgesehen, wo dies wohl z.T. noch immer zu den quälenden Ritualen gehört). Und nicht zuletzt wäre es interessant zu wissen, ob und in welchem Grade sich die berufsbezogene Fachidentität der 'normalen' Geographielehrer und -lehrerinnen mit der in Programmen und Aufrufen dokumentierten Identität der organisierten Gruppenvertreter trifft und ob mehr das Fach oder die pädagogische Aufgabe ihr Selbstverständnis prägt.

***

Zurück zur Disziplingeschichte, über deren Notwendigkeit und Wirkung an der Basis auch mehr postuliert als gewusst wird. Wer das *veröffentlichte* Geschichts*bewusstsein* von Geographen und ihre Disziplin*politik* untersucht, der hat allerdings kaum Schwierigkeiten, die dort vertretenen Positionen mit den Haltungen Nietzsches oder den Dimensionen Heinrichs zu verknüpfen. So findet man 1. die *Ursprungsbeschwörung* und Heroenfeier (oder die Zeiten der 'Götter'), das heißt in erster Runde die antiken Ikonen, vor allem Herodot, später dann Kant, Herder, Alexander von Humboldt und Carl Ritter, 'Genien' der Geographie, 2. die *pietätvolle Einordnung* der Gegenwart in den 'Strom' der Geschichte ('Nos sumus filii et successores!'), wodurch das Heute als Fortschreibung der einen, unteilbaren und sich im Kern stets gleichbleibenden, mehr als 2000 Jahre alten Geographie erscheint, 3. die *Abrechnung* mit dem die Gegenwart belastenden etablierten Denkstil, dessen Denkverbote gestürzt werden sollen; das sind die Zeiten der großen und kleinen 'Revolutionen', teils steckengeblieben, teils gescheitert, seltener gelungen, und nicht zuletzt 4. die *Eskamotierung* von Traditionsteilen durch Verschweigen, Vergessen, Uminterpretieren und Abspalten der 'negativen', der 'schwarzen' Geschichte der Geographie sowie der schonende Umgang mit Texten und Taten ihrer Vertreter, was noch Ende des 20. Jh.s zu einer heftigen Kontroverse über den richtigen Umgang mit dieser Tradition des Faches führte (vgl. Fahlbusch 1999; Wardenga/Böhm 1999). Alles im übrigen keine Spezialität nur der Geschichtserinnerung in der Geographie. Aber auch Beispiele für eine unmittelbare Nutzung der geographiehistorischen Erinnerung zur Begründung eines *zukunftsfähigen* Geographieunterrichts liegen vor, so die Suche nach (tragfähigen) Vorläufer-Spuren für seine Beteiligung an der interkulturellen Erziehung (vgl. Haas 1998) und die Begründung eines neuen Leitbildes für einen veränderten Umgang des Menschen mit den natürlichen Ressourcen durch schroffe Distanzierung von den Leitbildern der Vergangenheit (vgl. Kross 1991).

Ziel der Beschäftigung mit der Geschichte der Geographie als Wissenschaft und als Schulfach kann es also nicht sein, seine 'wahre' und einzig 'richtige' Geschichte zu erzählen und seine Entwicklung *teleologisch*, d.h. als (mehr oder weniger) zwingend auf die Gegenwart zulaufend darzustellen. Eine solche 'wahre' Geschichtsschreibung, die keine Spielräume kennt, nicht alternative Entwicklungsmöglichkeiten auslotet, die Frage nach dem „Was wäre, wenn ..." für müßig erklärt, verbale und (womöglich auch) aktive Verstrickungen in eine ethnozidale Politik leugnet, weginterpretiert oder durch Verweis auf Missbrauch und Vereinnahmung relativiert und die nicht zuletzt die Abweichler vom offiziell sanktionierten Geographieverständnis durch Ignorierung ihrer Publikationen abstraft oder ihnen mit apodiktischem Tonfall das Verlassen des Faches empfiehlt – alles schon gehabt in der Geschichte der Geographie und Schulgeographie –, hat mit den Anforderungen an eine differenzierte Wissenschaftsgeschichtsschreibung nichts zu tun. Gefragt werden sollte statt dessen u.a. (vgl. Berg 2003): *Wie* wird die Vergangenheit rekonstruiert? *Wer* beansprucht (erfolgreich oder vergeblich) gegen *wen* die Erinnerungshoheit? *Welche* Interessen sind damit verbunden? *Wo, wie* und zu *welchem* Zweck wird die Überlieferung instrumentalisiert? *Welche* konkurrierenden (marginalisierten, apokryphen, häretischen) Ansprüche, Interpretationen, Interessen usw. gab und gibt es? *Wo* verliefen früher und wo heute die Frontlinien der Diskussion im Kampf um die Deutungshoheit bezüglich des sog. 'Wesens' der Geographie, mit *welchen* Mitteln wurde gekämpft und bekämpft? *Wie* und aus *welchen* Gründen haben sich die Gewichte von Inhaltsbereichen und Fragestellungen im Fach und im Schulfach verschoben? *Was* kann man erinnernd getrost vergessen? Es kann also, um die eingangs erwähnten Standards in der Ausbildung einzulösen, nicht das Anliegen sein, den Lehramtsstudierenden die Geschichte ihres Unterrichtsfaches als *kanonisierten* Lehrpfad nahezubringen, auf dessen Strecke die Helden des Faches – „zur ewigen Subjektlosigkeit aufgeblasen" (Nietzsche 1873/1991: 51) – postiert sind und an dessen Ende die gegenwärtigen Fachvertreter stehen, sondern allein darum, sie an *ausgewählten Beispielen* dafür zu sensibilisieren, dass im Wissenschaftsbetrieb immer auch mit Alternativen, mit Verzerrungen, Vorurteilen und Mythen gerechnet werden muss, und ihnen dabei zu helfen, sich im Kontext von *Deutungen* und *Gegendeutungen* selbst einen Weg zwischen Vergangenheit, Gegenwart und Zukunft zu suchen, um eine *eigene* professionelle Identität zu entwickeln. Mehr als Beispiele (etwa Unterrichtsvorschläge aus verschiedenen Zeiten oder Alfred Rühls Kampf gegen das zeitgenössische Establishment) sind gar nicht möglich, weil die Vergangenheit des Faches verständlicherweise nur ein kleiner Aspekt unter vielen anderen im Geographiestudium sein kann, mehr nicht. Es wird also bei einem sehr begrenzten Einblick in die Disziplinentwicklung bleiben müssen, doch sollte es zumindest in einem orientierenden Sinne gelingen, den Studierenden die Dialektik von *Kontinuität* und *Relativität* bezüglich der Entwicklung der Identitätsfestlegungen des Faches und seines Schulablegers nahezubringen, so dass sie Zumutungen und Selbsteinengungen leichter wahrnehmen können und eine *methodische* Haltung entwickeln, die einen kritisch-reflektierten Umgang mit der Tradition und den laufenden Diskursen um das geographische Selbstverständnis erlaubt. Das wäre als das oberste Lehrziel für die Realisierung der geforderten Beschäftigung mit der Disziplingeschichte festzuhalten: *Freiräume zu schaffen für die Selbstvergewisserung in einem permanenten Lernprozess.* Für diesen Zweck ist noch immer Gerhard Hards wissenschaftstheoretische Einführung in die Geographie von 1973 von unübertroffenem Anregungsgehalt.

***

Aber auch unterhalb dieser notwendigerweise sehr allgemein bleibenden Ebene sind Auseinandersetzungen mit der Fachgeschichte möglich, die sich sogar für den Unterricht unmittelbar praktisch verwenden lassen. Gedacht ist hier z.B. an geographische Raumkonstruktionen, die auch heute etablierter Lerngegenstand sind und z.T. noch immer den Durchgang von Jahrgangsstufen organisieren: Europa und die Teilräume Europas. „Europa" ist in der Geographie (und anderswo) eine räumliche und/oder merkmalsdefinierte Bezugsgröße, die zu verschiedenen Zeiten ganz unterschiedlich wahrgenommen wurde und auch heute nicht einheitlich definiert wird, je nachdem, wen man als „Europäer" ausschließen oder dabeihaben wollte und will. Alle Raumgliederungen implizieren *Exklusionen* und *Inklusionen*. Wenn heute die Türkei mit dem Argument, sie gehöre nicht zum *geographischen* Europa, abgewiesen wird, so ist dies nur deshalb plausibel, weil sich in der Öffentlichkeit ein bestimmter Europabegriff durchgesetzt hat, der nicht zuletzt über den Geographieunterricht vermittelt worden ist und weiterhin wird. Um so wichtiger ist es, wie bereits auf dem Wiener Schulgeographentag von Heinz Faßmann gefordert (und auch in der Geographiedidaktik, etwa durch Hartwig Haubrich, vertreten), den Schülern (wie Lehrer und Lehrerinnen) deutlich zu machen, dass auch das geographische Europa kein feststehendes 'Ding an sich' ist, sondern „gesellschaftlich produziert" wurde, und „dass es viele unterschiedliche Abgrenzungen [in und außerhalb der Geographie] gibt". Es macht dann aber keinen Sinn mehr, in so beliebten empirischen Erhebungen zu überprüfen, ob einzelne Staaten „richtig" platziert werden, *um* im Geographieunterricht einer „falschen" Benutzung des Europabegriffs gezielt entgegenwirken zu können; denn es gibt kein „richtiges" Europa und hat es auch früher nicht gegeben. Mit einer Karte zu unterschiedlichen Europabegriffen der Geographie aus verschiedenen Zeiten (Material 2) und der Frage, welches Europa das „richtige" sei (das übliche Schulbuch-Europa ist nicht dabei), könnte man die Schüler für diese Problematik aufschließen und sie aufarbeiten lassen, *wann* von *wem* mit *welchen* Argumenten in *welcher* Absicht *was* in *welchen* Grenzen als europäisch bezeichnet wurde.

Ganz parallel geht dies auch mit den üblichen Einteilungen Europas in sog. Großräume (vgl. Schultz 2003). Auch sie drängen sich nicht von selbst auf, obwohl die Schulbücher vielfach so tun, als stünden sie mehr oder weniger *von Natur* aus fest und seien bestenfalls an den Rändern umstritten. Zum heute gebräuchlichen Sechserschema hat es verschiedenste Alternativen gegeben; jede hatte ihre Zeit, keine war „falsch" oder „richtig". Die in dem beigefügten Material (Material 3) präsentierten Gliederungsvarianten vor dem Hintergrund der heutigen politischen Grenzen sind zwar fiktiv, aber nicht aus der Luft gegriffen, es hat sie alle (bei natürlich anderen politischen Verhältnissen) einmal gegeben. Bewusst ist die heutige, mit der Implosion der Sowjetunion jedoch wieder etwas beweglich gewordene Konvention ausgelassen worden, um den Entscheidungs- und Begründungsdruck der Schüler und Schülerinnen zu erhöhen. Haben sie verstanden, dass Räume nicht sind, sondern gemacht werden, dann können sie auch besser mit der Behauptung des rumänischen Staatspräsidenten Illiescu umgehen, wonach Rumänien nicht, wie sie es im Geographieunterricht gelernt haben, in Südosteuropa liege, sondern im Süden Mitteleuropas; den Südostraum Europas überlässt er den Kaukasusstaaten, die nach heutiger Konvention des Geographieunterrichts schon Asien sind. Diese Platzierung wäre nun nicht mehr „falsch", vielmehr ließe sie sich einordnen in einen historischen Diskurs, aus dem gelernt werden könnte, dass topographischen Begriffe, wie Südosteuropa, das sich als eigenständiger europäischer Großraum erst seit den 1920er Jahren zu establieren begann, weder absolute Gültigkeit beanspruchen können noch kulturell bedeutungsindifferent sind, sondern *wertgeladene* Konstrukte darstellen, die eine bestimmte Raumzugehörigkeit als begehrt oder unerwünscht erscheinen lassen.

***

Um zu einem, zugegebenermaßen etwas abrupten, Schluss zu kommen, der aber durchaus etwas mit dem Ziel zu tun hat, durch die Beschäftigung mit der Disziplingeschichte sich Freiräume zu schaffen, sei noch einmal auf Christian Vielhabers Text-Dokumentation zurückgegriffen, in der auch der protestantische Theologe Hermann August Niemeyer mit einem Auszug aus seinen „Grundsätzen der Erziehung und des Unterrichts" in der Auflage von 1834 vertreten ist: „Auch mir ist [wie schon meinem Vater] nichts mehr als die Einseitigkeit und der Dünkel vieler Pädagogen, die ihre Ansicht und ihre Methode als die einzig heilbringende geltend machen wollen, verhaßt; auch mir ist es (...) zur Gewißheit geworden, daß es nur darauf ankomme, *jede* Kraft und *jeden* guten Willen anzuregen, und alle, die ohne Selbstsucht und mit eigener Aufopferung der ihnen anvertrauten Jugend zu fördern fähig sind, sich *frey* bewegen zu lassen; auch mir hat sich schon bei vielen Gelegenheiten die Wahrheit aufgedrängten, dass jeder methodische Zwang nicht zum Leben, sondern zum Tode führe. Der vielgestaltige Mensch will auf die verschiedenste Art ergriffen seyn, ein jeder hat andere geistige Bedürfnisse, Keiner stimmt in allen seinen Anlagen und Neigungen vollkommen mit einem andern überein, und es kann daher eben so wenig eine *allein* glücklich bildende pädagogische Methodik, als eine allein seligmachende Kirche geben" (zit. n. Vielhaber 1995: 44, Herv. i.O.). Niemeyer plädierte für einen Eklektizismus, der Handlungsspielräume schuf, und war gegen geschlossene pädagogische Systeme. So aktuell kann die Vergangenheit klingen, während in der Referendarsausbildung noch heute die Propagierung eines (relativ) starren Phasenkorsetts für die Stundenplanung anzutreffen ist, das an die straffen Zeiten der herbart-zillerschen Schule des 19. Jh.s erinnert! Doch von alleine tradiert sich nichts, man muss sich solche Traditionen erarbeiten, um sie zukunftsfähig zu machen.

Literatur

[Autorenkollektiv] (1997): Didaktik der Geographie konkret. München

Berg, Nicolas (2003): Der Holocaust und die westdeutschen Historiker. Göttingen 2003

Fahlbusch, Michael (1999): Die verlorene Ehre der deutschen Geographie. Frankfurter Rundschau vom 2.10.1999

Haas, Monika (1998): Von der Völkerversöhnung und Völkerverständigung zur interkulturellen Erziehung (= Europäische Hochschulschriften 11, Pädagogik 759) Frankfurt a. M.

Hard, Gerhard (1973): Die Geographie. Eine wissenschaftstheoretische Einführung. Berlin/New York

Haubrich, Hartwig (1997): Europa der Regionen. In: geographie heute H. 153, 2-7

Heinrich, Horst-Alfred (1991): Politische Affinität zwischen geographischer Forschung und dem Faschismus im Spiegel der Fachzeitschriften (= Gießener Geographische Schriften 70) Gießen

Heinrich, Horst-Alfred (2002): Kollektive Erinnerungen der Deutschen. Theoretische Konzepte und empirische Befunde zum sozialen Gedächtnis. München

Kerncurriculum Fachdidaktik (2004): Orientierungsrahmen für die Fachdidaktiken. In: Geographie und ihre Didaktik 32, 42-48

Kestler, Franz (2002): Einführung in die Didaktik des Geographieunterrichts. Bad Heilbrunn

Kross, Eberhard (1991): Geographiedidaktik heute. In: Hasse, J./ Isenberg, W. (Hg.): Die Geographiedidaktik neu denken (= Osnabrüccker Studien zur Geographie 11) Osnabrück, 11-25

Nietzsche, Friedrich (1991): Vom Nutzen und Nachteil der Historie für das Leben (= Reclam Universal-Bibliothek 7134 [2]) Stuttgart [Zuerst: 1873]

Rinschede, Gisbert (2003): Geographiedidaktik. Paderborn

Rüsen, Jörn (1998): Die Zukunft der Vergangenheit. In: Universitas 53 (1998), 228-237

Rüsen, Jörn (2002): Kann Gestern besser werden? In: Geschichte und Gesellschaft 28 (2003), 305-319
Schallhorn, Eberhard (Hrsg.) (2004): Erdkundedidaktik. Berlin
Schulin, Ernst (1998): „Ich hoffe immer noch, das gestern besser wird." Bemerkungen zu einem von Jörn Rüsen gewählten Motto. In: Dimensionen der Historik, hg. v. H. W. Blanke et al., Weimar/Wien, 3-12
Schultz, Hans-Dietrich (2003): Welches Europa soll es denn sein? In: Internationale Schulbuchforschung 25 (2003), 223-256
Terhart, Ewald (2002): Standards für die Lehrerbildung. Eine Expertise für die Kultusministerkonferenz. Münster
Vielhaber, Christian (1994/95): Ritter, Ratzel, Humboldt und noch ein paar andere ...". In: GW-Unterricht Nr. 55 (1994), 31-37, Nr. 56(1994), 17-23, Nr. 57(1995), 44-50
Wardenga, Ute/Böhm, Hans: Das kollektive Vergessen findet nicht statt. In: Frankfurter Rundschau vom 16.10.1999
Wehler, Hans-Ulrich (1988): Aus der Geschichte lernen? München
Wolfrum, Edgar (2001): Geschichte als Waffe. Vom Kaiserreich bis zur Wiedervereinigung (Kleine Reihe V&R) Göttingen

Anschrift des Verfassers:
Prof. Dr. Hans-Dietrich Schultz
Geographisches Institut der Humboldt-Universität zu Berlin
Unter den Linden 6, 10099 Berlin
email: hans-dietrich.schultz@geo.hu-berlin.de

Material 1

Friedrich Nietzsche (1844-1900): Vom Nutzen und Nachteil der Historie für das Leben (1873)

„Dies gerade ist der Satz, zu dessen Betrachtung der Leser eingeladen ist: *das Unhistorische und das Historische ist gleichermaßen für die Gesundheit eines einzelnen, eines Volkes und einer Kultur nötig!*"(11, Herv. i.O.).

Betrachtungs-weisen	Nutzen	Nachteil
1. die monumentalische (19ff.)	Man sucht die Vergangenheit nach richtungweisenden Vorbildern, Lehrern, Tröstern und Warnern ab, die in der schlechten Gegenwart nicht zu finden sind; die Großen der Vergangenheit stärken den Glauben daran, die Gegenwart verbessern zu können, sie feuern zu mutigem Handeln an und stellen den Handelnden in die „Kontinuität des Großen aller Zeiten"	Vergessen und Verachten der Masse der Fakten zugunsten weniger idealisierter (geschönter) „Fakten-Inseln"; Gefahr mythischer Fiktionen; Verkennen der Individualität des Vergangenen; verfehlte Analogien stimulieren zu Verwegenheit und Fanatismus; gegen die eigenen Intentionen handelt man nach dem Prinzip: „Laßt die Toten die Lebendigen begraben!"
2. die antiquarische (27ff.)	Die Vergangenheit wird im Bewusstsein der Pietät und mit dem Wunsch untersucht, sie zu bewahren und zu verehren (als Dank für das eigene Dasein); alles Alte wird als gleich ehrwürdig hingenommen und aus sich heraus verstanden; Konservierung der bestehenden Bedingungen für die Nachkommenden	Gefahr der blinden Sammelwut und der Mumifizierung der Vergangenheit; Verlust des Sinns für die Gegenwart; Anfeindung alles Neuen; selbstgefälliges Erstarren in der Tradition; Untergraben des Weiterlebens (der Zukunft); immer Unterschätzung des Werdenden; Wahrnehmung alles Neuen als Verletzung von Pietäten; Lähmung der Handelnden
3. die kritische (32ff.)	Man versucht von Zeit zu Zeit die Belastung der Gegenwart durch eine bestimmte Vergangenheit loszuwerden, sich von dieser Vergangenheit zu befreien, indem man alle Pietät fahren lässt und über sie richtet, sie zerbricht, auflöst und vernichtet	Ignoranz gegenüber der eigenen Herkunft, die auch Verirrungen, Leidenschaften, Irrtümer und Verbrechen umfasst; problematische Aufspaltung der Tradition (Wo ist die Grenze?) in eine schlechte und eine gute Vergangenheit gleichsam als Versuch, sich „*a posteriori* eine Vergangenheit zu geben, aus der man stammen möchte"

Material 2: Abgrenzungen Europas

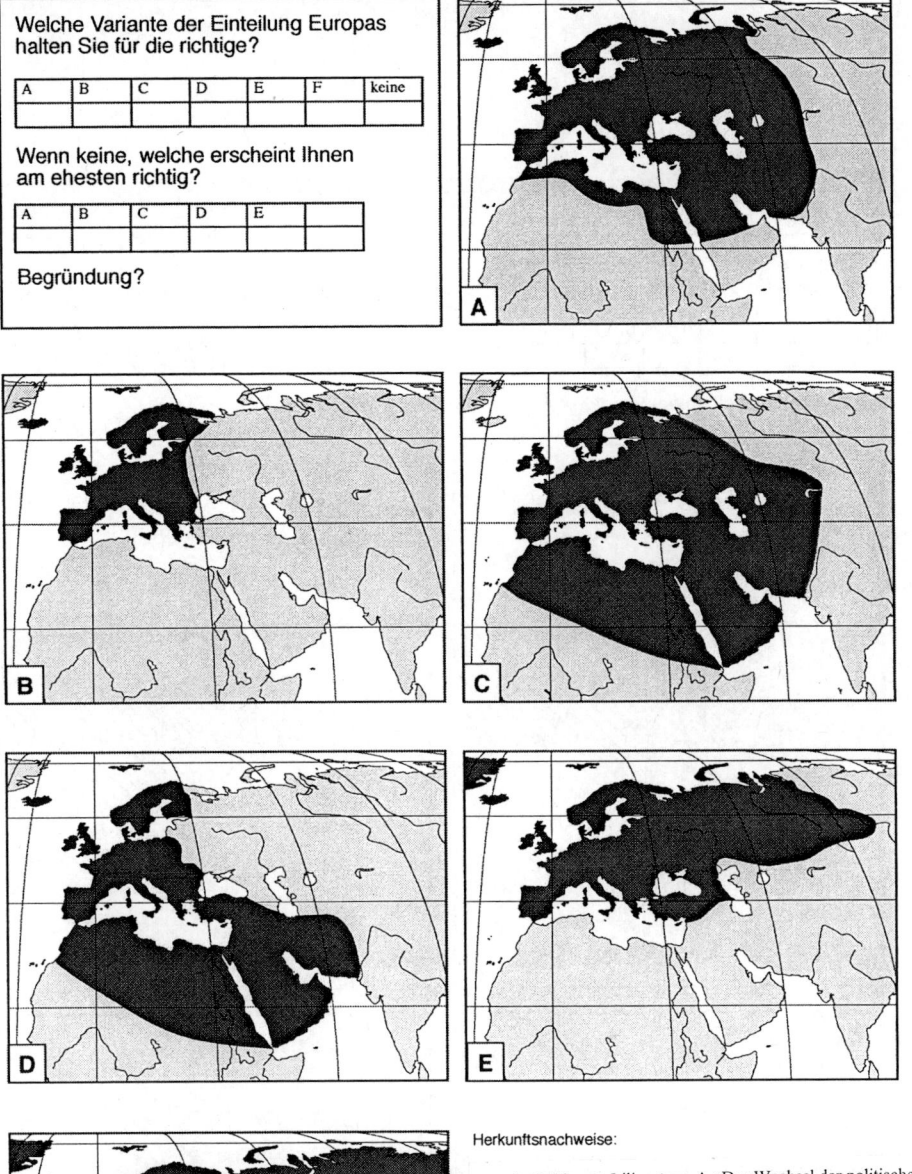

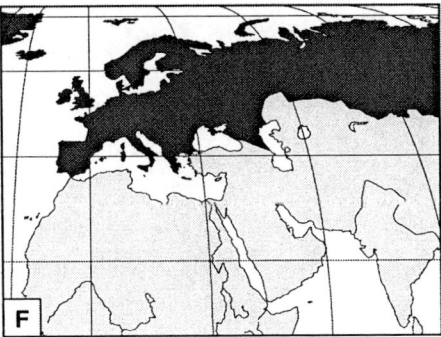

Welche Variante der Einteilung Europas halten Sie für die richtige?

A	B	C	D	E	F	keine

Wenn keine, welche erscheint Ihnen am ehesten richtig?

A	B	C	D	E

Begründung?

Herkunftsnachweise:

A: Rühle von Lilienstern, A.: Der Wechsel der politischen Grenzen und Verhältnisse während der letzten zwei Jahrzehende. Dresden/Leipzig 1811: 60ff.
B: Banse, E.: Geographie. In: Petermanns Geographische Mitteilungen 58 (1912): 1-4, 69-74, 128-131
C: Hanslik, E.: Österreich. Wien 1917: 85ff.
D: Krüger, K.: Weltpolit. Länderkunde. Berlin 1953: 130ff.
E: Louis, H.: Über den geographischen Europabegriff. In: Mitt. d. Geogr. Gesellschaft München 34 (1954): 73-93
F: Duden. Basiswissen Geographie. Berlin/ Mannheim 2002

Entwurf: H.-D. Schultz

Material 3: Gliederung Europas in Großräume

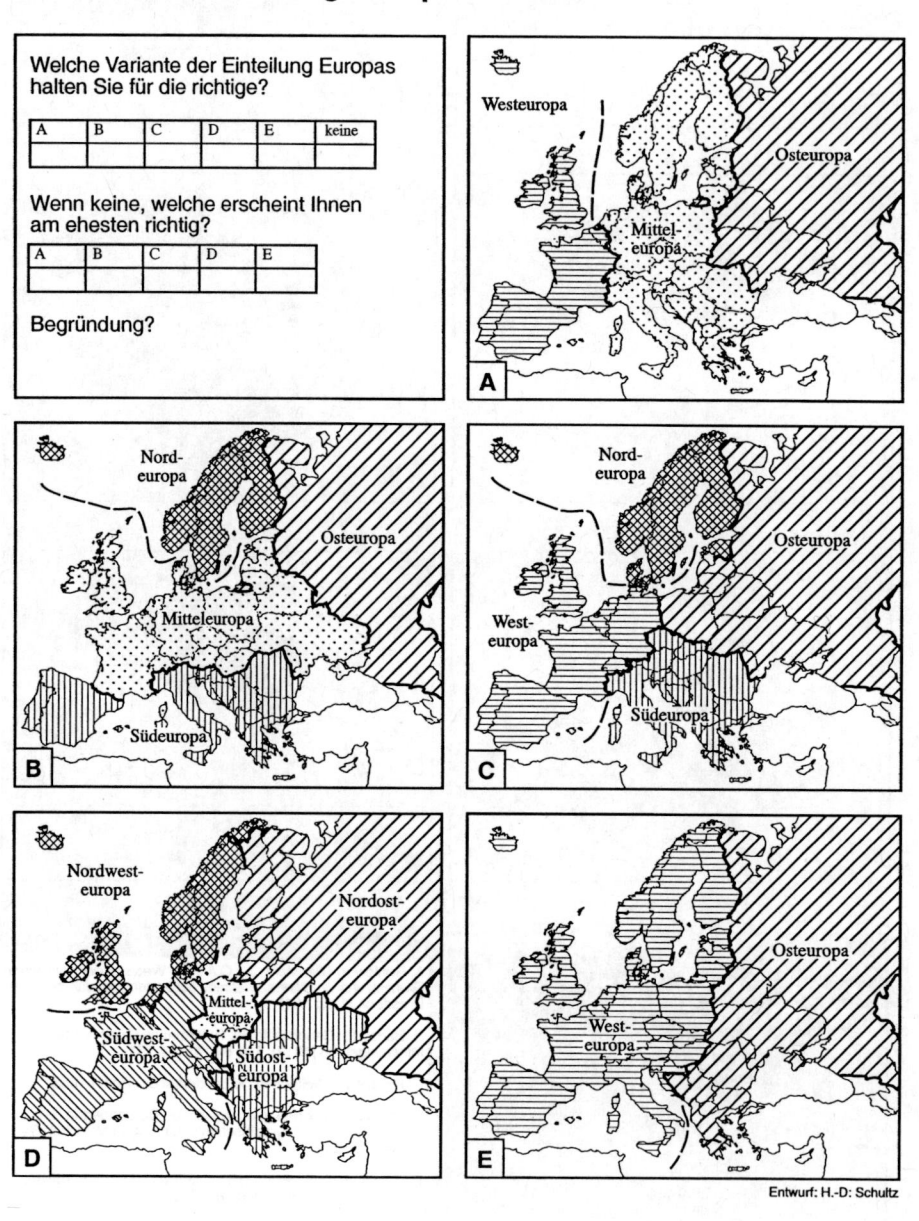

Welche Variante der Einteilung Europas halten Sie für die richtige?

A	B	C	D	E	keine

Wenn keine, welche erscheint Ihnen am ehesten richtig?

A	B	C	D	E

Begründung?

Entwurf: H.-D. Schultz

Aus der Forschung für die Schule:
Ein Beitrag zur Optimierung des Geographieunterrichts

von INGRID HEMMER und GABI OBERMAIER, Eichstätt

1. Das Verhältnis zwischen Schulpraxis und Forschung

Wie ist das Verhältnis zwischen dem Geographieunterricht in der Praxis und der geographiedidaktischen Forschung? Betreibt die Geographiedidaktik Forschung im Elfenbeinturm oder sind ihre Forschungsergebnisse praxisrelevant? Haben sie Auswirkungen auf die Lehrpläne und die Realität des Geographieunterrichts? Wie kann man die Implementierung der Forschungsergebnisse in die Praxis noch verbessern?

Die Geographiedidaktik ist, bedingt durch ihren Forschungsgegenstand, sehr stark an der Praxis ausgerichtet:„Geographiedidaktische Forschung ist die (....) Gewinnung und Begründung von Erkenntnissen über das institutionalisierte Lehren und Lernen geographischer Sachverhalte." (KÖCK 1999, S. 52 f.). „Die Geographiedidaktik versteht sich ganz wesentlich als angewandte Forschung zur Optimierung der Unterrichtspraxis." (HEMMER, I. 2001, S. 156). Dieses Selbstverständnis postuliert nicht nur, dass die Forschungsergebnisse in den Geographieunterricht Eingang finden, es erfordert auch, dass die Fragestellungen der Forschung aus der Praxis erwachsen (vgl. Abb.1). Im Folgenden soll untersucht werden, inwieweit beides tatsächlich zutrifft.

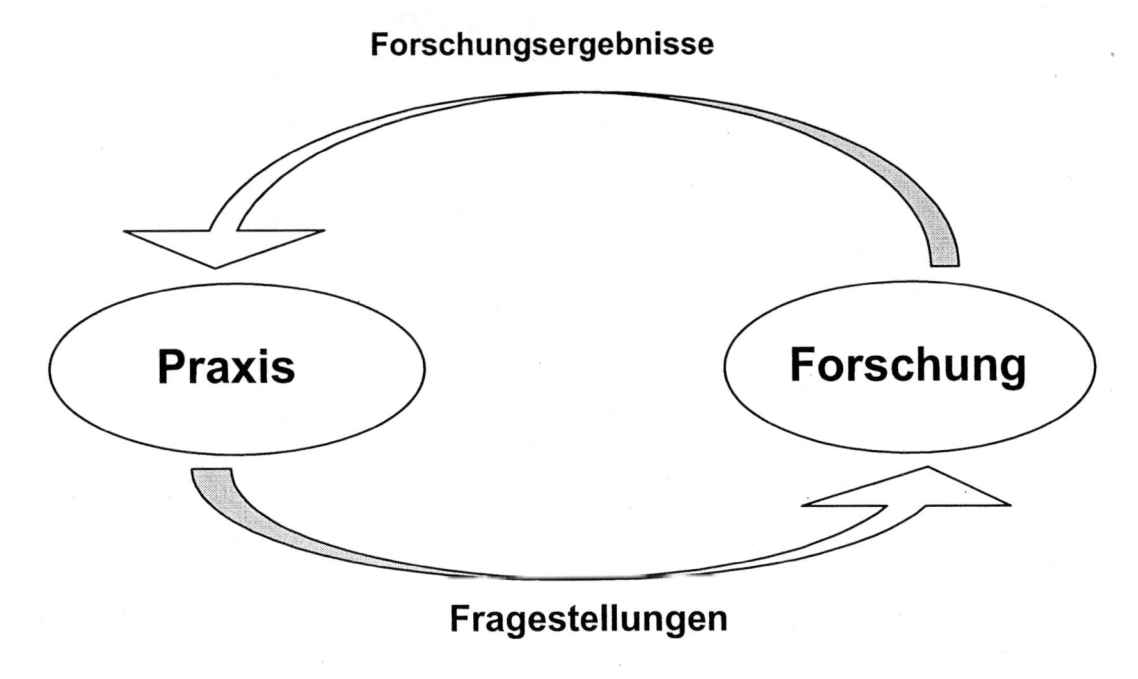

Abb. 1: Das Verhältnis zwischen Geographieunterricht und geographiedidaktischer Forschung

2. Der Forschungsbedarf aus der Sicht der Praxis

Erwachsen die Forschungsfragen der Geographiedidaktik aus der Unterrichtspraxis? Welche Fragestellungen für die Praxis des Geographieunterrichts relevant sind, kann z.B. durch Unterrichtsbeobachtungen, neue curriculare Entwicklungen und nicht zuletzt durch Befragungen ermittelt werden. Hemmer und Obermaier untersuchten 2001 im Rahmen einer Befragung junger Lehrpersonen auch die Höhe des Forschungsbedarfes, den diese Probanden auf 16 verschiedenen geographiedidaktischen Forschungsfeldern sehen (vgl. Abb. 2). Dabei konnten die Lehrpersonen die Höhe des Bedarfes auf einer Skala (von 5= sehr hoch bis 1= gar nicht) angeben sowie zusätzlich freie Vorschläge machen. Forschungsbedarf wird demnach auf allen 16 Feldern gesehen, insbesondere aber auf den Gebieten Computereinsatz, Schülerinteresse, Umwelterziehung und Exkursionsdidaktik. Bei der Frage nach weiteren konkreten Forschungsfragestellungen spielte die Frage nach Konzeption und Effektivität von handlungsorientiertem Unterricht eine größere Rolle.

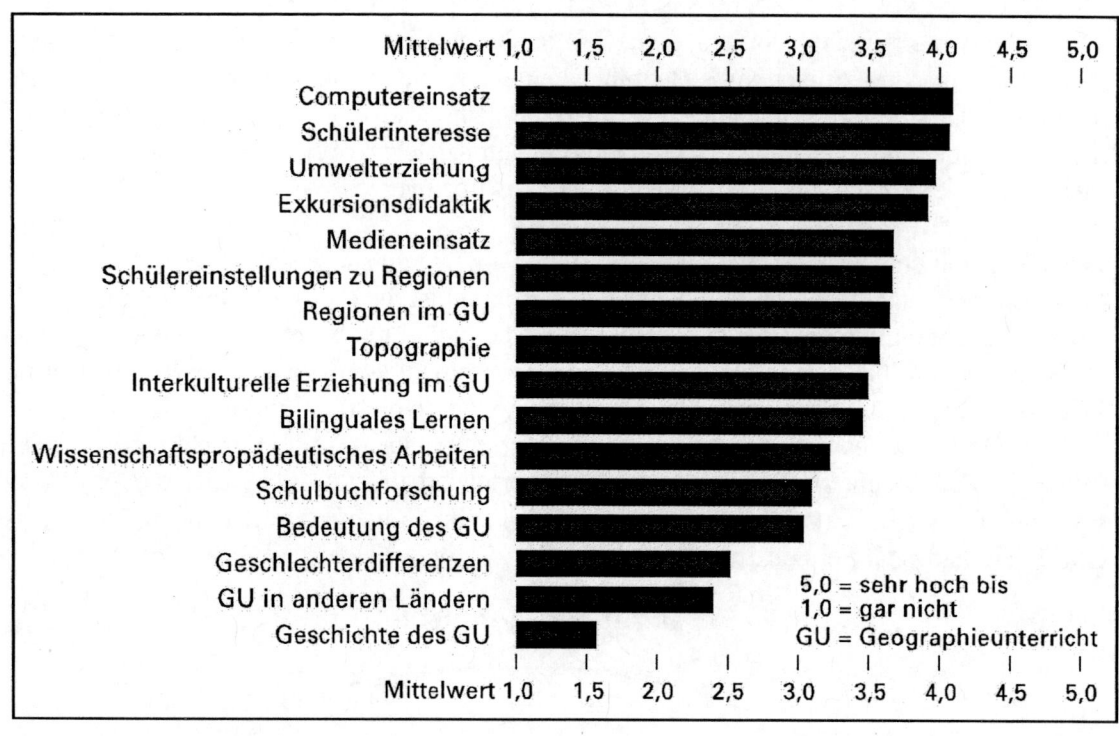

Abb. 2: Forschungsbedarf auf verschiedenen geographiedidaktischen Themengebieten aus der Sicht junger Lehrpersonen (n=95)

3. Forschungsfelder der Geographiedidaktik

Auf welchen Forschungsfeldern hat die Geographiedidaktik, insbesondere in den letzten Jahren, gearbeitet? Geht diese Forschung auf die Fragen der Praxis ein? Betrachtet man die gegenwärtige Forschungslandschaft und nimmt die vorliegenden jüngeren Analysen (z.B. HEMMER, M. 1997, HEMMER, I. 2001, KÖCK 1998) zur Hilfe, dann ergibt sich folgendes Bild: Geographiedidaktische Entwicklungs- und Forschungsarbeiten gibt es auf allen 16 Forschungsfeldern (vgl. Abb. 2). Die Felder, für die in der o.g. Umfrage der größte Forschungsbedarf gesehen wird, wurden tatsächlich durch mehrere Forschungsprojekte abgedeckt. So hat sich, um nur die vier Forschungsfelder mit dem höchsten Forschungsbedarf zu nennen, v.a. der Lehrstuhl für Geographiedidaktik in Nürnberg-Erlangen intensiv mit dem Computereinsatz auseinandergesetzt, die Geographiedidaktik in Eichstätt v.a. mit dem Bereich Schülerinteresse, mehrere Standorte, wie z.B. Bielefeld, Halle und Landau, mit der Umwelterziehung und die Geographiedidaktiker in Münster mit dem Bereich Exkursionsdidaktik.

4. Die Implementierung geographiedidaktischer Forschung in die Praxis

Die Forschungsergebnisse wurden nicht nur publiziert, sondern sind im Regelfall auch Gegenstand von Lehrerfortbildungen gewesen. Im Idealfall fließen sie in den Lehrplan und in die Schulbucharbeit und somit direkt in den Unterricht ein. Nimmt man z.B. die geographiedidaktischen Forschungen zum wissenschaftspropädeutischen Arbeiten, so zeigen sich sichtbare Spuren dieser Forschungsergebnisse sowohl in den bayerischen und nordrhein-westfälischen Lehrplänen als auch in den Schulbüchern, z.B. Klett Fundamente, 11. Jgst., Stuttgart 1993. Ähnlich deutliche Auswirkungen hatten die Forschungen zum Schülerinteresse, die, wie zahlreiche Nachfragen aus der Praxis zeigten, bei den Lehrpersonen auf sehr großes Interesse stießen. Auch hier gelang es, u.a. auf Grundlage dieser Ergebnisse, vorhandene Lehrpläne zu revidieren und dem großen Schülerinteresse folgend, z.B. den außereuropäischen Räumen im Geographieunterricht der Unterstufe durch die Integration von „Fenstern in die Welt" mehr Unterrichtszeit einzuräumen. Das Konzept wurde selbstverständlich auch in die Schulbücher übernommen. Diese als gelungen zu bezeichnenden Implementierungen setzen jedoch voraus, dass gute Kontakte und große Offenheit bestehen zwischen den geographiedidaktischen Forschern auf der einen Seite und den Lehrplan- und Fortbildungsinstituten sowie Schulbuch- und Zeitschriftenredaktionen und nicht zuletzt den Lehrpersonen auf der anderen Seite. Eindeutig hemmend wirkt sich dabei der deutsche Bildungsföderalismus sowie die Differenzierung in die verschiedenen Schularten aus, die dazu führen, dass öfter nur eine regional oder auf eine Schulart begrenzte Implementierung stattfindet. Drei weitere Beispiele für gelungene Verbindungen zwischen Forschung und Praxis sollen im folgenden weiter ausgeführt werden.

5. Beispiele für Forschungsprojekte aus der Praxis für die Praxis

5.1 Computereinsatz im Geographieunterricht

Das Lernprogramm „Der Berg ruft" wurde vom Lehrstuhl für Didaktik der Geographie in Nürnberg-Erlangen auf der Grundlage didaktischer und lernpsychologischer Erkenntnisse entwickelt (SCHRETTENBRUNNER u. SCHLEICHER 2002). Es vermittelt Fähigkeiten, die zum Lesen von Karten notwendig sind, und ist für die vierte bis sechste Jahrgangsstufe konzipiert. Die Entwicklung erfolgte in allen Phasen in enger Zusammenarbeit mit der Unterrichtspraxis. Das Programm wurde in zahlreichen Lehrerfortbildungsveranstaltungen vorgestellt und fand sehr positive Resonanz. Zahlreiche Exemplare wurden an Schulen verkauft. Damit nicht genug wurde das Programm in der dritten bis sechsten Jahrgangsstufe experimentell-empirisch daraufhin überprüft, ob es erfolgreich im Unterricht eingesetzt werden kann. Die Ergebnisse bestätigen die empfundene Interessantheit und das für die Altersstufe angemessene Niveau.

5.2 Freiarbeit im Geographieunterricht

Die Dissertation „Freiarbeit im Geographieunterricht" an der Professur für Didaktik der Geographie in Bremen entstand durch einen Impuls aus der Praxis. „An uns Junglehrer erging die Aufforderung, in den neuen 5. Klassen Freiarbeit zu praktizieren. Keiner von uns wusste, wie man das macht." (UHLENWINKEL 2002, S. 1). Die Geographiedidaktikerin untersuchte darum insgesamt 122 Freiarbeitsmaterialien für den Geographieunterricht daraufhin, ob sie didaktischen Kriterien genügen. Das ernüchternde Ergebnis war, dass insgesamt gesehen die Umsetzung der Kriterien von Freiarbeit in geeignetes Material kaum zu gelingen scheint. Die Autorin entwickelte nun konsequenterweise selbst Freiarbeitsmaterialien, nämlich das Lernbuffet McDonalds. Diese Materialien wurden durch durch didaktisch-methodische Ausführungen abgerundet, wie Freiarbeit in der Praxis sinnvoll durchgeführt werden kann. Die CD-Rom mit dem Material wurde 300mal kopiert. Die Autorin machte das Lernbuffet darüber hinaus zum Gegenstand einer Lehrerfortbildung und stellte es in „Praxis Geographie" vor.

5.3 Räumliche Orientierung – Topographie

Die Münsteraner und Eichstätter Geographiedidaktiker begannen 2003 mit einem umfangreichen Projekt zur räumlichen Orientierung. Diese umfasst topographisches Orientierungswissen, Fähigkeiten der räumlichen Orientierung und Kenntnis räumlicher Ordnungsraster. Das Projekt hat drei aufeinander aufbauende Teile. Im ersten Teil soll durch eine Befragung ermittelt werden, welche topographischen Kenntnisse und Fähigkeiten aus der Sicht der Gesellschaft und der Experten, zu denen selbstverständlich auch die Lehrpersonen zählen, notwendig sind. Die Ergebnisse des ersten Teils der Studie liegen bereits vor (vgl. Tab. 1).

Top Ten „Gewinner"	Min.	Max.	Mittelwert	Standardabw.
Die Namen der Kontinente kennen	4,00	5,00	4,8470	,36065
Sich mit einem Stadtplan in einer Stadt zurechtfinden	2,00	5,00	4,6809	,53115
Ein aktuelles Ereignis lokalisieren können	3,00	5,00	4,6228	,54777
Schemat. Darstellungen von Nahverkehrsnetzen lesen können	2,00	5,00	4,6135	,57489
Die Namen der Ozeane kennen	1,00	5,00	4,3857	,75809
Die Lage des Wohnortes im überregion. Verkehrsnetz kennen	1,00	5,00	4,2986	,74616
Ordnungsraster Klimazonen kennen	2,00	5,00	4,2918	,68679
Sich mit einer Karte im Gelände/ in der Natur zurechtfinden	2,00	5,00	4,2100	,76675
Ordnungsraster Entwicklungsstand kennen	1,00	5,00	4,1857	,77215
Große Flüsse Deutschlands und deren Verlauf kennen	1,00	5,00	4,1613	,72900

Tab. 1: Die zehn wichtigsten topographischen Kenntnisse und Fähigkeiten (n = 285)

Befragt wurden deutschlandweit 488 gesellschaftliche Spitzenrepräsentanten und Experten. Die Rücklaufquote lag bei 58,2%. Erste Berechungen zeigen, dass weitgehend Konsens darüber herrscht, welche räumlichen Kenntnisse, Fähigkeiten und Ordnungsraster vorrangig vermittelt werden sollen (vgl. Tab. 1). Auffällig ist, dass den Fähigkeiten zur räumlichen Orientierung ein nahezu ebenso hoher Stellenwert zugemessen wird wie dem topographischen Orientierungswissen. Dagegen fällt der Bereich der räumlichen Ordnungsraster etwas zurück. Auf der Grundlage dieser Ergebnisse kann man bereits jetzt postulieren, dass der Schulung der Fähigkeiten, insbesondere in Alltagskontexten, besondere Aufmerksamkeit gewidmet werden sollte.

Im zweiten Teil des Projekts soll untersucht werden, über welche Kenntnisse und Fähigkeiten Schülerinnen und Schüler verschiedener Altersstufen verfügen und wie sie im unterrichtlich vermittelt werden. Im dritten Teil schließlich geht es auf der Grundlage der Erkenntnisse aus den ersten beiden Projektteilen um die Entwicklung von Konzepten zur effektiveren Vermittlung topographischer Kenntnisse und Fähigkeiten im Forscher-Praktiker-Dialog, um die Überprüfung dieser Konzepte in Interventionsstudien sowie nicht zuletzt um eine optimale Implementierung der Forschungsbefunde.

6. Kritischer Ausblick

Es konnte gezeigt werden, dass geographiedidaktische Forschung eng mit der Praxis verbunden ist. Zum einen werden Fragestellungen aus der Praxis entnommen, zum anderen gehen viele Forschungsergebnisse nachweisbar in die Praxis ein. An zwei Stellen müssen die Anstrengungen verstärkt werden. Erstens müssen die Voraussetzungen verbessert werden, um mehr methodisch anspruchsvolle praxisrelevante empirische Forschung durchführen zu können. Dazu bedarf es z.B. einer Erhöhung der Zahl der fachdidaktischen Nachwuchsstellen. Zweitens muss noch intensiver als bisher nach Wegen gesucht werden, die gewonnenen Ergebnisse der Praxis angemessen zugänglich zu machen. Hier können sowohl die fachdidaktischen Zeitschriften als auch das Internet mehr als bisher zu einer besseren Verbreitung der Erkenntnisse beitragen.

Literaturverzeichnis

HEMMER, I. (2001): Forschung in der Geographiedidaktik. In: Bayrhuber, H. u.a.: Lehr- und Lernforschung in den Fachdidaktiken. Innsbruck, Wien, München: 153 – 158

HEMMER, M. (1997): Geographiedidaktische Forschung in der Bundesrepublik Deutschland 1985 bis 1995. In: Geographie und ihre Didaktik 25, 2: 84 - 101

KÖCK, H. (1998): Desiderata geographiedidaktischer Forschung in Deutschland. In: Geographie und ihre Didaktik 26, 4: 173- 199

SCHRETTENBRUNNER, H. u. Y. SCHLEICHER (2002): „Der Berg ruft" Wie schwierig ist ein Programm für Schüler? In: Praxis Geographie, 9: 58 - 61

UHLENWINKEL, A. (2002): Freiarbeit im Geographieunterricht. Programm, Praxis, Perspektiven. Bremen (Bremer Beiträge zur Geographie und Raumplanung, 38)

Anschrift der Verfasser:
Prof. Dr. Ingrid Hemmer
Dr. Gabriele Obermaier
Professur für Didaktik der Geographie, KU Eichstätt
Ostenstr. 18, 85071 Eichstätt
email: ingrid.hemmer@ku-eichstaett.de
email: obermaier.gabi@gmx.de

Fachsitzung Neue Medien FM 1

PC-Einsatz im Geographieunterricht

Wolfgang Hassenpflug

Informationstechnologien im Erdkundeunterricht

Seite 199 - 203

Yvonne Schleicher

ESPERE – Internet-Lehrmaterialien zur Klimageographie: multimedial, multilingual und interdisziplinär*

Seite 205 - 209

****

* = auf der CD-ROM mit weiteren farbigen Abbildungen

Der Beitrag von A. Williams liegt nur auf der CD-ROM vor.

Informationstechnologien im Erdkundeunterricht

von WOLFGANG HASSENPFLUG, Kiel

1. Vorbemerkungen: Das Chaos der Umbruchszeit

Informationstechnologien sind im letzten Jahrzehnt zu einer wichtigen Basis modernen Geographieunterrichts geworden. (HASSENPFLUG 1994, JOHN 2000). In diesem Jahrzehnt erlebten wir

- einen rasanten Ausbau der Informations- und Kommunikationstechnologien. die inzwischen durchgängig in digitaler Struktur vorhanden sind, in immer neuer Ausprägung oder/und mit höherer Leistungsfähigkeit mit jeweils sinkenden Preisen auf den Markt kommen und aufgrund der digitalen Struktur und definierter Schnittstellen immer problemloseren Datenaustausch ermöglichen
- eine wachsende Zahl von Unterrichtserprobungen dieser Technologien (das Literaturverzeichnis nennt nur wenige Beispiele).

Die Begriffe und Schlagworte, mit denen das Feld umrissen und gefüllt wird, sind nicht minder in Bewegung wie die Technik selbst. Neue Medien, Informationsmedien, Multimedia, Computer, PC, Laptop, Internet oder seit neuestem auch die saloppe Summierung dessen als Computer, Internet& Co (SCHLEICHER) und dazu diverse weitere Geräte wie Camcorder, digitaler Fotoapparat, Scanner, Handy mit SMS oder dem höchsten Aufrüstungsgrad als UMTS-Gerät und vieles andere mehr, wobei das einzelne Gerät immer häufiger mit Mehrfachfunktionen ausgestattet wird. Dazu kommen die mehr fachbedeutsamen Produkte wie GIS in den verschiedensten Variationen vom 1- bis 4-D-GIS oder auch Web-GIS, DGM, Fernerkundung. GPS.

Und vieles, von dem, was auf dem Markt kommt, wird im Unterricht erprobt, sei es ein einzelnes Gerät oder sei es auch eine komplexe Struktur wie ein GIS oder die Erstellung von Seiten für das Internet. Das geschieht teilweise schon in einer Phase, wo selbst die Fachleute noch Probleme mit Geräten oder Strukturen oder einer komplizierten Software haben. Die Situation ist insgesamt chaotisch, unübersichtlich, erinnert an das revolutionäre Mao-Motto: Laßt tausend Blumen blühen. Und die Antwort darauf muß eigentlich – mit der Bibel – lauten: Prüfet alles, aber das Gute behaltet!

In dieser Situation sei daran erinnert, dass nach wie vor Geographieunterricht wie jede Bildung auf das Erreichen bestimmter Ziele ausgerichtet ist und die Nutzung der neuen Technologien nur dann sinnvoll ist, wenn sie diesen Zielen untergeordnet bzw. mit ihnen abgestimmt ist. Eine Beschäftigung mit ihnen, die ja immerhin kostbare Unterrichtszeit verbraucht, ist sicherlich nicht schon deshalb vertretbar, weil die Technologien neu sind und deshalb die Schüler motivieren.

Es mag hilfreich sein, einmal Geographie als Umgang mit geographischer Information zu definieren und dementsprechend geographische Bildung als solchen Umgang zwecks Erreichung geographischer Bildungsziele. Im Rahmen der Arbeitsgruppe „Curriculum 2000+" der Deutschen Gesellschaft für Geographie (DGfG)) hatte ich zu dazu eine Tabelle geographischer Arbeitsweisen entwickelt (Tab.1). Der Vorteil dieser Darstellung ist, dass unter dem Oberbegriff des Umgangs mit Informationen sowohl dessen traditionelle wie auch moderne Ausprägungen zusammengefasst werden können und dass in jedem

Einzelfall entschieden werden kann, welches die Vorteile bzw. Nachteile der einen oder der anderen Form sind. Dabei ist durchaus davon auszugehen, dass die modernen Formen immer mehr Gewicht bekommen und bald dominieren werden.

2. Geographische Arbeitsweisen als Umgang mit geographischen Informationen

Im folgenden werden die einzelnen Felder des Umgangs mit Information gemäß Tabelle 1 aufgelistet und Anmerkungen zum Stellenwert Neuer Technologien in diesem Bereich gemacht. Auch wenn es nicht ständig wiederholt wird: hinter praktisch allen folgenden Aussagen stecken zugleich Arbeitshypothesen empirischer fachdidaktischer Arbeit; wir wissen noch viel zu wenig, wie der Umgang mit Informationen in den komplexen technischen und Lernsituationen real abläuft, wie er im Sinne der Ziel-Erreichung optimiert werden soll. wie er sich im Laufe der Zeit durch technische Änderungen sowie Gewöhnungseffekte verändert usw. (einiges dazu siehe FALK 2003, SCHLEICHER 2004). Nur eines sei herausgegriffen: die immer wieder angeführte Motivation der Schüler bei Nutzung des PC ist sicherlich eine temporäre Erscheinung, die sich mit der Ausbreitung von PC und Internet und der Einsicht in den damit stets auch verbundenen Arbeits- und Zeitaufwand durchaus noch verändern könnte.

2.1 Informationsquellen kennen und nutzen können

Die Kenntnis technisch gestützter Informationsquellen wie des Internets gehört inzwischen zu den unbestritten notwendigen Kompetenzen, die ein Schüler erwerben bzw. besitzen soll. Ja, inzwischen scheint es angebracht, darauf Wert zu legen, dass auch die traditionellen Informationsquellen weiter beachtet werden, schon weil sie viele (ältere, speziellere) Informationen enthalten, die digital nicht vorhanden sind und sein werden.
Viele der digitalen Informationsquellen enthalten nur aus dem analogen Bereich übersetzte Informationen; sie sind textlastig, schöpfen das Potential des Internet mit seiner Hypertext-Struktur, den Möglichkeiten der Animation u.a.m. noch gar nicht voll aus.
Die Aktualität des Materials im Internet ist ein weiterer Aspekt. Ist es etwa unbedingt notwendig, kostbare Unterrichtszeit dafür zu verwenden, Bilder eines aktuellen Wirbelsturms aus dem Internet herunterzuladen, wenn es doch um die Vermittlung von – notwendigerweise – allgemeinen Grundlagen geht, was mit zehn Jahre altem, gut aufbereitetem Bildmaterial viel besser geht?

2.2 Geographisch nutzbare Informationen gewinnen können

Auf diesem Feld sind die stärksten Umbrüche durch die neuen Informationstechnologien zu verzeichnen.
Traditionelle Formen wie Kartierung und Befragung können heute dank PDA und Pocket-Pcs in Verbindung mit GPS-Modulen in neuartiger Weise durchgeführt werden. Auch die Erfassung von Abläufen durch Aufnahme von digitalen Videos ist zum Standard selbst im Privatbereich geworden. Der technische Aufwand, die Überwindung der diversen Schnittstellen und die Zusammenführung im PC sind allerdings nach wie vor nicht unproblematisch. Und umgekehrt ist zu fragen, was etwa an klassischer Orientierung im Gelände verloren geht, wenn man nicht mehr mit konventionellen Karten auf Papier arbeitet.
Eine für die Geographie unverzichtbare Technologie ist dagegen die Fernerkundung. Nur sie liefert flächendeckend und aktuell bildhafte Information über die Erde, die aus keiner anderen Quelle zu beziehen ist, wohl aber mit den konventionellen Informationen eines Schulatlas zu beiderseitigen Bereicherung zu verbinden ist.

2.3 Geographische Informationen einordnen und bewerten können

Dies ist sicher eine der am schwersten zu erwerbenden Kompetenzen. Erwerb von Orientierungswissen gehört sicher ebenso dazu wie der ganze Komplex der Kommunikation, Präsentation und Diskussion der Information (s. Punkt 2.6).

2.4 Bearbeiten und Strukturieren von Informationen für geographische Fragestellungen

Durch die neuen Technologien sind viele neue Ausprägungen dieses Methodenkomplexes entstanden. Sie erfordern einerseits einen hohen Einarbeitungsaufwand, wie etwa die Erstellung von Internetseiten oder eines selbst kleinen GIS, und sind andererseits mit der Entwicklung von Software und Technik relativ leicht überholt (meist, indem Bedienung und Leistungsumfang verbessert werden). Deshalb ist hier besonders kritisch nach dem Aufwands-Ertrags-Verhältnis zu fragen. Online-Exkursionen (SCHLEICHER 2004) könnten hier ein diskussionswürdiges Beispiel sein.

2.5 Informationen kommunizieren, darstellen, diskutieren können (sh. 2.3)

Tab. 1: Geographische Arbeitsweisen als Umgang mit Information

A	B
Allgemeine Kompetenzen im Umgang mit Informationen	**Kompetenzen im Umgang mit geographischer Information (Geographische Arbeitsweisen)**

1. Informations**quellen** kennen und **nutzen** können (Such- und Beschaffungsstrategien beherrschen)
 	
- Dabei Nutzung der Telekommunikationsmöglichkeiten
	Kennen und Nutzen von Fundstellen von Medien/Informationen
	
	1. Klassische Informationsquellen wie:
	   - Bibliotheken und evtl. Archive und spezielle Sammlungen, Museen
	   - geographische relevante Sachbücher, Lexika, Statistiken
	   - Personen, Fach- und Gewährsleute
	   - Tagespresse (lokal, national)
	   - Geländearbeit
	
	2. Technisch gestützte Informationsquellen wie:
	   - Internet, virtuelle Bibliotheken, Diskussionsforen usw.
	   - CDs und DVDs mit Lexika und dergleichen
	   - neuartige und mobile Kommunikation

2. Informationen gewinnen können	**Gewinnen geographisch nutzbarer Information**
	(Proben, Texte, Bilder, Grafik, Animation usw.)
	
	1. durch Geländearbeit:
	- Vorbereitung
	   - Orientierung im Gelände und auf der Karte,
	   - Erstellung des Arbeitsmaterials (z. B. Fragebogen)
	   - Festlegung der Beobachtungspunkte und -zeiten
	- Durchführung
	   - Erfassung der geographischen Koordinaten (z. B. durch GPS)
	   - Messen, Zählen, Skizzieren, Zeichnen, Befragen, Probennahme Videoaufnahmen
	- Auswertung

	2. durch Lesen/Auswerten von realitätsnahen Abbildungen der Erdoberfläche insbesondere: - Karten verschiedener Art - Luft- und Satellitenbilder - Bilder (Fotos) **3. durch Lesen/Auswerten sonstiger Medien/Darstellungen** insbesondere: - Texte und Vorträge - Zahlen, Statistiken - Diagramme - Grafiken - Realbilder, Modelle
3. Informationen (gemeinsam) einordnen und bewerten können	**Einordnen und Bewerten geographischer Information** - Umgang mit Informationsfülle (Auswahl, z.B. nach Aktualität der Daten, Seriosität der Quelle, Bedeutung für die jeweilige Fragestellung) - Abgleich neuer Information mit Orientierungswissen und verlässlichen Informationsquellen (dabei Nutzung vorhandener Kommunikations- und Diskussionsmöglichkeiten) - Bewertung /Einschätzung der Quelle (Kriterien wie oben) - Wichtige von unwichtigen Informationen unterscheiden (bezogen auf die jeweilige Fragestellung) - Gesamtbewertung der Information
4. Informationen bearbeiten und strukturieren können	**Bearbeiten und Strukturieren von Informationen für geographische Fragestellungen** - Herausfinden der für die jeweilige Fragestellung bedeutsamen Information (durch Analysen auf Basis der verstandenen Fragestellung und durch Nutzung von Gespräch und Telekommunikation) - Herausarbeiten der bedeutsamen Informationen (z. B. durch Zusammenfassungen, Textauszüge, Interpretationsskizzen) - Verknüpfen der neuen Information mit schon vorhandener Information (z. B. der Ergebnisse der Geländearbeit mit vorhandenen Karten oder Statistiken Neustrukturierung und Zusammenfassung mit anderen Informationen, z. B. Geländebeobachtungen und GPS-Daten - Interpretation von Karten, Satellitenbildern usw. - Übersetzen in jeweils andere Informationsarten, z. B. - Erstellen einer Karte aus Geländebeobachtungen - Verbalisierung von Grafiken - Visualisieren von Zahlen, Zusammenhängen usw., etwa in Grafiken, Strukturskizzen, Kartogrammen, Videos - Umsetzen von Beobachtungen in Statistiken, Kartogramme - Erkennen von Zusammenhängen, Manipulationen (Statistik - Grafik) - Strukturieren komplexer Information, etwa durch Hypertext - Verbinden von Informationen zu Modellen
5. Informationen • **kommunizieren** • **darstellen** • **präsentieren** • **diskutieren** können	**Kompetenzen wie:** - Austausch von Informationen zu deren Bewertung oder Korrektur, zunehmend durch mobile Kommunikation - Aufbereitung von Information zur Informationsvermittlung (Poster, Internetseite, Darstellungen mit Präsentationsprogramm) - Erstellung von Videos, Animationen usw.

3. Literatur

CREMER, RICHTER, SCHÄFER (2004): GIS im Geographieunterricht. Themenheft. Praxis Geographie H.2

DEUTSCHE GESELLSCHAFT FÜR GEOGRAPHIE (Hrsg. 2003): Grundsätze und Empfehlungen für die Lehrplanarbeit im Schulfach Geographie. Arbeitsgruppe Curriculum 2000+ der Deutschen Gesellschaft für Geographie (DGfG)

DOWLING, C. and KWOK-WING LAI (Ed.) (2003): Information and Communication Technology and the Teacher of the Future.

FALK, G.C. (2003): Didaktik des computerunterstützten Lehrens und Lernens – illustriert an Beispielen aus der geographieunterrichtlichen Praxis. Berlin

HASSENPFLUG, W. (1994): Geographische Bildung im Zeitalter moderner Informationstechnologien. In: Tagungsband 24. Deutscher Schulgeographentag Dresden (Fachsitzung 13), S. 101-104

HASSENPFLUG, W. (1996): Informationstechnologien, insbesondere Fernerkundung, als Basis der Modernisierung des Erdkundeunterrichts. (Überarbeitete Textfassung des Vortrags am 3.10.1996 auf dem 50. Dt. Geographentag in Potsdam). In: Geographie und ihre Didaktik, H.3, S. 113-129

HASSENPFLUG, W. (1999): Geographieunterricht mit Neuen Technologien – die schulische Entsprechung zur Informationsgesellschaft. In: Köck (Hrsg. 1999): Geographieunterricht und Gesellschaft (Geogrdidakt Forschg, Band 32), Nürnberg, S.

HOFFMANN, R. (Hrsg.) (2004): Internet und e-Learning. Themenheft. Geographie und Schule, H. 147.

JOHN, W.D. (2000): Internet und Erdkunde – neuer Unterricht durch neue Medien? Unveröffentlichte Diplomarbeit im Studiengang Erziehungswissenschaften der Universität Kiel.

SCHLEICHER, Y. (Hrsg) (2004): Computer, Internet & Co. im Erdkunde-Unterricht. Berlin (Cornelsen-V.).

SYSTEM ERDE: www.systemerde.ipn.uni-kiel.de

WEBGEO: www.webgeo.de (Physischgeographische Lehreinheiten)

Anschrift des Verfassers:
Prof. Dr. Wolfgang Hassenpflug,
Geographisches Institut, Christian-Albrechts-Universität zu Kiel,
Olshausenstraße 75, D-24118 Kiel
email: hassenpflug@geographie.uni-kiel.de

Mit diesem virtuellen Schulbuch ist der GIS-Einstieg ganz leicht!

NEU!

Grundwissen GIS
Lernsoftware für
Geografische Informationssysteme
Grundlagen Beispiele Anwendungen

Herausgegeben vom
Institut für Kommunale
Geoinformationssysteme e. V.

2004. CD-ROM für WIN
Einzellizenz: EUR 39,80 /
Schullizenz: EUR 198,--
(ISBN 3-9808493-1-7)

Dieses neue „virtuelle Schulbuch" vermittelt den einfachen und leicht verständlichen Einstieg in das komplexe Thema GIS.
Die interaktive Software ist abgestimmt auf den Lehrstoff des Geografieunterrichts an allgemeinbildenden Schulen. Nach einer sehr leicht verständlichen Einführung wird in systematischen Lernschritten, der Umgang mit dem Werkzeug GIS aufgezeigt.

Bernhard Harzer Verlag GmbH
Westmarkstraße 59/59 a
D-76227 Karlsruhe
Tel. +49 (0)721 944 02 0
Fax +49 (0)721 944 02 30
E-Mail: info@harzer.de
www.GEObranchen.de

Mit dem GIS „GeoMedia Professional 5.1" von INTERGRAPH zum befristeten Download!

ESPERE – Internet-Lehrmaterialien zur Klimageographie: multimedial, multilingual und interdisziplinär

von YVONNE SCHLEICHER, Nürnberg

ESPERE - Environmental Science Published for Everybody Round the Earth – vermittelt Schülerinnen und Schülern die neuesten Erkenntnisse der Wissenschaft via Internet oder CD-ROM zum Thema Klima und Klimawandel. Die acht Einheiten rund um den Bereich Klima sind fächerübergreifend (Geographie, Chemie, Biologie, Physik), multimedial (Simulationen, Animationen, interaktive Quizteile, Filme,...) und mehrsprachig (Englisch, Französisch, Spanisch, Deutsch, Norwegisch, Ungarisch, Polnisch) aufbereitet.

Themen von www.ESPERE.net	Basis	More
1. Untere Atmosphäre	Schwierigkeitsstufe 1	Schwierigkeitsstufe 2
2. Obere Atmosphäre		
3. Wetter		
4. Wolken und Partikel		
5. Klima in Städten		
6. Ozeane		
7. Landwirtschaft und Klima		
8. Menschen ändern unser Klima		

Tab. 1: Themen und Aufbau des Internetportals

Zu den Themenfeldern stehen Fachtexte und Begleitmaterialien für den Schulunterricht auf zwei Schwierigkeitsstufen zur Verfügung („Basis" und „More", vgl. Tabelle 1).

Die multimedial und interdisziplinär aufbereiteten Materialien befassen sich inhaltlich mit den Themen Klima, Wetter, Stürme, Niederschlag, Ozon, Strahlung, Dürre, Wolkenphysik, Meeresströmungen, Gletscherschmelze, Treibhauseffekt, Verstädterung, Bioemissionen, saurer Regen und Waldbrände. Die Materialen dieser Internet-Klimaenzyklopädie wurden von europäischen Wissenschaftlern aus den Fachbereichen der Chemie, Physik und Geographie erstellt und mit Pädagogen und Fachdidaktikern schülergemäß gestaltet. In Deutschland entwickelte der Lehrstuhl für Didaktik der Geographie aus Nürnberg unter der Leitung von Prof. Dr. Helmut Schrettenbrunner multimediale Internet-Lehrmaterialien für den Themenbereich Klimageographie. Finanziert wird das Projekt durch die Europäische Union. Die Koordination läuft über Mitarbeiter des Max-Planck-Instituts in Mainz. Ein externes Review-Verfahren verleiht dem Internetauftritt sein Qualitätsgütesiegel.

ESPERE fördert durch eine breite Palette an Methoden und Medien die Schülerselbsttätigkeit. Um Verständnis für die komplexen Zusammenhänge zum Bereich Wetter und Klima zu entwickeln, werden die Inhalte anschaulich mit Simulationen und Animationen, Versuchen, Experimenten, Messreihen, internetbasierten GIS-Atlanten, Satellitenaufnahmen und Diagrammen, Filmen, Informations- und Lückentexten, Flowcharts, sowie interaktiven Quiz- und Testbausteinen präsentiert.

Aufgabentypen und Angebote für den Geographieunterricht

ESPERE bietet auf über 60 Worksheets Unterrichtsmaterial zu geographischen Themen rund um das Thema Klima. Eine Übersicht zu den angebotenen Unterrichtsmaterialien der Klima-Enzyklopädie (URL: www.atmosphere.mpg.de/enid/2373) zeigt den Gesamtumfang der geographischen Inhalte.

Auf den Internetseiten von ESPERE werden alle Unterrichtsmaterialien als „Worksheets" bezeichnet. Diese sind methodisch nicht als traditionelle Arbeitsblätter angelegt, sondern beinhalten vielfältige Materialien und Aufgaben. Zur Bearbeitung und auch zur Sicherung der Ergebnisse sind zu den Internet-Worksheets ergänzend Arbeitsblätter (mit Lösungen im pfd-Format) entwickelt worden.

Neben fächerübergreifenden Aspekten in den einzelnen Themen (z. B. Waldbrände, Ozon, Landwirtschaft und Klimawandel) bieten einige Materialien auch die Möglichkeit zum fachverbindenden Arbeiten. Ein Beispiel dazu ist das Thema Wind im Unterricht der Geographie, der Musik, der Kunst, im Deutschunterricht und im Sport.

Unterschiedlichste Aufgabentypen bieten dem Nutzer nach dem Studium der wissenschaftlichen Texte einen abwechslungsreichen Zugang zur Vertiefung des Verständnisses für klimatische Prozesse. Nachfolgend werden die Aufgabentypen mit thematischen Beispielen aus der Klimaenzyklopädie vorgestellt.

1. Aufgabentyp: Simulation

Um den Anspruch an Interaktivität und Mehrwert zu Schulbuch und Tafel gerecht zu werden, kann mit Simulationen ein Aufgabentyp für Schüler bereitgestellt werden, der neben Eigenaktivität auch die Interaktion zwischen Mensch und Computer ermöglicht.

Beispiel: Simulation zu Bewässerung, Düngung und Schädlingsbefall
Kapitel 7: Landwirtschaft und Klima - Basis, Unit 1: Pflanzen und Klima, Worksheet 3

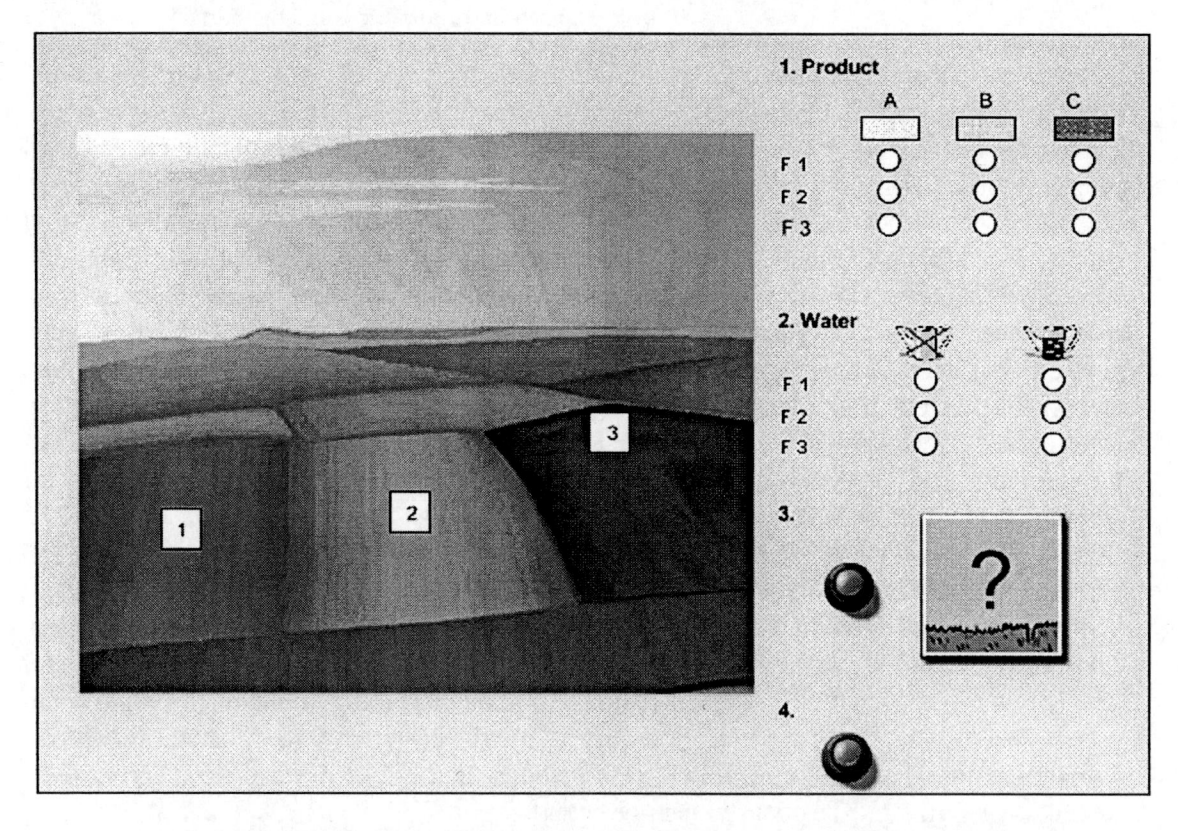

Quelle: http://www.atmosphere.mpg.de/enid/da08998e5932cc6fe3c29bb1deee6a47,55a304092d09/1q5.html (Autoren der Animation: H. Schrettenbrunner/J. Heres)

Abb.1: Simulation zum landwirtschaftlichen Ertrag (Bewässerung, Düngung, Schädlingsbefall)

Bei einer Simulation zum Anbau landwirtschaftlicher Erzeugnisse (Abb. 1) kann der Betrachter vorab Hypothesen bilden, wie Pflanzen unter ausgewählten Bedingungen (Klima, Bewässerung, Agrarpreise etc.) am sinnvollsten auf der zur Verfügung stehenden Fläche angebaut werden können. Im vereinfachenden Modell stehen drei Produkte zur Auswahl: Weizen, Gemüse oder Reis. Unter Berücksichtigung der zusätzlich entstehenden Kosten können die Felder in der Simulation auch künstlich bewässert werden. Über einen Zufallsgenerator wird das möglicherweise vorherrschende Wetter im Frühjahr und Sommer bestimmt und nach Ablauf der Simulation werden die jeweiligen Ernteerträge angezeigt. Im Anschluss kann der Schüler seine Hypothesenbildung und Lösungsvorschläge durch eine interaktive Wissensprüfung testen (direktes Feedback zur Stimmigkeit der Antworten).

2. Aufgabentyp: Versuche, Experimente und Messreihen

Neben einer umfangreichen Sammlung von Arbeitsblättern enthält ESPERE auch Worksheets, die den handlungsorientierten Unterricht und die Schülerselbsttätigkeit fördern. ESPERE bietet mit einer Vielzahl von Versuchen und Messreihen den Schülern die Möglichkeit eigenständig Erfahrungen zu sammeln, Hypothesen zu überprüfen oder unter verschiedenen (klimatischen) Bedingungen Ereignisse stattfinden zu lassen.

Neben solchen im Unterricht durchzuführenden Experimenten wurden auch diverse Messreihen, die biologische oder physikalische Zusammenhänge verdeutlichen, in die Klimaenzyklopädie integriert, die sich in Projektarbeit umsetzen lassen.

Beispiel: Luftzirkulation in Frankfurt/Legoland
Kapitel 5: Klima in Städten - Basis, Unit 2: Stadtklima, Worksheet 5

3. Aufgabentyp: Animationen

Die in die geographischen Worksheets integrierten Animationen verdeutlichen klimatische Prozesse anschaulich und werden jeweils durch Begleitmaterialien (Texte, Beobachtungsaufträge) ergänzt.

Beispiel: Wettervorhersagen – Ursachen für einen sonnigen Sommer
Kapitel 3: Wetter - More, Unit 3: Biometerologie, Worksheet 1

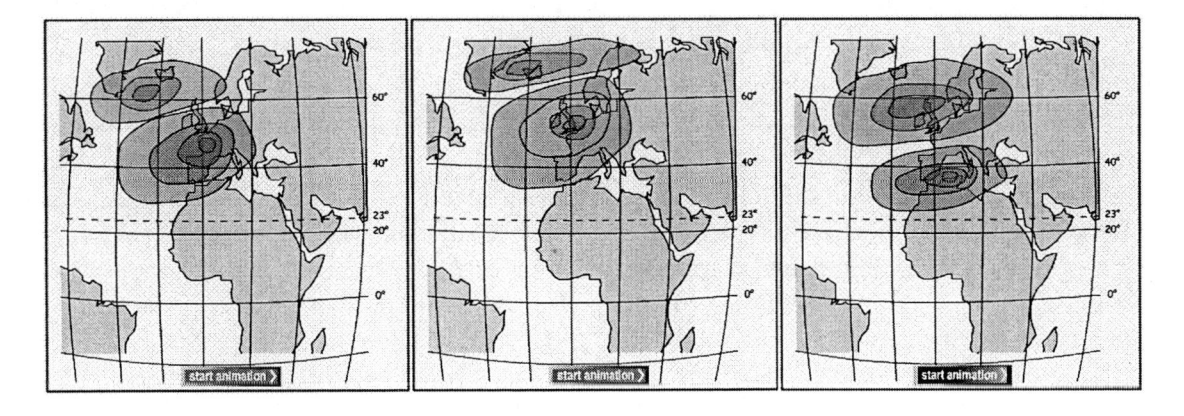

Quelle: http://www.atmosphere.mpg.de/enid/da08998e5932cc6fe3c29bb1deee6a47,55a304092d09/19x.html
(Autoren der Animation: H. Schrettenbrunner/J. Heres)

Abb. 2 : Ein normaler Sommer, heißer Sommer oder verregneter Sommer in Mitteleuropa

Nach dem Betrachten der Animationen sind Aussagen zu bewerten (Auswahlvorgaben), die es dem Schüler ermöglichen, sich den wissenschaftlichen Zusammenhang (z.B. zwischen der Lage der Hoch- und Tiefdruckgebiete und der Entwicklung des Sommers) selbst zu erschließen. Die interaktive Auswertung fördert den Aspekt des selbsttätigen Lernens (bzw. das eigenständige Navigieren durch die einzelnen Themen, je nach eigenem Lerntempo).

4. Aufgabentyp: interaktive Frage-Antwort Module

Zur Sicherung des Lernerfolgs werden die Informationen aus den wissenschaftlichen Texten auf den Worksheets wieder aufgegriffen und deren Verständnis überprüft. Um dem Schüler eine schnelle Rückmeldung zum Lernerfolg zu geben, wurden neben den Worksheets auch interaktive Frage-Antwort Module in die Klimaenzyklopädie integriert, die sofort Rückmeldung geben, ob eine Frage richtig oder falsch gelöst wurde. Über 20 Worksheets in ESPERE enthalten Multiple Choice Quizze. Alle stehen im direkten Bezug zu den wissenschaftlichen Texten und zeigen, ob die Zusammenhänge verstanden wurden.

Beispiel: Eigenschaften von Wasser
Kapitel 6: Ozeane - Basis, Unit 1: Ozeane und Klima, Worksheet 1

Zu jeder Frage werden vier Antwortalternativen angeboten. Nach dem Durchlauf eines kompletten Quiz-Bausteins (ca. 10 Fragen) kann das Resultat der Beantwortung abgerufen werden.
Neben den Quizaufgaben, die mit Java-Scripts realisiert wurden, gibt es auch eine Vielzahl an kleinen Tests, die mit Flash erstellt wurden. Hierbei handelt es sich entweder um Richtig-Falsch-Aufgaben, Zuordnungsaufgaben oder um Fragen mit Mehrfach-Wahlantworten mit drei oder vier Distraktoren.

Beispiel: Zirkulation der Ozeane
Kapitel 6: Ozane - Basis, Unit 1: Ozeane und Klima, Worksheet 2

Im Unterschied zu den Javascripts erfolgt bei den Flash-Aufgaben die Rückmeldung direkt nach der Beantwortung der Einzelaufgaben.

5. Aufgabentyp: Auswertung von Klimadiagrammen, Satellitenbildern und Wetterkarten

Neben dem Verständnis der klimatischen Prozesse auf der Erde und den interdisziplinären Erklärungsansätzen fördern die Worksheets von ESPERE auch die Anwendung geographischer Arbeitsmethoden und Grundfertigkeiten. Regionale Beispiele zum Wettergeschehen oder zum Anbau landwirtschaftlicher Erzeugnisse werden mit topographischen Übungen auf Karten und Satellitenbildern ergänzt; die Auswertung von Klimadiagrammen bietet die Datengrundlage für Erklärungsansätze.
Die Unterrichtsmaterialien von ESPERE wollen auch dazu befähigen, naturräumliche Gegebenheiten, Systeme und Vernetzungen zu erfassen, sozioökonomische Zusammenhänge und Prozesse unterschiedlicher Räume sowie deren Bedingungsfaktoren und Konsequenzen zu erkennen. Dazu bedarf es des Bezugs zum konkreten Raum und entsprechender topographischer Kenntnisse.
Die Übungen zu Klimadiagrammen werden auf unterschiedlichen Schwierigkeitsstufen angeboten. In verschiedenen Aufgaben sollen Diagramme selbst gezeichnet, ausgewertet und interpretiert werden.
 Um die Verknüpfung von Theorie und Realität zu verwirklichen, setzt ESPERE Satellitenbilder ein, die aktuelle Wettersituationen entsprechend der vorausgegangenen wissenschaftlichen Begleitmaterialien darstellen.

Beispiel: Waldbrände in Südeuropa 2003
Kapitel 7: Landwirtschaft und Klima - Basis, Unit 3: Trockenheit im Mittelmeerraum, Worksheet 3
Beispiel: Eine Kaltfront im Satellitenbild
Kapitel 3: Wetter - Basis, Unit 1: Wetter und Fronten, Worksheet 2

Daneben bietet ESPERE auch die Auswertung von Wetterkarten an: Die Lage von Hoch- und Tiefdruckgebieten mit den jeweiligen Auswirkungen auf das lokale und jahreszeitliche Wettergeschehen wird im Kapitel Wetter behandelt.

6. Aufgabentyp: Flowcharts, Abstracts und Lückentexte

Aufgabenstellungen zum Erstellen eigener Texte (Abstracts) und Flowcharts fördern die Ausdrucksfähigkeit und trainieren das Beschreiben von Zusammenhängen. Um das Verständnis von klimatischen Zusammenhängen zu überprüfen, werden Lückentexte an vielen Stellen der Klimaenzyklopädie eingesetzt. Einige der Lückentexte wurden durch Animationen ergänzt, so dass die beschriebenen Sachverhalte anschaulicher dargestellt werden.

Um dem unterschiedlichen Schwierigkeitsgrad (Basis & More) in ESPERE gerecht zur werden, steigert sich auch bei der Zusammenfassung von Aussagen, bei der Kontrolle von Textverständnis oder der Lernzielkontrolle mit Flowcharts/Flussdiagrammen das Niveau der Aufgabenstellung. Zusammenhänge, Folgewirkungen und Prozesse werden in Diagrammen mit Pfeilen und Textbausteinen dargestellt.

Beispiel: Bedeutende historische Klimaereignisse – Die irische Hungersnot
Kapitel 7: Landwirtschaft und Klima - More, Unit 1: Gegenwart und Vergangenheit, Worksheet 3

7. Aufgabentyp: Nutzung von internetbasierten GIS-Atlanten

Interaktive GIS-Atlanten bieten neue Möglichkeiten bei der Nutzung von Karten und Statistiken. In ESPERE ist der Nationalatlas der USA in das Kapitel 7 Landwirtschaft und Klima eingebunden. In diesem Worksheet kann die Verteilung der Anbauflächen von Weizen, Mais, Baumwolle und Sojabohnen mit dem Internet-Nationalatlas der USA selbst ermittelt werden. http://nationalatlas.gov/natlas/NatlasStart.asp

Beispiel: Kulturpflanzen gestern und heute
Kapitel 7: Landwirtschaft und Klima – More, Unit 1: Vergangenheit und Gegenwart, Worksheet 1

Die Internet-Klimaenzyklopädie wurde auf die europäischen Lehrpläne für den Geographie-, Chemie- und Physikunterricht angepasst und ist sowohl im Internet, als auch als kostenloser Download oder als CD-ROM erhältlich (Bestellung über: www.espere.net)

Anschrift der Verfasserin:
Dr. Yvonne Schleicher
Lehrstuhl für Didaktik der Geographie, Universität Erlangen-Nürnberg,
Regensburger Str. 160, 90478 Nürnberg
email: yeschlei@ewf.uni-erlangen.de

Fachsitzung Unterrichtsmethoden FU 1
Methoden geographischer Bildung

Michael Hemmer

Schülerexkursionen in Berlin und Umgebung – Grundlagen, Konzepte, Beispiele

Seite 213 - 217

Helge Paulig & Uwe Matzke

Verwendung geographischer Namen im Unterricht

Seite 219 – 224

Berta Hamann

Die Achse des Bösen – Erziehung zum Hass oder neutrale Berichterstattung? Die Behandlung der „Schurkenstaaten" Irak, Iran und Nordkorea in Geographielehrbüchern der USA

Seite 225 - 229

Schülerexkursionen in Berlin und Umgebung – Grundlagen, Konzepte, Beispiele

von MICHAEL HEMMER, Münster

Dass die Stadt Berlin ein ideales Exkursionsziel darstellt, steht außer Frage. Doch welche Themen und Standorte eignen sich in besonderer Weise für eine geographisch ausgerichtete Schülerexkursion? Welche Aspekte interessieren Schülerinnen und Schüler? Wodurch unterscheidet sich eine Schülerexkursion von einer kommerziell angebotenen Stadtführung? Auf welche Aspekte ist bei der Standortwahl und Standortarbeit zu achten? Dies sind nur einige Fragen, mit denen sich eine Gruppe von Lehramtsstudierenden im Rahmen eines Seminars zur Exkursionsdidaktik an der Universität Münster beschäftigt hat. Ziel des Seminars war die Konzeption und Erprobung einzelner geographischer Schülerexkursionen für Berlin. Eine Dokumentation sämtlicher Exkursionsmodule inklusive der Arbeitsblätter, Materialien, organisatorischen Hinweise etc. kann über die Homepage des Instituts für Didaktik der Geographie (**http://wwwifdg.uni-muenster.de**) abgerufen werden.

1. Kennzeichen einer Schülerexkursion

In Abgrenzung zur Überblicksexkursion, bei der der Exkursionsleiter monologisierend einen Sachverhalt im Gelände erläutert und die Teilnehmer sich weitestgehend rezeptiv verhalten, kennzeichnet die Schülerexkursion ein kooperativ-produktives sowie eigenständig entdeckendes Lernen mit allen Sinnen. Nach Brameier (1985) ist die Schülerexkursion eine zeitlich begrenzte Organisationsform des Unterrichts, bei der der Lerngegenstand durch die Schülerinnen und Schüler vor Ort zielgerichtet, selbsttätig und weitgehend selbständig mit Hilfe wissenschaftlicher Methoden untersucht wird. Eine Schülerexkursion ist somit stets Unterricht vor Ort! Wie im herkömmlichen Unterricht sind auch hier konkrete Lernziele zu erreichen, die mit speziellen Methoden und gegebenenfalls unter Einbezug zusätzlicher Medien erarbeitet werden.

2. Anforderungsprofil an den Exkursionsleiter

Um eine Schülerexkursion konzipieren und durchführen zu können, muss der Exkursionsleiter in der Vorbereitungsphase zahlreiche didaktisch-methodische Entscheidungen treffen, die mit den Planungsphasen und -schritten einer Unterrichtsreihe weitestgehend identisch sind. So wird der Lehrer beispielsweise

- nach Festlegung der Lernziele ein geeignetes Exkursionsgebiet ausfindig machen;
- sich mit Hilfe der Literatur (Fach-)Kenntnisse über das Thema und den Untersuchungsraum aneignen;
- im Rahmen der Didaktischen Analyse die Aspekte herausfiltern, zu denen er die Schülerinnen und Schüler hinführen will, und seine Auswahl begründen;
- über Partizipationsmöglichkeiten der Teilnehmer im Planungsprozess nachdenken;
- einzelne Standort ausfindig machen, an denen die Erkenntnisse aus der Physiognomie des zu beobachtenden Standortgegenstandes (und der multisensorischen Wahrnehmung) ableitbar sind;
- sich Leitfragen und Methoden überlegen, wie die komplexe Realität themengerecht und adressatengemäß erschlossen werden kann;

- in Betracht ziehen, für welche Lernschritte er gegebenenfalls weitere Medien benötigt und darüber entscheiden, in welcher Form er sie präsentiert (Bild oder Diagramm, Arbeitsblatt oder Schautafel, mit oder ohne farbliche Markierung relevanter Details etc.);
- sich schließlich Formen zur Sicherung und Auswertung der im Gelände gewonnenen Erkenntnisse überlegen.

3. Potentielle Themen für Schülerexkursionen in Berlin und Umgebung

Das Spektrum potentieller Themen reicht von stärker physiogeographisch ausgerichteten Schülerexkursionen wie z.B. zum glazialen Formenschatz des Berliner Umlandes bis hin zu stärker anthropogeographisch ausgerichteten Exkursionen, in deren Mittelpunkt beispielsweise eine aktuelle Fragestellung der Stadtplanung (wie z.B. das Projekt „Leben und Arbeiten am Wasser" in der Rummelsburger Bucht) steht. Selbst dann, wenn eine Einschränkung des Themenspektrums auf eine Daseinsgrundfunktion, wie z.B. das Wohnen, angestrebt wird, zeigt sich bei genauerem Hinsehen auch hier eine unerschöpfliche Themen- und Standortfülle, die von der Berliner Mietskaserne über den Wohnungsbau der 1920er Jahre bis hin zur Großwohnsiedlung Marzahn oder den Villenvierteln im Grunewald reicht. Ebenso wie im Unterricht sind eine Themeneingrenzung und klare Zielsetzung der Exkursion unumgänglich.

Ausgangspunkt und Kriterium für die Themen- und Standortwahl der von den Studierenden entwickelten Exkursionsmodule waren die Interessen und Fragestellungen der Seminarteilnehmer, die spezifischen Besonderheiten der Stadt Berlin, die Lehrpläne für das Fach Geographie, die Schülerinteressen sowie die Kriterien Exemplarität und Aktualität. Zur Ermittlung der Schülerinteressen wurden ca. 200 Schülerinnen und Schülern der Jahrgangsstufe 9 u.a. 26 Items vorgelegt, zu denen diese ihr Interesse auf einer fünfstufigen likert-ähnlichen Skala (von 5 = „interessiert mich sehr" bis 1 = „interessiert mich gar nicht") bekunden konnten (vgl. Löchtefeld 2003). Tabelle 1 zeigt die zehn Themen, die die Schülerinnen und Schüler am meisten interessierten.

Rang	Item	mean
1	Welche Möglichkeiten der Freizeitgestaltung Jugendliche in Berlin haben, interessiert mich ...	4,16
2	Wie das Leben der Jugendlichen in Ost- und West-Berlin war, als die Stadt noch durch die Mauer geteilt war, interessiert mich ...	3,83
3	Warum 1961 die Berliner Mauer gebaut wurde, interessiert mich ...	3,76
4	Ob Jugendliche in Berlin bessere Zukunftschancen haben als Jugendlich in unserer Region, interessiert mich ...	3,73
5	Wie der Lebensalltag der Menschen in Berlin vor 1989 war, als es noch einen Ost- und einen Westteil gab, interessiert mich ...	3,66
6	Welche Probleme es im Zusammenleben der verschiedenen Kulturen gibt (z.B. Ausländerfeindlichkeit), interessiert mich ...	3,62
7	Wie die Menschen in Ost-Berlin 1989 reagiert haben, als sie plötzlich wieder in den Westteil der Stadt durften, interessiert mich ...	3,61

8	Wo man im heutigen Stadtplan noch erkennen kann, dass noch vor 14 Jahren eine Mauer die Stadt teilte, interessiert mich ...	3,40
9	Welche Folgen Großereignisse wie z.B. die Love-Parade für die Natur der Stadt haben, interessiert mich ...	3,28
10	Inwiefern sich bestimmte Stadtteile und die dort wohnenden Bevölkerungsgruppen unterscheiden, interessiert mich ...	3,02

Tab. 1: Das geographische Interesse von Schülerinnen und Schülern in NRW an einzelnen Themen einer potentiellen Berlin-Exkursion

Besonders deutlich zeichnet sich das – auch in anderen Interessenstudien nachgewiesene – hohe Interesse der Schülerinnen und Schülern für den Lebensalltag der Menschen ab. Im vorliegenden Fall interessieren sie sich die Probanden in besonderer Weise für den Lebensalltag gleichaltriger Jugendlicher sowie den Mauerbau und die damit verbundenen Lebensbedingungen in der ehemals geteilten und nun wiedervereinigten Stadt. Während das Interesse an der Subskala „Lebensalltag der Menschen" mit einem Mittelwert von 3,60 sehr hoch ist, fällt das Schülerinteresse bei den übrigen Subskalen (Topographie mean = 2,90; Physische Geographie 2,80 und Wirtschaft 2,60) deutlich ab. Bei der Auswahl der Exkursionsstandorte und Themen empfiehlt es sich somit – insbesondere bei den Themen, die im Schülerinteresse eher niedrig liegen – auf eine Verknüpfung mit dem Lebensalltag der Menschen zu achten.

In Anlehnung an die zuvor genannten Kriterien wurden im Sommersemester 2002 zunächst fünf Exkursionsmodule entwickelt, die sich im einzelnen mit dem Regierungsviertel und den dazugehörigen Hauptstadtfunktionen, dem Mauerbau und der Zeit der Trennung, der Entwicklung und dem Funktionswandel des Potsdamer Platzes, dem Wohnen in einer Großwohnsiedlung (Beispiel Marzahn) und dem Freizeit- und Naherholungsverhalten der Berliner (aufgezeigt am Beispiel des Tiergartens und des Wannsees) auseinandersetzen. Erprobt wurden die Exkursionsmodule in den Jahren 2002 bis 2004 im Rahmen von drei fachdidaktisch ausgerichteten Berlin-Exkursionen. Eine Ausweitung der Exkursionsvorschläge (beispielsweise zu den Themen „Spandauer Vorstadt" und „Kreuzberg") ist angestrebt.

4. Beispiel: Potsdamer Platz

Ziel der Exkursion ist ein Einblick in die wechselvolle Geschichte des Potsdamer Platzes, dessen Funktionswandel und Lagewert zu unterschiedlichen Zeiten. Die Themenstellung legt einen historisch-genetischen Aufbau der Exkursion nahe (vgl. Tab. 2). Ebenso wie beim Einstieg in eine Unterrichtsreihe kommt dem ersten Standort eine besondere Bedeutung zu. Im vorliegenden Fall haben die Schüler nach einer kurzen Orientierungsphase zunächst Gelegenheit, die Eindrücke des Platzes auf sich wirken zu lassen und erste Fragen zu stellen. Der Vergleich des heutigen Platzes mit einem Luftbild von 1985 führt im Sinne eines konstrastierenden Einstiegs zum eigentlichen Thema der Exkursion. Die sich daraus ergebenden Fragen werden ebenfalls auf einem Zeichenblock fixiert.

Standort	Inhaltlich-methodischer Schwerpunkt	Medien
Ausgang U-Bahn Station, nördlicher Bereich des Leipziger Platzes	**Einstieg in die Exkursion** - Orientierung - Problematisierung (Vergleich der heutigen Situation mit einem Luftbild von 1985) - Sammeln der Schülerfragen	Stadtplan Routenskizze Luftbild von 1985 Zeichenblock
Rasenfläche des Leipziger Platzes	**Vor den Toren der Stadt - der Potsdamer Platz im 18. und 19. Jahrhundert** - Beschreibung der Situation um 1778 anhand einer Karte - Stationen der weiteren Entwicklung im Überblick (Impulsreferat)	Karte des Potsdamer Platzes um 1778 Foto des Potsdamer Bahnhofs Zeitleiste
Verkehrsinsel auf dem Potsdamer Platz nördlich der Ampeluhr	**Die Goldenen 1920er Jahre – der einstmals verkehrsreichste Platz Europas** - Vorlesen eines Gedichts von Erich Kästner - Informationen zur Verkehrsituation und Bedeutung des Platzes in den Goldenen 1920er Jahren	Routenskizze Gedicht von Erich Kästner (1929) Foto des Potsdamer Platzes (1926) Zeitleiste
Potsdamer Allee, Rückseite des Weinhauses Huth	**Von den Goldenen 20ern bis zum II. Weltkrieg** - Baumbestand der Potsdamer Allee und Weinhaus Huth – Spuren im Gelände - Berlins Mitte und der II. Weltkrieg	Routenskizze Luftbild von 1985 Zeitleiste
Ecke Stresemannstraße/Bergstraße Mauerreste	**Die Mauer – ein tiefer Einschnitt in das Leben am Potsdamer Platz** - Arbeitsteilige Auswertung und Datierung verschiedener Fotos und Materialien	Routenskizze Fotos vom Mauerbau (1961), der Zeit der Trennung und dem Fall der Mauer (1989)
Ecke Linkestraße/Eichhornstraße	**Auf der Suche nach einer neuen Funktion** - Die Großbaustelle Potsdamer Platz Mitte der 1990er Jahren - Arbeitsteilige Kartierung der heutigen Gebäudefunktionen	Routenskizze Luftbild 1995 Kartierungsgrundlage Zeitleiste
Innenhof Sony-Center	**Gestalt und Funktionen des heutigen Platzes** - Präsentation und Auswertung der Gruppenergebnisse - Der Potsdamer Platz - die neue Mitte?	Routenskizze Kartierung Zeitungsüberschriften Zeitleiste
Rasenfläche des Leipziger Platzes	**Zusammenfassung** - Rückblick, Fazit und Ausblick	Zeichenblock mit den Schülerfragen Zeitleiste

Tab. 2: Schülerexkursion „Potsdamer Platz" im Überblick

Im Verlauf der Exkursion werden an jeweils markanten Stellen rund um den Potsdamer Platz, wie der historischen Ampeluhr oder den Resten der Berliner Mauer, einzelne Standorte aufgesucht, um die Entwicklung des Platzes in chronologischer Reihenfolge zu rekonstruieren. Dabei gilt die Regel: Pro Standort – ein Thema! Nach Möglichkeit sollen die Erkenntnisse aus der Physiognomie des Standorts ableitbar sein. Um ein Lernen mit allen Sinnen zu gewährleisten, werden die Schüler beispielsweise am dritten Standort aufgefordert, zur Wahrnehmung der Geräuschkulisse ihre Augen zu schließen während der Exkursionsleiter das Gedicht „Besuch vom Lande" von E. Kästner (1929) vorliest. Die Arbeit beginnt an allen Standorten mit einer Orientierungsphase, bei der der jeweilige Standort in die Routenskizze eingetragen wird, und endet stets mit der Sicherung der Ergebnisse. Im vorliegenden Fall bildet eine Zeitleiste den roten Faden der Exkursion; sämtliche Bilder, Zeitdokumente und Materialien werden mit einem gut lesbaren Datum versehen und im Verlauf der Exkursion sukzessive an einer Wäscheleine befestigt. Das Methodenspektrum der Exkursion reicht von der einfachen Beobachtung und Wahrnehmung geographischer Strukturen bis hin zu einer arbeitsteiligen Kartierung der Gebäudefunktionen und Bewertung des heutigen Lagewertes. Zahlreiche Medien ergänzen die Arbeit im Gelände.

Ebenso wie im vorgestellten Beispiel sind auch die übrigen Schülerexkursionen nach dem Prinzip des Entdeckenden Lernens aufgebaut. Wir hoffen, dass die Exkursionsvorschläge über das Seminar hinausgehend Lehrerinnen und Lehrer motivieren, im Rahmen einer Klassenfahrt Berlin (auch einmal) mit geographischen Augen zu erkunden. Für Rückmeldungen jeder Art sind wir sehr dankbar.

Literaturverzeichnis

BRAMEIER, U (1985): Die Schülerexkursion im Rahmen des Erdkundeunterrichts. In: FRAEDRICH, W. (1985) (Hg.): Exkursionsführer Geographie. Köln.

HEMMER, M. und L. BEYER (2004): Mit Schülerinnen und Schülern vor Ort. Grundlagen der Standortarbeit aufgezeigt am Beispiel des Potsdamer Platzes in Berlin. In: RAAbits.

HEMMER, M. und R. UPHUES (2004): Berlin – Mit Schülerinnen und Schülern vor Ort. Exkursionsprotokoll, ausgearbeitete Schülerexkursionen und Materialien (Institutsinterne Publikation, abrufbar über http://wwwifdg.uni-muenster.de)

LÖCHTEFELD, J. (2003): Interesse von Schülerinnen und Schülern an Inhalten und Arbeitsweisen einer geographisch ausgerichteten Berlin-Exkursion. Schriftliche Hausarbeit im Rahmen der ersten Staatsprüfung für das Lehramt der Sekundarstufe II. Münster (Einsichtnahme über Prof. Dr. Michael Hemmer).

Anschrift des Verfassers:
Prof. Dr. Michael Hemmer,
Institut für Didaktik der Geographie, Westfälische Wilhelms-Universität Münster
Robert-Koch-Straße 26, 48149 Münster
email: michael.hemmer@uni-muenster.de

Verwendung geographischer Namen im Unterricht

Von Helge Paulig, Dresden und Uwe Matzke, Ralbitz

Seit 01.05.2004 gehören auch unsere östlichen Nachbarn Polen und Tschechien zur Europäischen Union. Ein Grund, über das gegenseitige Verständnis und Verstehen des geographischen Raumes bezogen auf die Verwendung geographischer Namen zu reflektieren. In diesem Beitrag soll die Verwendung geographischer Namen im Geographieunterricht an den Schulen Deutschlands sowohl allgemein als auch speziell in den sorbischen schulen Sachsens dargestellt werden. Den ersten Teil verantwortet Helge Paulig, den zweiten Uwe Matzke.

I.

Bei der Verwendung geographischer Namen im Geographieunterricht wie auch in der öffentlichen Wahrnehmung wurden während der Teilung Deutschlands verschiedene Sichtweisen insbesondere bei der Verwendung von deutschen Namen für geographische Objekte außerhalb der deutschen Grenzen (in der Fachsprache Exonyme) gefördert.

Dieses Vergessen der Herkunft aus ehemaligen deutschen Ostgebieten, aus dem Sudentengebiet oder anderen deutschen Siedlungsgebieten und damit der eigenen Identität war mit ein Ziel des Unterrichts in der DDR. In der jüngeren Literatur spricht Christoph Hein dieses staatlich geforderte Vergessen in seinem Roman „Landnahme" eindrucksvoll aus: „Und woher kommt ihr? Wo bist du geboren, Junge?" wird der Neue in der Klasse in dem sächsischen Städtchen Guldenberg vom linientreuen Lehrer gefragt. Die Antwort:„Wir kommen aus Breslau." passt nicht in das neue Weltbild. Die für die Zeit der DDR korrekte Antwort wurde gleich mitgeliefert: "Und du kommst aus Wroclaw."

Die Geschichte hätte sich auch in den sechziger oder siebziger Jahren so abspielen können. In den Atlanten und Karten war die Benutzung deutscher Namen restriktiv auf Landschafts- und Staatennamen, Hauptstädte und wenige größere Städte beschränkt – schon Gdansk und Bratislava mußten auf ihren deutschen Namen verzichten und tauchten – wenn überhaupt – als Danzig und Preßburg nur in den Geschichtskarten auf. Der praktische Vorteil dieses Vorgehens bestand darin, dass die Kenntnis der einheimischen Namen (in der Fachsprache Endonyme) bereits einen gewissen Zugang zur polnischen oder tschechischen Sprache ermöglichte und die Orientierung in der fremden Umwelt erleichterte. Ein deutlicher Nachteil ist, dass zwei Generationen nach Ende des zweiten Weltkrieges ein großes Stück der deutschen Kulturlandschaft bei vielen Ostdeutschen, die nicht familiär von Flucht und Vertreibung betroffen waren, in Vergessenheit gerieten.

Anders war die Situation westlich der innerdeutschen Grenze. Hier hatten zumindest die alten deutschen Namen in den Atlaskarten überlebt. Preßburg und Danzig standen und stehen hier selbstverständlich neben Posen und Breslau. Falls aber ein Besuch der alten Heimat oder – was seltener geschah und geschieht - ein Besuch des osteuropäischen Nachbarn geplant wurde, entwickelten sich die meist fremden einheimischen slawischen Begriffe zu Problemen, die den Ostdeutschen im Ergebnis der verpflichtenden Teilnahme am Russisch-Unterricht etwas gemildert entgegentraten.

Im direkten Grenzgebiet sind jetzt bereits wieder einige zweisprachige Hinweisschilder zu finden, die neben den ortsüblichen tschechischen oder polnischen Namen auch die deutsche Entsprechung beinhalten.

II.

Wie geht der Geographieunterricht in Deutschland nach der Wiedervereinigung mit dieser Problematik um?

Nach dem Beitritt der DDR zur Bundesrepublik Deutschland (Einigungsvertrag vom 31.08.1990), dem Zwei-plus-Vier-Vertrag vom 12.09.1990 und der Anerkennung der deutsch-polnischen Grenze (14.11.1990) beschloss die Kultusministerkonferenz (KMK) am 08.11.1991 „Grundsätze für die Darstellung Deutschlands und die Bezeichnung außerhalb der Bundesrepublik Deutschland gelegener Städte und Ortschaften in Schulbüchern und kartographischen Werken für den Geographieunterricht".

Die bis zu diesem Zeitpunkt in den Atlanten der „Alt"-BRD übliche Darstellung der deutschen Grenze vom 31.12.1937 entfiel bei kartographischen Werken für den Schulunterricht. Weiterhin wurde festgelegt; „außerhalb der Bundesrepublik Deutschland in den Grenzen vom 03.10.1990 gelegene(n) Städte und Ortschaften (sind) in Karten für den Gebrauch an deutschen Schulen entsprechend den internationalen Gepflogenheiten mit den herkömmlichen und allgemein gebräuchlichen deutschen Namen unter Zusatz ihrer landeseigenen Benennung zu bezeichnen." Als Beispiele werden genannt: Mailand (Milano), Warschau (Warszawa), Straßburg (Strasbourg), Danzig (Gdansk). „Aus Gründen der Übersichtlichkeit kann der landeseigene Name entfallen."

Zur Problematik der Verwendung geographischer Namen fasste die KMK am 16.06.2000 einen weiteren Beschluss, diesmal zur „Zweisprachigen Bezeichnung der geographischen Namen im Siedlungsgebiet der Sorben (Wenden) in Atlanten und kartographischen Materialien". Die Vorlage war auf Initiative des Freistaates Sachsen gemeinsam mit dem Land Brandenburg eingebracht worden und fand in relativ kurzer Zeit eine Mehrheit im Schulausschuss der KMK.

Der Beschluss sieht vor, durch die Darstellung des Siedlungsgebietes der Sorben (Wenden) in Atlanten und kartographischen Materialien den Schülern und Schülerinnen in allen Teilen Deutschlands die autochthone Minderheit der Sorben (Wenden) zur Kenntnis zu bringen und die ethnische Vielfalt Deutschlands zu verdeutlichen. Es wurde deshalb vereinbart, Siedlungen und landschaftlichen Namen in kartographischen Materialien, beginnend mit dem Maßstab 1:1Millionen und größer zweisprachig zu bezeichnen. Der deutschen Bezeichnung soll dabei der ortsübliche sorbische Name beigefügt werden. Bei Karten kleineren Maßstabes sollen Siedlungen und Landschaften dann zweisprachig bezeichnet werden, wenn der Karteninhalt einen Sachbezug zur sorbischen Sprache aufweist. Die Begrenzung des sorbischen Siedlungsgebietes und die ortsüblichen Bezeichnungen, in der Regel Obersorbisch in der Oberlausitz und Niedersorbisch in der Niederlausitz, ist den Texten der einschlägigen Landesgesetze zu entnehmen.

In der Praxis ist gegenwärtig zunehmend die Tendenz festzustellen, in kartographischen Werken neben dem geographischen Namen der am Ort wohnenden Sprecher den deutschen Namen in Klammern zu verwenden. Bei den Karten der Nationalatlasses Deutschland wird dieses Verfahren angewandt.

Mit der Problematik der Verwendung geographischer Namen im deutschsprachigen Raum beschäftigt sich der „Ständige Ausschuss für geographische Namen" am Bundesamt für Kartographie und Geodäsie Frankfurt am Main. Vertreter aus Belgien, Deutschland, Österreich und der Schweiz stimmen hier das Vorgehen in den deutschsprachigen Staaten b und formulieren daraus abgeleitete Empfehlungen für die Verwaltungen. Die Erweiterung der Europäischen Union soll auch Anlass sein, über die weitere Verwendung von Endonymen und Exonymen nachzudenken und dann auch der Kultusministerkonferenz neue Vorschläge zu unterbreiten.

Bereits jetzt unterstützt die Arbeit des Ausschusses den Geographieunterricht durch Bereitstellung von Aussprachedatenbanken von Endonymen, die im Internet zur Verfügung stehen. Durch den Ausschuss wurden weiterhin Arbeiten der hiesigen Humboldt-Universität unter Leitung von Professor Schulz zur Erstellung von Namensdatenbanken der europäischen Länder begleitet, die dem interessierten Lehrer zur Verfügung stehen.

III.

Im Folgenden soll auf die Verwendung sorbischer Namen für geographische (vornehmlich topografische) Objekte im Geographieunterricht an sorbischen Schulen in Sachsen eingegangen werden.

Eingangs einige allgemeine Bemerkungen zum Geographieunterricht an sorbischen Schulen: Im zweisprachigen Raum gibt es fünf sorbische Mittelschulen, an denen Schüler die sorbische Sprache als Muttersprache erlernen, eine Schule wird ausschließlich von sorbischen Schülern besucht. Das heißt, neben dem Sorbischunterricht werden viele Fächer bis zu bestimmten Klassenstufen (oft bis zur Klasse 10) in sorbischer Sprache unterrichtet, die Umgangssprache während des Unterrichts (z. B. auch in naturwissenschaftlichen oder technischen Fächern) ist vornehmlich die sorbische Muttersprache.
Die weiteren Ausführungen beschreiben im Wesentlichen die Situation in den Klassen mit Schülern mit sorbischer Muttersprache an den Mittelschulen und dem sorbischen Gymnasium. Der Geographieunterricht wird an der Mittelschule von der Klassenstufe 5 bis 8 in sorbischer Sprache mit sorbischen Fachbüchern unterrichtet, in den Klassenstufen 9 und 10 in deutscher Sprache und mit deutschen Fachbüchern. Der vorbereitende Heimat- und Sachkundeunterricht in der Grundschule erfolgt in vollem Umfang in sorbischer Sprache.

In der Grundschule, in der alle Schüler die sorbische Sprache als Muttersprache erlernen, werden topografische Begriffe zugleich in sorbischer und deutscher Sprache mündlich und schriftlich vermittelt und erarbeitet. Dabei werden jedoch nicht unbedingt alle Begriffe (jede Straße oder Anhöhe) auch in deutscher Sprache benannt. Der Lehrer wählt bei Bedarf selbst aus und entscheidet, welches Wort auch in deutscher Sprache vermittelt wird. Die Schüler befassen sich mit topografischen Begriffen aus der näheren Umgebung (Ortschaften, Flurnamen, Flüsse, Kreisstadt, Landeshauptstadt, Himmelsrichtungen, usw.) und akzeptieren dabei die Zweisprachigkeit. Anzumerken ist, dass die Schüler meistens sorbische Bezeichnungen für Städte, Dörfer, Berge, Flüsse, usw. verwenden, die in ihrer unmittelbaren Umgebung liegen. Bei Anwendung des erarbeiteten Stoffes wird darauf geachtet, die topografischen Begriffe vorwiegend in sorbischer Sprache wiederzugeben. Bei Leistungskontrollen mündlicher oder schriftlicher Art werden die Fragen inclusive topografischer Begriffe zweisprachig gestellt.

Im Unterricht bemühen sich die Schüler, die topografischen Begriffe in sorbischer Sprache auszudrücken, in der Umgangssprache jedoch häufen sich deutsche Ausdrücke. Oft nur aus Bequemlichkeit und Gewohnheit werden deutsche Bezeichnungen verwendet. Dennoch sind zunehmend deutsche Begriffe zu hören, obwohl die Mehrzahl der Schüler in der Lage wäre, die sorbischen topografischen Begriffe zu verwenden. Ein Grund dafür ist, dass in den letzten 5 - 10 Jahren die deutsche Sprache in ausserunterrichtlichen Situationen zum Teil schon überwiegt.

Fest steht, dass alle topografischen Begriffe außerhalb des sorbischen Siedlungsgebietes im Atlas, an den Wandkarten und in den älteren Lehrbüchern in deutscher Sprache gegeben sind. Der Lehrer kann deshalb nur anhand von eigens entwickelten Tafelbildern bzw. Karten an der Tafel, am Projektor oder am Computer zweisprachig arbeiten. Dies erfolgt natürlich auch nur dann, wenn sorbische Begriffe existieren. (z.B. Leipzig = Lipsk, München = Mnichow, Rostock bleibt Rostock). Die Arbeit mit vielen visuellen Mitteln ist daher sehr wichtig. Manchmal ist auch eine doppelte Erklärung des Sachproblems nötig.

Ein weiteres Problem war bisher, dass in den sorbisch gedruckten Lehrbüchern (Klasse 5 - 8) in den Sachtexten sorbische Begriffe vorhanden waren, aber die Karten in den Lehrbüchern aus technischen Gründen nur die deutsche Begrifflichkeit vorwiesen. In den seit 2003 neu gedruckten Lehrbüchern (für Klasse 5 und 6) ist dieses technische Problem gelöst worden, so dass alle Karten sorbisch gedruckt sind.

Für die Klassenstufen 9 und 10 existieren für das Fach Geographie nur deutsche Lehrbücher, da der Unterricht in deutscher Sprache erfolgt. Jeder Schüler hat aber das Recht, Fragen in seiner Muttersprache zu stellen. Vor 10 bis 15 Jahren gab es noch Klassen die gebeten haben, den Geographieunterricht in der 9. und 10. Klasse in sorbischer Sprache durchführen zu können. Der Lehrer hat in diesem Fall viele Sachtexte schriftlich und mündlich übersetzten müssen.

Ein wesentlicher Schritt bei der Erarbeitung und Übersetzung von deutschen bzw. sorbischen geographischen Begrifflichkeiten ist die aus dem Jahre 1994 herausgegebene Terminologie für das Fach Geographie. In dieser schon öfters überarbeiteten deutsch-sorbischen und sorbisch-deutschen Terminologie, die in allen sorbischen Schulen vorhanden ist, sind eine Vielzahl von geographischen Begriffen aufgelistet. Sie dient für die Unterrichtssvorbereitung des Lehrers und wird besonders bei den älteren Klassenstufen gern angenommen und als Arbeits- und Übersetzungsliteratur eingesetzt.

Dennoch ist festzustellen, dass sorbische Begriffe nur dann im Unterricht vom Schüler verwendet werden, wenn dieser die bestimmten Begriffe auch in der Umgangssprache benutzt. Schüler antworten oft mit deutschen Begriffen, weil an Wandkarten, im Atlas usw. alles in deutscher Sprache zu lesen ist. Der Schüler ist auch oft unsicher, ob er den richtigen Begriff kennt und anwendet (z. B. wenn die Ländernamen im Sorbischen ähnlich klingen).

Da manche topografischen Begriffe von den Schülern permanent in deutscher Sprache genannt werden, nennt der Lehrer, sooft als möglich den Begriff in sorbisch und lässt diesen gegebenenfalls wiederholen.

Es ist aber festzustellen, dass tendenziell das Verständnis für sorbische Begriffe (allgemeine und spezielle) abnimmt.

In der Fachsprache geht dieser Prozess schneller, bei der Umgangssprache langsamer. Viele Sätze werden bilingual (oder trilingual) gebildet. Die meisten Fachbegriffe kennt der Schüler nicht, weil er diese in der Umgangssprache zu wenig oder gar nicht nutzt.

Im starken Maße hängt es auch von den Eltern ab, wie konsequent und sauber zu Hause mit den Kindern sorbisch gesprochen wird. Das Benutzen sorbischer Begriffe für geographische Namen wird allzu oft vernachlässigt oder aus Gründen der Gleichgültigkeit, der Oberflächlichkeit und letztlich aus Gründen der Unkenntnis nicht genutzt. Viele Eltern

machen sich nicht die Mühe, das sorbische Wort zu verwenden. Die Kinder passen sich dementsprechend an und nutzen dann ebenfalls lieber die deutschen Begriffe. Es kommt dann häufig vor, dass anstelle der sorbischen Bezeichnung z.B. Zhorjelc Görlitz, Zitawa Zittau, Mnichow München, Baltiske morjo Ostsee, Rudne horiny Erzgebirge, die deutschen Bezeichnungen verwendet wurden. Diese zu Hause erworbenen Bezeichnungen fließen dann natürlich in den Geographieunterricht ein und erschweren die schnelle Erarbeitung sowie die ständige Nutzung der sorbischen Bezeichnungen.
Im Allgemeinen wird die sorbische Sprache immer unvollkommener verwendet. Dies beeinflusst auch im starken Maße den Umgang mit den sorbischen geographischen Begriffe im Geographieunterricht.

Sorbische Institutionen, insbesondere der Domowina-Verlag und das Witaj-Zentrum in Bautzen haben eigens oder in Zusammenarbeit mit deutschen Schulbuchverlagen (Westermann, Volk und Wissen - Cornelsen) in den letzten Jahren eine Reihe von geographischen Materialien erarbeitet bzw. übersetzt. Neben den ins Sorbische übersetzten Schulbüchern wurden geographische Arbeitshefte in sorbischer Sprache herausgegeben.
Ferner wurde die Terminologie für das Fach Geographie herausgegeben, die von der Klasse 5 - 12 genutzt wird.
Der Verlag Volk und Wissen hat Mitte der 90er Jahre in dem sächsischen Schulatlas eine zweisprachige sorbisch-deutsche Beschriftung einer physischen Karte vom Land Sachsen aufgenommen. Erst im Jahre 2003 war es technisch möglich, sorbisch beschriftete Karten in die Lehrbücher der Klassenstufen 5 und 6 zu integrieren. Die Kollegen, die mit diesen Lehrbüchern arbeiten, sprechen von einem Fortschritt im Hinblick auf den Einsatz und die Verwendung sorbischer topografischer Namen seitens der Schüler. Ob jedoch wirkliche Fortschritte gemacht werden, wird sich erst in Zukunft zeigen. Diese vom Westermann-Verlag gedruckten Lehrbücher entsprechen jedoch nicht mehr den mit dem Schuljahr 2004/2005 eingeführten neuen Lehrplänen. Neue Lehrbücher müssen jetzt erarbeitet werden. Trotzdem könnten auch weiterhin die Karten der Lehrbücher für den Unterricht genutzt werden.
Große Wandkarten in sorbischer oder zweisprachiger Ausführung werden von den Schulbuchverlagen aus Kostengründen nicht produziert. Die Nachfrage ist zu gering.
In einem gemeinsamen Projekt des Witaj-Zentrums mit den sorbischen Schulen werden im Herbst 2004 Mappen (A4-Format) herausgegeben, die geographische Karten mit sorbischer Beschriftung mit den bestehenden sorbischsprechenden Gemeinden beinhalten. In diesen Karten sind vor allem die Flurnamen der entsprechenden Gemeinden aufgeführt. Letztlich können diese Mappen von der Grundschule bis zum Gymnasium im Unterricht genutzt werden.

Zusammenfassend ist festzustellen, dass die Verwendung sorbischer geographischer Begriffe im Unterricht nicht nur von der Arbeit der sorbischen Institutionen, insbesondere der Verlage und der Übersetzter abhängt. Die entscheidende Rolle spielen die Arbeit und das Engagement der Geographie - und der Sachkundelehrer in Zusammenarbeit mit den Schülern und auch mit den Eltern sein.(Dies gilt natürlich für Lehrer aller Fachbereiche.) Das gemeinsames Interesse am Erhalt der sorbischen Sprache, der einzigen slawischen Sprache in Deutschland, ist dabei ein wesentliches Kriterium.

Anschriften der Verfasser:
Dr. Helge Paulig
Sächsisches Staatsministerium für Kultus, Dresden
Postfach 100910
01079 Dresden

Uwe Matzke
Sorbische Mittelschule Ralbitz/Ralbicy
Truppener Straße 1
01920 Ralbitz

Die Achse des Bösen - Erziehung zum Hass oder neutrale Berichterstattung? Die Behandlung der „Schurkenstaaten" Irak, Iran und Nordkorea in Geographielehrbüchern der USA

von BERTA HAMANN, Nürnberg

1. Methode der Untersuchung

Wie in Deutschland gelten auch in den USA Schulbücher als „heimliche Lehrpläne", ihre Analyse ermöglicht daher eine Aussage über die Inhalte des Unterrichts selbst. Für dieses Thema wurden drei der vier wichtigsten Geographielehrbücher zum Kurs "World Geography" in der High School untersucht. (Das vierte Buch war zum Zeitpunkt der Abfassung dieser Zusammenstellung zwar zugesagt, aber noch nicht verfügbar.) Diese decken über 90% des Marktes ab, so dass die hier vorgelegte Analyse signifikant ist. Methodisch wurden sowohl quantitative wie qualitative Verfahren angewendet. Quantitativ wurde ermittelt, ob die drei Staaten hervorgehoben oder vernachlässigt wurden, ob bei Bildern und Texten signifikante Abweichungen von den übrigen regionalgeographischen Darstellungen zu erkennen waren. Sodann wurde analysiert, welche Themenbereiche überhaupt behandelt und welcher Umfang den einzelnen Themen zugewiesen wurde. Dabei wurden die textlichen Darstellungen zunächst einzeln erfasst, sodann die Gesamtheit der ein Thema erschließenden textlichen, bildlichen und grafischen Elemente analysiert.

Entscheidender für eine Bewertung sind allerdings die qualitativen Analysen. Hier wurde zunächst die Formalebene untersucht, also die konkrete Aussage. Beispiele hierfür sind positive oder negative Formulierungen im Text etwa durch Adjektive. Noch entscheidender erschien die Analyse der Metaebene, also der indirekten Aussagen. Beispiele hierfür sind Bilder, die abwertende Assoziationen wecken. Besondere Aufmerksamkeit wurde auf die Darstellung der aktuellen politischen Situation in jedem der drei Staaten verwendet. Waren Texte und Grafiken etwa so gewählt, dass die offiziellen Aussagen der gegenwärtigen US-Regierung gestützt wurden?

2. Allgemeine Ergebnisse

Die einzelnen Länder werden in größere Regionen, den so genannten "culture regions" eingeordnet. Irak und Iran gehören zur gleichen Kulturregion, nämlich Südwestasien (WGB, WGT; zu den gewählten Siglen s. Literaturverzeichnis) bzw. Mittlerer Osten (WCM), Nordkorea wird in allen Büchern unter Ostasien aufgeführt. Während in WGT die besonderen Charakteristika der *Kulturregionen* im Vordergrund stehen und somit der einzelne Staat innerhalb der Region nur anhand weniger idiographischer Details behandelt wird, konzentriert sich das Hauptaugenmerk der beiden anderen Lehrbücher WCM und WGB auf eine ausgeprägtere individuelle Vorstellung des *Einzelstaat*s nach einem länderkundlichen Schema.

Ein Schwerpunkt der Lehrbuchtexte liegt auf der Geschichte. Sowohl beim Irak wie beim Iran werden als Einführung die antiken Hochkulturen umfassend dargestellt, damit wird ein positives Eingangsbild vermittelt. Ein zweiter Akzent liegt auf der Darstellung des aktuellen Zeitgeschehens. Sie erfolgt in den einzelnen Werken unterschiedlich detailliert.

Das Kartenmaterial verdeutlicht das politische Geschehen, Bilder vermitteln eher emotionale Zugänge, die durchaus kritisch zu bewerten sind, die wesentlichen Informationen erfolgen über den Text.

3. Darstellung der einzelnen Staaten – Fokussierung auf das Gegenwartsbild

Da das Bild des Schülers von einem Land vor allem durch die Gegenwart geprägt ist, werden im Folgenden die analysierten Staaten in ihrer Entwicklung in den letzten Jahrzehnten vorgestellt.

3.1 Irak

In allen untersuchten Geographielehrbüchern ist die Darstellung des modernen Irak eine Aufeinanderfolge von Kriegen (Iran-Irak-Krieg 1980-1988, Golfkrieg 1990), wobei lediglich in WGB ganz aktuell auch der letzte Krieg 2003 mit dem Sturz Saddam Husseins ausführlich thematisiert wird – dieses Buch ist erst danach erschienen.

In den Lehrbüchern gilt der Rohstoff Öl als ausschlaggebender Faktor für die Konfliktsituation der Kriege 1980-1988 und 1990, auch wenn im Iran-Irak-Krieg zunächst religionsbedingte Differenzen zum Auslöser der Kriegshandlungen wurden. WGB und WCM nennen darüber hinaus taktische Überlegungen des irakischen Diktators, um so ein Eingreifen der Weltöffentlichkeit unter Führung der USA nachvollziehbar zu machen. Die Ausführungen zu Entwicklung und Ablauf der Kriege sind sehr sachlich und korrekt gehalten. Die Lehrbücher vermeiden im Text jegliche emotional gefärbte und damit angreifbare Darstellung der Geschehnisse bzw. Charakterisierung Saddam Husseins. Die bloßen, nüchternen Fakten sprechen für sich und vor allem für den engagierten Einsatz der USA, 1990 die Stabilität dieser Region wieder herzustellen. Die USA werden deutlich in ihrer globalen Führungsrolle als Friedensstifter und Übermittler demokratischen Geistes akzentuiert.

Die Darstellung der Hintergründe des letzten Krieges 2003 weicht jedoch von der bisher geschilderten Vermittlungsweise ab:

In WCM, das von der zeitlichen Erstellung des Lehrbuches her nur den Vorabend des Irakkrieges berücksichtigen konnte, zeigt ein Cartoon das „wahre" Gesicht des „Schurkenstaates" Irak, repräsentiert durch Saddam Hussein: *Vor* dem Palast Husseins werden UN-Inspektoren eingeladen, sich selbst ein Bild von den vermeintlich vorhandenen Massenvernichtungswaffen zu machen (S. 614: "Walk in! Look around."), während *hinter* dem Palast mit Raketen beladene Laster gerade das Gelände verlassen. Dem Lehrbuch zufolge solle der Cartoon eines britischen Blattes lediglich das Misstrauen des Westens gegenüber dem Diktator zum Ausdruck bringen. Doch in Verbindung mit der im Text zitierten Zuordnung des Iraks zu den Schurkenstaaten, die der amerikanische Präsident George W. Bush vornahm, gibt dieses Lehrbuch eindeutig die Meinung der amerikanischen Regierung als Tatsache wieder.

WGB hingegen vermittelt eine eindeutig kritische Sicht: Beim Irakkrieg 2003 werden auch die Bedenken der Weltöffentlichkeit gegen die Vorgehensweise der US-geführten Truppen (S. 487: "American and British troops") artikuliert. Der Krieg sei zwar gewonnen, doch habe die Zivilbevölkerung sehr gelitten (S. 487: "suffered casualties and endured disruptions of basic services"). Auch erwies es sich schwieriger als gedacht, eine neue Regierung einzusetzen und die Grundversorgung zu gewährleisten. Die beiden Bilder zum Text belegen diesen militärisch-ethischen Zwiespalt: ein Luftbild von Bagdad zeigt eine „blühende Stadt" (S. 486), die ihren wirtschaftlichen Aufschwung und modernes Gesicht den Petrodollars verdankt, ein weiteres britische Soldaten, die Lebensmittel an die Zivilbevölkerung verteilen (S. 487).

3.2 Iran

Die Darstellung des Irans wird insbesondere von der jüngsten historisch-politischen Entwicklung des Landes dominiert. In WGB entfallen auf das politische Geschehen 82%

des Fließtextes, in WCM sind es mit 78% nicht sehr viel weniger Prozent und setzt man in WGT die 13 Zeilen, die ausschließlich dem Iran gewidmet sind, ebenfalls in Prozent um, beträgt der Wert gar 100%.

Der Tenor ist in allen Büchern gleich: Man vermag geradezu das Kopfschütteln der amerikanischen Lehrbuchautoren zu registrieren angesichts der Abkehr der Mullahs von einem westlich geprägten modernen Staat, zu dem der letzte Schah ein rückständiges Agrarland entwickelte. Die Gegenüberstellung der modernen Errungenschaften des Schah-Regimes auf der einen und der gesetzlich verankerte Verhaltenskodex islamistischer Traditionalisten auf der anderen Seite (WGB, S. 498; WCM, S. 603; WGT, S. 443) machen dem amerikanischen Schüler überdeutlich bewusst, welches negative Machtpotenzial in einem fundamentalistisch ausgeübten Islam steckt - ungeachtet der durchaus kritischen Anmerkungen, dass nur ein Teil der iranischen Bevölkerung von den Reformen des Schah-Regimes profitierte, während die Masse weiterhin in großer Armut lebte. In WGB gibt die Überschrift – wie bei der Mehrheit der insgesamt behandelten Staaten – nicht allein den Namen des Staates wieder, mit "Islam changes Iran" (S. 497) weist dieses Lehrbuch bereits die Richtung, in die der amerikanische Schüler denken soll. Der Iran scheint aufgrund des religiös bestimmten Regimes für die USA ein ernsthafterer Gegner zu sein als der Irak, dessen Diktator planbare materielle Rüstung statt eines schwer einzuschätzenden Religionsfanatismus als „Kampfmittel" einsetzte.

Die Fotos zum Thema Iran entsprechen der Grundhaltung im Fließtext. Der Iran wird zum einen als ein (wieder) rückständiges Agrarland dargestellt, dessen Wohl und Wehe von geistlichen Führern bestimmt wird, unabhängig von den Wünschen des Volkes nach mehr Reformen. Der Iran wird zum anderen als gefährlicher und gewichtiger Gegner gezeigt mit einer religiös-fundamentalistischen Unberechenbarkeit, von der vor allem die USA als erwählte Verkörperung aller „Unwerte" betroffen ist. Auf dem einzigen Foto zum Iran in WGB (S. 498) trennen Bauern wie vor Hunderten von Jahren die Spreu vom Weizen in mühevoller Siebearbeit, hinter ihnen erstreckt sich ein Dorf, an dem die moderne Zeit spurlos vorbeigegangen zu sein scheint. Obwohl in der Aufgabenstellung ausdrücklich dazu aufgefordert wird, Aussagen zum Entwicklungsstand nur dieses Dorfes zu machen, muss sich geradezu zwangsläufig in der Mental Map des amerikanischen Schülers die Erkenntnis festsetzen, dass der gesamte Iran auf diesem Entwicklungsniveau verharrt. WCM setzt zwei Fotos ein, die das Land vorstellen sollen: Auf dem einen Bild ziehen Kamelnomaden über karge Weiden (S. 603), auf dem anderen Abbild demonstrieren Massen von Menschen in Teheran. Die mitgeführten großformatigen Porträts des Ayatollah Khomeini verdeutlichen, dass eine Idee propagiert wird. Das Lehrbuch weist im Bildbegleittext zwar darauf hin, dass trotz eines vorherrschenden religiösen Fundamentalismus der Staat vorsichtig Annäherung an andere Staaten sucht, betont jedoch, dass die USA nicht zu diesen auserwählten Staaten gehörten, da sie als Symbol für tyrannisches Gebaren und Grausamkeit gegenüber den schwachen Staaten dieser Welt gälten (S. 604: "the symbol of bullying ... and cruelty to the weak nations of the world.").

3.3 Nordkorea

Von den drei „Schurkenstaaten" Irak, Iran und Nordkorea wird Nordkorea von den amerikanischen Lehrbuchautoren eindeutig als der Schlimmste gesehen. Alle untersuchten Lehrbücher konzentrieren ihre Ausführungen auf die Schreckensherrschaft des gegenwärtigen Machthabers Kim Jong Il. Die Auflistung der Fehlleistungen des Staates im politischen, wirtschaftlichen und sozialen Bereich ergeben ein einziges Horrorbild, dessen Darstellung in der detailliert angesprochenen Wiederaufnahme des Nuklearprogramms seinen desaströsen Abschluss findet. Die Ausführungen sind in der Vermittlung der Fakten sachlich gehalten, doch die Wortwahl - ob Nomen oder Adjektiv - zur Beschreibung der Lebensbedingungen in Nordkorea zeigt deutlich die Betroffenheit über ein Volk, das einem rücksichtslosen Tyrannen hilflos ausgeliefert ist. Die Darstellung offenbart aber auch die Ohnmacht selbst einer Supermacht wie der USA, deren Einsatz sich vorwiegend auf die Entsendung von Hilfsgütern beschränken muss, um die unglaubliche Not zu lindern. Nannten die Lehrbücher bei politisch und wirtschaftlich angeschlagenen Staaten oft als Schlussgedanken die tatkräftige Unterstützung der USA, diesen Staaten zu politischer und wirtschaftlicher Stabilität zu verhelfen (vgl. Hamann, 2004), enden im Fall Nordkoreas die Ausführungen mit zwischen den Zeilen zu lesenden Eingeständnissen, als global bisher erfolgreicher Heilsbringer versagt zu haben: Aufgrund der schwierigen Lebensumstände seien Tausende von Nordkoreanern nach China geflohen (WGT, S. 652); es gelang den USA auch im Verbund mit anderen Nationen nicht, die nordkoreanische Führung von ihrem Nuklearprogramm abzuhalten (WGB, S. 696). Der Verkauf von Raketen und anderen Waffen an internationale Terroristengruppen sowie der mögliche Einsatz von Kernwaffen machen Nordkorea zu einem der gefährlichsten Staaten in der Achse des Bösen (WCM, S. 386: "North Korea as part of an 'axis of evil, aiming to threaten the peace of the world'"). Der Wunschgedanke einer Wiedervereinigung der beiden Teilstaaten muss allein angesichts der politischen Entwicklung Nordkoreas ein fernes Wunschbild bleiben.

Abbildungen, die südkoreanische Soldaten beim Patrouillengang am Grenzzaun zeigen (WGB, S. 693), eine Monumentalstatue Kim Jong Ils, vor dem das Volk jubelt (WGT, S. 652) oder eine im Stechschritt paradierende Armee vor dem Bild des nordkoreanischen Machthabers anlässlich des 50. Jahrestages kommunistischer Herrschaft (WCM, S. 386) belegen die Gefahr Nordkoreas. Darüber können auch das Bild, das die beiden koreanischen Präsidenten beim Abschreiten einer Ehrenformation anlässlich eines Treffens zeigt (WGT, S. 653) bzw. das nordkoreanische Poster, das für die Wiedervereinigung des geteilten Staates wirbt (WGB, S. 696), nicht hinwegtäuschen.

4. Fazit

Eine Erziehung zum Hass bei den den USA wenig wohlgesonnenen Staaten – wie in der Fragestellung dieser Untersuchung formuliert – ist nicht zutreffend. In die Darstellung der für das Gegenwartsbild relevanten historisch-politischen Fakten fließt zwar teilweise die offizielle Regierungsmeinung mit ein und erhält somit allgemeine Gültigkeit, die artikulierten Ängste und Antipathien richten sich jedoch ausschließlich gegen eine einzelne Person oder eine Regierung. Das Volk, das diesen Machthabern untersteht bzw. deren Gewalt und Indoktrination ausgeliefert ist, bleibt außen vor. Eine möglicherweise negative Einstellung fokussiert also auf Institutionen, die nicht Ewigkeitsstatus besitzen, sondern abwählbar bzw. absetzbar sind.

Literatur

Für die Schulbücher wurden wegen ihres umfangreichen Titels Siglen verwendet. Sie sind nachfolgend separat aufgeführt, um die Einordnung zu erleichtern.

AHMAD, I. et al. (2004): World Cultures, a Global Mosaic. Upper Saddle River (Prentice Hall)
BAERWALD, T.J. und C. FRASER (2005): World Geography, Building a Global Perspective. Upper Saddle River (Prentice Hall)
HAMANN, B. (2004): Das Weltbild in US-amerikanischen High School „World Geography"-Lehrwerken. Eine geographiedidaktische Untersuchung mit Fokussierung auf den Kulturraum Europa. (Im Erscheinen)
SAGER, R.J. u. D.M. HELGREN (2003): World Geography Today. Austin (Holt, Rinehart and Winston)

WCM = AHMAD et al.
WGB = BAERWALD / FRASER
WGT = SAGER / HELGREN

Anschrift der Verfasserin:
Berta Hamann
Hermann-Kesten-Kolleg
Fürther Str. 212, 90429 Nürnberg
email:DHamann001@aol.com

Workshop WS 6

Stadt – Umland - Zusammenarbeit

Axel Priebs

Die Zukunft von Berlin und seiner Region vor dem Hintergrund der Organisationsentwicklung in anderen Stadtregionen

Die Zukunft von Berlin und seiner Region vor dem Hintergrund der Organisationsentwicklung in anderen Stadtregionen

-Kurzfassung-

von AXEL PRIEBS, Hannover

1. Berlin als Sonderfall unter den deutschen Stadtregionen

Der Berliner Raum stellt in mehrfacher Hinsicht einen Sonderfall unter den deutschen Stadtregionen dar:

- Berlin ist mit seinen 3,4 Mio. Einw. nicht nur die größte Stadt Deutschlands. Eine Besonderheit stellt auch der extreme Gegensatz zwischen einer als Einheitsgemeinde organisierten dicht besiedelten Stadtlandschaft einerseits und den zum Teil außerordentlich dünn besiedelten ländlichen Gebieten Brandenburgs dar, die außerdem über eine immer noch vergleichsweise kleinteilige Gemeindestruktur verfügen.

- Die Bildung der Stadtgemeinde Groß-Berlin im Jahr 1920, deren räumlicher Zuschnitt weitgehend identisch mit dem des heutigen Landes Berlin ist, stellte an sich schon eine (nicht nur für damalige Verhältnisse) erstaunlich konsequente organisatorische Lösung für eine Stadtregion dar - immerhin war die Einheitsgemeinde damals aus dem eigentlichen Berlin, sieben weiteren Städten, 59 Landgemeinden sowie 27 Gutsbezirken gebildet worden. Berlin ist damit bis heute im administrativen Sinne die einzige „echte" Regionalstadt in Deutschland geblieben.

- Im Zuge der brandenburgischen Kreisreform wurden im Jahr 1993 die eigentlichen Berliner Umlandkreise mit weiter entfernt liegenden Kreisen zu neuen Großkreisen vereinigt, die bewusst große (auch dünner besiedelte) Teile Brandenburgs umfassen sollten, um Wachstumsimpulse aus Berlin auch in diese entfernt liegenden strukturschwachen Landesteile zu leiten. Ungünstige Kreiszuschnitte, die eine möglichst genaue kreisscharfe Abgrenzung der Funktionalregion erschweren, gibt es zwar auch in anderen Teilen Deutschlands (so z.B. im Bremer Umland), doch nirgendwo wurde dieser Ansatz so konsequent umgesetzt wie in Brandenburg. In der Folge würde ein Regionalverband für Berlin und seine Nachbarkreise stets den größten Teil des Landes Brandenburg erfassen.

Außerdem muss natürlich stets berücksichtigt werden, dass Berlin bis auf Weiteres ein Stadtstaat ist, dessen Stadtgrenze gleichzeitig eine Landesgrenze ist. Diese Situation trifft zwar auch auf die anderen Stadtstaaten zu, doch sind diese wiederum nicht durchweg vergleichbar (das Land Bremen besteht aus zwei räumlich voneinander gelegenen Städten, Hamburg hat zwei Bundesländer als Nachbarn). Im Hinblick auf mögliche Lösungsansätze müssen aber auch Verdichtungsräume berücksichtigt werden, die sich auf das Gebiet mehrerer Bundesländer erstrecken (insbes. der Rhein-Neckar-Raum).

2. Organisationsansätze in den deutschen Stadtregionen

In zahlreichen Stadtregionen wird bereits seit geraumer Zeit über Möglichkeiten zur organisatorischen Weiterentwicklung diskutiert. Dabei zeigt sich ein breites Spektrum von Ansätzen, in dem sich die Unterschiede der historischen Voraussetzungen, der Kooperationserfahrungen sowie des politischen Gestaltungswillens abbilden.

- In einem Teil der Stadtregionen werden vorrangig informelle Strukturen auf- oder ausgebaut. Dies gilt insbesondere für solche Räume, in denen z.B. durch Ländergrenzen besondere administrative und politische Hürden zu überwinden sind, aber auch für Regionen, in denen unter Einbindung öffentlicher und privater Akteure besondere Formen freiwilliger Kooperation initiiert wurden. Charakteristische Arbeitsfelder sind die Vernetzung der Akteure aus Wirtschaft, Politik und Verwaltung, das Standort- und Regionalmarketing, die Verbesserung der Verkehrsanbindung und der Technologietransfer. Beispiel einer intensiven und erfolgreichen informellen Kooperation ist die Region Bonn/Rhein-Sieg/Ahrweiler.

- In einigen Regionen mit fortgeschrittener Kooperationskultur werden formale, öffentlich-rechtliche Strukturen gestärkt. Zu unterscheiden ist hier vor allem zwischen Verbandsmodellen (Mehrzweckverbände für räumliche Planung, ÖPNV, Wirtschaftsförderung etc.) und deren Weiterentwicklung in Richtung auf regionale Gebietskörperschaften (Regionalkreise mit umfassendem Aufgabenspektrum). Beispiel für ein hoch entwickeltes regionales Verbandsmodell ist die Region Stuttgart, während im bundesweiten Maßstab der Stadtverband Saarbrücken und die Region Hannover mit ihrer gebietskörperschaftlichen, kreisähnlichen Struktur und einem umfassenden Aufgabenspektrum die weitestgehenden Lösungen zur Integration der Stadtregion darstellen. Insbesondere der Beitrag zum finanziellen Vorteils- und Lastenausgleich, den ein derartiger Regionalkreis leisten kann, weil z.B. die Sozialhilfeleistungen regionalisiert werden, ist besonders hervorzuheben. Hinzuweisen ist aber auch auf vorhandene Ländergrenzen überschreitende Verbandslösungen, so den Raumordnungsverband Rhein-Neckar und den Regionalverband Donau-Iller.

- Vereinzelt wird auch ein Netzwerk- bzw. Holding-Modell als Gegenmodell zu festen Regionsstrukturen angestrebt. Bislang ist es bei diesen Überlegungen aber noch nicht überzeugend gelungen, die Vorteile der Netzwerkstrukturen (Flexibilität, Offenheit gegenüber neuen Partnern und Aufgaben) mit einer effizienten Steuerung nach innen und einer geschlossenen Interessenwahrnehmung nach außen zu verknüpfen. Während im Großraum London mit der Etablierung eines Bürgermeisters und einer Behörde für Groß-London ein interessanter Weg beschritten wurde, vermag das im Ansatz ähnlich konzipierte Holding-Modell im Rhein-Main-Raum angesichts fehlender Steuerungskompetenzen sowie einer Zersplitterung im operativen Bereich nicht zu überzeugen.

Diese Übersicht zeigt, dass grundsätzlich ein breites Spektrum von Organisationsmöglichkeiten für Stadtregionen zur Verfügung steht. Wie die folgenden Darstellungen zeigen, sind im Berliner Raum jedoch nach 1989 zuerst einmal andere Wege eingeschlagen worden.

3. Ansätze zur stadtregionalen Kooperation im Berliner Raum seit 1989

Unter den zahlreichen Herausforderungen, die sich der räumlichen Planung in Berlin nach dem Fall der Mauer stellten, weist auch die Steuerung der stadtregionalen Entwicklung eine ganze Reihe von Besonderheiten auf. Bekanntlich konnte sich im Berliner Raum in den Jahren des Kalten Krieges keine grenzüberschreitende Raumplanung entwickeln. Die Suburbanisierung war im wesentlichen auf dem Vorkriegsstand „eingefroren", sieht man von den vergleichsweise überschaubaren und gelenkten Entwicklungen am Stadtrand in der DDR-Zeit ab. Trotz jahrzehntelanger Trennung auch der planerischen Fachmilieus entwickelte sich nach der Wende gerade auf der Ebene der Fachleute aus Stadt- und Territorialplanung schnell eine engagierte Zusammenarbeit zwischen Stadtplanern der West-Berliner Senatsverwaltung und der Ost-Berliner Magistratsverwaltung sowie Territorialplanern der DDR-Bezirksebene. Durch die „Planungsgruppe Potsdam" wurde nach intensiver Arbeit schon im Mai 1990 ein umfassender Bericht mit „Grundlagen und Zielen für die Entwicklung der Region Berlin" vorgelegt, in dem u.a. der „Siedlungsstern" als räumliches Leitbild präferiert wurde. Leider ist dieses bemerkenswerte west-östliche „Frühwerk" recht bald in den Archiven verschwunden.

Verständlich ist diese Entwicklung nur vor dem Hintergrund eines Wechsels der politischen Mehrheiten im Zuge der Berliner Wiedervereinigung zeitgleich mit der Konstituierung des neuen Landes Brandenburg. Nunmehr standen sich zwei Länder gegenüber, die über die unterschiedlichen räumlichen und administrativen Strukturen hinaus stark mit ihren jeweiligen internen Problemen des Zusammenwachsens bzw. der Identitätsbildung beschäftigt waren. Insbesondere auf Brandenburger Seite wurden auch bald starke Abgrenzungstendenzen gegenüber der Metropole erkennbar, verbunden allerdings mit der Hoffnung, dass das prognostizierte (jedoch aus heutiger Sicht völlig überschätzte) Wachstum der Metropole die notwendigen Impulse für die wirtschaftliche Entwicklung des jungen Landes Brandenburg liefern würde. Auf die daraus resultierende Bildung der vergrößerten brandenburgischen Landkreise wurde bereits hingewiesen; ergänzend ist der hierauf aufbauende Zuschnitt der ebenfalls in der Form von Tortenstücken auf Berlin zulaufen 5 Planungsregionen zu erwähnen. So verständlich dieser räumliche Zuschnitt aus der Sicht Brandenburger Strukturpolitik, insbesondere in der Verbindung mit dem sich schnell verfestigenden Leitbild der dezentralen Konzentration gewesen sein mag, so kritisch ist er auch heute noch hinsichtlich der Entwicklung sowie der planerischen und administrativen Handlungsmöglichkeiten in der engeren Region Berlin zu sehen. Auf jeden Fall waren durch diese Entscheidung die intensiven (und von einer breiten Fachöffentlichkeit unterstützten) Bemühungen Berlins um eine gemeinsame Regionalplanung bzw. sogar einen gemeinsamen Planungsverband für den engeren Verflechtungsraum Berlin/Brandenburg, die Hauptstadtregion, gescheitert.

Nachdem auch eine gemeinsame Flächennutzungsplanung Berlins mit seinen Nachbarkommunen nicht zustande kam, verblieb als einzige Ebene der verbindlichen planerischen Zusammenarbeit die Länderebene. „Eckwerte für ein gemeinsames Landesentwicklungsprogramm der Länder Brandenburg und Berlin" wurden schon 1992 durch eine gemeinsame Regierungskommission festgelegt. Im folgenden Jahr wurde eine Verwaltungsvereinbarung zum Aufbau einer gemeinsamen Landesplanung abgeschlossen, auf deren Grundlage eine gemeinsame Arbeitsstelle beider Länder („GASt) sowie gemeinsame Gremien auf Arbeits- und politischer Ebene eingerichtet wurden. In diesen Arbeitsstrukturen konnten wesentliche Vereinbarungen und Planentwürfe für die gemeinsame Landesentwicklung abgestimmt werden, so vor allem der Landesplanungs-

Staatsvertrag (mit einer zugehörigen Verwaltungsvereinbarung über die Einrichtung einer gemeinsamen Landesplanungsabteilung der Länder Berlin und Brandenburg), der Entwurf des gemeinsamen Landesentwicklungsprogramms Berlin/Brandenburg (LEPro) sowie der Entwurf des Landesentwicklungsplans für den engeren Verflechtungsraum Brandenburg/Berlin (LEPeV).

Aus den bisherigen Ausführungen wird erkennbar, dass in der Hauptstadtregion deutlich andere Wege beschritten wurden als in anderen deutschen Stadtregionen, aber auch als in den beiden norddeutschen Stadtstaatenregionen mit ihren weitgehend informellen gemeinsamen Landesplanungen. So wurde zum einen die zweifelsohne weitestgehende Form der landesplanerischen Zusammenarbeit, nämlich eine beiden Ländern unterstehende gemeinsame Landesplanungsabteilung, gewählt, die ihre Arbeit zum 1.1.1996 aufnahm. Zum anderen wurde für die einem erheblichen Veränderungsdruck ausgesetzte Hauptstadtregion – quasi als Ersatzvornahme für die nicht zustande gekommene gemeinsame Regionalplanung – der schon erwähnte LEPeV aufgestellt, der seit seinem Inkrafttreten im März 1998 verbindliche Ziele für die Siedlungs- und Freiraumstruktur im engeren Verflechtungsraum, d.h. Berlin und sein direktes Umland, festlegt.

Für Berlin hat die interkommunale Abstimmung mit den brandenburgischen Nachbarn schon früh eine besondere Bedeutung bekommen. Dabei liegt es auf der Hand, dass sich diese Zusammenarbeit wegen der großen Zahl kommunaler Partner in Brandenburg in vier abgegrenzten Teilräumen vollzieht, für die jeweils Kommunale Nachbarschaftsforen gebildet wurden (AG Süd, West, Nord und Ost). Im Mittelpunkt der Arbeit stehen der Dialog zu teilräumlichen Planungsfragen wie Siedlungs-, Einzelhandels-, Freiraum oder Verkehrsentwicklung und die gemeinsame Meinungsbildung. Darüber hinaus wurden für Teilräume (Lokale Kooperationsräume) in Zusammenarbeit zwischen den Berliner Außenbezirken und den benachbarten Gemeinden, Ämtern, Landkreisen und Planungsregionen informelle Räumliche Strukturkonzepte (RKS) erarbeitet. Über diese planerischen Ansätze hinaus hat sich in vielen Bereichen auch eine pragmatische administrative Zusammenarbeit entwickelt.

4. Szenarien zur künftigen Gestaltung der stadtregionalen Kooperation im Berliner Raum

Unabhängig vom Zustandekommen einer Fusion der Länder Berlin und Brandenburg bleibt die Frage einer möglichst optimalen stadtregionalen Kooperation im Berliner Raum auf der Tagesordnung. Dabei ist zu betonen, dass eine Länderfusion als solche nicht per se die zahlreichen für das Zusammenleben von Großstädten und ihren Nachbarkommunen typischen Probleme löst. Allerdings würde eine Länderfusion sowohl die Möglichkeiten zur Kooperation und deren Institutionalisierung in öffentlich-rechtlicher Form vereinfachen als auch einen finanziellen Vorteils- und Lastenausgleich erleichtern. Da eine Länderfusion kurzfristig nicht in Sicht ist, sollen zuerst die Möglichkeiten einer gemeinsamen, kommunal getragenen Regionalplanung diskutiert werden. Sollte eine eigentliche Regionalplanung für den LEPeV-Bereich weiterhin nicht erreichbar sein, weil in Brandenburg an der Tortenstück-Struktur der Planungsregionen festgehalten wird, wären folgende Alternativen zur Verbesserung der heutigen Situation denkbar:

- ein die Tortenstücke „überlappender" Planungsverband im LEPeV-Raumzuschnitt (in Anlehnung an die Praxis des ebenfalls ländergrenzenüberschreitend tätigen Raumordnungsverbandes Rhein-Neckar),

- eine gemeinsame Flächennutzungsplanung der Stadt Berlin und des engeren Kranzes benachbarter brandenburgischer Kommunen (wobei dieser Raum wohl kleiner sein sollte als der heutige LEPeV-Bereich) sowie

- ein Regionaler Flächennutzungsplan nach § 9 Abs. 6 ROG für Berlin und seine Nachbarkommunen (einen Raum, der ebenfalls kleiner sein sollte als der heutige LEPeV-Bereich); hierbei wäre jedoch Voraussetzung, dass Brandenburg zumindest die „Spitzen" der Tortenstücke in eine gemeinsame Planung integrieren würde.

Institutionell wäre für alle drei Alternativen die Bildung eines Planungsverbandes entweder in der Form eines Zweckverbandes oder – im Falle der gemeinsamen Flächennutzungsplanung - eines Planungsverbandes nach § 205 BauGB opportun. Denkbar wäre natürlich auch die Anlagerung weiterer Aufgaben, etwa der Wirtschaftsförderung, der Schaffung von Naherholungseinrichtungen oder der Abfallwirtschaft (Regional- bzw. Mehrzweckverband etwa nach dem Vorbild des Verbandes Region Stuttgart oder des früheren Kommunalverbandes Großraum Hannover). Rechtlich gibt es keine Hinderungsgründe dafür, einen derartigen verband auch über Landesgrenzen hinweg zu organisieren. Dies belegt zum einen der Raumordnungsverband Rhein-Neckar als auch ein Gutachten, das Anfang der 90er Jahre zur Weiterentwicklung der Gemeinsamen Landesplanung Bremen/Niedersachsen erarbeitet worden ist.

Für den Fall einer Länderfusion wäre erst einmal die Form der Integration Berlins in den Verwaltungsaufbau des neuen Landes Berlin-Brandenburg zu klären. Sollten die Intentionen des der Volksabstimmung des Jahres 1996 zu Grunde liegende Neugliederungs-Staatsvertrag weiterhin gelten, würde Berlin zur kreisfreien Stadt, womit sich formal eine grundsätzlich vergleichbare Situation wie in der Region Stuttgart ergäbe – mit dem Unterschied freilich, dass die Kernstadt ein deutlich höheres Gewicht hätte und dass die Nachbarkreise mit Ausnahme der unmittelbar an Berlin angrenzenden Bereiche überwiegend ländlich strukturiert sind. Allerdings zeigen jüngste Meldungen z.B. in der Zeitschrift „Demokratische Gemeinde", dass auch eine Aufwertung der Bezirke zu eigenständigen Gemeinden und damit eine veränderte Rechtsform Gesamt-Berlins zumindest diskutiert wird. Damit würden insbesondere weitere formalisierte Möglichkeiten zur teilräumlichen grenzüberschreitenden Kooperation zwischen Brandenburger Kreisen und Gemeinden und den Berliner „Bezirksgemeinden" möglich.

5. Fazit

Die institutionelle Ausgestaltung der Stadtregion Berlin ist und bleibt eine schwierige Frage, für die es keine perfekte Lösung gibt. Die Erfahrungen aus anderen Stadtregionen können Anhaltspunkte liefern, doch bleibt das Ungleichgewicht zwischen einer dicht besiedelten Regionalstadt und einem auch auf absehbare Zeit sehr ländlichen Umland ein sehr spezifisches Strukturmerkmal des Berliner Raums. Als Gebietskulisse für eine intensivierte Kooperation – in welcher Rechtsform und mit welchen Aufgabenstellungen sie auch ausgestaltet wird – bietet sich grundsätzlich am ehesten der bereits durch die Landesplanung definierte „engere Verflechtungsbereich Berlin/Brandenburg" an. Allerdings muss hierbei in Kauf genommen werden, dass die Nachbarkreise nur in ihren berlinnäheren Bereichen erfasst würden. Angesichts der weit hinter den früheren Erwartungen zurück gebliebenen Entwicklungsdynamik Berlins und der Notwendigkeit gemeinsamer Handlungsansätze für die durch den engeren Verflechtungsraum abgebildete

Hauptstadtregion, deren Prosperität letztlich auch den berlinferneren Räumen zugute käme, dürfte dies heute unter funktionalen Gesichtspunkten vertretbar sein; gleichwohl ist zu erwarten, dass eine solche „Teilung" der Landkreise bei den dortigen Akteuren weiterhin auf wenig Begeisterung trifft.

Anschrift des Verfassers:
Prof. Dr. Axel Priebs
Region Hannover, Dezernat für Ökologie und Planung
Höltystraße 17, 30169 Hannover
email: axel.priebs@region-hannover.de